高等院校心理学专业精品教材系列

Social

PSYCHOLOGY

社会心理学

吴明证 / 主　编

郑全全 聂爱情 孙晓玲 / 副主编

ZHEJIANG UNIVERSITY PRESS

浙江大学出版社

图书在版编目（CIP）数据

社会心理学 / 吴明证主编. —杭州：浙江大学出版社，2020.9(2024.3 重印)

ISBN 978-7-308-20167-4

Ⅰ.①社… Ⅱ.①吴… Ⅲ.①社会心理学 Ⅳ.①C912.6

中国版本图书馆 CIP 数据核字(2020)第 068752 号

社会心理学

吴明证 主编

责任编辑 王 波

责任校对 汪荣丽

封面设计 春天书装

出版发行 浙江大学出版社

(杭州市天目山路 148 号 邮政编码 310007)

(网址:http://www.zjupress.com)

排　　版 杭州青翊图文设计有限公司

印　　刷 杭州钱江彩色印务有限公司

开　　本 787mm×1092mm 1/16

印　　张 17.75

字　　数 454 千

版 印 次 2020 年 9 月第 1 版 2024 年 3 月第 2 次印刷

书　　号 ISBN 978-7-308-20167-4

定　　价 48.00 元

FOREWORD

前 言

近年来，社会心理学在我国得到了快速发展和广泛应用。尤其是习近平总书记在党的十九大报告中提出要"加强社会心理服务体系建设，培育自尊自信、理性平和、积极向上的社会心态"，为我国社会心理学的发展带来了机遇和挑战。为此，我们编写了这本《社会心理学》，以展示社会心理学的发展现状和我国社会心理学工作者的研究成果，并为我国的社会心理服务体系实践提供学术支持。

《社会心理学》通过十三章的内容系统介绍了社会心理学的研究主题，结构紧凑、适合课程教学和自学。在涵盖社会心理学基本内容的基础上，我们撰写了一些新兴的研究主题。主要包括：为"亲社会行为"（第八章）撰写了"人们为什么抗拒获得帮助"；为"侵犯性"（第九章）撰写了"侵犯行为的预防和控制"；为"合作、竞争与冲突"（十二章）撰写了"冲突解决"。本书还力图反映社会心理学的理论进展。当前，社会信息的双重加工模型已经成为理解社会行为的指导框架。我们在第三章撰写了"自动化加工"和"控制性社会认知"两节帮助读者理解社会信息的双重加工过程，在第五、六两章中通过"内隐自尊""内隐态度"等介绍双重加工过程如何应用于社会心理学的特定领域，并向读者深入介绍了内隐测量方法及相关理论。一些社会心理学新兴领域的研究也反映在本书内容中，例如在"社会知觉"（第四章）中撰写了"新兴的非言语线索"。随着经济社会的不断发展，人们越来越期待能够将社会心理学知识应用于现实生活。我们撰写了"合作、竞争与冲突"（十二章）和"环境心理学"（十三章），通过介绍社会心理学在冲突解决和环境保护中的应用，展示了社会心理学研究能够有效地促进社会和谐与社会发展。我们还为本书建设了学习题库。每一章均设计了包括单选题、多选题、判断题等题型的习题，帮助学习者自主学习和测试。

本教材由浙江大学心理与行为科学系社会心理学教研组师生共同完成，此外，我们还邀请了杭州师范大学心理系的孙晓玲副教授参与编写。吴明证、郑全全、聂爱情和孙晓玲设计了全书的总体框架，吴明证负责全书的撰写、统稿和定稿。其他参与撰写人员的分工为：第一章（谭就阳），第二章（严梦瑶），第三章（任怡安，樊若雪），第四章（刘快），第五章（陈前），第六章（张灵，任怡安），第七章（贾瑞钗，任怡安），第八章（谭就阳），第九章（樊若雪），第十章（郑艳蝶），第十一章（郑艳蝶，刘快），第十二章（张灵，陈前），第十三章（贾瑞钗）。蒋贵妹、肖玥玥、潘如、李梦思、邓灿、沈虹伍、李旻烨、李阳、吴笑天、褚玥莹等研究生、本科生参加了校对工作。张灵和刘快负责了组织工作，保障了撰写过程的顺利完成。我们非常感谢浙江大学出版社的王波编辑，他的专业性和严谨性帮助我们尽可能减少了书中的错误和纰漏。还有很多师长、朋友以各种方式给我们提供了帮助，在此一并感谢。此外，教材出版还获得了浙江大学心理与行为科学系教材建设基金的资助。

本书引用了国内外的大量理论观点和学术成果。在解读和引用这些文献时，我们力求尽可能精准引用和概述这些学术见解的精要之处，但由于编者学术视野有限，兼之百密难免一疏，其间定有引用不当、疏漏及不足之处，还请各位专家、同行、读者不吝赐教，多加批评指正。

编者

2020 年 8 月

CONTENTS

目　录

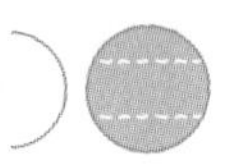

第一章 绪 论

生活中我们会困惑于人的行为是如此复杂:为什么会有人甘冒生命危险去救助陌生人,而朋友之间却会反目成仇;我们自以为了解自己,却清楚地知道自己有时会言行不一;我们并不喜欢自己的群体,却也容不得他人的批评。对于这些问题,我们每个人都有着自己的答案。社会心理学家对这些问题也很感兴趣,希望能够通过科学方法来解答这些问题。因此,了解社会心理学的发现,能够帮助我们审视自己和深入地了解自己。本章介绍社会心理学的学科性质、研究内容、相关学科、发展历程,帮助我们概括性地了解社会心理学。

第一节 社会心理学概述

一、社会心理学的定义

社会心理学(social psychology)的研究范围非常广泛,给予社会心理学一个准确并且能够被大家广泛接受的定义并非易事。根据奥尔波特(Allport,1954)的观点,"社会心理学试图理解和解释他人的现实、想象和暗示的存在是如何影响个体的思想、情感和行为的",我们将社会心理学定义为研究社会情境如何影响个人和群体的认知、情感和社会行为的科学。对于社会心理学的性质,可以从以下的四个特征加以解读。

(一)社会心理学作为一门科学

许多人对于将社会心理学称为科学感到困惑不解。作为一门探索爱情的性质、侵犯的原因、助人的本质、群体的影响这类现象的学科,难道能像数学、物理、天文学那样称为科学吗? 答案是肯定的。判断一门学科是否为科学,取决于该学科对客观现象的研究是否具有科学取向,以及是否使用了科学方法(如科学的程序、技术)。科学取向的研究不是对客观现象的泛泛而谈,也不是对客观现象的艺术性的想象或夸张,而是透过现象探索本质,揭示内在规律,并以怀疑主义的态度不断地检验所获发现。科学方法指对研究的问题或假设通过

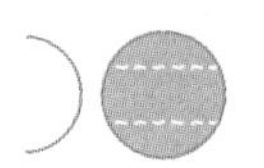

科学的程序或技术客观地、系统地收集、处理信息，在对客观世界的判断被证明为准确之前对其进行检验或重复验证。与此相反，如果对客观世界的某些发现不是基于系统性的研究、检验或验证，而只是基于直觉、观念或特殊技能，那么就不能称这些发现所构成的领域是科学。社会心理学的研究内容区别于物理或数学，但是研究的过程和方法在本质上却是相同的。

社会心理学的科学性体现在以下两个方面：

首先，社会心理学的研究对象是社会心理现象的发生、发展和变化的规律。社会心理学的规律针对的是个体和群体的思想、情感和行为等社会心理现象。例如，个体在面临群体压力时通常会遵从群体的共同观念，表现出从众（conformity）心理，而群体的规模和一致性会影响个体的从众程度，并表现出一定的规律性。

现代社会心理学发现的社会心理现象的发生、发展和变化的规律，在符合唯物主义社会形态发展的规律和一般心理发展的规律的同时，还表现出学科的独特性。这些规律是人们科学地解释、预测和影响个体和群体的思想、情感和社会行为的客观依据，也是社会心理学这门学科的价值所在。掌握这些规律是我们学习和研究社会心理学的主要目标。

社会心理学的规律并不是对社会心理现象的散碎描述，而是社会心理的发展和变化的基本原理，是生活经验经过科学分析和理性验证提炼出的科学理论。社会心理学重视人的感性经验——“社会心理学常识”，又不局限于感性经验。感性经验不等同于科学结论，感性经验需要经过科学分析和实验验证，不断系统化、抽象化、理论化才能成为科学理论。社会心理学的发现区别于人们通常所说的常识（common sense）。人们在生活中每天要花费大量时间去观察、分析和思考自己和他人，从家庭和长辈处习得朴素的生活经验，阅读书籍获得哲理智慧，可以说是业余的心理学家。因此，很多人在阅读社会心理学著作的时候，有时候会觉得“我早就知道了”，这被称为后事之明（hindsight bias）。事实上，人们的常识很多时候是难以自圆其说的。例如，人们在论及人多力量大时往往会说“三个臭皮匠，顶个诸葛亮”，而在说起推卸责任时往往会说“三个和尚没水喝”，两句话听上去似乎都有道理，综合考虑则发现这两种常识其实是矛盾的。

其次，社会心理学的研究过程和方法遵循科学规范。与其他学科一样，社会心理学的研究过程遵循提出假设、搜集资料、分析资料、得出结论这一过程。在研究方法上，社会心理学采用了观察法、访谈法、实验法等研究方法，还吸收了社会学、语言学、计算机科学等学科的研究方法和技术，保证了社会心理学的研究发现的科学性。目前，社会心理学主要采用实验的方法对不同因素之间的关系做出因果推论，这使得社会心理学不仅可以描述现象，还能够揭示社会现象的内在机理，并由此做出合理的预测。

（二）社会情境

社会心理学强调社会情境（social situation）对人的认知、情绪与行为的影响，这也是社会心理学区别于人格心理学之处。人格心理学关注的是个体间的差异对人的认知、情绪和行为的影响，而社会心理学对人们在社会情境中如何作为更感兴趣。社会情境是社会心理现象发生的具体条件。个体随时随地都处于与他人或群体互动的社会情境中，在社会情境的影响下个人和群体产生各种社会心理现象。

社会心理学所指的社会情境包括三类:真实的情境、想象的情境和暗含的情境。这其实反映了奥尔波特的观点。(1)真实的情境。在真实情境中,主体与客体处于直接的、面对面的相互影响中。教师和学生在教室里上课的情境就是真实的情境。(2)想象的情境。在想象的情境中,主体和客体通过书刊报纸、广播影视、书信和其他媒介物的间接接触而互相影响。我们用手机与亲人通话就是想象的情境。(3)暗含的情境。暗含的情境指他人及其行为中包含着的象征意义。这种他人及其行为的象征意义是人类实践活动的产物,具有社会性和文化性。在教师和学生的相互作用中,教师的身份使得教师对学生的影响远比学生对教师的影响大。

一般来说,社会环境可以分为宏观环境和微观环境。其中,宏观环境指的是社会制度、意识形态、经济形式、文化习俗、自然条件等,而微观环境就是上文所说的社会情境,包括朋友、家庭、学校、工作等情境。两种情境的区分依据是人们是否处于直接或间接的交往范围内,处于直接交往的范围是微观环境,处于间接交往的范围则属于宏观环境。有人可能会疑惑,社会心理现象的产生不只与具体社会情境有关,还与社会的宏观环境有关,社会情境只是社会环境中直接影响个体或群体心理与行为的部分,而社会制度、经济形式、文化形态等社会宏观环境也会对社会心理现象产生影响,只强调社会情境的作用是否显得过于片面?事实上,社会心理学对社会情境的强调并不意味着忽视社会宏观环境的影响。但是,宏观环境的作用并非是直接从社会到个体,而是通过人与人之间的直接交往,也就是通过微观环境将经验从一个个体传递到另一个体。社会心理现象是宏观环境和微观环境综合作用的结果,但对社会心理现象的反映只能通过微观环境的作用才能得以实现。

人的行为并不是被动地受到社会情境的制约,社会心理学强调个人与情境的交互作用(person-situation interaction)。首先,人选择情境,情境也会选择人。不同的人会有不同的度过周末的方式,你可能想去电影院以作消遣,而你的室友更喜欢在图书馆扬帆书海。而情境也会筛选特定的人,例如,不是每个学生都能进入心仪的高校或专业。其次,人会改变环境,环境也会改变人。一名出色的大学生可以通过自己的优异学风改善寝室里的学习氛围,但如果寝室里其他同学都沉迷于网络游戏,也可能会让这名大学生身陷其中。最后,人们会在不同情境中展示不同的行为。一名大学教授在学生眼里可能是严师的形象,但在孩子眼里则可能是一位慈父。

(三)认知和情感

社会心理学关注人的认知和情感过程在社会行为中的作用。社会情境通过影响人的认知和情感过程从而影响社会行为。人的行为包括两类,即本能行为和社会行为。社会心理学并不否认人的行为中存在着本能的作用,但是膝跳反射、抓痒反射等本能行为并不被视为社会心理学的研究对象,而认为是属于生物学的研究范畴。社会心理学关心的是人在后天习得的社会行为,这一过程往往以认知和情感过程作为中介。当你走在路上被他人撞了一下,你是否会感到生气并反击取决于你对整个事件的解释。如果撞你的人是一个懵懂儿童你可能会一笑了之,如果是一个莽撞醉汉你大概会避之唯恐不及。类似地,一个人在你主持的会议上迟到,他解释说迟到是因为堵车,这时你会做出怎样的反应呢?如果他从来不迟到,这次是第一次迟到,你虽略有不快但会相信他的解释。可如果这个人一贯迟到,你会怀疑堵车只是一个借口,堵车的解释于你不具有任何说服力。显然,你在该情境中的反应受到你对此人过去经验的影响。类似地,情感过程也会影响人的社会行为。一个被老师严厉对待的学生可能会因为感觉到老师不公而愤怒,由此对老师反唇相讥,但如果这名学生认为老师此举是出于希望自己成才的良苦用心则可能会心存感激,由此奋发图强希冀取得优异成绩。

(四)个体差异

社会心理学强调社会情境在人的社会行为中的作用,但并不忽视或否认社会心理现象背后的个体差异。马克思在《关于费尔巴哈的提纲》的第六条中指出:"人的本质并不是单个人所固有的抽象物,在其现实性上,它是一切社会关系的总和。"这也是社会心理学的基本观点。如果将人的意识当作第一性、社会关系当作第二性,那便颠倒了主、客观的关系,不符合历史唯物主义观。马克思在描述社会关系的本质和谈到人作为阶级成员而非个体加入社会关系时指出:"这不应当理解为,似乎像食利者和资本家等等已不再是有个性的个人了,而应当理解为,他们的个性是受非常具体的阶级关系所制约和决定的。"马克思在《资本论》中提出:"我们陷入困境,也许是因为我们只把人理解为人格化的范畴,而不是理解为个人。"所以,我们既不能将人的意识当作第一性、把社会关系变作第二性,又不能超脱个人侈谈社会意识,造成社会意识独立于客体之外的错误理解。就社会心理学来说,人的社会行为既受到他人和所处群体的影响,又受到个性的制约,社会心理现象带有强烈的个人色彩,体现出个体差异。我国著名的心理学家陈立说过:"离开了个体来讲社会意识,必将导致有形式而无内容的混乱……离开了社会意识来讲个性就变成无源之水、无根之木。"只有将人的心理看成是客观外界的事物和个人互相作用的结果,才能将社会心理的研究纳入科学的轨道。

二、社会心理学的研究范围

(一)个体的社会心理现象

一般人都认为,我国在文化取向上趋于集体主义,人们重视集体甚于个人,但我们不能否认社会中仍然存在假公济私、损公肥私的现象。同样地,虽然不同文化和社会对婚姻有着各种各样的观点和看法,婚姻的本质仍是一个人与另一个人的结合,每个人根据自己的认知和情感加工的结果做出选择。因此,个体的社会心理现象是研究社会环境影响的出发点和落脚点,是社会心理学分析的基本单元。

1. 个体社会化的发生、发展的规律

一个人从出生时的自然人成长、发展为社会人的过程称为社会化(socialization)。人一出生就生活在社会中,受到父母双亲、家庭成员的抚养和教育,长大后受到家庭、邻里、学校、社会的培养和熏陶,接受社会的道德、礼仪、风俗和习惯的影响,从而成为在社会上能立足、为社会所接受、对社会有贡献的人。当然,一个人的发展也可能与此相反,成为为社会所唾

弃、被社会边缘化甚至反社会的人。因此,社会心理学研究个体社会化的发生、发展的规律,以及影响人的社会化的促进和风险因素。

2. 社会认知

认知过程如感知觉、记忆、判断、决策等对社会心理有着重要的影响。社会认知涉及的是对人的认知,区别于普通心理学对物的知觉过程。社会认知范围很广,不仅包括对他人和自己的社会行为及心理状态的认知,还包括对群体的社会认知。与物的知觉相比,对人的认知更为复杂。对物的知觉相对简单,因为物体通常静止不动,在一定时间内的形变很小。而对人的知觉受到知觉背景、知觉者、被知觉者以及两者间的关系等因素的影响。例如,人们常说情人眼里出西施,一个人在爱人眼里可能美如西施,在旁人眼里则可能并非如此。

3. 社会态度的形成和改变

人在社会生活中会逐渐形成对事物、他人等对象的评价或情感体验,由此产生了态度。因此,有必要探讨态度的结构、形成、发展及其转变规律。态度与人们的认知、情感和行为有着千丝万缕的联系,通过态度不仅可以让人们准确地理解自己和他人,而且对增进心理健康、改善人际关系、创建和谐社会也有着实践价值。目前,社会心理学对态度的研究成果被广泛应用于组织行为学、市场营销学等应用心理学的分支学科。

(二)人际交往

社会心理现象纷繁复杂,很多都产生于人际交往过程中。人们在人际交往中习得经验,感受支持,消除寂寞。即使在社会认知过程中,被知觉者也会根据知觉者的特征而灵活运用策略以操纵知觉者的印象,而知觉者会根据被知觉者的反应做出进一步的行动。对人的知觉过程很多时候是在人际交往过程中完成的。因此,社会心理学对人际关系与沟通,友谊、爱情与婚姻,助人与侵犯等人际现象进行了大量研究。

(三)群体心理

群体心理研究涉及群体结构、凝聚力、群体思维和决策、领导等主题。人们在生活中都需要加入不同的社会群体,例如,人们从小到大都在各类学校和班级中度过,成年后加入各种公司机构和社会组织以获取金钱地位和实现个人价值。为了达到自己的目标,人们会主动融入各种群体,并在群体中建构自我的身份。人们在加入一个新群体时可能会想:我属于这个群体吗?我可以在这个群体中受到他人的欢迎和尊敬吗?我怎样才能成为一个好的群体成员?领导对我的期望是什么?我能够与群体共同完成任务吗?为什么其他群体比我们群体任务完成得更好?在思考与回答这些问题的过程中人们建构了自己的独特身份,甚至内化了群体的价值观和情感体验。

第二节　社会心理学的相关学科

一、社会心理学与心理学

社会心理学由“社会”和“心理”两个术语组成，反映出本学科在知识体系中的特殊位置，即社会心理学与心理学和社会学两门学科关系密切。社会心理学是在社会学和心理学的知识体系内孕育成熟的，对人的行为的研究也需要心理学和社会学的共同参与。因此，目前存在着两种取向的社会心理学研究：心理学取向的社会心理学和社会学取向的社会心理学。

从社会心理学的发展历程来看，社会心理学毫无疑问是心理学的分支。基础心理学为社会心理学的理论建构提供了指导框架。基础心理学认为，人的心理包括心理活动过程和个体差异，心理活动过程包括认知过程和情绪情感过程。基础心理学的这些观点指导着社会心理学对于助人、侵犯等行为的理论建构，人类行为的一般规律如接近律和对比律也有助于分析许多社会心理现象，如沟通、广告、时尚等。此外，基础心理学还为社会心理学提供了科学的研究方法，经常被社会心理学研究采用的观察法、调查法、实验法等大多衍生于基础心理学。

注重社会情境的影响是社会心理学区别于基础心理学的典型特征。心理现象是受社会制约的客观现实在人们头脑中的主观反映。基础心理学研究中虽然蕴含着人的心理的社会性，但主要涉及的还是人与客体之间的关系，主要探讨人如何接受信息和加工信息，揭示人认识和作用于客观世界的机制和规律。基础心理学的研究重心并不是人们的社会生活，也缺乏对人际交往的关注。而社会心理学侧重于个体之间的交往，强调各种社会心理现象的社会制约性，关注人与情境如何相互作用和相互影响，认为社会心理现象和规律的本质只有在社会互动中才能被科学地揭示。在社会心理学中，心理结构、心理过程和心理状态都是针对特定的对象，而不是简单的客体。

尽管如此，社会心理学与心理学的联系是双向的。心理学的一般规律作用于人的社会心理过程，而社会心理现象和规律也促进了心理学对人的一般心理过程的理解。

二、社会心理学与社会学

社会心理学与社会学有着共通的地方。首先，社会心理学与社会学在指导思想和方法论上高度统一，都是以马克思主义理论和方法论为指导。对于社会心理学来说，一旦脱离了特定的社会生活制度，任何的社会心理现象和规律都会被歪曲，难以被准确地理解。其次，社会心理学和社会学都研究社会意识。一个社会的精神和思想有着不同的层面、水平和形式，大体可以被分为系统化的社会意识形态（法律、道德、美学等）和以日常意识为形式的群众性社会心理过程（如习俗、风尚、偏见等）。社会心理、社会意识形态都是社会学和社会心理学的研究对象。社会心理学对人际沟通的研究如果不考虑社会制度、意识形态、价值观等因素，其研究发现会失之偏颇。社会心理学对个体的认知、情感和行为的研究也有助于社会学分析群体过程(Kerr & Tindale,2004)。对于小群体心理、越轨行为等主题,从社会学和社会心理学两方面展开研究则可能更为完整。

社会学和社会心理学都研究人的行为,在分析层次上却存在着差异。社会学更关注社会或团体而非个体的一般规律。社会学关注社会结构、社会制度、社会阶层等对社会行为的影响,采用社会运行规律、经济状况、社会组织形态等概念进行解释。社会学家认为个人是社会关系的总和,个人在社会学理论体系中表现为阶级、阶层的代表。如果社会学要研究个体的目标、价值观、动机或群体意识,会更为关注这些心理结构背后的客观且深刻的社会原因。例如,对于侵犯行为,社会学可能关心与经济波动、阶层冲突、制度变迁对人的侵犯的影响;对于婚姻,社会学更关心人口结构、性别比例、离婚率等因素。

社会心理学关注的社会心理现象具有外显、具体、直接的性质。社会心理学关注个体的认知、情感在社会行为中的作用,对社会心理现象的分析集中于个体层次。在社会心理学研究中,社会意识形态作为社会存在的反映构成了社会心理现象的宏观环境和作用背景,个体、群体在此基础上进行各种社会行为。例如,对于侵犯行为,社会心理学关心人们在哪些情境中,经过哪些信息加工过程才做出侵犯行为;而对于婚姻,社会心理学关注归因方式、依恋等因素对婚姻满意度的影响。

三、社会心理学与人格心理学

当一个学生考试失败的时候,人们至少可以从两个方面分析其失败的原因。首先,这个学生考试失败是否因为他考试时恰好生病或者错误理解了考试的要求。其次,这个学生是否历来怠于学习或者经常粗心大意。因此,我们可以将人的行为原因归于情境或者稳定的个性特征。社会心理学更为重视社会情境在人的行为中的作用,而人格心理学在解释人的社会行为时重视个体差异。所谓"人心不同,各有其面",每一个体在动机、能力和人格方面均存在着独特性。这种独特性使得个体的社会行为表现出跨时间、跨情境的稳定性,一个害羞的人在聚会时会回避退缩,与陌生人在一起会手足无措,即使与熟人交谈也会沉默寡言。

人们的稳定个性特征影响着社会信息的加工过程。与自我评价较高的人相比,自我评价较低的人表现出对社会拒绝信息或消极信息的注意偏向,例如,在观看社会拒绝刺激时前扣带皮层喙部具有更强的激活;倾向于记住消极的反馈信息,对于模棱两可的信息做消极解释;决策时倾向于规避风险(Gyurak et al.,2011;Tafarodi,1998)。这表明,人们以自我概念为基础进行社会信息加工,较低的自我评价使得个体关注生活中的消极信息,容易记住和提取消极信息,并尽可能地回避风险。

人是灵活的策略家,不会被动地被环境所制约。个性不同的个体在不同社会情境中会灵活地调整自己的行为。对大学生来说,与朋友共饮一般包含着人际交往的目的。在一项为期 30 天的研究中,研究者测量了大学生的自我评价,以及他们每天的人际互动和饮酒情况。结果发现,那些自我评价较低的大学生在遭遇消极的人际互动后会饮用更多的酒,而那些自我评价较高的大学生在积极的人际互动后会饮用更多的酒。可能原因在于,自我评价较低的大学生在消极人际互动后希望通过与朋友共饮来满足没有被他人接受的需求,而自我评价较高的大学生在积极人际互动后希望通过与朋友共饮以强化积极的人际体验(DeHart et al.,2010)。

四、社会心理学与其他相关学科

对于人的行为可以从不同层面和层次进行解释。除人格心理学外，认知神经科学、发展心理学、积极心理学、健康心理学、临床心理学等学科从不同角度关注人的行为，社会心理学将这些学科的研究发现整合进对人的行为的解释过程中。

近些年随着脑科学的发展，社会心理学拥有了许多功能强大的新工具。在功能性磁共振成像(fMRI)、正电子发射断层成像术(PET)等脑成像技术的帮助下，社会心理学得以更清楚地了解社会思维与行为的神经基础，探索生理变化与社会心理过程之间的关系。社会心理学与脑科学的结合产生了一门新兴学科——社会神经科学(social neuroscience)，它丰富了我们关于社会行为的知识。例如，研究发现，人的自我是由知觉的自我、保持记忆的自我和思考的自我三个层面构成的复合体，这三个层面各有相应的脑区，其中，自我面孔识别中知觉的自我发生在右侧大脑；自传体记忆和情境记忆中保持记忆的自我主要与海马有关，自传体记忆、情境记忆提取主要涉及右侧前额叶；自我参照、自我反省中思考的自我则与内侧前额叶的激活有联系(朱滢，2004；杨娟，张庆林，2010)。此外，对一些脑损伤病人的研究发现也增进了社会心理学对人的社会行为的理解。研究发现，额叶皮层外侧往往与控制功能有关，而额叶内侧受伤的军人发生暴力侵犯行为的可能性高于其他脑区损伤的患者和健康人，这表明一些暴力行为可能与控制冲动的能力不足有关(Grafman，1996)。

社会心理学的研究对象以成年人为主，发展心理学(developmental psychology)则关注个体从受精卵开始到出生、成熟直至衰老的整个生命进程中心理的发生、发展过程。社会心理学关注人的社会化过程，人的社会化过程涉及大量发展心理学的研究成果。自尊、性别和抑郁被称为社会心理学的三大研究主题。自尊伴随着个体的社会化和认知能力的不断发展成熟，那么从毕生发展的观点来看，自尊的毕生发展趋势如何，在人的发展的每个阶段如何变化以及影响变化的因素有哪些？一项发展心理学的纵向追踪研究发现，人们在童年期的自尊水平较高，随后开始呈下降趋势，这种下降趋势将持续至成年早期，之后逐渐上升。到达成年中期后呈相对平稳的“高原状态”，在老年期又出现急剧下降趋势；总体来说女性自尊低于男性，但在 80 岁以后会高于男性(Robins et al.，2002)。

越来越多的社会心理学家将兴趣转向了积极心理学(positive psychology)的研究。追求幸福是人的天性。几千年来哲学家对何谓幸福生活及人如何获得幸福进行了深邃思考，近年来人们通过制度建设以提高人的福祉。积极心理学认为，心理学的研究应从过于关注心理问题转向关注人的积极力量与美德，从关注人性的消极面转向人性的积极面，致力于帮助普通人生活得更为健康和美好，增进人类的健康和幸福，促进社会的繁荣。社会心理学一直关注探讨人的幸福感的促进和风险因素(Diener，Diener & Diener，1995)。例如，米哈里·契克森米哈赖(Csikszentmihalyi，1975)提出了心流(flow)的概念，用来说明人们在做某些事情时的全神贯注、忘我投入的状态，这种状态对于幸福感有着重要作用。

持续性压力会损伤人的身心健康。健康心理学(health psychology)关注人的身心疾病的风险因素。健康心理学发现，健康和良好的人际关系的缺乏导致人们在面临压力时难以获得社会支持。例如，冲突和矛盾是婚姻的重要成分，婚姻品质和满意度影响着伴侣的身心健康，不幸福的婚姻容易引发人们的抑郁、酗酒和厌食。而亲密关系也一直是社会心理学研

究的重要主题。社会心理学发现，相互指责和充斥愤怒的伴侣容易遭受高血压和免疫功能减退，通过改善伴侣间的归因方式、情绪表达能力有助于增进婚姻幸福，促进伴侣的身心健康(Berscheid & Reis,1998)。一项跨代的纵向研究还探讨了自尊与身体健康的关系，研究对象为1824名16岁到97岁的被试，这些被试在12年内共接受5次自尊测量及身体健康评估。研究发现，低自尊能够预测人们2个月后的身体健康状况，较差的社会联结在其中发挥着中介作用，能够预测自尊随时间迅速下降的趋势，而降低的自尊进一步削弱了个体的社会联结质量，从而持续恶化人们的身体健康(Orth,Robins & Widaman,2012)。

临床心理学(clinical psychology)致力于探讨各类身心疾患及其治疗方案。一般来说，临床疾病的背后往往涉及大量的社会心理因素。临床心理学发现，人格障碍的成因涉及生物学、家庭环境、个体的人格—认知等一系列因素。社会心理学研究也表明，个体的早期经历和特征性不良认知容易导致人格障碍。

第三节　社会心理学的发展历程

心理学研究的是复杂的精神世界，与其他学科相比，心理学较晚才作为一门科学正式形成。正如艾宾浩斯所说：心理学虽有一个长期的过去，却仅有一个短暂的历史。社会心理学作为一门独立学科的出现则更为晚近。在社会心理学的发展历程中，社会心理学深受世界大事、政治潮流和社会问题的影响(Harris,1986)。这使得社会心理学的发展经历了兴衰起伏，既有快速扩张的过程(1946—1969年)，随后又深陷于学科危机(1970—1984年)，从1985年至今又经历了全面扩张阶段。从更宽的时间尺度来看，社会心理学的发展历程可以分为三个阶段：哲学思辨阶段、经验描述阶段和实证分析阶段。

一、哲学思辨阶段

公元前4世纪至19世纪中叶可以认为是哲学思辨阶段。与其他学科一样，心理学或社会心理学只是作为哲学的一部分而存在，在哲学的思辨中蕴含着一些社会心理学的思想。

在这一时期，对社会心理学影响较大的是对人性的探讨。在原始时期，社会生活的要求迫使人们在自己的行为中去识别和考虑周围人们的心理特点，人们认为这些特点是灵魂的作用，形成了“灵魂不灭”的观念。希腊语中“心理”一词的含义即是“灵魂”。赫拉克里特(Heraclitus)将人分为两类：一类人以“逻各斯”即以理智为指南并支配自己的需要，而另一类人则屈从于跟动物没有多大差别的欲望和需要。柏拉图认为，人是由灵魂和肉体两个部分构成的，而灵魂又由理性、激情和欲望三部分构成，分别对应于智慧、勇敢和节制三种德行；人的理性部分和非理性部分之间存在着激烈的关于统治权的争斗；一个人的理性、激情和欲望各司其职，非理性部分接受理性的统治，这个人将同时实现智慧、勇敢和节制三种德行，成为一个正义的人。

迄今仍受关注的天性和环境(nature vs nurture)议题在当时已被论及。柏拉图和苏格拉底强调环境在人的行为中的作用，认为人的行为虽然受到生物因素的影响，但可以被环境和教育所塑造，教育和社会可以改变人性。这种观点对康德、歌德、卢梭等人产生了深刻的影响。而亚里士多德认为,人主要受到生物的或本能的力量所支配,社会就来源于这种人性,社会要改变人的本性是不可能的。亚里士多德认为,人的交往以本能为基础,人们结合为群体的动机是某种本能的东西。亚里士多德的思想对马基雅维利、霍布斯、弗洛伊德等人产生了深刻影响。

在这一时期,哲学对人性的思辨中蕴含着社会心理学思想,也被称为社会心理学的孕育时期。

二、经验描述阶段

19 世纪 50 年代社会心理学开始进入经验描述阶段,一直延续到 20 世纪 20 年代。在 19 世纪 50 年代人类社会跨进了一个新的历史阶段,由自由资本主义逐步过渡到帝国主义阶段。人类活动的领域打破了地域、民族和国家的界限,资本主义的发展引起的社会矛盾和社会问题空前复杂和激烈,这些社会现象的产生促使科学研究的范围从自然扩展到社会生活及人类自身的活动。社会学家及社会心理学家开始对风俗、习惯、语言、文化、模仿、暗示等主题进行探讨。由于社会心理学的研究体系及方法还不够成熟,这一阶段被称为社会心理学的经验描述阶段。

在这一阶段,社会心理学开始脱离哲学和社会学而试图成为独立的知识领域。拉扎鲁斯和施坦达尔(1859)主编出版了《民族心理学与语言学杂志》,该杂志刊登了与语言、风俗、习惯有关的内容,这些被认为是不同于个体意识的民族精神的某种表现,因而被视为民族心理学诞生的标志。科学心理学的创始人冯特(Wilhelm Wundt)认为,实验心理学研究的是低级心理过程,难以用于研究思维等高级心理过程,高级的心理过程乃是人类共同体历史发展的产物,应该由民族心理学来加以研究。为此,冯特花费 20 年时间(1900—1920 年)完成了 10 卷本的学术巨著《民族心理学》。

在这一时期,研究者大体从两条路径对社会心理现象进行描述性研究。从孔德的实证主义出发,社会学家中的心理学派代表人物如塔尔德(Jean Gabriel Tarde)、勒庞(Gustave Le Bon)、罗斯(Edward Alsworth Ross)等人主张模仿、暗示和感染在社会心理演化过程中发挥着重要作用。而心理学路径的代表人物是麦独孤(William McDougall)。麦独孤提出了以本能论为基础的社会心理学,认为一切社会现象都可以用本能来解释。

此外,在这一时期文化人类学的研究增进了对文化与人的行为关系的了解。人类学家泰勒(Edward Burnett Tylor)、萨丕尔(Edward Sapir)、马林诺夫斯基(Bronislaw Malinowski)等人搜集了大量的材料,使我们得以了解原始条件下人们的意识、思维、言语、风俗和习惯。在这些研究的基础上,形成了当前社会文化视角的社会心理学研究取向。

三、实证分析阶段

20 世纪 20 年代社会心理学开始进入实证分析阶段。社会心理学虽脱胎于哲学和基础心理学,但自然科学的发展对于社会心理学作为一门实证科学的诞生具有重大的意义。19 世纪末自然科学的飞速进步使得科学家产生一种思想:一旦应用了科学的研究方法,在理解人类行为方面也会取得像物理学、化学一样的进展。基于这一思想,社会心理学家开始运用

实验方法，以数量分析补充对现象的质量分析，从描述现象转向揭示和利用规律。1920 年以后，社会心理学研究开始采用实验的方法，使得社会心理学跨进现代科学的大门。在实证分析阶段，社会心理学的发展历程大致可分为三个时期：诞生期、成长期和成熟期。

1. 社会心理学的诞生期

20 世纪初到 30 年代是社会心理学的诞生期。心理学家麦独孤(William McDougall)和社会学家罗斯(Edward Alsworth Ross)在 1908 年分别出版了名为《社会心理学》的著作，标志着社会心理学作为一门独立学科的诞生。麦独孤是从个体层面出发对人类行为进行分析的。而罗斯关注族群心理学和集体行为，使用模仿来解释人的各类社会行为，探讨了从众、群氓、冲突解决等主题，这些都已成为现代社会心理学的主要研究领域。此后，1908 年到 1924 年这 16 年间每年都有一本以《社会心理学》为名的著作问世，社会心理学开始进入快速发展阶段。

特里普利特(Norman Triplett)在 1895 年开始用实验的方法研究社会促进的现象，但是他并没有使社会心理学成为一个独立的学科体系。弗洛伊德 · H. 奥尔波特(Floyd Henry Allport，1924)出版了著作《社会心理学》，这本书的观点接近于现代的社会心理学。奥尔波特认为，社会行为受到如他人是否在场等许多因素的影响，他采用实验的方法探讨了从众现象。考虑到奥尔波特对社会心理学的贡献，许多学者认为社会心理学的科学研究应肇始于奥尔波特，他被公认为实验社会心理学的创始人，而实验社会心理学开始成为社会心理学研究的主流。

谢利夫(Muzafer Sherif)和勒温(Kurt Lewin)两位先驱对社会心理学的影响很大。谢利夫在 1935 年开始从事社会规范研究，勒温和同事于 1939 年开始对领导品质和群体过程进行研究。他们均主张采用严格的科学方法研究重大的社会问题，这一思想对后续研究产生了深刻的影响。勒温提出了著名的场论(field theory)和心理场(psychological field)概念，认为人的行为是个性和情境的函数。场论通过需要、紧张、效价和矢量等概念解释个性动力系统的作用，侧重于从心理过程和心理倾向来解释行为。

方法的革新推动着科学理论的进步。在奥尔波特的著作问世的年代，社会心理学的研究方法也在迅速发展。瑟斯顿(Thurstone，1928)以《态度可以测量》(*Attitudes Can Be Measured*)作为其文章的标题，表明态度测量对于态度理论探讨的重要性。瑟斯顿和蔡夫(Thurstone & Chave，1929)出版了《态度的测量》，提出了态度测量的方法，大大提高了态度研究水平。莫雷诺(Moreno，1934)提出了社会测量法，用以测量群体内人际吸引和排斥问题。

2. 社会心理学的成长期

20 世纪 40—60 年代是社会心理学的成长期。受到第二次世界大战的影响，社会心理学在 20 世纪 30 年代末暂缓发展脚步之后，在 20 世纪 40 年代晚期和 50 年代开始迅速发展。尤其是在 50 年代，群体行为和群体对个人的影响方面的研究迅猛发展，关于个性特征和社会行为之间的关系研究也如雨后春笋般不断涌现。

在此期间，社会学家提出了一系列富有影响力的理论。例如，费斯汀格(Festinger，1957)提出了认知失调理论(cognitive dissonance theory)，海德(Heider，1958)提出了平衡理论。海

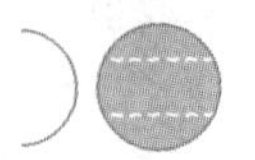

德在20世纪60年代末、70年代初提出的归因理论还开创了社会心理学的一个研究方向。他认为，人们有两种强烈的需要，一是形成对周围环境一贯性的理解的需要，二是控制环境的需要。为了满足这两种需要，人们必须能够预测他人的行为，有必要对他人行为进行归因，从而将认知与动机、行为结合起来。

20世纪60年代社会心理学开拓了许多新的领域，例如社会知觉、人际吸引、侵犯、爱情等，到60年代末社会心理学家将研究领域开拓得如此之广，以至于囊括了可以想象到的社会行为的各个方面。

3.社会心理学的成熟期

20世纪70年代至今是社会心理学的成熟期。在这一时期，社会心理学的研究主题不断深入，研究领域不断拓展，形成了很多新的领域。

20世纪70年代开始，社会心理学呈现出非常强的社会认知的取向。20世纪70年代以来，社会心理学吸收了认知心理学关于信息加工的观点，形成了社会认知心理学或社会心理学的认知取向(Fiske & Taylor,1991)，将社会心理学的研究推进到一个崭新的阶段。从发展历史来看，即使在行为主义观点笼罩心理学研究的时期，社会心理学也没有忽视认知在人的行为中的作用。例如，勒温(Kurt Lewin)在1930年就认为，人的社会行为的动力是对社会事件的主观解释。但是，社会心理学是从人的行为来自社会知觉和社会交往，社会环境影响人的思想、情感和行为等角度来研究认知的，对人的认知过程本身缺乏深入和系统的探讨。而认知心理学主要研究人的认知过程，较少考虑社会情境和人际关系等因素的作用。社会心理学与认知心理学相互结合形成了社会心理学的认知取向。依照这一视角，人们之所以做出侵犯行为是由于其信息加工过程如记忆、推理存在缺陷，而种族偏见则是由于人容易提取与刻板印象相一致的信息所致。

社会心理学重视理论与应用的结合，研究领域不断扩展。社会心理学一直在不断回应社会的需求。20世纪70年代之前就开辟的应用社会心理学领域主要有：教育社会心理学、犯罪心理学、宗教心理学、消费心理学、宣传心理学、工业社会心理学(组织管理心理学)、心理健康的社会心理学以及社会心理学与社会经济、社会心理学与国际关系等学科或研究方向。到了70年代，以组织管理心理学为代表的分支进入快速发展的时期，研究者对于领导、决策、职业满意度等开展了大量研究。近年来，社会心理学开始和一些新兴领域相结合，出现了法庭心理学(forensic psychology)、行为医学(behavioral medicine)、评价研究(evaluation research)、生态心理学(ecological psychology)等学科。

社会心理学还与其他学科不断交叉融合，涌现出了很多新兴研究方向。例如，社会心理学与计算机科学、社会行为学等相结合产生了一门新兴学科——机器行为学(machine behavior)，将智能机器视为有着一系列行为模式及生态反应的行为主体，探讨智能机器在社会情境中的自主行为。而在机器行为学内部，人工智能(artificial intelligence)与道德社会心理学相结合形成了机器道德(moral machine)这一新兴方向，探讨智能机器所面临的相关道德问题。例如，有研究探讨了人们对智能机器的道德决策期望，发现人们期望智能机器应该绝对遵守道德规范，不管人类命令的意图是否道德，人们都期望智能机器在面临人类命令和道德规范的冲突时选择遵守道德规范(远征南，2019)。此外，社会心理学还利用新兴技术如大数据(big data)、虚拟现实(virtual reality)对社会态度、人际关系、群体行为等传统主题展开深

入研究，不断提高社会心理学发现的生态效度，彰显了社会心理学以研究服务于社会需求的题中应有之义。

本章习题

一、简答题

1. 社会心理学的科学性体现在哪些方面？
2. 简述社会心理学的发展历程。

二、论述题

1. 试述社会心理学的两种基本的研究取向。
2. 结合个人和社会生活实际，谈谈社会心理学的应用价值。

三、思考题

1. 一些社会心理学的研究主题如爱情、宗教、价值观等能否被实证研究？
2. 一些研究者认为，心理学研究过多地关注了人的行为的消极方面。结合你对本章内容，谈谈你对这个问题的看法。
3. 如何客观地看待社会心理学在心理学学科体系中的位置？
4. 结合社会心理学的发展历程，谈谈在互联网时代社会心理学这门学科的发展趋势。

在线测试

本章参考文献

第二章 社会心理学的理论和方法

社会心理学在心理学的基本理论与方法的基础上，借鉴吸收了社会学、计算机科学、神经科学等学科的理论观点和研究手段，密切跟踪社会发展趋势和科学技术进步，不断进行理论发展和方法更新，已经形成了探讨人类社会行为的多层次、多角度的知识体系。

第一节　社会心理学的理论视角

一、学习理论

学习理论(learning theory)源于行为主义，强调学习经验对心理和行为的影响。在行为主义的发展历程中，巴甫洛夫和华生是早期倡导者，霍尔、斯金纳和托尔曼等人将行为主义不断拓展和深入，米勒和多拉德将学习理论应用于社会行为如攻击行为的分析中。班杜拉扩展了刺激—反应模式的应用，将行为主义的观点扩展到人际和群体情境中人的行为的习得和改变，创立了社会学习理论。

学习理论认为，个体在特定情境中学会特定的行为，当情境再现时就会做出类似行为，由此形成个体在特定情境中的稳定行为模式；个体之所以习得某种行为，是受到社会环境特别是他人、群体、文化规范或组织机构的影响。

学习理论采用联想、强化、模仿等机制来解释人的社会行为。例如，一个人能否成为出色的老师、警察或运动员，可能是因为受到父母的奖惩或模仿伙伴的行为。但是，学习过程也会带来消极结果。例如，暴力游戏中的一系列奖惩机制会让游戏者对暴力行径感到麻木，让他们将伤害他人与获得奖励联系起来(Anderson & Dill，2000；Bartholow，Sestir & Davis，2006)。

(一)联想

联想(association)源于经典条件反射(classical conditioning)。巴甫洛夫发现，在铃声和食物重复配对出现后，即便只有铃声单独出现，狗也会分泌唾液，这是因为狗对一个中性刺

激(铃声)和无条件刺激(食物)建立起了联系,由此形成了条件反射。人的态度和情绪反应往往通过联想机制形成。例如,某个演技过人的影视明星塑造了经典的反派角色,人们可能将其所扮演的人物形象与本人联系起来,一想到该演员就产生反感;而小孩子之所以害怕医生,是因为医生往往会打针,小孩子一看到医生就会联想到打针并体验到痛苦。当某一反应与特定刺激形成联系后,这一反应也会与其他类似的刺激形成某种程度的联系,这一过程称为泛化。所谓"一朝被蛇咬、十年怕井绳"就是典型的泛化,小孩子对医生的害怕也可能会泛化到身穿白色衬衣的人身上。随着生活经历的不断增加,条件反射过程逐渐变得复杂而形成习惯。例如,小孩子看到医院就会联想到医生,由医生会联想到打针,这使得小孩子可能在看到医院时就会感到害怕而哭泣不止。

(二)强化

强化(reinforcement)源于操作性条件反射(operant conditioning)。斯金纳认为,人们学会一种行为或某种行为频率增加是因为该行为能带来某种结果,这种结果要么满足了个体某种需要,要么可以让个体避免某种不愉快的后果,前者称为正强化,后者称为负强化。例如,一个小姑娘学会了做家务,可能是因为她帮妈妈洗碗时得到了夸奖;一个不喜欢干家务活的小男孩一到周末就努力完成作业,可能是因为母亲告诉他做完作业就可以免除做家务的烦恼。

无论是正强化还是负强化都会导致某种行为频率的增加,而惩罚则会减少某种行为出现的频率。当儿童做出某种不适宜的行为,父母给予儿童讨厌的刺激作为惩罚,儿童为了避免这种刺激而减少不适宜行为,这样的惩罚叫正惩罚。相反地,父母为了孩子减少某种不适宜行为而撤销原来打算给予孩子的奖励,这被称为负惩罚。

(三)模仿

班杜拉的社会学习理论(social learning theory)强调观察学习(observational learning)在社会学习中的作用。如果小孩子观察到一个成人在对挫折做出攻击性反应时受到了奖励,当身处同样的挫折情境中时这个孩子可能会模仿成人的攻击性行为。在模仿之前,儿童仅仅是个观察者,没有任何实践方面的尝试,他既没有做出反应,也没有获得强化,只是通过观察他人的行为及其行为后果就可能促成模仿,这种无关本人行为的强化称为替代强化。在观察学习中,榜样发挥着重要作用,例如一个小孩可以观察父亲的社交行为来习得如何与他人互动。

学习理论被广泛用于解释人的社会态度形成和发展、人际吸引、攻击和亲社会行为等,对人的行为塑造也有较大应用价值。早期的行为主义并不强调认知的影响,后期的学习理论将认知因素纳入其中,但总体而言学习理论还是强调个体所处环境的影响,并不强调人的主观认知的作用。

二、社会认知理论

社会认知理论(social cognitive theory)强调认知在社会行为中的作用,认为个体的行为依赖于知觉社会情境的方式。例如，你早上出门时忘戴眼镜，路上有个人向你打招呼并向你靠近，你不确定是否认识这个人。这时候如果你将这个人知觉为陌生人，担心对方是来兜售东西的可能就会匆匆走开；但如果你想到对方可能是你认识的人，转身走开并不礼貌，很可能就会以微笑回应对方。社会心理学在发展过程中一直强调认知在人的行为中的作用，即使在行为主义主导心理学研究的时期，社会心理学也一直秉持认知的视角。

社会认知理论主要受到格式塔心理学(gestalt psychology)的影响。格式塔理论即完型理论，其基本假设是"总体大于部分之和"。格式塔理论批判了行为主义不重视人的内心世界的观点，认为人的行为是有目的性的或目标导向的，如果只重视刺激—反应联结就降低了人的因素的作用，也很难解释人类的反应怎样相互联系起来。受格式塔学说影响的认知理论认为，人是积极主动地而不是简单被动地应对外部世界。例如，丈夫发觉这几天晚餐饭菜都很难吃，就对妻子大发脾气，认为她存心与他为难。实际上，妻子这样做完全是为了照顾丈夫的身体，因丈夫太胖所以少放油、少做油腻食物，又担心多盐可能导致心脏病，盐也放得少了。而丈夫是从自己的知觉经验出发，对妻子的行为进行解释、判断并采取行动的。人们将其知觉、观点、信念通过有意义的方式组织起来，形成相互联系、互不矛盾的有关周围世界的图式。图式一经形成，就会影响个体对观察到的现象的解释和判断，进而影响对该情境的反应。

社会认知理论在解释人的社会行为的时候，关心人对当前环境或对象的知觉和解释，强调人的主观心理过程，而不是外部客观环境或过去的强化经验在社会行为中的作用。早期的社会认知理论以勒温(Kurt Lewin)的心理场(psychological field)理论(又称场论)为代表。该理论认为，一个人的行为不仅与其内在特征如遗传、能力、个性等相联系，还与其现在所处的社会环境如是否有他人在场、所处群体的态度等有关，用公式表示就是：$B=f(P\times E)$。其中，B 表示 behavior，P 表示 personality，E 表示 environment，即人的行为是个体人格和情境的函数。随后，随着认知革命出现以及信息加工心理学的兴起，社会心理学开始关注注意、记忆、推理与判断等认知过程在社会行为中的作用。

社会认知视角并不否认客观现实的重要性，而是着眼于情境中的事件和人的主观解释对人的行为的交互影响，强调人会主动地选择和解释社会情境。例如，个子高的人在运动时可能会选择打篮球，而不是踢足球。类似地，一个内向的人可能会避开那些热闹的场合，即使不得不参加聚会，也可能对陌生人的过度热情感觉不堪其扰。

从 20 世纪 50 年代开始，社会认知取向的研究者对社会知觉、社会印象、社会判断等进行了全面研究，形成了一致性理论、归因理论等有深远影响的理论。社会认知的一致性理论又称为平衡理论，认为人的行为的动机是让认知结构保持平衡和满足一致性需要。与此有关的理论包括海德的平衡理论、费斯汀格的认知失调理论等，其中以认知失调理论最为著名。该理论认为，当实际行为与态度不一致时人们会感到不适、不协调，这种失调感推动人们努力去减少不协调，要么从认知上改变原有的态度以符合行为，要么改变行为以符合态度，或者避开加剧不协调的情境和信息。归因理论是关于我们如何推断他人行为原因的理论。例如，一个人向领导打招呼，但领导对其视而不见而径自走开，这个人会将领导的行为归因于其视力缺陷，还是归因于领导事务繁忙而心事重重，抑或领导对自己有看法？归因理论反映了认知理论的假设，即脱离了作为知觉者所获得的信息，我们就不可能处理来自外部世界的刺激。在 20 世纪 60—70 年代，归因是社会心理学最为重要的研究主题。

随着无意识过程的研究在信息加工心理学中的兴起，社会心理学开始关注无意识过程在社会行为中的作用。社会心理学认为，人对社会信息的加工可能是有意识的，也可能是无意识的，强调无意识过程在人的社会行为中的过程被称为内隐社会认知(implicit social cognition)。内隐社会认知以格林沃尔德和班纳吉(Greenwald & Banaji，1995)的经典文献《内隐社会认知：态度、自尊与刻板印象》为发展坐标，内隐社会认知的学科性质、研究主题和研究范式在理论层面始于此并形成指导性框架。社会心理学的既有心理结构获得了与之相对应的内隐成分，例如态度对应于内隐态度、自尊对应于内隐自尊、刻板印象则对应于内隐刻板印象，而既有的心理结构则冠以外显之名，例如外显态度、外显自尊、外显刻板印象。格林沃尔德等(Greenwald，McGhee & Schwartz，1998)开发了内隐联结测验(implicit association test，IAT)以测量这些内隐心理结构，极大地促进了该领域的蓬勃发展。内隐社会认知研究者在不断完善 IAT 等内隐测量方法的基础上，还将无意识过程拓展到攻击、亲社会行为等领域的理论建构中。

近些年，社会心理学越来越关注人的心理、行为的神经和生化机制，社会认知神经科学(social neuroscience)领域开始不断发展。为了研究人的心理、行为与神经生理过程和生化因素之间的关系，社会心理学家在研究中会采用一些复杂精细的技术，例如使用脑电仪(EEG)探测人的脑电变化，利用功能性磁共振成像(fMRI)扫描被试大脑血液流动情况。通过在被试思考、加工社会信息时使用这些技术，社会心理学可以描绘出不同脑区活动和社会信息加工之间的关系。例如，朱滢团队(张力，周天罡，张剑，等，2005)从大脑神经角度分析不同文化对人的自我概念的影响，发现集体主义文化下的中国人自我概念中包括自己和母亲，自我参照和母亲参照在大脑中有同样程度的激活，而个人主义文化下的西方人只出现了自我参照。

三、社会文化视角

社会文化视角(sociocultural perspective)关注地域、族群、宗教信仰等社会文化因素对人的心理和行为的影响。社会文化视角强调的是人的社会行为中变异的部分即文化的作用。

20 世纪 80 年代以来，社会心理学开始关注社会文化如何影响人们的思想、情感和行为。文化指生活在特定的时间和空间内的人们共享的一套信念、习俗、价值观和行为模式。文化在某种程度上塑造了特定群体，例如对普通人而言，食用肉类是维持生存的必要行为，而对信奉素食主义者(vegetarians)来说肉类是被禁食的。文化对特定群体成员的影响是通过社会规范(social norm)和社会角色(social role)实现的，并通过社会化这一载体而实现代际相传。早期的文化人类学家主要通过田野调查，观察、记录不同族群的生活习俗、文化规则，以探究人类文化的特殊现象和通则性。早期文化人类学的代表人物玛格丽特·米德(Margaret Mead)于 1925 年对南太平洋岛屿的萨摩亚人的青春期进行了为时 9 个月的观察，以此为基础撰写了《萨摩亚人的成年：为西方文明所作的原始人类的青年》一书。米德认为，萨摩亚人的平等的教育理念、理性的两性关系、开放的门户关系等使得萨摩亚人的青春期比工业社会青少年更为平稳、健康，据此提出青春期危机是文化的产物。此外，某些文化由于在群体形成过程中根深蒂固，甚至会成为主导群体活动的重要动力，例如一些宗教群体

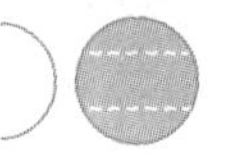

为了维护自身的宗教信仰，会对破坏自身宗教和群体利益的外群体实施惩罚和攻击。

社会文化视角的研究关注对不同文化和社会群体之间的比较，形成了一门新兴学科——跨文化社会心理学，以探讨文化在社会和群体心理中的作用。其中，个人主义文化(individualistic culture)和集体主义文化(collectivist culture)是跨文化分析最为主要的维度。两种文化影响着人们的社会知觉、思维方式、自我概念等。研究发现，在社会知觉方面，西方人(个人主义文化)倾向于使用人格特质进行归因，而东亚人(集体主义文化)倾向于考虑环境的作用，从而表现出较低的基本归因错误；在思维方式方面，西方人偏重分析性思维，东亚人偏重整体性思维；在自我概念方面，西方人的自我是独立型(independent)，自我不包括任何其他人，而东亚人的自我是互赖型(interdependent)，如中国人的自我包括母亲(朱滢，2001)。

在一个大的文化区域内也存在一定的文化差异。例如，水稻理论(the rice theory)提出，中国南北方的文化差异源自不同的耕种文化，种植水稻需要紧密协作，导致水稻种植区的人趋于集体主义和整体性思维，而人们可以独立地种植小麦，导致小麦种植区的人趋于个人主义和分析性思维(Talhelm et al.，2014)。虽然对于水稻理论仍有较大争议，但中国南方人和北方人之间的社会心理和行为确实存在着明显差异。在美国或加拿大这样庞大且复杂的社会中，个体经常处于不止一种文化或族群中。研究发现，西班牙裔美国人比非西班牙裔美国人更多地表现出集体主义，如果西班牙裔美国人在英美文化氛围中生活得越久就会变得越趋于个人主义(Martin & Triandis，1985)。

在社会文化视角看来，文化作为活动背景与其他因素共同作用，交互影响着个体或群体的行为。采用社会文化视角，能够让研究者跳出文化中心主义，对异质文化抱以理解和宽容，降低群体间的偏见，减少甚至消除人际冲突和群际冲突。

四、进化论视角

进化论视角(evolutionary perspective)从漫长的人类进化史和生理机制中为人的社会行为寻找合理的解释。从表面上看，人类的社会行为充斥着各式各样的差异，小到我国南北方人不同的交往模式，大到不同国家、民族之间人们的生活模式均有所不同。进化论视角透过这些文化差异，探究联系着我们每个人的基本共性，也就是人类的根本动机。例如，不同社会和群体在凶杀案和暴力文化方面存在着差异，但是这些社会和群体中约80%的杀人犯都是男性，且男性的犯罪动机不外乎是出于对地位或求偶机会的竞争(Daly & Wilson，1988；Vandello & Cohen，2003)。

进化论视角与社会心理学相结合形成了进化社会心理学(evolutionary social psychology)这门学科。进化社会心理学将自然选择(natural selection)和进化的思想应用到对人类行为和社会生活的理解中。进化社会心理学的核心思想：进化是非常缓慢的发生过程，人类的社会行为部分地源于对远古生活的适应(Buss，1990，2005)。许多人类的行为倾向和偏好是自然选择的结果，是我们的祖先对当时特定问题的适应性反应，并作为适应性机制延续至今。例如，躲避蛇和蜘蛛、偏好高蛋白和含糖的食物增加了人类祖先的生存机会，具有这些行为倾向的个体才能够繁育更多的子女，这种行为模式渐渐地成为人类遗传特征的一部分。这种人类继承了祖先自然选择后保留下来的心理机制和反应模式，被称为适应特

质(adaptations)。考虑到物种进化的延续性,进化社会心理学不仅寻找人类行为背后的共同特征,还探索不同物种之间在社会行为上的相似之处。

进化社会心理学采取功能分析作为主要方法,认为只有厘清特定心理现象的功能才能理解其心理机制。例如,异性恋的女性选择伴侣时偏好高大强壮的男性,是想获得安全感还是高大强壮的身材意味着能繁衍更健康的下一代?由于人类是在群体中得以生存、生活并延续的,人类的祖先所面临的许多问题都是社会性的,因此进化而来的心理机制都涉及与他人的关系,例如害怕被群体排斥、与他人合作的意愿以及愿意在抚养孩子身上投入大量资源等。通过分析这些行为在祖先的生存环境中的功能,才能理解当下人类行为如饮食倾向、择偶偏好、助人倾向等的心理机制。例如,偏好高蛋白和含糖食物可能与人类作为恒温动物的生理特征有关,高蛋白和含糖食物有助于人类维持正常的体温;另外,一些研究发现在择偶时男性关注女性的年龄和外貌而女性则注重男性的财富和地位,进化社会心理学认为可能与人类进化过程中形成的繁衍需求有关,这种择偶需求的性别差异是人类长期进化的结果,也是一种进化的心理机制(evolved psychological mechanism)。

社会心理学的进化论视角认为,人类行为反映了内在心理特征(包括进化的心理机制)和外在环境要求的共同影响。进化的心理机制对人的行为发挥着潜移默化的影响,人们可能难以察觉。例如,人们发怒时的表情往往与动物类似,都是咬牙切齿、紧握拳头;我们也会甘冒生命危险,去救助一个素昧平生的人。但是,社会环境仍然塑造着人类的行为。人的睡眠受制于生理节律,而这些生理节律往往是适应日出而作、日落而归的生活模式,现代社会人造灯光的增多,干扰了人的睡眠节律的运作,由此导致了现代人的失眠、抑郁等问题。

进化论视角的社会心理学关注人的社会行为背后的根本动机,如繁衍后代、竞争以获得生存机会等。进化论视角的理论解释范围非常广泛,通过与神经科学、遗传学相结合,为社会心理现象提供了新颖的解释。但是,从进化论提出的各种理论假设是难以通过实验来检验的,这使得其理论有循环论证之嫌。此外,对于进化论视角的理论解读和应用需要避免自然主义谬误(the naturalistic fallacy)。自然主义谬误是指人们试图从事实陈述中推导出价值判断,而忽略了价值判断的伦理意义。例如,性别的择偶差异并不意味着其具有现实合理性。按照休谟法则(Hume's Law),我们不可能从实然(is)中推出应然(ought)。因此,在借鉴进化实验心理学的研究发现时,需要将"是什么"和"应该是什么的"的问题区分开来。

五、社会心理学的其他理论

当前社会心理学研究在上述四种视角基础上,还继承、吸收了其他学科和方向的理论或视角,并在此基础上有所发展。

(一)精神分析理论

精神分析理论(psychoanalytic theory)由弗洛伊德及其追随者创立和发展。精神分析理论在心理治疗的基础上产生,很快被吸收进临床心理学、发展心理学、社会心理学等学科的理论建构中,例如无意识的概念极大促进了社会心理学领域的自动化过程研究。弗洛伊德的精神分析观点强调童年期经验的决定性作用,认为人的行为由性本能、生本能和死本能等倾向所主导。他还发展出由本我(无意识,快乐原则)、自我(意识,现实原则)和超我(社会的禁忌、准则、规律)组成的人格理论。荣格(Carl Gustav Jung)、弗洛姆(Erich Fromm)、霍妮(Karen Danielsen Horney)、沙利文(Harry Stack Sullivan)、埃里克森(Erik Homburger Erikson)等对弗洛伊德的经典学说进行了修正和发展,形成新的精神分析理论,被称为新精神分析学派。精神分析理论对社会心理学的影响集中体现在社会化和群体心理方面。

社会化(socialization)是一个人习得群体所赞同的社会行为,以适应群体生活的过程。弗洛伊德认为,儿童早期将父亲或母亲看作性欲望的对象,男孩爱恋母亲,嫉妒甚至憎恨父亲,产生所谓的俄狄浦斯情结,女孩则相反。然而,这是不为社会道德规范所允许的,解决这一问题的方式就是男孩加强对父亲的认同,模仿父亲的行为;而女孩则模仿母亲的行为,由此建立起最初的社会性别认同。弗洛伊德的人格结构学则认为,幼儿时期个体行为的主要动力是本我式的,遵循快乐原则,但本我不能肆意表现而要经受社会的制约。为了表现出社会允许的行为,本我的部分被压抑,在自我和超我的监督下以合理的方式出现。一个儿童如何学会成为一个有责任心的、讲道德的成人,而不是只关注本能需求呢?儿童在早期社会化阶段中,从父母亲、教师、其他权威以及同伴的劝告和指导中接触到一系列规则和道德概念,本能被压抑下来。当儿童的行为满足了家长的要求就能获得某种赞许和奖励,随着年龄增长,这些规则和道德观念不断被重复,最终内化成为意识。因此,人的社会化过程就是协调好本我、自我和超我三者关系的过程。

新精神分析学派强调了社会文化因素的作用。弗洛姆从社会历史演进的角度考察了人的社会化,认为社会化的后果是人压抑真实的自我,从而产生了孤独感。弗洛姆发展了弗洛伊德的潜意识概念,提出了社会潜意识。他认为,每个社会都通过漫长的历史存在、特殊的生存方式发展出一套约定俗成的规范体系,对个体形成普遍存在的社会性压抑作用。随着社会从传统走向现代,社会物质条件极大改善,个体的自由度大大发展,个体却越来越孤独。人面对这种困境,要么服从权威以逃避自由,要么反抗主流以获得自由。弗洛姆从人和社会的关系层面解释个体社会化过程及其成败。此外,其他的新精神分析学家如卡伦·霍尼从社会文化层面寻找人的内部冲突的证据,沙利文强调人与人之间的关系,认为心理失调是由人际关系失调引起的,埃里克森则提出了贯穿人一生的自我同一性理论。

弗洛伊德还将性本能的观点和家庭动力关系的理论扩展到群体关系。按照弗洛伊德的看法,一个群体是由利比多为纽带联结而成的系统。弗洛伊德声称,一个群体的领袖就像家庭中的父母,他认为"领头人暂时成了情绪的共同对象,来代替形成超我的父母情绪"。当每一位群体成员都将群体的领导者作为他理想中的人物时,所有群体成员就会形成认同。领袖具有强有力的影响力,同时集体成员对领袖有一种依赖性,这时候集体成员十分容易受暗示影响,自主性和理智性会减少。如果领袖发出强有力的号召或指令,群体成员就像被催眠了一样按照领袖的要求行动,成员之间还会产生感染和暗示(乐国安,2006)。

(二)符号互动论

符号互动论(symbolic interactionism theory)又称符号交互作用理论,由社会心理学家乔治·米德(George Herbert Mead)创立。米德的思想受到达尔文主义、威廉·詹姆斯(William James)、库利(Charles Horton Cooley)、杜威(John Dewey)的实用主义以及冯特关

于姿势研究的影响。《心灵、自我与社会》是集中体现米德的社会心理学思想的作品。米德认为,人类的互动行为包括符号互动和非符号互动两种。非符号互动指未经思考和选择的生物性本能反应。其中,符号指人类用以传递信息的姿势(gesture),包括个体动作和口头语言。符号互动即指人们利用特有的理解符号的能力与其他人进行互动的过程。在互动过程中,互动双方通过有意识地理解对方的符号(姿势或语言)来做出可以引起对方反应的行为。因此,社会互动不可能仅靠简单的刺激—反应来实现,需要以有意义的符号作为中介,当别人对你举起手或说话时,你需要为对方的这一行为做出解释并赋予意义即理解符号,据此做出适当的反应。在这一过程中,沟通双方共享的意义符号系统如语言、文字、姿势、表情等是实现有效互动的基础。

布鲁姆(Herbert Blumer)是首次提出"符号互动"术语的符号互动论倡导者。他认为研究社会过程时需要关注三大核心原则:(1)意义产生于个人间的社会互动;(2)人们运用从互动中获得的意义指导自己的行为;(3)人们应用这些互动来解释过程。在布鲁姆看来,人们在应付所遇到的事物时,总是会通过自己的解释去运用和修改事物对他的意义。而在互动过程中,人们通过使用符号和语言,赋予客体和人物以意义和价值的过程被称为现实的社会建构(social construction of reality)。

米德的自我理论认为,理解符号的过程不仅包括理解对方发出的行为,还包括认识自己的行为,预测自己的行为能引起对方怎样的反应。这一思想源于威廉·詹姆斯的自我主体(I)和客体(me)之分。库利的"镜中之我"(looking-glass self)概念认为他人是反映自我的一面镜子,人们通过了解他人眼中的自己来认识自我。米德吸收了詹姆斯和库利的思想,认为客体自我是在与他人互动中形成的,人具有扮演他人角色的能力,将客体自我放在他人的位置上进行评价,从而调整自己的行为以符合社会互动的要求。米德认为,在人际互动中扮演他人或透过他人的眼光来观察自己的过程,对形成相对稳定的自我概念来说十分关键。他认为自我形成过程可分为三个阶段:模仿(imitation)、玩耍(play)和游戏(game)。在模仿阶段,儿童会在不了解的情况下表现出模仿他人行为的能力,例如看到母亲拿起水杯,儿童也会寻找手边的杯具;过渡到玩耍阶段后,儿童开始表现出从他人角度看待自我的能力,儿童在想象中扮演父母、兄弟或姐妹等各种角色,此时儿童的这些行为仍是无组织的;随后儿童会放弃自我中心式的玩耍而进入游戏阶段,开始学习游戏规则和配合他人,在游戏中儿童必须按照与不同的人的互动方式来觉知自己,逐渐将普遍化的他人(generalized other)的期待予以内化,在此基础上形成客体自我。

关于社会的形成,米德认为来自他人的角色期待会使人们之间的行动彼此关联,而这种关联又借助于其他共有的符号,进一步发展到一个社区的共同价值观、态度和规范。社会就是在人与人之间的互动中产生出来的,代表着"个体之间有组织的、模式化的互动"(Turner,1987)。因此,社会并不是存在的固定实体,而是随着互动中人们的行动而不断被创造和再创造的,是发生于互动的个体之间的事件流(乐国安,2006)。

符号互动论影响广泛,社会角色理论、参照群体理论、戏剧理论、标签理论等都是由该理论衍生而来的,其中影响最大的是社会角色理论(social role theory)。在解释社会心理现象时,社会角色理论不考虑个人特有的、存在于个人内部的因素如个性、态度和动机,而是用个体所处的位置、角色期望、角色技能和参照群体来解释人的社会行为。例如,普遍化的他人对拥有特定角色的某人或某群体应该表现出来的恰当行为的期望,被称为角色期望(role expectation)。例如,人们假设教师与学生的行为方式不同,对这两种角色也有着不同的期待。社会要求老师爱护学生,塑造学生健全人格,对学生则要求其认真学习,听从老师教导。一个人在承担不同角色时,需要按照特定的角色期待行事。当一个人作为老师在学校和教室中时势必需要谨言慎行、为人师表,但与朋友在一起时则不必过于严肃。有时候,在特定时刻人们可能会同时承担两个或多个不一致甚至相互矛盾的角色,就会产生角色冲突(role conflict)。例如,一个平时难得一见的亲戚在上课期间来学生所在高校的城市游玩,作为学生与家庭成员的角色期望可能会发生冲突,这一冲突称为角色间冲突(interrole conflict)。对于同一个角色由于人们的期望与要求不一致,或者角色承担者对该角色的理解不一致,也会在角色承担者内心产生矛盾与冲突,这被称为角色内冲突(intrarole conflict)。

(三)社会交换理论

社会交换理论(social exchange theory)从经济学的交换概念出发,采用人们在彼此交换中的成本和收益来分析人们的相互作用。人们在社会交往中会表现出外显的、直接的交换,例如,你可能会同意帮助朋友学习外语,而朋友会帮助你提高打篮球的技艺。在这一关系中,你付出了一定的成本(帮助朋友学习外语的时间、精力),也会有相应的收益(提高了篮球技艺)。即使我们没有意识到,相互作用的过程也会在参与的人群中产生收益(如信息、金钱、赞许的微笑、被爱的感觉等)和成本(疲倦、不赞同、被误解的感觉等)。因此,社会交换理论不仅将社会行为看作是有形物品的交换,还看作是无形物品如赞同、荣誉的交换(Homans,1961)。社会交换理论在分析人们的协商时尤其有用,在协商情境中双方都有各自的利益,需要彼此达成某种形式或程度的一致才能实现。

社会交换理论提出了社会交互作用这一概念,认为人们的社会行为是相互依赖的。当人们将某些东西给予他人时,同时向他人施加了压力,促使他人做出回报行为,由此创造了公平关系。对个体而言,在这场交换中如果收益高于成本,相互作用就会继续下去,而如果成本大于收益则会停止这一过程。

霍曼斯(Homans,1961)吸收了经济学和行为主义的观点,希望建构起有关人类行为的一般命题系统。他提出了社会交换理论的五个基本命题。(1)成功命题。如果个体经常会因为某一行为而获得酬赏,就越有可能从事该行为,从事该行为的可能性取决于酬赏的频率及方式。(2)刺激命题。相同的刺激可能会带来相同或相似的行为。如果个体曾经因对特定刺激做出的某一行为获得了酬赏,当类似刺激出现时个体有可能做出与过去相同或类似的行为。(3)价值命题。某一行为的结果越有价值,个体越有可能从事该行为;如果某一行为的结果让个体受到惩罚,个体就有可能采取措施避免这类行为的发生。在人际交往中,个体会遵循趋利避害原则,倾向于选择那些能够带来较高酬赏的社会行为。当然,行为结果的价值不仅指经济价值,也包含了社会价值和伦理道德价值。(4)剥夺—满足命题。个体在最近越是经常获得某种酬赏,从酬赏中获得的满足感和价值感就越会不断减少。也就是说,获得的酬赏遵循经济学的边际效用递减规律。(5)攻击—赞同命题。当个体的行为没有得到期望的酬赏或者得到了意料之外的惩罚时,就可能产生愤怒情绪并采取攻击行为,此时攻击行为对个体是有价值的;当个体的行为获得了期望的酬赏或没有遭受预期的惩罚,个体就会高兴从而继续这一行为或避免错误行为的再次发生。

六、视角融合

大体而言，社会心理学主要围绕进化论、社会文化、社会学习、社会认知四种视角分析人的社会行为。

这四种视角是从“根本”到“临近”的解释水平上的连续体，越是“根本”的视角在解释某一社会心理现象时越是关注背景性或历史性的原因，越是“临近”的视角越是关注当下过程的重要性。进化论视角在解释人类社会行为时将目光投向遥远的原始时期，从人类进化的过程中探究社会行为的原因，是社会心理学解释水平中最为“根本”的视角。与进化论视角相比，社会文化视角关注在较近的历史中逐渐形成的社会文化背景对人的社会行为的影响，强调的是人类社会中变异的部分即文化的作用，在解释水平上比进化论视角要更具体。进化论视角和社会文化视角探究的是行为产生的远因（distal factor），即进化和文化。学习视角和社会文化视角有着直接的联系，人们生活的环境离不开文化和社会规范，而人们也需要通过学习和内化各种社会规则和价值观才能适应社会。但是，这两者的侧重有所不同，社会文化视角关心较为广阔的社会背景如族群、阶层、宗教背景等，而学习视角关注人类行为原因的空间广度、时间尺度要小于社会文化视角，强调个体在特定环境如家庭、学校和同龄人群中的独特经验，因此，学习视角是比社会文化的解释水平更为“临近”的视角（Kenrick, Neuberg & Cialdini, 2010）。尽管解释水平不同，进化论、社会文化、学习视角关注的都是客观环境对人的影响，而社会认知视角却不认为客观环境的真实性是左右人的行为的主要原因，而认为人对事件和环境的主观解释才是社会行为的动力。由于认知过程强调即时信息的重要性，社会认知视角是一种最接近当下、最为“临近”的视角。学习视角和社会认知视角探究的是人的行为产生的近因（proximal factors）。需要指出的是，社会认知取向的研究在现代社会心理学中占据重要的位置，许多研究者从社会认知视角出发探索人们的社会知觉、态度形成、人际沟通、偏见等方面的机制。

尽管这四种视角存在着解释水平上的差异，彼此间的关系却并非截然对立或能够相互取代，而是紧密融合和不可分割的。没有即时的认知加工就没有个体的学习，没有过去的学习或者不具备处理复杂信息的大脑就不会有个体的归因、社会图式或群体偏见；而学习经验离不开社会规范、文化因素的参与，个体通过学习习得这些规范的同时又巩固了文化本身；学习经验与文化同时又是进化的产物，来自人们在社群中创造以及被创造的过程（Kenrick, Nieuwebor & Bunnk, 2010; Klein et al., 2002）。在分析人类的社会行为时，通过灵活切换和采用不同视角分析同一个社会行为，有利于我们了解社会心理现象的全貌，并做出正确的判断。

随着社会心理学的研究主题越来越丰富，对社会现象的研究也不断深入，上述一般性理论已经不能充分地解释某一社会心理问题。研究者开始注重从传统理论中整合各种观点，发展出适用于某一范围内现象而非社会生活全貌的理论，也就是所谓的中距理论（middle-range theory），如挫折—攻击假说（frustration-aggression hypothesis）就是解释攻击性的一个中距理论。

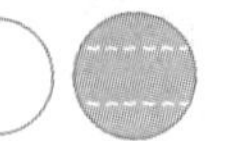

第二节　社会心理学的研究方法和技术

一、观察法

观察法(observational method)是研究者通过感官或借助科学仪器,在一定时间内依据研究目的,有计划地系统考察和描述对象的各种心理活动、行为表现等,并收集研究资料的一种方法。一般来说,观察内容包括对象的行为和感受,事件发生的时间、地点、作用、情形等。为了做好观察,研究者要有明确的目的和要求,设计好观察程序。在研究中,观察法既可以单独运用,也可以作为辅助方法与其他方法结合使用。

观察法适用于在一定的情境中了解人的行为表现,以发现变量与变量之间的共存或共变关系,初步分析、判断人的行为和心理活动的发生和发展规律。观察法在以下情况时较为适用:第一,观察法适合针对言语或非言语的行为过程,尤其是群体互动过程的演变及其动力因素的研究;第二,观察法适用于无语言文字沟通能力的对象的研究,例如动物、婴幼儿和聋哑人;第三,当有些研究不宜采用实验的方法时可考虑观察法。例如,在爱情和婚姻研究中,研究者可能难以随机选择与分配被试,也难以主动操纵自变量、确定因变量和控制无关变量,此时观察法较为合适。此外,观察法还可以用于验证第二手资料,如果第二手资料缺乏可信度或不能排除失真的可能性,研究者可以通过观察对其进行验证。

观察法有很多类型:

首先,根据研究者是否与对象互动,可以将观察法分为非参与观察和参与观察。非参与观察指观察者不介入被观察者的活动,作为旁观者置身于外,观察研究对象的活动和表现。实验室观察就是典型的非参与观察。当研究者作为被观察者中的一员共同参与活动,并观察和记录他们的活动时则属于参与观察。依据观察者的参与程度,又可分为完全参与观察和不完全参与观察。参与观察能获得相当深刻的个案资料,但很难产生对总体的精确描述。

其次,根据观察程序的不同,可以将观察法分为非结构观察和结构观察。非结构观察指事先并未规定严格的计划,只有概略的观察目的和要求,或大致的观察内容和范围,研究者依照现场情况对事件和行为进行全面观察和记录的方法。以这种方法收集的资料难以进行定量分析,一般用于对所研究对象和行为的定性描述。结构观察是指按照事先明确的观察内容,运用标准化的观察程序,使用预先设计好的表格,在特定的时间和地点对目标行为进行记录的观察。其结果可用于定量分析和对比研究,故又被称为系统观察(systematic observation)。自20世纪初以来,该方法已在社会心理和行为研究中得到广泛应用。

最后,根据观察时是否借助相关仪器,可以将观察法分为直接观察和间接观察。直接观察指直接通过感官考察各种事件和行为表现以收集研究资料的方法。例如,研究者在会议中直接观察和记录人们的互动情况。间接观察指通过一定的仪器设备,观察、记录研究对象的活动过程和行为表现以收集研究资料的方法。例如,研究者通过监控设备观察会议中人们的互动情况。随着科技的发展,用于观察的研究设施和设备日趋先进。通过仪器进行观

察促进了对复杂的行为变化过程和互动模式的微观分析，通过对音像资料的反复观察还能够提高行为描述的准确性、广度和深度，这种方法已经越来越普遍应用于社会心理学的研究中。

在观察过程中，被观察的对象有时并没有觉察到自己在被观察，研究者能得到自然条件下真实的行为资料。观察法还可以弥补其他方法的不足，例如在调查法中会出现调查对象不愿接受访谈、没有交回调查问卷等情况，这时候采用观察法可能更为有效。

观察法也存在一些局限性，主要表现在：首先，我们很难对某些特定种类的行为进行观察。有些行为在生活中很少发生或者只会在私下发生，如犯罪现场的目击者的反应、家庭暴力等。其次，观察可能影响观察对象正常的表现和行为进程，导致观察者难以收集到真实可信的资料。再次，观察资料的收集、整理和结论的提炼受到观察者的经验、能力、个性等因素的影响。最后，观察法获得的研究发现难以揭示诸因素间的因果关系，仅可为进一步的相关或因果研究提供描述性、探索性的参考。

二、调查法

社会心理学家经常调查人们的社会态度、行为偏好、人际关系等，调查法在其中扮演了重要的工具角色，是社会心理学普遍使用的研究方法。通过调查法收集到的数据通常用于描述问题和进行相关分析。

调查法包括访谈法和问卷法。访谈法又称为询问法，指人们通过面对面、通信、电话、网络等渠道以了解被试心理倾向或反应的方法。在访谈过程中存在着访谈者与被访谈者之间的相互作用，访谈过程中存在着一定的主观性，由此影响所获信息的可靠程度。因此，访谈者需要经过严格的训练，才能够有效地采用谈话法进行研究。

问卷法指通过书面形式，要求参与者回答结构式和非结构式的问题而收集资料的方法。其中，量表就是采用标准化方式进行的问卷调查。首先，采用问卷法可以进行大范围、大样本研究，问卷填写过程也比较经济、省时、易于进行。随着互联网的发展，一些网络平台如 Amazon Mechanical Turk 能够帮助研究者获得大量被试数据。一些研究者也会根据研究主题开发在线数据采集平台，例如机器道德研究平台 http://moralmachine. mit. edu/，该平台包括 10 种语言的调查问卷，样本数量可达数百万人。在使用问卷法时，首先要设计出具有良好心理计量学特征的调查问卷。其次，在利用问卷法进行调查时，研究者需要选取合适的抽样方法保障调查样本的代表性，并控制好问卷的施测流程。

调查法能够帮助研究者发现人们对现实情境的反应，较快地收集此时此刻人们的心理状态的信息。但是，对于人们过去经历特别是有关过去的情绪或感受，人们凭借记忆完成的调查可能与真实情况有所偏差。被试在回答问题时也容易受社会赞许性或主试的暗示、个人特质的影响，从而提供了不准确的信息。

三、档案研究

档案研究（archival research）又叫文献资料分析法，指对现存材料加以分析、整理的一种研究技术。档案研究适用于追溯社会发展的趋势以及跨文化比较等方面的研究。

档案研究的档案的范围较广，只要是现存材料都可以作为档案研究的对象。很多早期的社会心理学家都利用报刊文章、文艺作品、日记、录音等公开文献资料进行分析。例如，麦克莱兰(McClelland，1961)在成就动机研究中，主要是通过对教科书及文学作品中主人公的形象分析，确定了社会成员的成就动机水平与工业增长的关系。在当今的信息社会，利用网络数据的档案研究越来越流行，利用社交媒体上的公开数据开展社会心理学可以得到较高的生态性和富有价值的学术发现。例如，易戈等(Eagle，Macy & Claxton，2010)搜集了2005年8月份英国几乎所有的电话通信记录(涵盖了90%的手机和超过99%的固定电话)，将该记录与其所在的三万多个小区居民的经济排名的关系进行分析。结果发现，越是富裕小区的居民其人际交往的多样性越明显，这意味着关系的使用与经济发展有着密切关系，支持了格兰诺维特(Granovetter，1985)的观点。在我国，刘珲(2017)采用数据挖掘技术对南京市鼓楼区1980—2013年婚姻登记档案目录数据做了详细分析，将当地居民婚姻特征概括如下：(1)从离婚人群分布来看，当地离婚人群由青年人为主转变成中、青年人为主；(2)通常在结婚初期4年内的离婚率最高；(3)夫妻职业、学历等相似的婚姻占大多数，此类婚姻人口呈增长趋势；(4)职业不稳定和低学历是影响婚姻稳定的重要因素。

档案分析能够帮助研究者在短时间内获得大量资料，是一种比较经济、省时的方法。档案分析也不需要被研究者做出反应，不会改变测量对象。不足之处在于，档案研究无法进行因果推论，有些资料获取的难度比较高，资料本身的质量参差不齐，资料的客观性有待考证。此外，在档案资料的选择过程中存在着取样的代表性问题，对资料的分析也依赖研究者的洞察力和分析能力。

对于科学研究而言，一个证据并不足以说明问题的真相，不同的研究对同一主题也可能得到不尽相同的结果，那么我们如何做出一般性的结论呢？元分析(meta-analysis)就是解决这类问题的方法。具体而言，元分析就是利用统计手段来综合分析已有同类文献，以获得普遍性结论。通过这种方法，我们可以对某些领域研究的成果进行深入分析，以确定某些因素确实对人们的心理与行为产生影响，通过综合分析可以减少源于偶然因素的统计风险，从而得到更令人信服的结论。元分析也有自身的不足，例如，假设有150项关于大学生愤怒情绪的研究都是在实验室中完成的，元分析显示这150项研究足以得出一致的结论，我们也无法确保这一结论在非实验室环境中同样有效，因为元分析不能排除不同研究之间的系统性偏差。这种情况就要求研究者采用多种方法来研究同一问题，研究方法间的偏差就可能相互抵消。

四、实验法

(一)实验室实验

实验室实验(laboratory experiment)指可以严密地控制变量，操纵自变量的变化以观测对因变量的影响，由此揭示自变量和因变量的因果方向的研究方法。实验室实验的设计至少包括三个要点：首先，自变量至少在两个水平上变化；其次，被试必须被随机分配于各种实验条件；最后，因变量必须能够被测量。实验室实验能够揭示变量间的因果方向，无关变量

也能得到很好的控制，研究的内部效度较高。

实验室实验是社会心理学中应用最广泛的研究方法，但也存在着一些局限性。首先，被试在实验室实验中的反应难以避免主试效应。其次，实验室实验的外部效度较低。严密控制的实验情境区别于现实情境，被试的反应只能代表实验现实性（experimental realism），不能代表日常现实性（mundane realism）。实验室实验的发现能否推广到现实生活中？如果应用到现实生活中是否存在着潜在风险？对于这些问题仍存在很多争论。此外，实验室研究也遭到后现代主义理论家的批评，并不是所有问题都适合采用实验室实验来研究。

（二）现场实验

在现场实验（field experiment）中，实验条件是由实验者设计和制造的，对被试来说是真实的生活环境，被试也没有意识到在参与研究过程中。米尔格兰姆等（Milgram，Bickman & Berkowitz，1969）在一项现场实验中，故意安排人数为 1～15 名被试站在人行道上抬头观看街对面的楼房，研究人员则隐藏在对面房间的窗户后面观看对面的人行道。研究者想知道，有多少路人会停下来同这批人一起抬头观望。结果发现，即使一个人抬头观望也足以使得 40％的路人抬头观望，而 5 人的群体几乎能使所有的路人抬头观望。然而，要使路人停下来就需要更多人组成的群体，即使最大规模的群体（15 人）也只让 40％的路人停下来观望。

一般来说，现场实验是在人们实际生活的场景中发生的。但在高度信息化的当下，也有研究者创造性地开展了基于互联网的现场实验。一些研究者为探究身份认同和社会身份对人们择友偏好的影响，在社交网络（人人网）上展开了相应的现场实验。研究者设置了一些虚拟人的人人网账号，通过设置这些账号的地区（省/市）来操纵身份认同这一变量（来自同一地区的人们被认为互相存在群体身份认同），通过设置所属院校来操纵社会身份这一变量（隶属于高水平院校的学生其社会身份通常更易被认可）。研究者在 2011 年 6—7 月用这些虚拟账号添加目标被试（活跃在人人网上的 688 名大学生），统计各类型账号被通过好友验证的情况。研究发现，当虚拟账号与被添加者来自同一地区或其所属院校具有较好的声望时，添加好友的请求更容易被通过，验证了身份认同和社会身份这两个变量对社交网络上择友偏好的影响（Yu & Xie，2017）。

与实验室实验相比，现场实验的人为性较低。现场实验可以在真实背景的人际互动中，探讨人的社会行为受到哪些因素的影响、如何被影响和影响的结果。现场实验的研究结果是在真实的生活背景中得到的，具有较高的生态效度。现场实验也能够解释变量间的因果方向。但是，现场实验对研究者的要求较高。要使实验成功研究者必须十分了解和掌握实验的周边环境、变量控制等，要仔细设计实验的每一步骤，在运输、安装仪器设备方面需要做大量工作。在某些情况下，实验研究的开展还需要获得有关部门的批准。

（三）自然实验

自然实验（natural experiment）的重要特点是，自变量的变化并不是研究人员所操纵的，而是地震、暴雪、洪水等自然事件，或者是政府政策的颁布、社会性事件的发生等。从严格意义上来说，自然实验属于前实验设计模式，也有研究者将自然实验视为观察研究。邓宁

(Dunning,2012)在《社会科学中的自然实验》中对此有较为详细的描述。一些研究者认为,自然实验在精确性方面逊色于实验室实验,但考虑到社会心理学最主要的要求是研究现实的社会群体、个人在群体中的实际活动,自然实验是实验室实验的有效补充。游宇、黄一凡和庄玉乙(2018)采用自然实验探究了自然灾害在短期内对公众的政治信任的影响。研究者在汶川大地震发生前后测量了民众对政府的信任程度。结果发现,意外发生的自然灾害会在短时间内提升公众的政治信任,且对区县政府政治信任的正向作用最强,对中央政府政治信任的强化作用最弱;在此过程中,国家主导的媒体宣传发挥着关键性作用,公众接收官方媒体信息的频率越高,政治信任在短时间内提升的幅度越大。研究者因此建议,灾后短期内的政府动员与鼓舞性的媒体宣传是提升公众政治信任的重要影响因素。

自然实验能够确定变量间的因果方向,研究对象也较少受到研究人员的影响。最重要的是,自然实验中的自变量如暴风雪和地震、政策的颁布等,研究者在符合实际或伦理的条件下很难被自主操纵。但有时候,这些实验条件的发生往往并没有先兆,这就要求研究者能够把握时机,提前做好充分准备。

(四)模拟研究

津巴多(Zimbardo,1973)的斯坦福监狱实验(Stanford prison experiment)是社会心理学的经典实验之一,也是模拟研究(simulation research)的典型范式。该实验招募24名大学生被试,他们是自愿报名参加的,事前还经过仔细挑选,12个人充当“犯人”,12个人充当“看守”,实验时每组有9人,后备3人。实验中,9名大学生被警察戴上手铐从家里带到警察局,登记、验证指纹后被蒙上眼睛关进“监狱”,变成“犯人”,由3名“看守”看管,“看守”3名一组,每组工作8小时,三组“看守”进行轮换。这所“监狱”位于斯坦福大学心理系的地下室,布置得与真实监狱一模一样。实验分为两期,每期两个星期。在这个“监狱”里,“犯人”的待遇和“看守”的任务完全与真实监狱相同。现实的监狱环境使被试深深地卷入其中,其行为表现远远超出“角色扮演”的范围。他们的行为发生了剧烈变化:“看守”由发命令、拒绝请求以及使用其他的强制手段逐渐变得享受权力,如拒绝“犯人”上厕所。而“犯人”在抵抗了一阵后,不久就显得无可奈何,心情忧郁、精神委顿。研究者报告说,我们目睹了一群正常、健康的大学生成了看守之后,由侮辱、威胁、压制他们的同伴而觉得快乐,而“犯人”则变得被动、依赖、忧郁、无计可施和轻视自己。6天后,很多“犯人”变得畏畏缩缩、愤怒焦虑,以至于研究者不得不提早结束实验。

从上例可以看出,模拟研究的基本特征是试图模仿现实世界中的关键情境,以了解这些情境背后发挥作用的可能机制。在上例中津巴多等人模拟了监狱情境,目的是要观察这些社会条件如何迅速地改变“看守”和“犯人”的行为。

同现场实验一样,模拟实验需要研究者事先制定缜密计划,仔细控制情境变量,将特定类型的被试置于一定的条件中,对参与者的行为做一定程度的控制或变化。考虑到模拟情境与现实情境的区别,模拟研究的发现通常是建议性的而不是结论性的,其效度和普遍性依然存在争议。

第三节 社会心理学研究中的伦理问题

一、社会心理学研究的伦理风险

社会心理学通过科学研究揭示人的行为的发生、发展和变化规律，从而为人的福祉做贡献。尽管如此，考虑到以人作为研究对象的本质，社会心理学在研究过程中可能存在着潜在的伦理和道德风险。主要表现在以下三个方面。

（一）隐私

社会心理学的一些研究主题会涉及被试的隐私。例如，在亲密关系研究中，研究内容可能会涉及被试的性生活、家庭私生活等内容；在道德研究中，研究者可能会要求被试报告过去曾经做过的不道德行为；有时候，研究者需要测量被试的智力或个性信息，以对这些因素的影响进行控制。这些研究都可能会涉及被试的隐私问题。甚至人们有时候可能意识不到自己的隐私被利用，例如，人们在网络平台的行为数据已被用于科学研究中。研究者要尽可能保护被试的隐私，例如让被试匿名作答，对被试的反应予以保密，确保研究者以外的人不能接触到研究材料等。

（二）隐瞒

隐瞒问题指的是研究者在研究中没有告诉被试真实的情况。在一些研究中，向被试隐瞒研究目的是必需的。例如，在研究恐惧与亲和动机的关系时，研究者告诉被试将要给他们十分强烈的电击，然后观察被试与他人的交往行为，尽管研究者并没有真的给予被试电击。这时候，如果告诉被试研究目的，可能就达不到实验操纵的目的。在有些研究中，研究者可能会安排一些研究助手作为假被试，以此操纵被试的反应。这些都可能会涉及对被试的隐瞒。

（三）伤害性后果

伤害性后果问题指被试在研究中可能会受到伤害。有些研究可能会让被试遭受轻微电击或去闻恶心的味道（如臭味），在这一过程中研究者需要尽可能避免给被试造成生理伤害。在社会心理学研究中，对被试造成的伤害性后果主要是心理上的而不是生理上的。上述恐惧与亲和动机关系的研究中，被试可能会感到焦虑和害怕。有时候，被试在研究中可能还会受到贬低、侮辱或感到抑郁。例如，在自尊研究中，研究者有时候可能会让被试回忆失败经历以暂时性降低他们的自尊，而这可能会让被试感到沮丧。

二、社会心理学研究的伦理原则

对于社会心理学研究中的伦理和道德风险，以下三方面的措施是十分必要的：

首先，知情同意原则(informed consent)。研究者需要确保被试获取了研究充分的信息，他们可以选择是否要参加研究，并告诉被试他们有不受任何惩罚地退出研究的权利。

其次，事后解释(debriefing)。在研究结束后，研究者需要向被试清楚地说明研究的真实情况，如研究主题是什么，研究程序是怎样的，为什么要隐瞒等，以消除被试的任何负面反应。

最后，最小风险(minimal risk)原则。研究者需要尽可能减少被试所遭受的潜在风险。按照最小风险原则，参与研究的被试遭受的风险要低于日常生活中遭遇的风险。这种风险不仅体现在隐私问题上，也体现在被试可能遭受的潜在身心伤害方面。

本章习题

一、简答题

1. 简述进化社会心理学的核心观点。
2. 分析进化论、社会文化、社会学习、社会认知四种视角的区别和联系。
3. 简要说明实验室实验需要满足的条件，并分析该研究方法的优缺点。

二、论述题

1. 在日常生活中，我们能够非常迅速地分辨出男性和女性，这是为什么呢？请用两个及以上的社会心理学理论加以解释。

2. 有人认为实验室实验在社会心理学研究中使用得最为广泛，又能得出因果关系，因此是所有方法中最好的一种，能够采用实验室实验就不要用其他方法。针对该说法谈一谈您的看法。

三、思考题

1. 举例说明一种社会心理现象，选取三种社会心理学的理论加以解释。
2. 选取一项研究主题，设计三种研究方法对该主题展开研究。
3. 从文化角度来看，社会心理学理论和研究中可能存在哪些伦理问题？

在线测试

本章参考文献

第三章 社会认知

人们需要并希望能够更好地了解置身其中的社会世界。在这个瞬息万变、纷繁复杂的世界中,社会认知能够帮助人们认识、适应甚至改变社会。人们在灵活应用各种方法认识社会的同时,这些方法本身也导致了许多偏差和错误。通过对社会认知的学习,能够让我们了解认识世界的各种方法,进而优化我们的认知过程,从而有效和全面地理解我们的世界和生活。

第一节 社会认知概述

一、社会认知的概念

社会认知(social cognition)指人们对各种信息的注意、解释、判断与记忆的过程。社会认知的对象不仅包括自己、他人、群体、社会结构,还包括关系、制度以及各类抽象观念等。社会认知是人的主观建构的过程,人们并非被动地接受各类信息的影响。人在社会认知中会主动选择信息予以注意,对信息进行解释以赋予特定意义,在此基础上进行判断并将结果储存到记忆中形成个人经验。社会认知过程还是动态的信息加工过程。在这一过程中,人们经由社会认知形成的个人经验随着认知过程的继续而被校正、改变或者放弃。有时候,人们根据当前的情况重构过去的经历。麦克法兰和罗斯(McFarland & Ross,1987)邀请一批大学生评价他们的恋人,两个月后请他们再次评价对方。第二次评价时那些仍然相爱的人会认为彼此是一见钟情,而已经分手的恋人则将对方视为自私的或暴躁的人。此外,社会认知的深度也存在着差异。在了解他人时,有些人可能只是根据他人的外部特征形成粗浅认识(如第一印象)就不再深入,而有些人还会对他人的人格特征进行深入思考以形成完整印象,必要时还会对他人的心理状态、行为动机做出推测和判断。

社会信息的双重加工模型(dual process model)认为,人在进行社会认知时存在着两种信息加工方式:有意识的、受控的、依赖规则的或反思的行为方式(受控加工,controlled processing)与无意识的、自动化的、联结的或冲动的行为方式(自动化加工,automatic

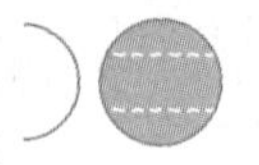

processing)。受控加工是较高级的心理过程,其运作受限于当前的认知资源和行为者意图,运作过程较为缓慢且行为者可以控制行为的起止;与之相对,自动化加工的运作不依赖认知资源且极为快速,可以不经意图而产生行为并且行为起止往往不可控(Fazio,1990;Smith & DeCoster,2000;Strack & Deutsch,2004)。需要指出的是,自动化方式加工并不代表着缺乏准确性。有时候,人们需要在时间紧迫或信息缺乏的情境中做出判断,这被称为仓促判断(snap judgment)。威利斯和托多罗夫(Willis & Todorov,2006)分别以 0.1 秒、0.5 秒和 1 秒(时间仓促条件)的速度向被试呈现一些人脸照片,要求被试对每张面孔的信任度、能力、可爱、攻击性、吸引力做出评判,还有一组被试在没有时间限制下进行判断。结果发现,在时间仓促情况下的被试与没有时间限制的被试的判断相关较高,这表明人们的仓促判断是有一定准确性的。

动机和情绪在社会认知过程中发挥着重要作用。在早期的社会认知研究中,动机和情绪的作用一度被忽视。直到 20 世纪 80 年代后期,社会认知研究仍将人视为理性的主体,将研究集中于探讨"冷"的认知过程,如探讨社会概念的表征以及由此进行的推论过程。近年来,人们对动机和情感有关的"热"认知产生了兴趣,重视人的动机、目标、情绪在社会认知中的作用。动机和情绪影响着人们的信息加工过程。情绪一致性记忆(emotion-congruent memory)的研究发现,人们的情绪影响着对相关信息的提取,消极情绪的个体倾向于提取消极信息,这一倾向在抑郁个体中更为明显,这可能加重了其抑郁(Lyubomirsky,Caldwell & Nolen-Hocksema,1998)。动机和情绪还影响着人们的信息加工方式,在缺乏动机的情况下人们倾向于采用基于图式和规则的、自上而下的、启发式的加工方式,不愿意对当前情境做深入思考。

二、社会认知者的假设

对于人在社会行为中的作用存在着三方面的假设:人作为朴素科学家、人作为认知吝啬者以及人作为目标驱动的策略家。

(一)人作为朴素科学家

早期的社会心理学家往往将人假设为朴素科学家,认为人的认知过程与科学家的工作方式类似,都是理性地加工各种信息,探究事件之间的关系,并对未来进行有效的预测。归因理论的创立者海德(Heider,1958)提出了这一观点。海德认为人的行为受到两种基本需求的驱动,一是形成对世界一致性观点的需求,二是获得对环境控制的需求。为了满足这两种需求,人们需要像朴素的科学家那样行事,理性且合乎逻辑地验证自己的假设。海德将这一思想应用于归因研究中,认为需要寻求他人行为背后的原因,并据以推测或控制其未来行为。凯利(Kelley,1967)的三维理论(cube theory)典型地反映了这一假设的影响。

(二)人作为认知吝啬者

菲斯克和泰勒(Fiske & Taylor,1991)在朴素科学家的基础上提出了认知吝啬者(cognitive miser)这一假设。随着社会认知研究的不断深入,社会认知研究者意识到人如果

像科学家那样理性思考会面临很多限制。人们并不是每次都能获得所需的充分、准确的信息。人们在生活中面临的许多问题，往往要求人们在零散的、凌乱的信息基础上快速做出判断和决策。人们进行信息加工的能力也是有限的，并不具备理性加工所需的所有精力和认知资源。对于每一情境，如果人们一定要获取所有信息并深入思考后才进行社会判断，就很难判断什么是真正重要的决策。因此，菲斯克和泰勒(1991)认为，认知吝啬者是人们信息加工的典型特征。人们在信息不充分、不确定情境中采用一些认知捷径(启发式)或经验法则，最小化自己的心理努力以快速进行判断和决策。这些认知捷径能够帮助人们节省时间和精力，但有时候可能会导致偏差与错误，对问题的解决可能也会缺乏准确性。

(三)人作为目标驱动的策略家

在人们的社会认知过程中，往往需要平衡准确与效率。朴素科学家的观点强调了人的社会认知结果的准确性，而认知吝啬者的观点强调了社会认知的高效率。对此，克鲁格伦斯基(Kruglanski，1996)认为，人既不是朴素科学家，也不是认知吝啬者，人是灵活的社会思维者，会基于当前的目标、需求和动机灵活选择各种加工策略，因此人是被驱动的策略家(motivated tacticians)。人们会根据社会情境需求，灵活地分配自己的认知资源，调节自我的社会认知过程以更好地适应当前的环境。当拥有动机、时间和认知资源时，人们会像朴素科学家那样采取费时、费力的加工方式；当缺乏上述条件时，人们更可能像认知吝啬者那样采取认知捷径或经验法则快速地进行判断和决策。

三、社会认知的信息加工

(一)认知者因素

1. 自我概念

社会认知是人对客观世界的主观建构过程。自我是个人生活的基础，人们从自己的经验、信念、价值观出发去了解外部世界。因此，自我概念是最重要的认知者因素。

人们是从自己的经验和信念出发去进行社会认知的，这些经验和信念提供了认知社会的角度。一千人读《红楼梦》就会有一千种读法。鲁迅先生在论述《红楼梦》的主题时说道：经学家看见《易》，道学家看见淫，才子看见缠绵，革命家看见排满，流言家看见宫闱秘事。对于自己的信念，人们往往会有意无意地寻求支持性证据，而不是去获取反驳性信息，这一现象被称为验证偏差(confirmation bias)。验证偏差指人们寻求支持性证据以验证其信念的倾向。当你认为某只股票的前景不错，就会有意识地寻求相关的利好消息，即便听闻一些不利信息，你可能也会选择性地忽略，在潜意识里认为这是混淆视听的伎俩。克洛克(Crocker，1982)让一组被试判定在网球赛前一天还在进行训练的选手能否赢得比赛，让另一组被试判定在网球赛前一天还在进行训练的选手是否会输掉比赛。被试在给出结论前可以考察 4 类信息，包括在以前的比赛中，选手在比赛前一天进行训练赢得比赛或输掉比赛的次数，以及在比赛前一天没有进行训练而赢得比赛或输掉比赛的次数。实际上，这 4 类信息

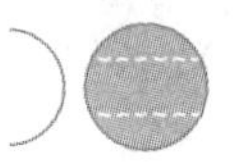

对被试做出正确判断都是必需的，人们需要比较赛前训练赢得比赛与没有训练而赢得比赛的次数的比例，才能确定赛前训练与能否赢得比赛的关系。结果发现，与那些认为赛前训练会输掉比赛的被试相比，那些认为赛前训练能赢得比赛的被试对赛前训练能够赢得比赛的信息更感兴趣，反之亦然。这表明，人们会寻找对信念的支持性证据，而不是反驳性证据。验证偏差的风险在于，人们在生活中总能找到支持自己任何观点的证据。大量研究均揭示吸烟有害健康，但是丘吉尔烟不离手仍安然无忧地活到 91 岁，有些人会使用这一孤证就此否定科学研究的结论。验证偏差会导致人们不断歪曲信息，甚至会造成个体信念的极化。而在人际互动情境中，验证偏差让人际交往双方的观点不断极化，还可能会引发矛盾和冲突的潜在后果。

人们的经验、信念、价值观还影响着社会认知的层次。例如，两个妈妈带着孩子走在路上看见一个流浪汉。第一个妈妈对孩子说，如果你不努力读书，将来就会像那个人一样去要饭；另一个妈妈则告诉孩子，你一定要努力读书，将来才有能力去帮助那个要饭的可怜人。与第一个妈妈相比，第二个妈妈表现出富有同情心的心态，由此可见人们的社会认知受其价值观的指引与约束。

信息的加工过程要经过自我概念的过滤和折射，因此人们的经验、信念、价值观是通过自我概念发挥作用的。例如，在一项 Stroop 任务中，研究者向被试呈现三类词：社会拒绝词（例如，忽略、排斥、孤立）、社会接受词（例如，欢迎、喜欢、支持）和中性词（例如，汤匙、桌子、厨房），要求被试对这些词的颜色进行判断。结果发现，低自尊的个体对社会拒绝词比社会接受词表现出更强的 Stroop 干扰效应，这表明低自尊的个体对社会拒绝的信息更为敏感（Dandeneau & Baldwin，2004）。低自尊的个体在生活中可能经常被别人拒绝，这种经历使得他们对拒绝信息表现出自动化的注意，对他人的拒绝更为敏感。

2. 解释水平

解释水平（construal level）指人们对某一客体或事件的心理表征的抽象程度。解释水平理论（construal level theory）是近年来迅速发展起来的一种心理表征理论。作为一种中距理论，该理论认为人们可以对同一客体或事件建构具体或者抽象的心理表征（Trope & Liberman，2010）。例如，人们可以将“学习英语”这一行为建构为低解释水平“背诵英语单词”，也可以建构为高解释水平“实现自身价值”，前者更为具体，而后者更为抽象。

解释水平和心理距离（psychological distance）是解释水平理论的核心概念，解释水平的高低建构取决于心理距离。心理距离是某一客体或事件相对于当下的个体而言的距离知觉，包括时间距离、空间距离、社会距离和真实性/假设性（hypotheticality）四种距离。该理论认为，人们对事件的解释会随着对事件心理距离（时间距离、空间距离、社会距离、真实性/假设性）的知觉而发生系统性改变，从而影响人们的反应。当知觉到事件的心理距离较远时，人们使用抽象的、本质的和总体的特征对事件进行表征即为高水平解释；当知觉到心理距离较近时，人们倾向于以具体的、表面的和局部的特征对事件进行表征即为低水平解释（Trope & Liberman，2010；孙晓玲，张云，吴明证，2007；金明宇，2012）。因此，在远心理距离条件下，与高水平解释相关的特征在个体的决策和判断等过程中发挥着重要作用；而在近距离条件下，与低水平解释相关的特征在决策和判断中更受重视。研究发现，心理距离会影响人们的道德判断，较近的社会距离促使个体采取温和的道德判断，功利主义的色彩比较浓

厚，而较远的社会距离促使个体采用严格的道德判断，表现出道义论倾向(孙晓玲，吴明证，2013)。

3.情绪

情绪的社会功能观点认为，情绪具有社会适应的功能。人们之所以形成各种情绪是为了应对进化过程中的各类问题。当他人贬低或攻击我们以及所有物时我们会感到生气和愤怒，愤怒让我们采取策略以恢复公平；而当我们犯错时会感觉内疚，内疚会让我们做出各种补救行为以补偿错误。舒瓦茨和克罗尔(Schwarz & Clore，1988)提出了情绪作为信息的理论(feelings-as-information theory)，认为情绪、心境、元认知经验和生理感受这些主观经验本身就是用于社会判断的信息。我们是否赞同某一行为或喜欢某一个人，可以依靠情绪感受来做判断，而情绪感受包括情绪效价和情绪唤起两个要素，情绪效价告诉人们对象的好坏，而情绪唤起则是当前形势的重要性或紧急性的信号。

情绪状态告诉人们，在当前的情境中是采取费时费力的加工方式还是像认知吝啬者那样采取认知捷径或经验法则进行判断。当人们身处积极心境中会觉得当前的情势是安全的，就会不愿意采用费时费力的、深思熟虑的加工方式，倾向于依靠一般性知识进行信息加工；而消极心境则意味着风险和损失，促使人们选择深思熟虑的加工方式(Park & Banaji，2000)。全面和深入思考能够帮助人们减少不确定性和潜在损失，这可能是抑郁的人有时候考虑问题更为深入的原因(Edwards & Weary，1993)。卜勒斯等(Bless et al.，1990)让被试听一段学生会费用是否应调涨的演讲，其中一组演讲是逻辑严谨的强论证，另一组则是逻辑松散的弱论证。结果发现，心情高兴的被试并没有受到论证强度的影响，而心情悲伤的被试则容易被强论证的观点所影响，这说明悲伤让被试审慎地对待论证的逻辑性。

情绪还会影响人们的信息加工过程。研究者(Schwarz & Clore，1983)分别在晴天和阴天通过电话询问人们的生活满意度，果不其然那些在晴天接到电话的人报告了更高的生活满意度。研究者询问了另外一批人，在询问前问他们当天的天气如何，这让受访者意识到了天气对其生活满意度的影响，因此在两种天气里受访者报告了类似的生活满意度。此外，道德感高的人往往对不道德行为更为愤慨，这使得他们容易从道德角度去注意和评判别人，由此引发的道德愤慨可能让他们谴责其他人的模糊道德行为。

4.动机

人的行为具有目标导向性，这就是为什么在考试前的最后一周，大学生听课会更为认真。调节定向理论(regulatory focus theory)认为，人存在着两类动机系统：(1)提升定向(promotion focus)。在这一动机系统作用下，人们将目标视为理想和期望，在自我调节过程中聚焦于个人的成长、成就和提升。(2)预防定向(prevention focus)。在这一动机系统作用下，人们将目标看成责任和义务，在自我调节过程中聚焦于安全和防御(Higgins，1997)。两种动机影响着人们的目标追求方式，当人们持有提升定向时倾向于关注积极结果出现与否，而持有预防定向时则关注消极结果出现与否。例如，同样是期望获得好成绩，提升定向的学生会主动学习课外知识以提升自己，而预防定向的学生则会详细询问老师考试的具体要求以免犯错。两种调节定向的人偏好不同的行为策略，被称为调节性匹配(regulatory fit)。例如，莫尔顿等(Molden，Lee & Higgins，2006)在亲密关系的背叛研究中发现，当强调修复关

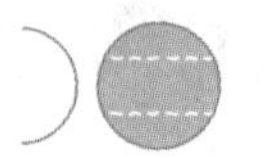

系的好处时提升定向的人表现出更多的宽容，而当强调关系恶化的损失时预防定向的人会更为宽容。

人们有时候可能是无意识地犯错，在验证自己的观点时只是简单地寻找支持性信息。但有时候，人们会有意识地寻求支持他们期望和偏好的信息，这一现象被称为动机性验证偏差(motivated confirmation bias)。为了让自己的观点显得正确，人们会努力寻求并轻易接受支持性信息，而对反驳性信息则严格审察以减少其重要性甚至会不予理睬。例如，人们就某一问题进行辩论时，对立双方往往会各执一词，都在寻找有利于自己观点的证据。洛德等(Lord，Ross & Lepper，1979)让支持和反对死刑的被试阅读一篇关于死刑影响犯罪威慑效果的文献。一些被试阅读的文献显示，通过对美国不同州的比较表明犯罪率在死刑与无死刑的州之间并无差异，仅有少数几个实行死刑的州的犯罪率下降了。另一些被试阅读的文献则相反，通过各州的比较看上去死刑是有效的，但实际上死刑的效果甚微。结果发现，那些赞成死刑和反对死刑的人不管阅读了哪类文献，都认为材料有力地支持了他们的观点，批评了材料中存在的与他们观点相矛盾的问题。因此，动机性验证偏差严重地影响了他们公正地看待各种证据。在洛德等(1979)的研究中，对于支持和反对死刑的被试均阅读了反面的证据，这些信息并没有改变他们的看法。在面对反驳性的证据时，人们仍然会坚持既有观点的现象被称为信念固着(belief perseverance)。当人们想让自己显得正确时，会固守自己的既定看法，而不愿意接受其他的信息。这时候，让人们考虑其他的可能性可能会减少这一偏差(Lord，Lepper & Preston，1979)。

(二)信息因素

1. 信息来源

社会认知的信息来源包括直接信息和间接信息。人们在社会认知中的很多信息是直接信息，来自人们的直接经验。这些直接信息没有经过他人的倾向性过滤，较为客观和准确。但有时候，人们可能错误地知觉和解释身边的事情。例如，人们看到朋友吃冰激凌时会以为朋友爱吃甜食，但有可能冰激凌是其他人送给朋友，朋友难以拒绝或者不忍浪费才吃而已。有时候，直接信息是人们从他人行为中推测出来的，而他人的行为可能是伪装或故意表现出来的。间接信息也称二手信息，指从媒体、他人或社会环境中获得的信息。从客观性和准确性来说，间接信息不如直接信息。媒体是获取信息的重要途径，有时候媒体可能会选择性地报道信息，从而误导人们的信息加工。

2. 消极效应

消极效应(negativity effect)指与积极信息相比，消极信息更容易引起人们的注意，且对人的认知过程影响更大的现象。正如一粒老鼠屎会毁掉一锅美味的汤，但是一勺美味的汤并不能让一锅老鼠屎变成美味；一个坏人偶尔做了好事人们会认为他不过是偶发善心，而一个素来就是好人的人偶尔做了坏事我们可能认为他终于暴露了狼子野心。所谓好事不出门，坏事传千里，正是消极效应的后果体现。

人对消极信息的优先注意可能具有社会适应的价值。趋利避害是人的本性，消极信息

意味着我们的生存正遭受着潜在威胁，提醒我们需要迅速地注意并认真对待，否则可能将自己置于莫测境地。这种长期进化的结果，使得人们对潜在的威胁（相对于潜在收益）保持警惕。例如，人们容易从一堆中性面孔中找出愤怒的面孔，而不是高兴的面孔（Öhman，Lundqvist & Esteves，2001）。电生理研究则发现，对消极刺激的警觉发生在早期认知阶段（Cacioppo，Gardner & Berntson，1999）。

3. 顺序效应

顺序效应（order effect）指信息呈现顺序会影响人们的认知过程的现象。一般将最初呈现的信息影响较大的现象称为首因效应（primacy effect），而将最近呈现的信息影响较大的现象称为近因效应（recency effect）。

海曼和斯特斯里（Hyman & Sheatsley，1947）很早就对信息顺序的影响进行了研究。他们向被试分别呈现两段话：(1)你认为美国应该允许共产主义国家的新闻记者来美国，并将他们的所见所闻发送回自己的祖国进行报道吗？(2)你认为像苏联这样的共产主义国家应该允许美国的新闻记者去他们的国家，并将他们的所见所闻发送回自己的祖国进行报道吗？研究者将两段话以不同顺序呈现给被试，结果发现，按照上述问题顺序呈现的被试有36％对第一个问题做了肯定回答，66％对第二个问题做了肯定回答；颠倒问题顺序之后，被试有73％对第一个问题做了肯定回答，90％对第二个问题做了肯定回答。由此可见，信息呈现的顺序是多么重要。斯塔克等（Strack，Martin & Schwarz，1988）在研究中，要求一组被试先回答婚姻满意度，然后回答生活满意度，而另一组被试先回答生活满意度，然后回答婚姻满意度。结果发现，回答婚姻满意度后回答生活满意度时两者相关为0.67，而回答生活满意度后回答婚姻满意度时两者相关为0.32。对于第一组被试，回答婚姻满意度的问题后，被试可能将婚姻情况作为判断生活满意度的依据，出现了同化效应。

4. 框架效应

框架效应（framing effect）指对同一问题的两种逻辑相似的说法引导决策者选择不同选项。一般来说，信息的框架效应包括风险选择框架、属性框架和目标框架（Levin，Schneider & Gaeth，1998）。

风险选择框架（risky choice framing）是最为经典的框架效应。在经典的亚洲疾病问题（Asian disease problem）中，特沃斯基和卡尼曼（Tversky & Kahneman，1981）向被试呈现如下信息：美国正面临一种不同寻常的亚洲疾病冲击，预期这种疾病可能导致600人死亡，现在有A和B两种治疗方案。随后向一组被试呈现：方案A(200人会获救)和方案B(600人全部获救的可能性为1/3，全部死亡的可能性为2/3)。结果发现，72％的人选择方案A。研究者向另一组被试呈现：方案A(400人会死亡)和方案B(无人死亡的概率为1/3，600人全部死亡的概率为2/3)。研究发现，78％的人选择了方案B。尽管两种方案的本质相同，但是方案的陈述方式影响了人们的决策。

在属性框架（attribute framing）中，对象的某一属性按照积极或消极比例的方式加以描述。例如，勒温和格斯（Levin & Gaeth，1988）将一块牛肉分别描述为含“75％的瘦肉”或含“25％的肥肉”。结果发现，人们更喜欢以积极比例描述（75％的瘦肉）的信息。属性框架在市场营销中较为常见。例如，对于含5％的脂肪的奶酪和95％不含脂肪的奶酪，你认为哪一种奶酪听上去比较健康呢？有时候，属性框架会以特定成功/失败的比例形式加以描述。勒温和格斯（Levin & Gaeth，1988）发现，将使用避孕套描述成避孕成功率为 90%，比描述成避孕失败率为 10%更能让人接受。

在目标框架（goal framing）中，人们被要求从事某一活动如参加体检、安装婴儿座椅等，通过描述参加该活动的收益或不参加该活动的损失以影响其决策。一项研究（Meyerowitz & Chaiken，1987）探讨了目标框架对女性参加胸部自检（breast self-examination）的影响。结果发现，与强调参加胸部自检能带来收益的积极框架相比，强调不参加胸部自检会让人遭受损失的消极框架更能说服女性参加胸部自检。

此外，还存在着一种特殊的框架效应即螺旋框架（spin framing）。螺旋框架在辩论中是较为常见的辩论技巧。例如，将堕胎视为自主权利或视为扼杀生命两种方式加以描述，是否会影响你对堕胎的态度？对于同样的经济状况，用"经济发展平稳"来加以描述可能比"经济停滞不前"更容易被人接受。

5. 修辞

日常生活中，人们经常将教育事业描述成十年树木、百年树人。人们将育人与植树进行了类比，以便更好地解释教育工作。人们通过熟悉的、具体的、简单的概念（如冷暖、上下、远近等）来表征陌生的、抽象的、复杂的概念（如爱、权力、时间）的修辞手法称为隐喻（metaphor）。拉科夫和约翰逊（Lakoff & Johnson，1980）在对大量语料进行整理、分析、解释后提出了概念隐喻理论（conceptual metaphor theory），认为人们的日常言语系统中常常使用隐喻性的表达，隐喻是构成抽象概念的基础，是人类思想体系不可缺少的工具。其中，人们熟悉的并且能够直接体验到的认知域称为源域（source domain），抽象且难以理解和感知的认知域称为目标域（target domain）。

隐喻的本质就是通过另一种事物来理解和体验当前的事物（Lakoff & Johnson，1980）。通过隐喻映射机制建立一种从源域到目标域的映射，人们能够更好地对抽象的事物进行感知、理解和表达。因此，对同一信息采用不同的隐喻可能会影响人们的判断。例如，人们经常以空间的下降（down 或 low），或黑暗（dark）这种隐喻方式来表征抑郁。基佛等人（Keefer et al.，2014）要求被试阅读一篇文章，告诉被试这篇文章将作为随后药品评价的背景资料。一些文章中包含着对抑郁的隐喻性陈述（抑郁的人感觉他们的生活不断下降（down）），另一些文章则将抑郁个体的生活描述为需要度过一段艰难（negative）时期。研究者随后要求被试评价一种名为 Liftix 抗抑郁药品的有效性。结果发现，阅读了抑郁的隐喻描述文章的被试认为该药品更为有效。

人们持有的隐喻也会影响社会认知过程。例如，运动员对于比赛一般存在着两种隐喻，分别为战争隐喻（contest-is-war）和伙伴隐喻（contest-is-partner）。将比赛视为战争隐喻的运动员将对手视为横亘在自己和目标之间的敌人，"赛场即战场"即是这一隐喻的反映。而将比赛视为伙伴的运动员则将对手视为实现个人价值必不可少的、值得尊重的合作者，竞争对手的竞技水平提供了自我价值感的参照，将对手视为亦敌亦友。不同比赛隐喻影响了运动员的比赛行为，伙伴隐喻往往激活运动员在赛场上的任务取向并由此降低其反社会行为，而战争隐喻则会激活运动员的自我取向并由此提高反社会行为（潘德运，傅旭波，吴明证，2015）。

第二节 图 式

一、图式的概念

人作为一个社会思维者，存在着自动化加工与受控加工两种信息加工方式。在日常生活中，人们更多地进行自动化加工。一个朋友向你推荐他的朋友，我们不会仔细分析对方的衣着、身高、外表后再与其交流，而是运用自动化加工迅速地将新情境与知识经验联系起来并做出判断。我们会将这个朋友快速地归类为富有经验或热心的人。研究者将这种由经验形成的心理结构称为图式。

图式（schema）指对特定对象的有组织的、结构化的认知结构（Bartlett，1932；Markus，1977）。图式的对象可以是特别的人、社会角色、刻板印象，也可以是自我、自己对他人的态度以及对某些事物的一般认识等（Aronson，Wilson & Akert，2010）。图式包括关于图式对象的知识、这些知识间的关系，有时候还包括特殊的样例。例如，在购买图式中，既包括购买这个概念的属性如买卖双方、用来交换的中介物，还包括属性之间的关系，即卖者同意将物品售卖给买者以换取一定数量的钱或其他东西。在图式概念中，信息是以抽象的形式储存，而不是每一个具体的购物经历的集合体。类似地，教师图式包括讲课、备课、批改作业、爱护学生、举止文明、衣着整洁等属性，还包括属性之间的关系如教师要想教学富有成效就必须备课充分。教师的图式是人们从许多教师的认识中抽象出来而形成的认知结构。

图式帮助人们以普遍的知识来解释特例，是自上而下的、以概念为基础的认知过程，有助于人们简化现实。例如，鸟类的图式包括长有翅膀、能飞、有羽毛等内容。这一图式能够帮助人们确定哪些信息是一致的（如鸟待在树上）、不一致的（如鸟能否吼叫）或无关的（鸟的脚趾是否红色）。

图式还提供了认知框架，让人们更好地组织新信息。如果缺乏正确的图式或主题，人们可能难以理解各种情境。请阅读如下段落："程序实际上是相当简单的。首先，你把东西分成不同的组。当然，每一组应当足够，这要根据所要做的有多少而定……重要的是东西不要过多。也就是说，一次少一点东西，要比一次东西很多更好，从短期来看，这也许显得不重要，但是容易产生麻烦。错误的代价同样可能是昂贵的。起初，整个程序看来很复杂。然而不久它就会变成生活的一个方面。"人们可能很难理解这一段落的具体意思，但如果给人们一个恰当的题目"洗衣"，人们就可以依据洗衣这一主题理解短文。此外，当人们进入新情境时，并不是试图努力加工所有可以获得的信息，相反地，人们从记忆中搜寻类似情境并以此知觉和解释当前情境。因此，图式帮助人们在信息不完整的基础上做出推断。

二、社会图式的分类

社会图式是有关社会实体的知识结构，表征着有关自己、他人、群体以及所处社会情境的特定概念或刺激类型的有组织的知识。泰勒和克洛克（Taylor & Crocker，1979）认为，社

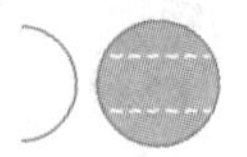

会图式主要包括三种类型，即事件图式、个人图式、角色图式。

（一）事件图式

事件图式又称为脚本（scripts），指的是描述特定事件或事件顺序的图式（Abelson，1976）。人们总是按照一定的顺序行事，事件图式包含着在特定时间内按一定顺序组织的行为序列，以表征以情境为特征的一系列事件。例如，在“去西餐厅点餐”的脚本里，包含着到达西餐厅、寻找餐桌、就座、点餐、就餐、结账离开等行为。不管人们去哪家餐厅，基本流程都几近于上述脚本。人们对很多事件形成类似的序列化的脚本，例如考试、约会、比赛等。脚本中包含的是各个时间段中的小事件，前一个事件会引发后一个事件，共同构成连贯的知觉单位。当人们去西餐厅时，脚本会自动激活指导人们完成就餐事宜。而当人们告知你他们去西餐厅就餐时，这一脚本也会自动激活以帮助你构建他人的就餐情境。

（二）个人图式

个人图式（person schema）指对某一特殊个体的认知结构。人们对特定对象有着典型的形象即特定的图式。个人图式包括典型的或者特别的个体的图式，也包括某一特殊类型的人的图式。例如，人们可能存在着“海尔兄弟”的图式，一提起海尔兄弟人们就会想起肤色一黑一白的两个男孩以及他们蓝色和黄色的短裤；关于内倾的人的图式包含着内向、不爱讲话、拙于社交等。自我图式（self-schema）也是一种个人图式，是个体将自己加以分类和描述的图式。我们关于自己的图式可能包括聪明的、热情的、善良的等特性。一个人将自己归入某一类别后就成了图式化的个人，当一个人认为自己富有热情时就会通过各种方式显示这一点。

（三）角色图式

角色图式（role schema）是对各种社会角色和社会群体的有组织的认知结构。在某种意义上，角色图式和社会生活中的固定模式相似，每个人都有着关于性别、社会阶层、专业群体的图式。例如，很多人认为女性是感性的、温柔的、细腻的，而男性是刚毅的、坚强的、易冲动的。刻板印象（stereotype）就是关于特定群体的图式。例如，人们认为商人大都重利轻义，而教师则是学识渊博。

三、图式的功能

（一）图式影响注意

人的注意是有选择性的。在一定时间内，我们难以关注环境中的所有事物，图式能让我们注意到最重要的事情，而忽略了其他无关的东西。在自我图式方面，一个人在某个特征上具有图式，就会对该特征信息进行选择性注意。例如，一个人在开放性方面形成了自我图式，就能一致地、迅速地对与开放性有关的讨论进行注意，但是对于坚持性则没有表现出类似反应。一个人在开放性方面没有形成图式，则对于开放性和坚持性的信息的注意不会有

所差异。人们也会根据某一特征的自我图式，注意到他人的这一特征。一些体重图式者很关心自己的体重，因此会注意他人身上与体重有关的特征信息。

（二）图式影响记忆

如果一个人完全没有图式，那会发生什么状况呢？科尔萨可夫综合征患者便是如此。这类患者丧失了形成新记忆的能力，对于经历多次的事物仍会像第一次遇到那样重新认识。萨克斯(Sacks,1986)如此描述一位叫汤普逊的病人："他几秒钟之后就记不住任何东西了。记忆缺失的深渊持续地困扰着他，但他仍然努力地通过不断地虚构和幻想试图把信息片断串联起来。对于他来说，这些不是虚幻，而是他突然看到的世界，并需要对其进行解释……"。从这个病例可见，缺乏记忆的连贯性就不可能将前后经验联系起来以形成图式，如此势必难以适应环境。

一般来说，人们回忆与图式有关的信息比与图式无关的信息要好。科恩(Cohen,1981)向被试呈现一段一名男性和女性一起吃饭和交谈的录像。研究者分别告诉被试这名女性是一名侍者或图书管理员，随后要求被试回忆录像的内容。结果发现，被试的回忆与其以为的女性职业有关，以为看到的是女侍者的被试倾向于记住她喜欢摆弄碗筷，而以为看到的是图书管理员的被试倾向于记住她早上看了书。这表明，图式能帮助个体详细地记忆与图式一致的信息。

有时候，人们可能容易记住与图式不一致的信息。鲁布尔等人(Ruble & Stangor,1986)发现，当一个人某个方面的图式刚刚发展或已经得到完善发展的时候，不一致信息的记忆效果最好。人们如果对一个图式不是很熟悉，那么就能很容易记住与图式不一致的信息。与之相似，一个人如果对某个领域已经非常熟悉了，记忆那些与图式不一致的信息同样具有优势。而图式处于中等构建程度的人则较难记住那些与图式不一致的信息，反而能更好地记住他与图式相一致的信息(Higgins & Bargh,1987)。比如对于一位精英律师，刚刚认识他的或者是已经熟悉他的人会注意他与图式不一致的行为，如发现他喜欢逛玩具店、打游戏，而那些对他了解程度中等的人则更多地注意他与图式一致的行为，如为委托人辩护、捍卫法律等方面。

人们容易记住图式一致的信息抑或不一致的信息，受到很多因素的作用。首先，图式的发展程度。当个体的图式尚未形成或发展较为完善时，人们容易记住图式不一致信息，而中等完善的图式的人可能对一致性信息更为关注(Higgins & Bargh,1987)。其次，当人们认为图式不一致信息具有重要意义时，可能容易记住这些不一致信息(Crocker, Hannah & Weber,1983)。

（三）图式影响思维

图式一经形成，人们就可以在图式的基础上进行推论。如果你知道他人做了一件典型的外倾性的事情如经常参加聚会，你可能推论此人还有其他一些外倾性特征如喜欢与人谈话。即使在判断人方面训练有素的精神病学家，也受到形形色色的精神疾病图式的影响。当一位病人患有某种特定疾病的图式症状如精神分裂症时，医务人员在诊断时会更为可靠、自信和准确。一个人越是适合某一类型的社会范畴，人们在对其进行推论时图式的影响越大。

图式还有弥补认知缺口的功能。假如一个朋友告诉你他昨晚去西餐厅就餐,你可能会迅速推论他吃了牛排,可能还喝了点红酒。此外,在模糊的情境中,图式发挥着至关重要的作用,帮助我们减少模糊性。在黑暗小巷中,一个陌生人靠近你让你把钱包拿出来,关于突发事件的图式就会让你知道这个人是想掠夺你的钱而不是观赏你的钱包。

四、图式的激活

(一)重复

一个特定的图式经常被使用的话,那么更可能被激活。一个老是遭受挫折的人形成了"命运不公"的图式,一遇到小小的挫折这个图式便会激活,经常体会到悲观失望。如果一个学生以为老师对他有看法,总是挑他的毛病,会倾向于将老师的中肯建议视为挑刺。这是由于他的受迫害图式比助人图式使用的频率更高,在各种情境中更易被使用。一个图式经常被使用,就会具有长期的可提取性,形成人们的人格特征。

(二)新近性

图式能否被激活会受到距离上次激活的时间间隔的影响,距离上次激活的时间越近,则越容易再次被激活。一个被小偷入室盗窃过的人,可能将周围活动的人如卖水果的小贩或维修工人看成是潜在的小偷。同样地,一个人刚刚被蛇咬过就会形成强烈的、印象深刻的"被蛇咬"的图式,见到草绳时"被蛇咬"的图式就会迅速激活。这其实就是启动效应(priming effect)。启动效应指先前的加工活动对随后的加工活动的易化作用。当人们选择图式应用于解释新信息时,新近被激活的图式的可接近程度则较高。图式的重复与新近性是紧密联系在一起的,一个经常被激活的图式往往可能在新近被激活。

(三)动机和情感

动机决定了不同图式的可提取性。没有满足的需要会引发人们对模糊刺激的解释,相应地激活与需要有关的图式。例如,用完了汽油的人们会寻找加油站,饥饿的人会更为注意食物。目标同样会激活相关的图式。当我们与人讨论自己是否变胖而观察自己的体形时,我们的体重图式就会被激活;而我们与朋友讨论下一步计划时,则会激活我们制定规划的图式。

高度情绪性的图式比情绪中性的图式更易被激活。假定你计划中午与恋人约会,出发前发现汽车无法启动,此时与其说你关注修理汽车的 4S 店,不如说你更关心约会对象对你迟到的反应。这时候,关于恋爱的图式比 4S 店修车的图式更易被激活。

第三节 自动化加工

一、自动化加工的定义

人在社会生活中的很多行为都是自动化完成的。当外面一声巨响时，人们会不由自主地探头观看。手指碰到火时灼热感让人们迅速将手抽回。在影视作品中没有痛觉会让主演变成超人，但在现实生活中先天性无痛症实际上是致命危险。人们还会对婴儿面孔、对称面孔表现出无意识偏好，而这种偏好可能有助于人类繁衍后代。兰格等（Langer，Blank & Chanowitz，1987）在研究中，安排被试到图书馆一队等着复印的同学前询问是否可以让自己先复印 5 张。被试被安排询问："我能先用复印机吗？因为我赶时间。"一般来说 94%的人会同意，如果不提供理由则只有 60%的人同意。但是，当被试被安排询问："我能先用一下复印机吗？因为我需要复印几份文件。"93%的人同意了这一请求。即使这是一个毫无意义的理由，"因为"一词仍自动激活了人们头脑中的行为策略，在不知不觉间听从了他人的请求。

人们都意识到自动化过程的作用，但对于自动化加工的本质则至今莫衷一是。自动化研究的领军人物巴吉（Bargh，1994）从四个方面对自动化（automaticity）进行了概括：(1)意图性（intentionality），即过程的发生是否需要个体意图的参与；(2)可觉察性（awareness），即人们能否觉察到刺激以及刺激对行为的影响；(3)可控性（controllability），即人们能否中止该过程；(4)高效性（efficiency），即该过程是否消耗注意资源。巴吉（Bargh，1994）也承认，很少有自动化加工能够同时满足无目的性、无意识性、不可控性和高效性四方面特征。

在社会心理学中，研究者会将自动化、无意识、内隐等概念交替使用。一些研究者以态度为例，从过程角度出发认为存在着三种类型的无意识：源无意识，即个体可能没有意识到特定态度的因果根源；内容无意识，个体可能没有意识到态度本身；影响无意识，个体可能没有意识到特定态度对其他心理过程的影响（Gawronski，Hofmann & Wilbur，2006）。

二、具身认知

在西方哲学中，以笛卡尔的身心二元论为代表，认为心智可以独立于身体而存在的离身认知（disembodied cognition）观点根深蒂固。海德格尔（Martin Heidegger）提出"存在于世界（being-in-the-world）"的观点来反对笛卡尔的身心二元论。海德格尔认为，人的存在不是独立的，人的存在应该是于万事万物中的存在，是一个将主体和世界融为一体的过程。梅洛庞蒂主张，身体是行为产生的基础和知觉的主体。我们通过身体与世界发生交互，同时我们与世界的互动也会受到身体本身的制约。具身认知（embodied cognition）就是在以上体验哲学发展的思潮中诞生的，因此也被称为体验认知。

传统的认知心理学认为，认知是剥离于身体的，认知的本质就是计算，是一种纯数字化的逻辑程序。与传统认知主义的观点不同，具身认知认为身体在认知的塑造中有着决定性的意义。身体的物理属性会决定认知的过程和方式。例如，海豚会通过灵敏的听觉器官进行捕食、搜寻同伴、娱乐等，而人类更多地运用视觉系统完成这些工作。身体与环境提供了认知的内容，身体的物理感受以及身体与环境的互动是人们最初认识和体验这个世界的方式。人们对于身体的主观性感受和身体在活动当中的体验，部分地为语言和思维提供了基础(Gibbs,2006)。拉科夫和约翰逊(Lakoff & Johnson,1999)认为，心灵是具身的，思维大部分是无意识的，而抽象思维大多数都是基于隐喻的。此外，身体、环境和认知是一体化的。认知存在于大脑，大脑存在于身体，身体嵌套于环境，而环境又会作用于身体和认知，因此身体、环境和认知本质上是一个动态的、互相作用的统一体。

具身认知理论强调身体在认知过程中的重要性，认为思维等认知过程无法脱离身体而独立存在。按照具身认知的观点，人的生理体验与心理状态之间存在着密切联系，人们的生理体验会激活心理感觉，反之亦然。例如，温度效应揭示了身体冷暖和人际冷暖之间存在隐喻的映射。试想一下，在寒冷的冬天喝上一杯热牛奶会有什么感觉？是不是觉得世界都更美好了？身体上的温暖或寒冷体验可能会增加人际间的温暖或寒冷感觉，而人们却没有意识到这种影响。威廉姆斯和巴吉(Williams & Bargh,2008)对此开展了一项研究。在研究开始前，研究助手给一组被试递上热咖啡，给另一组被试冰咖啡，随后要求被试对助手进行评价。结果发现，拿着热咖啡的被试倾向于认为助手是个热情的人，而拿着冷咖啡的被试则认为助手是个冷漠的人。由此可以看出，人们短暂地接触温暖的东西，就能让他们对周围人的态度变得亲近、信任。可能原因在于，渴望温暖是人类的天性，温暖能够给人带来安全感，从而让人积极地看待他人。

在价值领域，身体的干净整洁与道德的纯洁清白之间也存在着隐喻映射。契诃夫曾说过，人在智慧上应当是明豁的，道德上应当是清白的，身体上应当是洁净的。这句话就展示了身体与道德纯净之间的隐喻联结。钟晨波等(Zhong,Strejcek & Sivanathan,2010)在研究中先安排被试洗手，随后要求他们对具有争议的道德问题如堕胎、色情文化等进行道德判断。结果发现，身体清洁的被试在道德判断任务中表现得更为严格，认为自己与他人相比拥有更好的道德品质；相比于不洗手的被试，洗手的被试通过洗手降低了自己的内疚、后悔，亲社会行为的意图也随之降低。由于该效应与莎士比亚的戏剧《麦克白》中麦克白夫人想用洗手洗去自己内心的罪恶类似，钟晨波等(2010)将其命名为麦克白效应。不仅在黑白方面，道德还与轻重存在着隐喻映射。在英语中，人们会用“a light woman”来指代举止不稳重的女人。我们会用德高望重、举止庄重、一诺千金、一言九鼎等词汇来描述一个人的举止符合道德规范，而用轻薄、轻佻、举止轻浮、轻诺寡信等词汇来描述一个人的举止不符合道德规范。丁汝楠(2018)发现，道德概念与重量概念之间是双向映射的，较重的重量感知让人们的道德判断更为严格，不容易道德妥协；相比于具有不道德信息的物品和中性信息的物品，个体倾向于将具有道德信息的物品知觉得更重。这表明，人们的身体经验(如温暖感、身体洁净、轻重感知)能够在无意识中影响内在的、抽象的心理过程如人际关系、道德判断。

三、阈下知觉和内隐学习

我们在生活中会接受大量的信息，其中仅有部分信息被人们注意并进行有意识加工，绝大部分信息都不会被人们注意到。虽然这些信息并没有被人们所觉察，仍有可能影响人们

的思想、情感、动作、学习或记忆，这一过程称为阈下知觉(subliminal perception)。阈下知觉在生活中的典型表现是影视作品中的广告植入，厂家提供赞助以使得其产品作为道具出现在影视作品中。早期的阈下知觉研究主要围绕阈下说服展开。例如，厂家会通过阈下广告(subliminal advertising)的形式，在消费者没有意识到的情况下将产品图片、品牌名称或其他营销刺激物呈现给消费者。通过阈下广告，营销者希望消费者在无意识中对信息进行加工并做出购买决策，以避免消费者对传统广告侵入式营销的反感，达到随风潜入夜、润物细无声的效果。

在巴甫洛夫的经典条件反射中，无关刺激(铃声)与无条件刺激(食物)的配对重复呈现后，无关刺激的呈现也会产生无条件行为(唾液分泌)。研究发现，态度也可以经过类似程序即评价性条件反射(evaluative conditioning)形成和改变(De Houwer，Thomas & Baeyens，2001)。在评价性条件反射程序中，态度对象(条件刺激，conditioned stimulus)与积极或者消极效价的刺激(无条件刺激，unconditioned stimulus)配对呈现，多次重复后态度对象获得了无条件刺激的效价：人们对与积极刺激配对呈现的态度对象形成积极态度，而对与消极刺激配对的态度对象形成消极态度。即使阈下呈现条件刺激或无条件刺激，该效应仍然存在。迪克斯特瑞斯(Dijksterhuis，2004)在电脑屏幕上阈下呈现自我(I)相关的刺激，紧随其后呈现一些有意义或无意义的词汇，要求被试进行词与非词的判断。其中一些被试看到的有意义的词均是积极特质词如聪慧、和善，另一些被试看到的有意义的词均是常见的中性词如桌椅。研究者随后测量被试的内隐自尊发现，那些自我刺激与积极特质词配对呈现的被试表现出更为积极的内隐自尊，即使自我词与积极特质词都是阈下呈现，这一效应仍然存在，尽管被试可能没有意识到内隐自尊提升的根源。与此类似，梁宁建等(2006)也发现，网络成瘾者一般持有对互联网积极评价的内隐态度，这种评价可以通过阈下评价性条件反射技术有效改变。

四、无意识启动

在你开始阅读下面的内容之前，请先看下面一句话："汉字的顺序并不定一能影阅响读。"如果你仔细地再看一遍的话，会发现这句话中很多字的顺序是乱的，但是并不影响你读完它并理解所表达的意思。可能原因在于，其中的几个字启动了我们语义网络中的概念联结，让我们毫无困难地理解这句话。此外，向人们呈现一组汉字，假如里面含有"河"这个字，随后让人们写出偏旁是"氵"的汉字时，人们回答"河"的概率会更大。上述这些现象都是启动效应的作用。

启动效应可以在无意识层面发生，这被称为无意识启动或阈下启动。巴吉等(Bargh，Chen & Burrows，1996)在一项经典研究中，向被试呈现一系列打乱的词，要求被试将这些词拼成有意义的完整句子。其中，礼貌启动条件下的被试看到的句子中包含着尊重、荣誉、体贴等词语(例如，they her respect see usually)，而粗鲁启动条件下的被试看到的句子中包含着攻击、粗鲁、大胆等词语(例如，they her bother see usually)，而中性条件的情况下被试看到的句子中都是些中性词(例如，they her send see usual)。研究者假定，被试在完成这些句子的过程中会被启动礼貌或粗鲁相关的图式。研究者要求被试在完成任务后，去大厅那里找他接受新的任务。在被试到达时，研究者故意与助手谈话，被试到达后也没有停

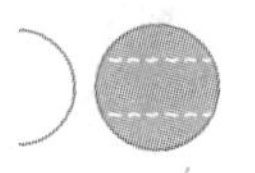

下。研究者想知道,被试会等待多久才会打断他们的交谈。结果发现,被启动粗鲁图式的被试(63%)比被启动礼貌图式的被试(17%)会更快地打断他们的交谈,被启动礼貌图式的被试比中性启动的被试(38%)等候得更久。在另一项研究中,研究者启动了被试的年老或年轻的图式,然后测量了被试从离开实验室到到达大厅的步速。结果发现,启动了年老图式的被试步速更慢(Bargh,Chen & Burrows,1996)。因此,无意识启动的图式会直接影响人们的行为。

除了图式的无意识激活外,人们的目标(goal)也可以无意识激活并影响人们的知觉和行为。巴吉(Bargh,1990)提出的目标自动激活模型(auto-motive model)认为,情境特征会自动激活与之相关的目标,自动激活的目标反过来会自动激活相应的目标计划,引导个体做出目标导向行为。在一项机场完成的现场研究中,研究者要求被试填写有关朋友或同事的问卷,启动他们的朋友或同事表征。随后询问被试是否愿意参加后续研究,结果发现,与被启动同事表征的被试相比,被启动朋友表征的被试更愿意参加后续实验(Fitzsimons & Bargh,2003)。研究者认为,关系图式中包含着其与重要他人共同追求的目标,启动朋友图式会自动激活人际帮助目标,使得被试更愿意做出助人行为。研究者还启动了被试的母亲表征,结果发现,与控制组相比,启动母亲表征让被试在言语测验中表现更好,不仅如此,拥有让母亲感到“骄傲”的目标的被试优于那些没有让母亲感到“骄傲”的目标的被试。这表明,母亲表征的激活以及母亲与成就追求之间的自动化联系影响着人们的实现目标的动机和行为。

五、无意识思维

人们一般认为,无意识过程主要体现在感知觉这类较为简单的认知过程中。实际上,在思维领域也存在着无意识过程,无意识思维不仅快速、高效,还可能更为准确。

迪克斯特瑞斯等(Dijksterhuis et al.,2006)提出的无意识思维理论(unconscious thought theory)认为,人类存在着有意识思维和无意识思维两种思维模式。有意识思维指个体的意识注意集中于任务或目标时发生的与任务或目标相关的情感或认知过程。无意识思维指意识注意指向其他地方时发生的与任务或目标相关的情感或认知过程。有意识思维能帮助人们较好地处理简单问题,而对于复杂问题无意识思维可能更为合适。迪克斯特瑞斯等(Dijksterhuis et al.,2006)向被试呈现四辆汽车的信息。根据研究条件,每辆汽车包括 4 种(简单任务)或 12 种(复杂任务)积极和消极属性。在四辆汽车中,其中一辆汽车包括 75%的积极属性,2 辆汽车各包括 50%的积极属性,而另一辆汽车仅包含 25%的积极属性。阅读完这些信息后,要求被试选择自己喜欢的汽车。有意识思维条件下的被试在选择前可以花 4 分钟仔细思考,而无意识思维条件下要在完成 4 分钟的分心任务(填字游戏)后做出选择。结果发现,无意识思维的被试在简单和复杂任务中均表现较好,而有意识思维的被试在简单任务中表现较好,但是在复杂任务中的表现则较差。

不仅无意识思维帮助人们更好地决策,而且人们对无意识思维的结果可能更为满意。迪克斯特瑞斯和奥登(Dijksterhuis & Olden,2006)要求被试从大量海报中选择他们最喜欢的海报。在一种情况下,研究者向被试同时呈现这些海报,要求被试马上做出判断。在有意识思维条件下,研究者每次向被试呈现 1 张海报,要求被试认真考虑这些海报,并在纸上写

下自己的想法和评价，随后选择自己喜欢的海报。而无意识思维条件下的被试在看完海报后需要完成一项分心任务，再选择喜欢的海报。任务完成后，研究者同意被试将选择的海报带回家。几周后研究者电话联系这些被试，询问他们对海报的满意程度以及愿意以什么价格出售这些海报。结果发现，无意识思维的被试对海报更为满意，对于卖出的报价也更高，说明被试更为珍惜这些海报。

迪克斯特瑞斯等人认为，无意识思维在六个方面区别于有意识思维(Dijksterhuis et al.,2006;张聪，原献学，2014):(1)无意识思维原理(unconscious-thought principle)。两种思维模式适合于不同的情境，有意识思维适于解决简单问题，而无意识思维适于解决复杂问题。(2)容量原理(capacity principle)。有意识思维加工信息的容量有限，而无意识思维加工信息的容量较高。(3)自下而上与自上而下原理(bottom-up-versus-top-down principle)。有意识思维是自上而下的加工过程，而无意识思维是自下而上的加工过程。(4)权重原理(weighting principle)。相对于有意识思维，无意识思维能对事物的各种属性更好地赋予权重，能够做出最优决策。(5)规则原理(rule principle)。有意识思维遵循和执行规则以获得精确的决策结果，无意识思维善于揭示本质规律，仅能得出粗略的估计。(6)聚合与发散原理(convergence-versus-divergence principle)。有意识思维是聚合式思维，而无意识思维是发散式思维，因此能够激发个体的创造性。

第四节　启发式

一、启发式的概念

特沃斯基和卡尼曼(Tversky & Kahneman,1974,1982)进行的一系列经典研究，揭示了直觉在人们社会判断中的作用。他们认为，人们为了快速地进行信息加工，以及减少在社会认知过程中付出的努力，在进行社会判断时往往会采用认知捷径，他们称之为启发式或直觉(heuristic)。启发式加工是一种半自动化的加工过程，是人们依靠心理捷径或经验法则进行判断，而不是系统地、有步骤地去解决问题。特沃斯基和卡尼曼(1982)认为，人们在生活中会使用三种启发式，分别为代表性启发式、可得性启发式和锚定与调整启发式。

人们在生活中或多或少都会利用启发式。当人们没有足够时间和动机去进行分析和思考，例如时间有限、信息超载或话题对人们而言并不重要时，人们会使用启发式策略。有时候，人们缺乏判断所需的知识和信息，而不得不依赖启发式做出判断和决策。此外，社会情境中的因素唤起了人们已有的启发式，使得启发式在认识上具有实用性，则人们会偏好于启发式加工。

启发式作为认知系统形成的专门化的心理捷径，能够帮助人们快速、简单和高效地处理信息。但因为启发式加工的结论常常是从不完整的信息中快速得出的，可能并不足够准确(Ajzen,Brown & Rosenthal,1996)。

二、代表性启发式

代表性启发式(representativeness heuristic)指人们倾向于根据一个样本是否代表或类似于总体来判断其属于该总体的概率,即人们根据个体和类别中原型的匹配程度来做出类属判断(Kahneman & Tversky,1973)。生活中代表性启发式的例子很多,人们喜欢购买昂贵的商品,可能是因为在人们的心目中昂贵就代表着高质量。代表性启发式往往用来回答这类问题:某人或某事件 A 属于范畴 B 的可能性有多大? 例如,当你得知"小张是一个非常害羞和退缩的人,对人和现实世界不太感兴趣。他乐于助人,温柔且富有同情心。他有着一种对秩序和组织的强烈需要,喜欢关注细节",那么你觉得小张的职业是杂技演员、图书馆管理员还是外科医生? 根据这些不同职业的人的个性特征和人数分布的足够信息,你能够计算出小张属于某种职业的可能性,由此对小张的职业进行推测。然而,你要完成这样的计算要耗费很多时间,你很可能也缺乏计算所需要的完备信息。在这种情况下,代表性启发式提供了快速的解决办法。你可以通过估计小张是某一类型的典型代表的可能性或与该类型中的典型代表的相似程度,相应地做出有关他的职业的判断。人们可能推测小张是一名图书管理员,因为对小张的描述具有图书管理员的代表性特征。因此,代表性启发式本质上是基于概率估计的关系判断。

有时候,人们会错误地理解概率和随机性,导致在使用代表性启发式进行判断时出现错误。假设抛掷六次硬币,人们可能会以为出现"正—反—正—反—反—正"结果的可能性要比"正—正—正—反—反—反"这一结果的可能性更高。原因在于,人们的头脑中存在着关于随机性的固定观念,在人们看来与"正—正—正—反—反—反"这一结果相比,出现"正—反—正—反—反—正"的结果看上去更具随机性,导致人们高估了出现这一结果的可能性。事实上,尽管抛掷硬币时正反面出现的概率均是 50%,但是每次抛掷硬币的结果之间并无关联,这两种结果出现的可能性是一样的。

请考虑如下情境:假设你现在参加掷骰子的游戏,当连续 5 次都是出现抛掷结果为小的时候,现在抛掷第 6 次,你会猜小还是猜大呢? 人们会出现两种思考方式:一是既然前面 5 次都是小,那么第 6 次更有可能出现大;二是既然前面 5 次都是小,那么第 6 次很可能继续还是小。这两种思考方式在彩票心理中较为常见:在购买彩票时,彩票中头奖后人们更愿意到销售这种彩票的商店购买彩票,导致这家商店的销售大幅增长,这被称为彩票的幸运店效应(lucky store effect);但是对于中奖号码,在下次投注时会遭到人们的遗弃,人们认为已经中过的号码不太可能再中,降低了该号码的中奖概率估计。彩票的幸运店效应也出现在体育领域,在篮球运动中存在着所谓的热手效应(hot hand fallacy 或 positive recency effect)。在篮球比赛时如果某球员连续命中,其他球员会相信他的手发热,下次进攻时还会选择由该球员来投篮。吉洛维奇等(Gilovich,Vallone & Tversky,1985)对 76 人队的一个赛季的比赛进行了分析,发现热手效应是不存在的,球员无论前面投中多少个球,都不会影响下次投中的可能性。该研究发表后,遭到了篮球教练、球员、研究人员的热烈争论,至今仍莫衷一是。人们对于中奖彩票号码的遗弃类似于赌徒谬误(gambler's fallacy 或 or negative recency effect)。赌徒谬误指人们以为随机序列中一个事件发生的概率与之前发生的事件有关,即一个事件发生的概率随着之前没有发生该事件的次数而上升的错误信念。在重复

抛掷一个硬币时,如果连续多次抛出正面朝上,人们可能会错误地认为下一次抛出反面朝上的概率更高。投资者紧抓一些深度套牢的股票不放也是出于赌徒谬误心理。热手效应和赌徒谬误都源自人们的认知偏差,即认为一系列事件的结果在某种程度上隐含了自相关的关系。人们错误地诠释了大数法则的平均律,认为适用于大样本的大数法则同样适用于小样本。特沃斯基和卡尼曼(Tversky & Kahneman,1986)称之为小数法则(law of small numbers)。人们认为某一小样本或事件应具有全局性特征,倾向于将偶然性推论至全局。例如,在赌徒谬误中,人们认为局部序列与随机序列的原型不符,因此使用小数法则进行调节以使得局部系列接近随机序列模型,从而产生了负近因效应。

三、可得性启发式

可得性启发式(availability heuristic)指人们倾向于根据一个客体或事件在知觉或记忆中的可得性程度来评估其相对频率,容易知觉到的或回想起的客体或事件被判定为更常出现。特沃斯基和卡尼曼(Tversky & Kahneman,1973)在研究中询问被试,以 R 开头的英文单词多还是 R 是第三个字母的英文单词多?结果发现,认为以 R 开头的英文单词多的被试是认为 R 是第三个字母多的 2 倍,尽管后者的英文单词数量实际上多于前者。人们更容易想起以 R 开头的英文单词,这一提取过程的容易程度影响了判断。

可得性启发式往往与人们提取事件的难易程度以及提取的事件数量有关。你想知道我国婴幼儿的出生率,如果你分别咨询了幼儿园老师和在校学生,幼儿园老师可能会给出更高的估计。幼儿园老师每天都与婴幼儿在一起,在回答你的咨询时更容易提取这些婴幼儿的信息。在一项经典研究中,舒瓦茨等(Schwarz et al.,1991)分别要求被试列举 6 个或 12 个自己觉得富有决断的行为。结果发现,被要求列举 12 个行为的被试反而觉得自己不够决断。可能原因在于,人们很难在短时间内回想出 12 个决断的行为,这种提取的困难感降低了人们对自己的决断性的评价。

使用可得性启发式进行社会判断可能会产生偏差。这些可得性偏差包括提取偏差(retrieval bias)和搜索偏差(search bias)。在上例中,幼儿园老师对婴幼儿出生率的估计就是提取偏差。当你和朋友讨论婴幼儿出生率时,如果是在儿童医院讨论此事,与你们在办公室讨论此事相比,在儿童医院讨论此事会让你高估婴幼儿出生率。在儿童医院里,触目可及的孩子易化了你搜索样例的过程,使得你出现了搜索偏差。

可得性启发式还会影响着人们的社会行为。在单位里,紧急的事务常吸引人们更多的关注,使得人们忘记去处理重要的事务;下属如果经常出现在我们面前,会增加其被提拔的可能。

可得性启发式表明,信息在人们头脑中提取的难易程度是有区别的。你可能会忘记曾经借过朋友的钱,却不容易忘记朋友向你借的钱。而信息本身的特征会影响提取的难易程度。越是生动的信息,人们可能事后越是容易提取,这被称为生动性效应(vividness effect)。在希望工程的宣传中,大眼睛女孩苏明娟那双求知若渴的眼睛,打动了多少人投身于希望工程中。保险营销人员则会利用具有震撼性的、较为鲜见的疾病或车祸案例说服人们购买保险。在生活中,统计数据更有可能揭示生活的真实,但是奇闻轶事往往比统计数据更引人注目。人们难以从一般公理中演绎出一个具体例子,却容易从一个鲜明的例子中归纳出一般

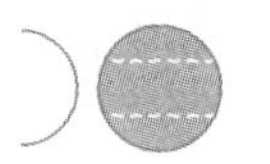

公理。正因为如此，道金斯(Dawkins，1976)在《自私的基因》一书中提出："相对于任何有价值的概括，经过选择的例子绝不能作为严肃的证据。"

可得性启发式是社会心理学的重要概念，启动效应(priming effect)就是可得性启发式的体现。研究发现，人们看完恐怖电影后恐怖感增加，看完言情电影后浪漫感会增加(Higgins & King，1981)。影视作品的情节越是生动，越有可能影响我们，被浪漫电影吸引的人越可能提取出与性态度和性行为有关的念头。在学习医学的第一年，医学生容易出现医学生综合征(medical student syndrome)，过多接触病症让这些医学新生产生了一系列的精神症状，他们因此而产生消极的情绪和行为。此外，可得性启发式还为广泛的社会现象如刻板印象、对责任的判断、因果归因等提供了解释。

四、锚定和调整

锚定和调整启发式(anchoring-and-adjustment heuristic)指在不确定条件下做判断时个体从最初的参照点即锚定(anchor)开始进行调整，以减少模糊性和做出判断(Tversky & Kahneman，1974)。当要求你猜测有多少人观看大连实德队与深圳平安队的比赛时，你可能会不知所措。如果有人告诉你在同一体育场，上一场其他队的足球比赛观众达到3000人，则这一数字可能有助于你的猜测。你可能以这3000为参照点，根据你对两个球队的了解，进行向上调整推测本次比赛观众可能会有4000人，或者进行向下调整认为可能有2000名观众。在这一过程中，3000作为锚定影响着你最终的推测。

锚定和调整会影响人们的判断。普劳斯(Plous，1989)发现，不同的锚定点会让人们的判断产生偏差。研究者分别询问被试近期发生核战争的概率是否超过1%或低于90%，然后要求所有被试估计近期发生核战争的可能性。结果发现，那些被1%锚定的被试认为发生核战争的概率约为10%，而被90%锚定的被试则认为风险约是25%。对于同一个问题，人们从不同的锚定点进行调整往往会得到不同的看法。对于那些被1%锚定的被试，在对近期发生核战争的风险估计时会采取向上调整的方式，因此估计其风险可能为10%；而对于被90%所锚定的被试在估计风险时采取了向下调整的方式，因此估计其风险可能为25%。

即使锚定值是人为的，也会影响人们的推论。特沃斯基和卡尼曼(Tversky & Kahneman，1974)要求被试推测非洲国家在联合国中所占席位的比例可能是多少，被试在回答问题前转动一个轮盘，轮盘的指针被设定为只能停在10或65的数字上。结果发现，转到数字10和65的被试回答比例的中位数分别是25%和45%。即使轮盘数字与非洲国家在联合国所占席位并未关联，人们将其作为估算的参考，在不确定情境中人们可能会参考任何可得的信息。

不管人们是进行向上调整还是进行向下调整，调整幅度可能都是不充分的。特沃斯基和卡尼曼(Tversky & Kahneman，1974)要求一组被试在五秒钟内说出1×2×3×4×5×6×7×8的乘积，要求另一组被试在五秒钟内回答8×7×6×5×4×3×2×1的乘积，结果发现，两组被试的答案分别为512和2250，而正确的答案应该是40320。第一组被试的答案显著低于第二组，说明了锚定的作用，而两组被试的答案均距离真实值较远，则说明人们的调整往往是不充分的。初始的锚定越低，后续的调整可能越不充分。当有人问你一张纸折叠

100 次以后的厚度是多少，你可能会以一张纸的厚度 0.1 毫米为锚定进行向上调整，对厚度进行估算。如果人们继续问你，这个厚度有没有地球距离太阳的距离远？考虑到太阳和地球如此遥远，你很可能认为厚度不可能有如此之大。事实上，一张纸折叠 100 次以后的厚度可能是 1.27×10^{23} 千米，是太阳和地球之间距离的 8×10^{14} 倍。

第五节 控制性社会认知

一、控制性社会认知的概念

在社会认知过程中，人们的思维过程受到了自动化加工与启发式加工的作用。自动化加工和启发式加工能够让人们快速、高效地处理各类社会情境。但是，这些自动化或启发式加工过程并不是没有代价的。人们的无意识性别偏见妨碍了女性在就业市场上的竞争力，严重时甚至可能会导致女性遭遇显性或隐性的歧视。飞机失事会获得各类媒体的关注，使得飞机失事相对于公路上的交通事故具有更高的可得性，这种可得性偏差可能使得有些人不愿意搭乘飞机出行，尽管大量研究均显示飞机是目前最为安全的交通工具。很多时候，深思熟虑这一控制性社会认知能让人们做出更好的决策和判断。

受控加工(controlled processing)指人们有意识地、主动地并且付出努力进行深思熟虑的加工过程。在这种加工过程中，人们能够意识到自己思考的内容，能够控制思维过程的开始或停止。由于受到认知资源的限制，人们进行控制性加工的任务数量是有限的，在一定时间内往往只能进行一心一意的加工。反事实思维和思维抑制就是典型的受控加工。

二、反事实思维

(一)反事实思维的定义

人们的社会判断很多时候是通过想象或者在心理上模拟事件来完成的(Kahneman & Tversky，1982)。当你弄脏了妈妈喜欢的衣服，你会想象妈妈的可能反应，妈妈可能会非常生气或毫不在意。你会依据对妈妈的了解设想妈妈的反应，由此影响你的情绪和行为。有时候，人们会想象与既定事实不同的另一种可能性，这被称为反事实思维(counterfactual thinking)。反事实思维中蕴涵的虚拟命题是“要是……就好了”或“如果……就……”(Roese，Hur & Pennington，1999)。研究发现，发生火车事故后人们会认为第一次坐火车的人的死亡比经常坐火车的人的死亡更悲惨(Roese，1997)。造成这一偏差的原因就在于人们进行了反事实思维，人们通过设想与现实不同的反事实情境对事件后果进行评价。人们相对容易想象第一次坐火车的人如何避开这一灾难，认为只要他仍然乘坐以往的交通工具就好了，却难以想象出经常乘坐火车的人的反事实情境，因此认为第一次坐火车的人的死亡更加悲剧。

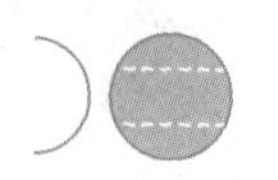

反事实思维经常出现在消极事件发生后，以及人们能容易想象出与既定事实不同的情境中(Kahneman,1995)。反事实思维可能是进化而来的适应性行为。弗里斯(Frith,2012)在《心智的构建》中提出，人在生活中需要对未来做出预测，反事实思维在其中发挥着负反馈作用，表明我们对行为结果的预测出错，在对这一结果的反思中不断强化对行为达不到预先目的的认识，因此，反事实思维本质上是人类在漫长进化中形成的行为纠错机制。

(二)反事实思维的分类

1.加法式、减法式和替代式

人们在社会生活中会遇到很多事情。在对不同的事件进行反事实思维时，人们会对现实进行不同的想象处理，例如添加、删除或替代事件中的某些因素，以得到预期的反事实结果。依据人们进行想象时不同的处理方式和思维内容，可以将反事实思维分为三种类型：加法式(additive)、减法式(subtractive)和替代式(substitutional)。

加法式反事实思维指在已发生事件中添加没有发生的事件或采取的行动，对既定结果进行重建的反事实思维。例如，比赛中的银牌获得者往往比铜牌获得者感觉更糟糕，因为他们会假想要是我再努力一点，我可能就赢了(McGraw,Mellers & Tetlock,2005)。

减法式反事实思维指在已发生事件中删除某些因素，对既定结果进行重建的反事实思维。例如，那些减肥的人经常会设想：如果我昨天没有吃炸鸡的话，我现在就能少运动一会儿了。

替代式反事实思维指将导致事件发生的前提用另一假设的事件进行替代，对既定结果进行重建的反事实思维。例如，在上述火车事故中，人们往往会构想：如果那个第一次坐火车的人选择了以往的交通方式，他就不会遇到事故了。

2.上行反事实思维和下行反事实思维

人们在进行反事实思维时，对于同一事实会产生不同的感受与判断。例如，对于吃了一块炸鸡的减肥者来说，一些人可能会设想如果我昨天没有吃炸鸡的话，我现在就能少运动一会儿了。也有一些人可能会设想幸好我昨天只吃了一块炸鸡，不然我还要运动更长的时间。因此，人们反事实思维的方向也会存在差异。根据反事实思维的方向可以将反事实思维区分为上行反事实思维和下行反事实思维。

上行反事实思维(upward counterfactual)指对于已经发生的事件想象如果满足某种条件就有可能出现比现实更好的结果。银牌获得者的糟糕感受可能是因为采用了上行反事实思维，即他如果更加努力则可能获得金牌。人们一旦陷入上行反事实思维，常常会感到后悔。

下行反事实思维(downward counterfactual)指对于已经发生的事件想象如果满足某种条件就有可能出现比现实更差的结果。银牌获得者其实也可以设想：如果我再跑慢一点，我就只能获得铜牌了。银牌获得者如果采取下行反事实思维，自己可能会感觉更好，因此下行反事实思维能帮助我们更好地接受目前的结果。但有时候，过多地采用下行反事实思维可能让人们变得目光短浅，丧失向上的动力。

(三)反事实思维的作用

1.积极作用

反事实思维能够帮助人们更好地应对消极事件。当人们与消极后果擦肩而过时,反事实思维会让人们感觉幸运,容易接受消极的后果。那些大难不死的人或在车祸中受了轻伤的人会觉得自己很幸运,因为他们很容易由此构想出更为消极的反事实结果,如死亡或致残(Teigen,1999)。

反事实思维还可以让人们更好地为未来做准备。反事实思维有时候使得人们将注意力集中于未来怎样更好地处理类似情况,这有助于避免当前消极结果的再次发生。在考试失败后,如果人们设想与现实不同的后果就可以帮助人们找出自己的不足之处,从而减少下次考试失败的可能性(Galinsky & Moskowitz,2000)。

消极事件的后果如果不太严重,反事实思维容易实现上述积极作用。如果消极事件的后果严重或者对个体具有重要意义,则反事实思维可能难以发挥积极作用。如果有亲人在地震中遇难,人们可能难以构建出反事实情境。而如果设想出"早知道有地震,就该将亲人早点接出来",则效果可能适得其反。这时候,如果人们构建"能做的我都做了,死亡仍是没法避免",通过设想死亡的不可避免这一信念有可能降低人们的悲痛,还可能使得人们为了避免重蹈覆辙而采取相应的行动,例如加强地震警报工作和建造地震防御系统(McMullen & Markman,2000)。

2.消极作用

当消极事件发生后,人们越是设想悲剧本可避免,越是难以从中解脱。此时,反事实思维会给人们带来消极的情绪反应,事件本身越重要,在心理上对事件结果进行反事实构思越容易,人们对结果的情绪反应就越强(Niedenthal, Tangney & Gavanski, 1994; Miller & Taylor,2002)。

反事实思维的一种典型后果是反刍思维(ruminative thinking)。反刍思维指当遭遇消极生活事件后个体的思维滞留在该事件的影响之中,人们反复地思考事情的原因、后果以及给自己带来的感受等。例如,人们在遭受消极事件后,会不断回想"如果我……,就不会发生在我身上了"。当亲人被一场交通事故突然夺去生命之后,家人通常会在内心不断重现那天的情境,幻想悲剧没有发生,他们想象的次数越多则忧虑越深(Davis et al.,1995)。在面对消极事件时,消极的反事实思维会导致人们不断回想从而陷入反刍思维之中,可能会诱发个体的抑郁(Nolen-Hoeksema,1987)。诺伦—霍克西玛(Nolen-Hoeksema,1987)提出的反应方式理论(response styles theory)认为,反刍思维是引发抑郁和维持抑郁的重要原因。反刍思维使得个体过度敏感于消极信息,过多地从消极方面思考自己的过去、当前和未来的生活事件,思绪过多集中于消极的生活主题。此外,反刍思维迫使人们将认知资源过多集中于情绪困扰,降低了自我效能感,抑制了解决问题的动机,减少了所能获得的社会支持,从而阻碍了对问题的有效解决(吴明证,孙晓玲,梁宁建,2009)。

反事实思维还容易引发人们的后悔。后悔指人们将事件的真实结果与更好的假设结果相比较而体验到的痛苦情绪。后悔是个体重新构建当前事件的反事实思维的结果，导致后悔产生的事件结果可以是积极的（如银牌获得者的后悔），也可以是消极的（如车祸受伤者的后悔）。一般说来，后悔是上行反事实思维和加法式反事实思维的结果。因此，一些犯罪的受害者会因为自己没有避开导致犯罪的情境而责怪自己，这时候往往会让他们遭受双重伤害，一种是身体上的可能伤害，而自我谴责还会导致其心理伤害（Miller & Turnbull，1990）。

三、思维抑制

反事实思维可能会导致个体陷入反复沉思，很多人以为要跳出对某事的不断回想，只要简单地尽量不去想就可以做到，这就是思维抑制。思维抑制（thought suppression）指个体刻意抑制或避免某些想法产生的心理过程。压抑（repression）是思维抑制的一种表现形式，指当情绪被唤起时个体不做出任何表达性的举动，克制自己释放出表现该情绪的面部表情、行为和言语等，以掩藏或逃避自己此刻的情绪体验（Gross & Levenson，1993）。我们不仅会抑制自己的情绪，还会抑制自己的一些想法、欲望以及行为冲动（Wegner，1989）。

事实上，思维抑制并不容易实现。丹尼尔·韦格纳（Daniel Wegner）是研究思维抑制的最为著名的心理学家，开展了现在被称为白熊实验的经典研究。韦格纳等（Wegner et al.，1987）发现，人们越想压抑某事时记住它的概率反而越高，这被称为白熊效应（the white bear effect）。实验中，韦格纳要求被试报告心里想到的任何事情。被试被分为三组，第一组被试被告知要想到白熊（非抑制条件），第二组被试被要求不能想到白熊（抑制条件），第三组被试也被要求不能想到白熊，每当想起白熊时请他们试着想想红色汽车（分心条件）。结果发现，抑制条件下的被试想起白熊的次数远远高于非抑制条件和分心条件，而非抑制条件下的被试想起白熊的次数最少。这意味着，有时个体能够意识到某一想法是不必要的并且需要抑制，但并不能自由地加以干涉或控制，个体越试图抑制某个想法就越有可能会失败。此外，人们试图抑制的想法不仅会不受控制，反而可能以更激烈的形式再次回到我们身上，出现回弹效应（rebound effect），例如被试报告出现了更多的关于白熊的想法。

韦格纳（Wegner，1992）认为，抑制一个过程使之不进入思维包括两个阶段。第一个阶段是监视过程（monitoring process），该过程会搜寻想要强行进入的不受欢迎的思想或观念，自动化程度较高；第二阶段是操作过程（operating process），该过程需要个体努力尝试思考其他事情以分散当前的注意力，受控性程度较高。这两个过程密切合作、相互作用才能成功进行思维抑制。刚失恋的人会不由自主地想起分手的恋人，然后会尽最大努力试图忘记对方。操作过程需要耗费人们的时间和精力，一旦操作过程失败，那么自动进入思维的不受欢迎的思想或观念反而被凸显，导致回弹效应。因此，思维抑制的回弹效应可视为个体抑制过程失败的产物。

经常性的思维抑制及回弹会导致人们陷入强迫性思维（Wegner，1992）。人生在世不如意事十之八九，每个人都有拼命想逃避或忘记的事情，或出于恐惧，或出于憎恶，但是人们越是想回避或忘记，可能越是难以释怀。运动员在比赛中越是想着“我千万别出现什么状况”，越有可能陷入所担忧的境况中。那些曾经堕胎的妇女越是想抑制有关堕胎的想法，承受的压力就越大，抑制的过程损耗掉了她们的认知资源，让她们难以去寻求真正的帮助（Major &

Gramzow,1999)。正如吉尔伯特(Daniel Gilbert,2007)所说的,人生在世,有三样东西越是努力结果越是糟糕:爱情、睡眠、选择。这时候,接纳该想法的存在如采用写日记或者分散注意的方法可能好于强行的思维抑制。

本章习题

一、简答题

1. 简述社会认知者的假设。
2. 简述图式的功能。
3. 简述关于无意识启动的一项经典研究。
4. 简述可得性启发式的影响因素。
5. 简述白熊实验。

二、论述题

1. 试述社会图式的分类。
2. 试述反事实思维的作用。

三、思考题

1. 人是主动的信息加工者,谈谈你对这句话的理解。
2. 与有意识思维相比,无意识思维有哪些优点?
3. 人们在哪些情况下会使用启发式?

在线测试

本章参考文献

第四章 社会知觉

我们生活在社会中，势必要与人打交道，了解他人就至关重要。尽管我们每个人都积累了丰富的交往经验，但仍会觉得了解别人、读懂别人是件不容易的事情。人们所说的话、所做的事常常会出乎我们的预料，看待同一问题角度的分歧之大屡屡让我们叹为观止。尽管如此，他人仍是我们生活的重要组成部分，我们不能也难以回避了解他人，要做到准确客观地了解他人更不容易。在本章中，我们将系统介绍人们的社会知觉过程，分析人们的印象形成过程，探究人们如何推测别人的意图，以及如何消除我们的潜在偏差。

第一节 社会知觉概述

一、社会知觉的概念

亚里士多德在《尼可马科伦理学》中明确提出，人在本性上是社会性的。在《关于费尔巴哈的提纲》中，马克思进一步指出，人的本质并不是单个人所固有的抽象物，在其现实性上，它是一切社会关系的总和。在人际交往情境中，人们利用所有可以获得的信息来形成对他人的印象，并对他人的性格进行推断。这一过程不仅包括对他人的言谈举止、体态容貌的知觉，还包含对他人的动机、情感、能力、个性等心理状况的判断。这种知觉和了解他人的过程就是社会知觉(social perception)。有时候，研究者将个体对自我的知觉也视为社会知觉，或者称为自我知觉(self-perception)。例如，归因偏差中的自利归因实际上涉及的是自我知觉。

从上述定义可以看出，社会知觉中的知觉一词的含义比普通心理学中的知觉要广。普通心理学中的知觉是指人对于作用于感官的客观事物整体属性的反映，不包括记忆、判断、推论等过程。而对人的知觉远比对物的知觉要复杂得多。首先，物体的各种属性和特征相对稳定、持久，而人的发展和变化复杂多样、持续不断，需要对他人的信息不断进行分析、综合、推论才能形成对他人的知觉形象。其次，对物的知觉主要是根据物的客观属性和特征如颜色、形状、质地等，较少受到各种社会因素的影响。对他人的知觉不仅依赖他人的客观特

性，还受到他人的社会特征和属性如地位、身份等的影响。再次，知觉者的经验、态度、需求等因素也会影响对他人的知觉。社会知觉最初由布鲁纳（Bruner，1947）提出，就是用来指知觉的社会决定性，即知觉不仅取决于知觉对象的特征，还受到知觉主体的经验、目的、态度、价值观的影响。最后，社会知觉过程也是人际交互作用的过程。在对人的知觉过程中，知觉者与被知觉者之间是相互影响和相互作用的，知觉者的行为会影响被知觉者，被知觉者反过来也会回应知觉者。在这种互动的过程中，知觉活动的发生和进行就不再是单向的，而是双向的；不再是一次性的，而是连续进行的。正是因为如此，一些社会心理学家认为，社会知觉过程就是社会认知过程。

社会知觉过程大体可以分为两部分：印象形成（impression formation）和归因（attribution）。印象形成是我们根据他人的非言语信息和行为信息形成对他人的整体印象。在此基础上，我们还会进一步推测其行为背后的可能原因，即归因，借此我们可以有效预测其未来的可能行为，并为自己与其的交往过程提供指引。

二、社会知觉的范围

首先，对他人表情的知觉。人是富有表情的动物，人的表情往往能反映其身心状态。人们在知觉他人时会不时地察言观色，听其言，观其行，根据他人的表情来判断其心理状态，准确程度取决于知觉者对他人表情的知觉与解释。在各种表情中，面部表情是十分重要的社会性刺激，它既涉及先天因素，也有后天经验的成分。

其次，对他人人格的知觉。在这一过程中，个体将他人的有意义的特征进行比较、概括与综合，形成对他人的总体印象。例如，人们通过行为观察、生活史分析等方法，全面和精确地分析他人的人格。

再次，对人际关系的知觉。对人际关系的知觉包括两方面内容：一是对自己与他人关系的知觉；二是对他人之间关系的知觉。个体往往根据他人经常表达的意见、表露的态度和情绪来推测人与人之间的关系。对人际关系的知觉有一个明显特点，即知觉者的情感成分参与其中。对人际关系知觉的准确性是十分重要的，它会影响到个体能否协调与他人之间的关系。

最后，对行为原因的知觉。即人们推论自己和他人的行为原因的过程，包括对自己行为原因的知觉和对他人行为原因的知觉（归因）。我们不仅要知道他人在做什么，还要知道他人为什么要这样做。由于认知资源有限，人们并不是对他人的任何事情都会进行归因，例如当他人做了让我们不愉快的事情时，我们才有可能进行归因。

三、社会知觉的特征

（一）整体性

社会知觉的整体性指人主动加工和处理信息以形成对知觉对象的整体和一致的认识。在社会知觉中，人们可以获得知觉对象的大量零散的、间断的信息，人们会将这些信息加以整合和组织以形成完整的印象，从而使自己的社会知觉保持完备的特性。人们会针对特定情境形成脚本，例如在餐厅就餐过程中，人们会抛弃餐厅就餐情境的细枝末节，而抓住其核心过程和特征，形成对餐厅就餐情境的组织化的知识结构。但有时候，社会知觉的整体性可能会导致消极的社会后果。例如，在招聘时，招聘者如果过于关注应聘者的毕业学校层次，而不考虑应聘者的个人能力与人格，则难免错失人才。

（二）选择性

社会知觉的选择性指人们根据知觉对象的社会意义有选择地进行社会知觉。一个知觉对象对于知觉者的社会意义越是重要，越容易吸引知觉者的注意，人们更关注那些符合自己需要的、与自己有切身利害关系的信息。此外，由于不同知觉者的需要、兴趣、目标等不同，他们对同一个社会对象的知觉过程也存在差异。例如，在知觉他人时，艺术家可能会重视其外貌神态、思维的发散灵活等，而科研工作者则可能重视其专业知识、思维的严密规整等特征。所谓“仁者见仁、智者见智”，就是指人的社会知觉过程的选择性。

（三）理解性

社会知觉的理解性指人在社会知觉中是根据自己的知识经验来对知觉对象进行加工处理的。在社会知觉中，知觉主体拥有着独特的生活体验和知识结构，在社会知觉中人们会以自己的经验为依据去理解他人和群体的行为。一个人的生活体验越深刻，知识结构越丰富，理解他人和群体时就越全面和深入。但有时候，人们会将自己的某些价值取向、行为偏好、心理特征等强加于他人身上，所谓“以己之心、度人之腹”，有时容易招致误解。

（四）互动性

社会知觉的互动性指在社会知觉过程中知觉者与被知觉者之间相互影响和相互作用的性质。社会知觉过程也是人际互动过程，在互动过程中两者之间的关系是双向的。知觉主体会影响着知觉对象，但是知觉对象并不是刻板地、被动地加以应对。知觉对象会根据知觉主体的行为灵活地调整自己的行为反应，有时候知觉对象会刻意地操纵针对知觉主体的反应，以实现其特定的互动目的。这种互动性不仅包括直接的互动，还包括间接的互动。例如，当商场服务员看到一名顾客在商场里随意摆弄商场物品、缴费不排队时，即使顾客的这一不道德行为并非指向服务员本人，仍有可能引发服务员的愤怒，导致服务员拒绝对该顾客提供服务或降低服务质量（徐亚萍，李志勇，2014）。

第二节　非言语线索

一、非言语线索的定义

我们与人交往时有时候会通过与他人面对面的语言交流来了解他人，也会通过观察其

身体姿势、面部表情、语音语调等非言语线索去推测他人的所思所想（Richmond，McCroskey & Payne，1991）。这些非言语线索在我们了解他人过程中发挥着重要作用。例如，安贝迪和罗森塔尔（Ambady & Rosenthal，1993）向大学生呈现 6～30 秒的一名大学教授无声的演讲片段，要求学生对该教授的一些个人品质进行评价。结果发现，不仅学生之间的评价一致性很高，且学生对该教授个人品质的评价可以预测他们期末时对该教授的课程评价。

有时候，非言语线索反而能提供更多的真实信息。人们在说话时有可能会言不由衷，但是他们压抑的一些情感仍可能通过面部表情或身体动作等微表情（micro-expression）泄露出来（Ekman，2003）。俗话说"锣鼓听声、说话听音"就是强调人们在交流时不仅要注意别人说什么，还要注意别人是怎么说的。

我们也会通过非言语信息与别人互动。通过非言语信息进行交流的过程称为非言语交流（nonverbal communication）。例如，微笑在生活中发挥着重要作用，我们会通过社交性微笑以建构和维持与他人的关系。

二、传统的非言语线索

在社会知觉中，我们会处理和加工他人的面部表情、眼神接触、姿势手势等信息，这类语言被称为身体语言（body language）。身体语言指人们借助身体的运动、姿势、距离等传达信息。例如，人们在高兴的时候可能手舞足蹈，在害怕的时候可能会退缩不前。我们主要介绍六种身体语言：面部表情、眼神接触、空间距离、姿势和手势、身体接触以及声音。

（一）面部表情

面部表情（facial expressions）是非言语交流的最重要的渠道。面部表情的交流具有重要的社会适应价值。特尼克（Tronick，1975）在其静止脸实验（still face experiment）中发现，当母亲与尚不能开口说话的婴儿在互动中突然变得毫无表情时，婴儿会变得焦虑紧张，然后通过吮吸指头以缓解焦虑，最终号啕大哭。当母亲重新回到正常的慈爱表情时，婴儿才恢复平静。这表明，婴儿能够敏锐地留意到看护者的表情和情绪变化，他们的表情和情绪也将随之改变。正如著名精神分析学家温尼科特（Donald W. Winnicott）诗意般的描述：婴儿仰望他的母亲，在母亲眼中看见他自己。

达尔文很早就对人类的面部表情进行了细微的观察，并在《人类和动物的情绪表达》中进行了细致的描述。达尔文认为，由面部表情表达出来的基本情绪具有普遍性，例如，人在高兴时会微笑，悲伤时会皱眉头。这些普遍性的表情是进化而来的，帮助我们向他人表达情绪和控制他人的行为，也可以让我们根据他人的表情推断其内部心理状态。一般而言，人的基本情绪包括高兴、惊讶、愤怒、恐惧、伤心、厌恶。这六种情绪是人类发展中最先出现的情绪，6 个月到 1 岁的孩子就可以像成人那样通过面部表情表达这六种情绪。跨文化研究发现，不同社会文化群体的人们对这些基本表情的识别具有类似的高度准确性。埃克曼和福瑞森（Ekman & Friesen，1971）对新几内亚佛尔族人进行了研究，这个民族没有接触过西方文化，也没有文字。研究者呈现给佛尔人几个带有情绪内容的故事，让佛尔人观察带有这六种基本情绪的美国人图片，并要求佛尔人将照片与故事内容配对。结果发现，佛尔人的回答和美国被试同样准确。研究者又将佛尔人面部表情的图片呈现给美国被试，发现美国被试也能够很好地理解佛尔人的情绪。后续研究都表明，至少这六种情绪能力是具有跨文化的共通性的(Ekman，1993，1994；Izard，1994；Haidt & Keltner，1999；Elfenbein & Ambady，2002)。

面部表情的产生与人的面部肌肉运动有关。例如，伊扎德(Izard，1972)发现，人在愉快时，额眉—鼻根区放松，眉毛下降；眼—鼻颊区眼睛眯小，面颊上提，鼻面扩张；口唇—下巴区嘴角后收、上翘。鲍彻和埃克曼(Boucher & Ekman，1975)发现，情绪表达由面孔不同部位所决定，悲哀显现于眼睛，快乐与厌恶表现在嘴部，惊愕的表情由前额显示，而愤怒则布满整张面孔。研究者据此提出了面部表情的反馈假设(facial feedback hypothesis)，认为人的面部表情对情绪体验具有反馈效果，导致与其相应的情绪体验的产生或增强(Strack，Martin & Stepper，1988)。研究者让被试将一支笔咬在嘴里或用嘴唇夹住，同时让他们评价一些卡通片的有趣程度。结果发现，咬住铅笔的被试觉得卡通片更为有趣。这是因为咬铅笔的方式可以促进与微笑相关的肌肉，而用嘴唇夹住铅笔则会抑制这一区域肌肉的运动。

如果基本表情是本能性的，那么我们是否可以掩饰自己的面部表情呢？或者说，如果你的内心是不快乐的，你能否表现出快乐的表情？埃克曼(Ekman，Freisen & Ancoli，1980)对此进行了研究。研究要求被试观看引人发笑的娱乐片和令人厌恶的纪录片。在观看前，要求被试无论是看可笑的还是厌恶的镜头时都尽可能表现出笑容，而且尽量尝试做到真笑而不是假笑。当被试观看电影时，研究者在被试不知不觉中拍摄他们面部的表情。结果发现，人们很难做到内外不一的情绪表达，他人很容易就能识别出照片上的人是真笑还是假笑。

此外，面部表情的表达规则(display rules)还会受到文化的制约。中国人表达情感偏于含蓄，我国社会并不鼓励人们过于强烈地表达情绪。与此类似，日本人的面部表情也相对较少，女性需掩面大笑，以笑容掩盖其负面表情(La France，Hecht & Paluck，2003；Aune & Aune，1996；McCroskey & Richmond，1995)。而在美国文化中，往往会抑制男性表达悲伤或痛苦(Ramsey，1981)。

(二)眼神接触

俗话说眼睛是心灵的窗户，眼睛也为我们提供了知觉他人的非言语线索。

瞳孔的大小对于非言语交流十分重要。一般人都以为，瞳孔放大是愉快情绪的反映，而瞳孔缩小是不愉快情绪的反映。赫斯(Hess，1965)发现，瞳孔大小与知觉到的吸引力有关。研究者向男性被试呈现两张女性照片及描述，其中一名女性的瞳孔是正常大小，另一名女性的瞳孔则较大。结果发现，男性认为瞳孔较大的女性更具吸引力。

眼神接触(eye contact)也会影响人们对他人的知觉。眼神接触指用眼神传递特定的信息。例如，在浪漫电影中男女主角深情对视以传递浓情蜜意。眼神接触可以分为目光注视与目光移动。其中，目光注视包括注视的频率、周期和间隔。目光注视的含义依照背景不同存在差异，可以传递出个体对他人的兴趣或威胁他人的信息。长时间的目光注视会让他人产生危机感，有经验的老师会使用目光注视作为威胁手段以遏制学生的不良行径。例如，研究者要求被试做出攻击性姿态，被试往往会采取瞪着看的方式，且被瞪着看的人比没有被瞪的人表现出较低的攻击性(Ellsworth & Carlsmith，1973)。目光移动包括目光的忽视、转向

和躲避，具体表现为眼神移开、眼睛低垂或转向旁边、故意避开看他人的眼睛等。一般而言，沟通中故意移开眼神或眼神游移会让人觉得不可信任、不可靠或能力低；眼神低垂会让人觉得软弱、恐慌；故意避开看别人的眼睛、目光躲闪会让他人误以为没有兴趣与其交往，使得他人放弃进一步的交流。

（三）空间距离

一般来说，两个人的关系越是亲密，则人际间的空间距离会越近。空间距离的接近大多是表示友好或是对他人感兴趣的表现。例如，人们对朋友的空间距离比对陌生人要近得多(Aiello,1972)；希望自己看起来友善的人会缩短与他人之间的距离(Patterson & Sechrest,1970)。

霍尔(Hall,1966)将人际空间距离分为四类：亲密距离(intimate distance)、个人距离(personal distance)、社交距离(social distance)和公众距离(public distance)。其中，亲密距离是0～45厘米，主要指亲人、爱人、好朋友之间的距离；个人距离是45厘米～1.2米，主要指普通同学、同事之间的距离；社交距离是1.2～3.6米，主要指相识但不熟悉的人之间的距离；公众距离是3.6～7.6米，主要指陌生人之间的距离。

文化规范会决定人们的距离偏好。例如，美国人在与他人交往时会选择较大的距离，而拉丁美洲和阿拉伯人则会选择较小的距离。

（四）姿势和手势

人们的姿势会传递很多信息。研究发现，地位高的人通常采用开放的、不对称的姿势，身体左右两侧做出不同的姿势(Leffler,Gillespie & Conaty,1982)。如果让人们做出伸展的姿势，例如将身体张开并占据更大的空间，会让人们像掌权者一样思考和行事，因为这种权力姿势传递了自信心和领导能力(Huang et al.,2011)。

手势是人类进化中最早使用的交流工具，甚至可能是先于有声语言而使用的。两千年前古罗马辩论家西塞罗就说过："一切心理活动都伴有指手画脚等动作。双目传神的面部表情尤其丰富，手势恰如人体的一种语言，这种语言甚至连最野蛮的人都能理解。"时至今日，手势仍广泛应用于日常生活中。在我国，交警会通过八种手势来指挥交通，如左臂向前上方直伸、掌心向前就意味着停车；当老师对着学生竖起大拇指，代表着老师对学生的夸奖。在国外旅游时，如果遭遇语言不通，人们往往会通过手势来进行沟通。

（五）身体接触

身体接触指身体的碰触所传达的信息。例如，人们在与他人问好时会握手以传递自身的友好，师长轻拍晚辈的肩膀以传递关爱之情。身体接触表达的信息多种多样，包含着关怀、优越感(地位差异)、性吸引甚至侵犯。

握手是较为常见的身体接触。研究者通过力量、紧握度、干燥程度、温度、活力、持续时间等指标评估人们的握手。结果发现，他人的握手指标越高，如握手更为持久、有力，人们会知觉他人的性格趋于外向和经验开放性、较少神经质和害羞，越是受人欢迎(Chaplin et al.,2000)。

(六)声音

声音(voice)同样会影响人们的社会知觉。如果请你对“下雨天留客天留我不留”进行断句,你就会发现断句不同,句子的含义也不同。例如,可以将上句断句为“下雨天留客,天留我不留”“下雨天留客,天留我?不留”“下雨天留客,天留我不?留”,这三句话意思大相径庭。由此可以看出,言语中的停顿会表示不同的含义。

在声音方面,音调变化高低、语速快慢和节奏等都会传递不同的信息。因此,一个有经验的父母可以从婴儿的不同哭声中判断婴儿是饿了、不舒服或生气。生活中,我们通常会认为语速快的人往往更为自信、心直口快、观点也更有说服力,而说话轻柔缓慢的女孩会被认为温柔恬静、富有教养。在人际互动中,我们还会通过音调变化来影响互动过程,例如会通过抬高音调来提高自己的自信心和掌控感。

三、新兴的非言语线索

随着科学技术的进步,不同于以往面对面的交流方式,人们越来越依赖通过手机、电脑等电子设备进行网络交流。网络交流方式的不断发展,促进了新的非言语线索——表情符号的产生。表情符号 emoji 源自日文绘文字,即图形文字。最早由栗田穰崇于 1988 年设计创作,2010 年根据定义世界语言通用字符集和统一码标准 6.0 和相关的 ISO/IEC 10646 标准,上百个表情符号通过了标准化处理,表情符号得以广泛普及。据《中国青年报》(2016)报道,对 5386 名大学生的一项调查显示,88% 的受访大学生表示在社交软件的聊天中会使用表情符号,37% 的受访者表示在网络聊天中经常会使用表情符号。

现在聊天软件中出现了各种各样的表情符号,人们还可以通过软件自制表情符号,用各式各样的表情符号表达自己的情绪和情感。马塞尔·达内斯(2016)在《占领世界的表情符号》中认为,表情符号具有以下三项功能:用于开场;用于结尾;避免沉默。在表情符号中,88%用于交际,94%用于表达情感,64%用于其他目的。在我国,微信中的表情符号使用颇为广泛,使用模式也存在着年龄差异,90 后的年轻人与中老年人之间更是界限分明。年轻人倾向于选用含有人像、动漫人物、动物等元素的表情符号,同时表情符号的使用会因时因地而变,方法多样,并被赋予多元的意义。而中老年人使用表情符号主要是表达心情,他们大多数只是使用常规的表情符号,其表情符号库也相对稳定。

表情符号的使用也存在着文化差异。马塞尔·达内斯(2016)发现,美国人喜欢使用枪、比萨、鸡腿等表情符号,澳大利亚人喜欢使用与药、酒、垃圾食品和休假相关的表情符号,法国人比其他国家的人多用了 4 倍的心形符号,讲阿拉伯语的人比说其他语言的人多用了 10 倍的玫瑰表情符号,加拿大及其他英美语系社会常用钱、运动、暴力及粗俗的表情符号。

第三节　印象形成

一、印象形成的概念

在社会知觉中，对他人的知觉是最重要的主题。当我们知觉他人时，会接触到各种各样的他人信息，如言语、外貌、衣着、姿态、行为方式等。我们会将这些信息整合起来对他人形成完整(integrative)和一致(consistency)的形象，这一过程被称为印象形成(impression formation，Hamilton & Sherman，1996)。印象形成的结果称为印象(impression)，指个体头脑中有关认知客体的形象。其中，个体与陌生人初次接触或交往后形成的印象称为第一印象(first impression)。

对他人的印象是我们理解他人和采取行动的背景。印象的好坏直接影响我们与他人的进一步交往和相互关系。如果对他人印象较好，则可能会积极主动地与其深入往来；如果印象较差，我们则很可能会中止交往。

印象形成的过程是一个主观的过程，充满着知觉偏差。人们会根据有限的信息对他人形成印象。俗话说心宽体胖，人们以为体胖的人比较乐观，这表明人们会通过体型来形成对他人的印象，这实际上是有所偏颇的。在研究人们对受害者印象形成时发现，受害者反应特征影响个体对受害者的整体印象，当感知到受害者的感受性特征(例如感受害怕、痛苦、愉悦等)时，相较于主体性特征(例如自我控制、计划性、执行力、思考、记忆等)，人们对受害者的印象评价更为积极(邵晓露，2019)。

二、印象形成的模型

我们如何将他人的各种零散的、片断的信息综合起来呢？阿希(Asch，1946)、安德森(Anderson，1965)以及菲斯克和纽伯格(Fiske & Neuberg，1990)分别提出了格式塔模型、代数模型和连续体模型对此进行解释。

(一)格式塔模型

格式塔模型认为，对他人印象的形成是整合所获得的个体信息的结果。阿希从格式塔的观点出发，认为对他人个别信息的理解依赖于该个体的其他信息，人们将他人的不同特征信息加以整合形成连贯的、一致的印象。

阿希(Asch，1946)开展了一项经典研究探讨了印象形成过程。研究者向被试呈现两个人的信息，其中一个人的信息是“聪明、灵巧、勤奋、热情、果断、实际、谨慎”，而另一个人的信息则为“聪明、灵巧、勤奋、冷淡、果断、实际、谨慎”。随后，要求被试对这两个个体在“自以为是、不好交际、刻板、易怒”等特征上做出评价。结果发现，尽管先期呈现的信息仅在“热情”和“冷淡”两个词语上存在差异，但人们在此基础上形成印象后，对两个个体的随后评价则大相径庭，人们对“热情”个体的评价显著优于“冷淡”个体。随后，阿希将“热情/冷淡”更换为“文雅/粗鲁”后则没有发现这一效应。因此，阿希将“热情/冷淡”这类与许多其他特质互相联系、对印象形成起重要作用的特质称为中心特质(central traits)，而将“文雅/粗鲁”这类与其他特质较少关联、对印象形成作用较小的特质称为边缘特质(peripheral traits)。

格式塔模型认为，他人的特定信息会因为不同的背景而发生意义变化。例如，聪明这一特质对于救死扶伤、关怀体贴的医生来说具有积极的意义，而对于杀人如麻、冷血无情的杀人犯来说则具有消极意义。阿希的研究发现，这种现象可能是因为意义转移(shift of meaning)，其他的特质在“热情/冷淡”的背景上具有不同的意义(Asch，1946；Zanna & Hamilton，1977)。

(二)代数模型

安德森(Anderson，1965)提出的代数模型从元素主义的观点出发，假设知觉者会分别评估每条信息的意义，然后以代数的方式形成最终的印象。通过系统研究，安德森提出了三个印象形成的信息加工模型。

第一个模型是加法模型(additive model)。该模型认为，人们在形成对他人印象时，先对他人的特征进行评价，然后简单地将各个特征的评价相加以形成总体印象。例如，你与小王接触后发现他有三个主要特征：正直的、友好的、有忍耐力的。假如你用五点量表对小王的这三个特征进行评价，正直的+3，友好的+2，有忍耐力的+1。那么，根据加法模式，你对小王的整体印象为3+2+1=6。

第二个模型是平均模型(averaging model)。该模型认为，人们在形成对他人印象时，将个体的各个特征的评价予以平均以形成对他人的总体印象。在上例中，根据平均模型，你对小王的整体印象为(3+2+1)/3=2。如果你认为小王还有一项积极特征“谨慎的”，评价为+1，那么增加了一项积极特征后你对小王的整体印象为(3+2+1+1)/4=1.75。此时，增加一项积极特征反而降低了你对小王的总体印象。

为了解决上述问题，安德森(1968)提出了第三个模型——加权平均模型(weighted averaging model)。该模型认为，人们在形成对他人的印象时，不仅考虑特征的数量和强度，还会考虑每一特征的重要性。例如，在上例中，人们认为“友好的”对于判断一个人来说最为重要，赋予权重为3；赋予“正直的”权重为2；赋予“有忍耐力的”权重为1。依据加权平均模型，你对小王的整体印象为(3×2+2×3+1×1)/6=2.17。

研究发现，相比于加法模型和平均模型，加权平均模型解释的范围更广，是我们对他人形成整体印象时最常使用的模型(Anderson，1968)。

(三)连续体模型

随着社会认知的双重加工模型的兴起，研究者认为，人们的印象形成受到两种加工方式的影响：基于刻板印象的自上而下加工和基于个体特征的自下而上加工。这两种加工过程交互影响着人们的印象形成过程。

在印象形成的双重加工模型中，最具代表性的是菲斯克和纽伯格(Fiske & Neuberg，

1990)提出的连续体模型(continuum model of impression formation)。该模型认为,印象形成是一个连续体,一端是分类加工(category-based),一端则是特征加工。在印象形成时,人们一般会基于分类加工过程以形成对他人的模糊印象。我们可以基于刻板印象、图式等提供的信息对他人做出推论,这一过程是自动化的、快速完成的。这一初始判断可能是正确的,也可能是不准确的。人们会根据个体的行为对该推论进行验证,探究行为信息与分类信息的匹配程度。如果希望获得他人更为准确的印象,人们可能会去获得更多的个人信息,从而转向个体化的加工。通过对零散信息的不断整合和加工,人们得以最终形成精确的印象。

三、印象形成的顺序效应

假设有两个人,一个人的性格是"固执、任性、马虎、聪明、活泼、勤奋",而另一个人的性格是"聪明、活泼、勤奋、固执、任性、马虎",你希望和谁成为朋友。很多人可能会喜欢第二个人。这种信息呈现的顺序影响人们对他人的印象的现象称为顺序效应(order effect)。在印象形成中有两种顺序效应,即首因效应(primacy effects)和近因效应(recency effects)。

首因效应指在印象形成过程中,最初获得的信息比后来获得的信息影响更大的现象,亦称第一印象效应。洛钦斯(Luchins,1957)的研究证明了首因效应的存在。洛钦斯用两段杜撰的故事做研究材料,第一段故事将吉姆描述成热情、外向的人,第二段故事则将他描述成冷淡、内向的人。洛钦斯将这两段故事排列组合呈现给被试:(1)第一段故事在前,第二段故事在后;(2)第二段故事在前,第一段故事在后;(3)仅呈现第一段故事;(4)仅呈现第二段故事,要求被试对吉姆的性格进行评价。结果发现,78%的第一组被试认为吉姆是个热情而外向的人,而只有18%的第二组被试这样认为。此外,95%的第三组被试认为吉姆是外向的人,而3%的第四组被试认为吉姆是外向的人。该研究证明了第一印象对印象形成的影响。第一印象并非总是正确,却最为鲜明和牢固,影响甚至决定着我们对他人的知觉。

近因效应指在印象形成过程中,后来获得的信息比最初获得的信息影响更大的现象,也称为新颖效应。洛钦斯(Luchins,1957)改进了上述研究,要求被试不要受第一印象的误导,要全面地进行评价,并且将两段故事隔开呈现给被试。结果发现,大部分被试根据后面的描述去评价吉姆,揭示了近因效应的作用。在印象形成过程中,如果要求被试在形成印象之前回忆他人的所有特征,或者预先警告被试注意首因效应或第一印象的风险性,就会减少第一印象的作用。

首因效应和近因效应都是信息呈现顺序对印象形成过程的影响。怀斯纳(Wysner,1960)发现,产生首因效应或近因效应取决于知觉者的价值观念,依赖于主体的价值选择和评价。梅约和克劳克特(Mayo & Crockett,1964)发现,知觉结构简单的人容易出现首因效应,而知觉结构复杂的人容易出现近因效应。也有研究者发现,首因效应更可能出现在陌生人之间,而近因效应更可能出现在熟人身上。尽管如此,首因效应和近因效应都是信息呈现顺序对人们的印象形成过程的影响,使得人们的对人知觉出现偏差。

四、社会知觉过程对印象形成的影响

(一)积极偏差

积极偏差(positivity bias)指个体在形成他人印象时,倾向于对他人做出积极的、肯定的评价,即评价他人时人们总怀有宽大的倾向,也被称为宽大效应(leniency effect)。一项研究发现,在大学课堂上97%的学生都会给予教授以正面评价(Sears,1983)。对于这种偏差发生的原因,目前有两种解释:第一种是由马特林和斯唐(Matlin & Stang,1979)提出的快乐原则(pollyanna principle)。该原则强调美好的经验对评价者的影响,如果自己周围都是好人好事如晴朗的天气、善良的他人自己也会感觉舒服,即使发生了不好的事情,人们依旧会用先前的美好经验对所经历的事情做出积极的评价,最终导致对大多数的人或事件的评价高于平均水平。第二种解释认为,人们认为自己与所评价的他人更为相似,由于人们对自己的评价一般较好,因此对他人的评价相应较高。

(二)负性偏差

负性偏差(negativity bias)指个体在形成他人印象时,消极信息的作用要大于积极信息的作用。生活中我们一般会关注那些消极的或具有潜在威胁的信息,这被称为消极效应(negativity effect)。例如,在各种表情的面孔中,人们更容易发现愤怒的面孔(Ohman & Mineka,2001)。对消极信息的过分关注具有进化的适应性,让我们得以趋利避害。根据图形—背景原则(figure-ground principle),人们关注从背景中突显的刺激(图形),而较少关注图形所处的环境(背景)。在形成他人印象时,消极信息就好像雪白衣服上的墨水,人们更可能注意到"墨水",即消极特质并给予更高的权重。不仅如此,人们根据他人的消极品质形成的印象很难改变。尤其在道德品质方面,一个人的不诚实行为会被认为反映了品行败坏,最终让他人形成恶劣的总体印象。

(三)刻板印象

刻板印象(stereotype)指人们对某一类人或事的固定、概括而笼统的看法。李普曼(Lippman,1922)在著作《公共舆论》中首次提出这一概念,用以说明社会生活中的固定成见现象,即这些社会成见像浇注的铅版(stereo)一样牢固,难以改变。生活中,很多人认为北方人相对高大而南方人相对矮小,或者认为男性比较理性而女性比较感性等,这些都是刻板印象。刻板印象的线索很多,包括性别、职业、地域、国家、种族、性取向等。例如,人们认为北方人爱吃面食而南方人爱吃米饭,就属于地域刻板印象。刻板印象产生的一种可能机制是错觉性相关(illusory correlation),指的是当我们期待两个通常独立的事物在特定场合下关联起来,我们的错觉会让我们相信它们就是相关的。例如,一个学生的成绩好坏与是否具有特殊才能没有多大关系,大学招生主要根据学生的成绩,但如果成绩不理想有特殊才能也行,这样容易使你形成对有特殊能力的人的刻板印象,认为只有成绩不好的人才会有特长。

刻板印象对社会知觉过程的影响利弊兼具。一方面,刻板印象简化了我们对他人的知

觉过程，使我们迅速地了解他人。刻板印象有心理快捷方式的作用，因为人们的天性要求避免无限量地耗费能量，所以刻板印象是人们用来节省认知能量的策略。我们可以基于刻板印象对他人形成粗略的推测与判断。另一方面，刻板印象所形成的普遍性结论会让我们忽视个体差异，先入为主地造成对他人错误的评价。刻板印象会影响我们处理社会信息的过程，使我们更注意与刻板印象相关的信息，拒绝接受与刻板印象不一致的信息。例如当听到“外面有两个人发生了争执”时，如果这两个人是农民工，大多数人会把争执和打架斗殴画等号；如果这两个人是大学教授，人们更愿意相信争执是激烈的学术探讨（最多也只是吵架）。如果将刻板印象明显化，最终将会成为一个自我验证的过程，即被贴上标签的群体成员将会表现出与刻板印象一致的行为。例如我们通常认为记忆会随着年龄的增加而衰退，莱维和兰格（Levy & Langer，1994）的研究发现接受这种观点的美国老人相比于拒绝这种观点的更容易产生记忆衰退。

菲斯克等人（Fiske et al.，2002）提出了刻板印象的内容模型（stereotype content model，SCM），认为道德和能力是群体刻板印象的基础。尽管对于特定群体的刻板印象具有一些特殊的内容（例如黑人是节奏感强的），但是仍然具有一些根据道德和能力两个维度形成的普遍内容。这一模型具有跨文化的适用性，除美国（Cuddy，Fiske & Glick，2007）外，这一模型在其他 17 个国家也被验证是有效的（Cuddy et al.，2009）。

刻板印象威胁（stereotype threat）指一个人在某种环境里，担忧和焦虑自己的行为会验证对所属群体的消极刻板印象（Steele & Aronson，1995）。这种担忧和焦虑会消极影响一个人的行为表现。例如，由于性别刻板印象威胁的存在，亚裔女性在知觉自己为亚洲人或女性时在数学上的表现会不一样（Shih，Pittinsky & Ambady，1999）；出于种族刻板印象威胁，当高尔夫球被作为运动能力测验时黑人表现得很好，但被作为知觉能力的展现时白人会做得更好（Stone et al.，1999）。

（四）投射效应

投射效应（projection effect）指在知觉他人和对他人形成印象时，人们以为他人也具有与自己相似的特性的现象。投射效应使得人们将自己的感情、特性投射到他人身上并强加于他人。正如莎士比亚所说“一千个人眼中就有一千个哈姆雷特”，即是投射效应的结果。

投射效应有三种表现：(1)相同投射，指人们从自我出发对他人做出判断。例如，良善之人会以为所遇之人皆为良善，而精于算计之人会以为他人也在算计于他。(2)愿望投射，指人们将自我的主观愿望强加于人。例如，对于爱慕的女性，男性往往会将其所有的话理解成对自己的赞赏。(3)情感投射，指人们以自我的爱憎指引人际交往。我们会接近与我们有类似优点的人，讨厌那些与我们有类似缺点的人。当人们发现自己的不足时，为了恢复内心平衡会将这些特征投射到他人身上，认为他人也具有类似不足。这时的投射效应是一种自我保护机制，类似于五十步笑一百步。投射效应虽可能让个体恢复内心平衡，却往往会歪曲人们对他人的正确判断。

（五）期望效应

期望效应指人们对他人的期望会影响他人的行为表现，又称罗森塔尔效应（Rosenthal

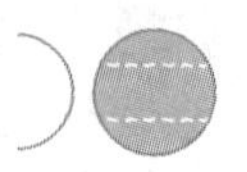

effect)或皮格马利翁效应(Pygmalion effect)。期望效应最早来自罗森塔尔和雅克布森(Rosenthal & Jacobson,1968)的一项经典研究。研究在加州一所小学完成,研究者随意选出三个班的100名小学生,然后告知任教老师这些学生的智商很高,希望老师能让他们取得好的成绩,同时特地告诫老师不能让学生知道他们是被特意挑选出来的。当研究者一年后回访时发现,这三个班学生的成绩果然排在学区前列。事实上,这些学生都是随机选取的普通学生。研究者认为,任教老师对学生的期望是学生学习成绩提高的主要原因。任教老师对这些学生的较高期望,隐含地通过态度、表情、夸奖等方式传递给学生,接收到这一信息的学生则给予老师以积极的反馈,获得积极反馈进一步激发老师的较高期望,循环往复,导致学生的成绩越来越好,期望由此变成现实。

研究者将这种最初持有的错误期望引发某些行为,从而使得期望变成现实的现象又称为自我实现预言(self-fulfilling prophecy,Robert Merton,1948)。后续研究则发现,自我实现预言存在着一些限定条件。持有错误期望的人往往占据主导性、控制性地位,而被期望的对象愿意顺从于这种控制(Snyder & Haugen,1995)。因此,自我实现预言更可能出现在老师/学生、面试人/面试者、医生/病人等权力结构相对清晰的个体身上。

自我实现预言会导致不利结果。研究发现,那些错误地期望为不称职的应聘者在实际的面试中会表现得更差,而那些错误地被认为内向的人在社会交往中也会表现得更差(Neuberg,1989;Word,Zanna & Cooper,1974)。当应聘者和内向者错误地对自己产生期望后,这一期望可能隐秘地抑制了他们拓宽、拓展自己的能力和性格。在婚姻中,那些认为伴侣不珍惜自己的人在经历伴侣不妥行为后感知到的伤害更重,倾向于以更为恶劣的方式报复伴侣,导致自我实现预言(Murray et al.,2003)。莫瑞等人(Murray,Holmes & Griffin,1996)通过追踪研究发现,对伴侣理想化以实现积极的自我实现预言有助于减少婚姻冲突,保持婚姻满意度。

(六)晕轮效应

晕轮效应(halo effect)指当个体对他人的某一特征形成好的印象后,倾向于据此特征推论该人其他方面的特征,也被称为光环效应、以点概面效应。明星效应就是典型的积极的晕轮效应,如果我们觉得周杰伦唱歌好听,随之会觉得周杰伦的性格、能力等都很好。此外,还存在着一种消极的晕轮效应,即扫帚星效应(forked-tail effect),指当对他人形成坏的印象后,人们容易据此从消极方面推断其他特征。晕轮效应和首因效应的区别在于,首因效应发生在初始印象形成之前,而晕轮效应则发生在初始印象形成以后。产生晕轮效应的原因在于,人们倾向于形成对他人的一致性评价,在形成好的或坏的初始印象后,人们会将他人的其他特质信息的解释与已有评价保持一致。

尼斯比特和威尔逊(Nisbett & Wilson,1977)的一项研究揭示了晕轮效应。研究者要求大学生分别观看7分钟的对教师的访谈录像,录像中一名教师表现得热情友好,另一名教师则显得冷淡疏远。看完录像后,要求学生报告对教师的喜欢程度,并评价教师的外貌、行为举止和语音。结果发现,热情和冷淡影响了被试随后的评价,学生更喜欢热情友好的教师,并对他们的外貌、行为举止、语音均做出了积极的评价。这表明,晕轮效应对他人知觉有着重要影响。一旦我们形成了对一个人的初步印象,那么就会按照这个印象去解释其他特征。

第四节　归　因

一、归因概述

在生活中，我们不仅要知道别人是什么样的人，还想知道他为什么要这么做。在印象形成过程中，我们通过各种信息了解对方是什么样的人，如慷慨或吝啬、独立或依赖、热情或冷淡。我们会利用各种信息源对他人进行推论，例如通过直接观察他人的衣着外表、行为举止推测其性格，通过他人的自我表露了解其内心真实想法，还可能会通过第三方的评价验证我们对他人的推论正确与否。在此基础上，我们还想推测出他人行为背后的原因。例如，我们想知道为什么同事的收入比我们高，或者为什么起初那么令人艳羡的亲密恋人最终却劳燕分飞。这一过程称为归因(attribution)。

归因指人们解释自己和他人行为原因的推论过程。归因是社会知觉的重要内容，归因能够帮助我们预测他人未来的行为。此外，人们越来越清楚地认识到，在侵犯行为、人际吸引、婚姻爱情、群际冲突等方面归因均发挥着重要作用。

二、归因理论

归因理论(attribution theory)指关于人们如何解释自己或他人的行为，以及这种解释如何影响他人的情绪、态度和行为的理论。

(一)朴素心理学

归因的研究始于海德(Fritz Heider，1958)，因此他被尊称为归因理论之父。海德的研究兴趣在于探讨人们在日常生活中如何对行为结果进行原因分析。他认为归因建立在动机的基础之上，人们存在着两种强烈的动机：首先，人们有着形成对周围环境的一致性理解的动机。为了满足这种动机，我们要预见他人将怎样行动，如果不能预见他人的行动，我们眼中的世界将成为偶然的、不一致的、混乱的世界。尽管我们做出的预见是概率性的，这种预见对形成一贯的知觉世界意义重大。其次，人们有控制环境的动机。我们要能满意地控制周围环境，也需要预见他人的行为。要满足上述动机，人们必须有能力去分析和预测自己和他人行为的原因。海德认为，我们普通人都具有预见他人行为的能力，每一个人都是心理学家，都有一些关于人类行为因果解释的基本能力和基本理论，其理论又被称为朴素心理学(naive psychology)。

海德认为，人们常常推测他人行为出于两种可能原因，即内部归因(internal attribution)和外部归因(external attribution)。其中，内部归因指将原因源指向个体的自身因素，如需要、情绪、兴趣、态度、信念、能力、动机、工作的努力程度等；而外部归因指将原因源指向情境因素，如他人的期望、奖励、惩罚、指示、命令、天气的好坏、工作的难易程度等。假设你某次考试成绩不好，如果你认为是自己的努力程度不够或不够聪明，则属于内部归因；但如果你认为是因为考题太难或当天身体状况不佳，则属于外部归因。

海德还提出了两项归因原则：共变原则（principle of covariation）和排除原则（principle of exclusion）。共变原则指如果某个特定的原因在多个情境中均与某个特定的结果相联系，而该原因不存在时结果也不出现，人们就可以将特定结果归于该特定原因。科学家往往使用共变原则，通过探究不同条件下的某个特殊原因和某个特殊结果的联系，以此做出因果推断。而排除原则指如果内外因中某一方面的原因足以解释事件，人们就可以排除另一方面的归因。例如，连环杀人案中的罪犯因为杀了很多人，我们在对他的行为进行归因的时候就会排除外部归因，而归于他的本性凶残等内在因素。

（二）对应推论理论

对应推论理论（correspondent inference theory）是由琼斯和戴维斯（Jones & Davis, 1965）提出来的。该理论试图系统地解释人们如何根据他人的特定行为，对应地推论出其稳定特质或性格。由此可以看出，该理论关心的不是归因本身，而是人们的归因过程。

琼斯和戴维斯（Jones & Davis，1965）认为，一个人的特定行为不一定与其人格、内在品质等相对应，一个诚实的人为了不让家人担心而撒了谎，我们并不能就此说他是不诚实的人。琼斯和戴维斯提出了推论他人行为与内在品质相对应的三个重要因素：（1）行为的非共同效应（noncommon effect），指根据人们不同行为决策的区别性特征以推论其特质。例如，你计划填报两所大学，两所大学均学术声誉卓著，距离你家都较近，区别在于其中一所大学有你喜欢的专业。此时，可以推测你选择该大学的关键因素是专业。（2）行为的社会期望性（social desirability），即行为符合社会要求的程度。如果一个人做了不为社会赞许的行为，人们可能由此推断个体内在的性格，而社会赞许的行为不能体现个体的真实特点。例如，我们期望学生按时交作业，对于按时交作业的学生，人们难以从中推论他人的与众不同的、相应的个性和特征。人们应该多关注他人的低社会赞许行为，从而增加对他人特质的了解。（3）自由选择（freedom of choice）。如果我们知道他人从事某行为是自由选择的，而不是受外界胁迫的，会倾向于认为这一行为与其态度是对应的。如果人们的行为不是自由选择的，则难以做出对应推论。例如，你受父母压力而报读了某专业，我们并不能就此推断你热爱这一专业。

（三）凯利的共变理论

在海德的共变原则基础上，凯利（Kelley，1967，1971）提出了归因的共变理论（covariation theory），认为人们常常会寻求某个特定原因与特定结果之间在各种情况下的联系。个体在归因时，会同时使用行为者（person）、刺激物（stimulus）、背景（context）三方面信息以探究行为的原因。例如，一个学生上课睡觉有可能出于多种原因，如学生的个性（行为者）使然或者是劳累（背景）所致，抑或是老师授课能力不足（刺激物）。

现在假定你是这位老师，遇到一位上课睡觉的学生，你会归之于上述哪方面的原因？凯利认为，如果你希望做出准确的归因，需要考虑以下三方面的信息：（1）一致性（consensus）信息，指不同的行为主体是否对同一刺激做出相同的反应，即其他人也是如此吗？（2）一贯

性(consistency)信息,指行为主体在不同的时间和情境下是否一贯地以这种方式行动,即这个人经常如此吗?(3)区别性(distinctiveness)信息,指行为主体的反应是否只针对某一特定实体,即这个人是否只对这项刺激以这种方式反应,而不对其他事物做同样的反应?凯利(1972)认为,一致性、一贯性、区别性三方面信息的协同变化,使得人们做出特定的归因(见表 4-1),故该理论又被称为三维理论(cube theory)。例如,你发现课堂上有很多同学都在睡觉(一致性高),而这个同学一贯性地在你课堂上睡觉(一贯性高),且很少在其他教授课堂上睡觉(高区别性),这时候你就可以推论这个学生睡觉是你个人的授课水平不足所致(刺激物)。

表 4-1　不同信息呈现与归因类型

一致性	一贯性	区别性	归因
高	高	高	刺激物
低	高	低	行为者
低	低	高	背景

人们在日常生活中的归因过程,难以做到如凯利所描述的那样从行为者一致性、场合一贯性、对象区别性三方面出发,系统地对他人的行为进行归因。很多时候人们会采取思考的捷径(shortcuts),称为原因图式(causal schema)。凯利(Kelly,1973)认为,人们在归因过程中会使用两项原则,即扩大原则(augmenting principle)和折扣原则(discount principle)。凯利认为,对于某一特定结果,同时出现一个似乎合理的抑制性原因和一个似乎合理的促进性原因,那么与仅出现该促进性原因作为一个似乎合理的原因时相比,对该促进性原因的判断将会增加。巴伦等(Baron,Markman,Hirsa,2001)研究认为,女性成为企业家比男性要面临更多的阻碍,因此女性企业家的较高评价可能得益于归因的扩大效应。折扣原则指特定的原因产生特定的结果的作用,将会由于其他可能的原因而削弱。例如,一个人在社会心理学课程中取得了高分,但如果我们偶然得知这一成绩对其获得奖学金有所助益,则我们难以就此推论其爱好心理学专业。

与其他理论相比,凯利的归因理论是在海德朴素心理学的基础上,进一步对人的归因过程予以系统化和体系化。此外,对应推论理论突出了意向和个性在归因中的作用,而凯利的归因理论更重视内、外原因的独立影响。

(四)韦纳的成就动机归因模型

韦纳(Weiner,1972)在海德的归因理论和阿特金森(Atkinson,1963)成就动机理论的基础上,提出了成就动机归因模型(achievement attribution model)以解释人们对自己的成败归因过程。韦纳认为,人们从三个维度对自己的成败进行归因(见表 4-2):(1)内外因,即原因源是内在的还是外在的;(2)稳定—不稳定,即原因源是稳定的还是不稳定的;(3)可控制性(controllability),即原因源是可控的还是不可控的。例如,努力是一种内在的、稳定的、可控的原因,而运气则是外在的、不稳定的、不可控的原因。

表 4-2　韦纳的成就归因模型

	内因		外因	
	稳定	不稳定	稳定	不稳定
可控制	努力	暂时努力	偏见	偶然认为
不可控	能力	情绪	任务难度	运气

韦纳认为，人们对自己行为的归因会影响其情绪和动机。当个体将成功归于内在的、稳定的、可控的原因如努力时，会感到自豪和骄傲，表现出更高的成就动机；当个体将失败归于内在的、稳定的、不可控的原因如低能力时，就会感到自卑和消沉，从而出现动机不足。人们对成败的归因还影响着人们的行为。例如，德韦克(Dweck，1975)研究发现，将成功归因于努力的学生要比归因于能力的学生在以后的学习中坚持的时间更长。

韦纳的归因理论引起人们对归因训练(attribution training)的兴趣，即怎样帮助人们发展出适应性更强的归因方式。德韦克(Dweck，1975)实验支持了归因训练的有效性，被试是一些将失败归因于能力的小学生，当研究者给予他们新的学习任务时，他们一开始坚持性很差，认为自己无论如何都会失败。在研究过程中，研究者向这些学生呈现一系列数学问题，当他们失败时鼓励他们失败是因为努力不够，而不是缺乏能力，结果发现这些小学生的成绩和努力程度都显著提高。这表明，归因训练确实可以有效地增强人们的自信心。

三、归因偏差

归因理论将人视为探究行为产生原因的科学家，认为人是理性的，能够无偏差地权衡各种因素。但在现实生活中，人们很少能够按照归因理论预期的那样权衡利弊以做出准确归因，相反归因过程会受到人的动机、情绪、情境等因素的影响和歪曲，导致人们的归因出现偏差。

(一)基本归因错误

海德曾指出，人在知觉他人时过多地关注行为，很少考虑行为发生时的环境。人们在归因时与此类似，更为重视行为信息，容易忽略背景信息。归因研究者将这一现象称为基本归因错误(fundamental attribution error)，指当人们解释他人行为时会高估个人特质、态度等内部原因的作用，而低估情境造成的影响(Ross，1977)。

琼斯和哈里斯(Jones & Harris，1967)的一项研究揭示了这一偏差。研究者要求被试分别阅读一篇关于支持或反对时任古巴领导人卡斯特罗的文章，并判断文章的作者对卡斯特罗的态度。随后告知被试，这些作者有些是自愿选择写这篇文章的，有些作者则是被强制要求的。然后要求被试判断文章作者对卡斯特罗的真正态度。结果发现(见表 4-3)，在自愿选择条件下，被试对作者观点的态度是合乎逻辑的，认为这篇文章反映了作者的态度，即撰写支持性文章的人无疑是支持卡斯特罗的，而撰写反对文章的人是反对卡斯特罗的。但在强制要求情况下，即使被试知道作者是被强制撰写这篇文章的，按照折扣原则被试需对作者态度的归因予以折扣。结果发现，在强制情况下即使告知被试文章作者无法选择自己的立场，被试仍然会忽略情境(迫于强制)的作用，认为那些撰写支持卡斯特罗文章的作者确实是拥

护卡斯特罗的，而那些撰写反对卡斯特罗文章的作者确实是反对卡斯特罗的。在强制条件下，符合逻辑的归因分析没有产生相应的推论。行为者撰写的事实本身产生了一种效应，尽管不合逻辑仍然让观察者依据行为进行归因，表现出基本归因错误。

表 4-3　对文章作者的态度归因(Jones & Harris,1967)

选择条件	文章内容	
	赞成卡斯特罗	反对卡斯特罗
自愿选择	59.62	17.38
无选择	44.10	22.87

注：数值越大，表示对卡斯特罗越持赞成态度；分数的范围从 10(极端反对)到 70(极端支持)。

人们产生基本归因错误可能是出于以下原因。首先，根据格式塔原理，当我们观察他人的行为时，其行为成为我们注意的中心，行为发生的情境则成为背景，他人的行为与当时的情境相比更为突出，让我们倾向于根据行为本身进行归因。其次，根据对应推论理论，人们希望对他人的行为从人格特质、态度方面进行解释。对他人的行为进行人格特质、态度的归因，有助于人们更好地预测个体的未来行为。研究发现，人们会自动化地从他人的单一行为中推论出人格特质，这被称为自发性特质推论(spontaneous trait inference，Uleman，1989)。此外，社会规范也影响着人的归因过程。社会规范要求人们应该对自己的行为负责，因此在分析行为的原因时我们就会追溯他人自身的原因。还存在一些其他的社会规范，如知觉他人时要听其言、观其行等。这些规范让我们专注于他人的行为，而忽略了情境因素的作用。

也有一些研究者从锚定和调适启发式的角度出发，提出了基本归因错误的两阶段模型(Gilbert，1989)。在对他人行为进行归因的过程中，人们起初自动化地做出人格特质、态度等方面的推论，如果个体没有特定的目的、期望或没有具备足够的认知资源，则很少会采用情境因素对已有推论进行验证和修正。考虑到人的认知资源的有限性，第二阶段的验证和修正过程往往难以实现，从而表现出基本归因错误。

(二)行为者—观察者偏差

在归因他人行为时，人们会出现基本归因错误，倾向于将他人行为归因于内部因素，而忽略外部因素如情境的作用。但在对自己的行为进行归因时，人们倾向于将自己的行为归之于外部因素。研究者将这一现象称为行为者—观察者偏差(actor-observer bias)，指作为行为者，我们往往将自己的行为归因于外在的或情境因素；而作为观察者，我们往往将他人的行为归因于内部倾向。

为什么人作为行为者和观察者，归因过程会有区别呢？对此存在着两种解释。一种解释认为，行为者和观察者对于行为的信息数量和类型了解不同，自然会做出不同的推论。行为者对行为的“历史”有着更多的了解，对现在的行为有着深切的体验。行为者知道他今天以这种方式行动，上星期以另一种方式行动，而明天或许以其他方式行动。行为者知道自己在各种环境中的行为方式是有区别的，因此容易将行为归因于外在的不同情境，从情境中寻求原因。而观察者看到的只是行为者在这一瞬间的行为，缺乏对行为者在过去不同情境中

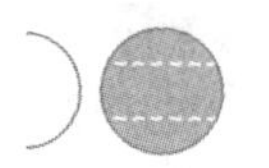

的行为的了解，往往会对这种行为加以泛化，认为行为者的行为在许多情境中都是一致的，倾向于将行为的原因归于行为者的内在特征。

第二种解释认为，产生这种差别的原因在于看待问题的不同角度或倾向性。人们倾向于使用凸显性、可得性较高的信息来处理问题。根据格式塔原理，与背景形成对比的刺激物（图形）更能引起人们的注意。行为者的注意力集中在环境方面，更可能利用环境提供的线索作为归因的依据；而对于观察者来说，行为者所处的环境构成了背景，其行为成为注意的中心，因此容易以行为者的行为作为归因的基础，推论对方的内在特征。泰勒和费斯克（Taylor & Fiske，1975）检验了这一假设。在研究中，两位实验助手作为"行为者"面对面地进行谈话，而作为"观察者"的被试则坐在他们的旁边或后面。这样，对于每个行为者来说，都有从其背面或正面进行观察的观察者。显然，每个行为者对于那些坐在他对面的观察者来说显得很突出，而对于坐在背后的观察者显得不突出；但对于坐在行为者侧面的观察者来说，因为他们和行为者保持着相等的距离，两位行为者在突出程度上是相等的（见图 4-1）。随后，两位行为者将进行一场标准化的五分钟谈话。他们会像刚刚见面似的谈起来，从专业一直聊到家庭等，其实谈话的内容是经过精心的设计和安排的。谈话结束后，作为观察者的被试需要回答哪一个行为者控制着谈话，以此来确定他们认为哪位行为者的行为方式支配了这场对话。结果发现，被试认为显得突出的行为者（面对观察者的行为者）是支配这场对话、决定对话内容的一方，而不突出的行为者（背对观察者的行为者）则不太有这种关于支配对话的特征。坐在行为者两侧的被试认为，他们支配谈话的作用是相等的。由此可见，在知觉上凸显的、可得性高的信息更能被观察者所提取，进而作为依据进行相应的因果推论。

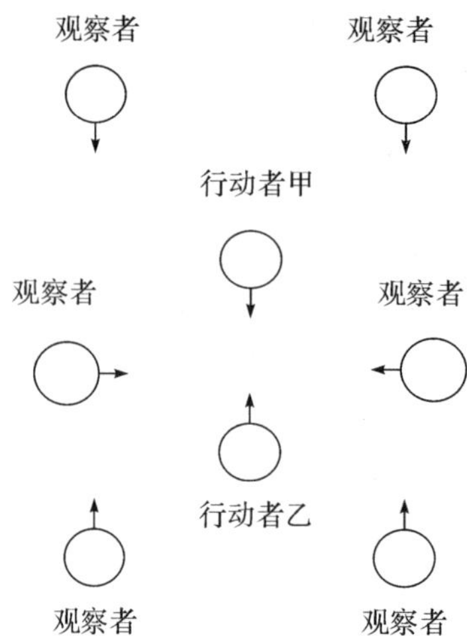

图 4-1　行为者与观察者的座位安排

（三）虚假一致效应

我们通常认为其他人会像我们一样思考和行动。我们存在着一种错误的一致性反应倾向，即如果我们以一定的方式行动，我们期望他人也会这样，这种夸大自我行为和观点的典型性的倾向被称为虚假一致效应（false consensus effect）。罗斯等（Ross，Greene & House，

1977)在一项研究中询问被试,他们是否愿意背一块写着"请到 Joe's 餐馆就餐"的广告牌在校园内闲逛 30 分钟。研究者只是告诉被试他们可以从中学到"一些有用的东西",并没有告诉被试 Joe's 餐馆的食物质量好坏,或他们这样做看上去有多傻,当然被试也可以拒绝这样做。随后,研究者询问被试,他们认为其他人在这种情况下会怎么做。结果发现,那些同意背广告牌的被试认为其他大部分同学(61%)也会这么做,而拒绝这样做的被试认为大部分同学(57%)也会拒绝。在这一过程中,被试似乎将自己的行为作为他人行为的典型。

人们之所以会出现虚假一致性效应,可能原因在于,人们清楚自己的感受和信念,在推论他人时倾向于根据自己的信念进行推论。在上例中那些拒绝的被试可能认为这样做会受到嘲笑和遭遇尴尬,他们会假定其他被试也会这样想,因此也会和他们一样拒绝这样做。人们还倾向于相信自己的信念和行为是好的、合适的、理性的,在人际交往时倾向于选择与自己相似的人。这意味着,人们认为他人理应与自己的信念和行为相一致,其目的在于以此保持自尊和保护自我(Marks & Miller,1987;Fabrigar & Krosnick,1995;Taylor,Peplau & Sears,2006)。

(四)自我服务偏差

人们对自己都持有积极的评价。在加工与自我有关的信息时,人们会表现出有利于自己的认知偏差,这被称为自我服务偏差(self-serving bias)。总体而言,自我服务偏差对个体具有积极作用。相信自己比其他人拥有更多积极品质和更高的能力,能够让我们保持愉快的感受,提供了心理上的安全感和掌控感。自我服务偏差还能提供给我们应付工作和生活压力所需的心智资源。此外,对自我的积极信念会激发我们的努力(自我实现预言),并在困境中保持希望。

在归因时人们也表现出这种自我服务偏差。例如,人们会认为,社会心理学课程考了 90 分是因为自己聪明勤奋,而认知心理学考了 60 分是因为考试不公平或运气差。对于这种将自己的成功归于内因,而将失败归于外因的倾向称为自利归因(Miller & Ross,1975)。自利归因中最为常见的现象是居功诿过(credit for success,blame for failure)现象。不仅如此,人们对自己和他人成败还有着不同的归因倾向:当观察自己的行为时,我们倾向将成功归于内部因素,而将失败归于外部因素;而在观察并评论他人的行为时,我们倾向于将他人的成功归于外部因素,而将他人的失败归于内部因素。

自利归因偏差是一种自我防御性归因,源于人们保护和提高自尊的需要,或在他人面前表现出好形象的愿望。通过自利归因偏差,人们可以避免自我贬损,回避对自己的自尊威胁,有利于恢复心理平衡。尽管如此,自利归因偏差可能会引发消极后果。自利归因偏差让我们主观上自我感觉良好,导致我们失去继续努力的动力。自利归因偏差还会让我们有偏见地评价或谴责他人,破坏人际关系甚至会引发群体间冲突。

四、归因与心理健康

(一)习得性无助、抑郁与归因

习得性无助(learned helplessness)是指在特定的情境中,个体由于反复地对其行动的结

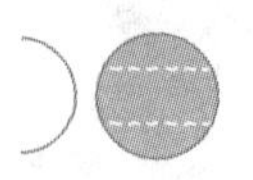

果失去控制所习得的一种无反应或麻木状态。人们在这种状态下对那些有能力完成的事情也不再付诸努力，而是无所作为地任由事件趋向恶化。习得性无助在生活中较为常见。当人们经受了无法逃避的消极事件后，即使在能够控制的事件情境中也不会尝试和努力去施加控制，而是认为希望渺茫以至就此无所作为。习得性无助表明，人类和动物在重复失败或惩罚后形成了不可控感和无助感，从而主动放弃对随后情境的控制。习得性无助容易引发人们三方面的心理问题。首先，表现在动机上，习得性无助的人不会再努力采取必要的步骤来改变这一结果；其次，表现在认知上，习得性无助的人不再学习有助于摆脱不良结果的反应；最后，表现在情绪上，习得性无助可能会引起轻微的或严重的抑郁。抑郁的习得性无助观点认为，习得性无助是引发抑郁的重要原因(Seligman，1970)。

在上述基础上，研究者提出了修正后的习得性无助模型(Abramson，Seligman & Teasdale，1978)。该理论认为，人们对缺乏控制的归因决定了个体是否变得抑郁以及抑郁的程度。人们从三个维度出发对失败的结果进行归因：(1)内外因(内因性—外因性)，即一个人将失败归于外因还是内因。例如，当你邀请一名女性约会后遭到拒绝，如果你发现该女性从不接受男性的邀请，就不会对自己的失败做内归因，而是将失败归因于该女性，这样你的自尊也不会被伤害。如果你了解到该女性经常接受其他男性的邀请，便很难拒绝将失败归因于自己。因此，对失败结果进行外归因还是内归因，决定了失败结果对自尊的影响。(2)普遍性(普遍性—特殊性)，即一个人将失败归因于特殊性原因还是普遍性原因。例如，你在邀请失败后可以将失败归咎于特殊因素，例如该女性不喜欢矮个子的男性，也可以归咎于普遍性因素，例如女性就是不喜欢矮个子的男性。普遍性归因常常比特殊性归因引发更严重的抑郁，特殊性归因让你只需要避开这名女性，而普遍性归因可能会让你再也不敢尝试接触任何女性。(3)稳定性(稳定—不稳定)，即一个人将失败归因于稳定原因还是不稳定原因。假设你将失败的原因归之于个子矮，如果你现在年龄尚小还有长高的希望，这就是不稳定的归因，如果你已人到中年，则个子矮就是稳定归因。一个人做出稳定的归因还是不稳定的归因将影响习得性无助会持续多长时间，稳定归因会导致长期的无助感。

抑郁的习得性无助观点为抑郁的认知治疗提供了基础。罗思和布津(Roth & Bootzin，1974)发现，人们在尝试失败后是否产生无助感与其归因有关。那么，如果改变人们对消极结果的归因，就有可能降低习得性无助及可能的抑郁后果。假设一名高中毕业生想入读心仪已久的医学院，因为高考成绩不够而难以如愿。根据抑郁的习得性无助理论，可以采用以下认知重评策略进行干预。首先，引导个体改变对结果的估价。例如，人们可以让高中生意识到，即使这次不能入读期望中的医学院，也可以先就读差一点的学校，再努力学习入读心仪中的医学院。其次，改变认知指向性。通过强调其他职业的优点，指出医生的职业不足，达到改善其抑郁的目的。再者，改变个体的期望，使之从不可控的期望改变为可控的期望。如果高中生考上医学院有着现实的可行性，帮助高中生分析失败的原因，改变学习方法，有助于改变其认知。最后，改变个体的归因方式，将其对失败的内部的、普遍的、稳定的归因改变为外部的、特殊的、不稳定的归因。归因的改变有助于消除与抑郁相关的风险因素，从而改善情绪状态。

(二)情绪与归因

早在 1892 年,威廉·詹姆斯(William James)就提出了一个令人惊讶的情绪理论,认为情绪包括情感和认知两个成分,在情绪反应中人们首先产生的是对生理反应的体验,随后用获得的信息或认知对这一体验加以解释。简单来说,如果看到一只熊要来追我们,我们体验到即刻的生理唤起后赶紧逃跑,随后将有关的信息整合在一起认为逃跑是因为我们害怕了。按照詹姆斯的观点,不是因为我们害怕所以我们跑了,而是我们跑了以后才知道自己害怕了。沙赫特和辛格(Schachter & Singer,1962)继承了詹姆斯的思想,提出了情绪的两因素理论(two-factor theory of emotion)。该理论认为,情绪的产生涉及生理唤起和认知标签,但与詹姆斯的观点不同的是,他们认为认知标签并不完全来自我们的行为,也可以来自情境中的其他线索。沙赫特和辛格的情绪两因素理论表明,生理唤起产生后人们会寻求认知标签以便进行情绪归因。一般情况下,形成归因基础的认知标签常常和产生唤起的事件相联系,沙赫特和辛格研究(1962)则表明,人们有时候会按照社会线索进行错误归因。

情绪的错误归因研究表明,人们对生理唤起的不同认知标签,有可能会影响情绪体验。这一原理可以应用于心理治疗中。例如,心理治疗专家所面临的一个主要问题就是病人的焦虑问题。焦虑的范围很广,包括从微小的焦虑如害怕昆虫、蛇到很严重的焦虑如恐高、害怕空旷等。对此,有很多心理学流派提出了针对性治疗策略。例如,精神分析学派试图找出焦虑所隐藏的根源,行为治疗学派主张在原来产生焦虑的情境中采用放松的手段,使病人重新学习到情境中的放松方法。归因研究者则认为,可以让病人对唤起原因做出错误的归因,从而使得病人得到治疗。这一方法被称为错误归因疗法(misattribution therapy)。

尼斯比特和沙赫特(Nisbett & Schachter,1966)很早就探讨了错误归因是否会影响人们的痛苦体验。研究中他们首先让被试产生对即将来到的电击的中等或高度恐惧。随后,给被试服用药物(实际上是安慰剂),并告诉一些被试说药物可能会使他们的手颤抖、心跳加剧等,其他的被试则被告知说药丸可能有些副作用但并未说明副作用是什么。接着,让被试接受一些电击,电击强度从微弱逐步增加,共分 37 档,记录被试报告自己感到痛苦(痛苦阈限)和痛苦无法忍受(忍受阈限)时的电击强度。结果发现,在高度恐惧条件下,由于被试对于生理唤起的原因十分清楚,安慰剂并没有影响被试的痛苦阈限和忍受阈限,但是在中等恐惧条件下,那些被告知服用药物的副作用的被试的痛苦阈限和忍受阈限均较高,这表明,当被试使用药物对生理唤起进行错误归因时,能够承受更大的痛苦。

在心理治疗中,如果帮助病人将情绪上的生理唤起归因于其他外在的刺激,就有可能减小或消除病人的恐惧或焦虑。瓦林斯和雷(Valins & Ray,1967)对害怕蛇的被试做过错误归因研究。研究者让被试观看令人害怕的蛇的幻灯片,然后让被试看一张写着“电击”一词的图片,并给被试的手指以轻微的电击,此时被试可以从蛇的幻灯片和电击中体验到生理唤起。他们给被试以假的心跳反馈,让被试通过扩音机听到自己的心跳声,让被试觉得看了“电击”这个词后心跳加快,而不是看到蛇。通过这种方法研究者让被试相信,他们体验到的生理唤起完全是出于电击而不是蛇。结果发现,被试对害怕蛇的生理唤起的错误归因确实降低了对蛇的恐惧。

本章习题

一、简答题

1. 简述社会知觉的四个特征。
2. 举例说明什么是刻板印象威胁。
3. 简述社会知觉过程中的印象形成效应。
4. 简述琼斯和戴维斯的对应推论理论。
5. 简述几种常见的归因偏差。
6. 简述抑郁的习得性无助模型。

二、论述题

1. 试述社会知觉以及社会知觉中的偏差。
2. 比较琼斯和戴维斯的对应推论理论、凯利的共变理论和韦纳的成就动机归因理论。

三、思考题

1. 一些人认为,社会知觉过程就是社会认知过程,你是如何看待这一观点的?
2. 在社会知觉和人际沟通中,如何客观地看待非言语线索的作用?
3. 分析归因偏差的跨文化差异。
4. 分析归因疗法的理论依据,以及归因疗法要想取得成效需要满足的限定条件。

在线测试

本章参考文献

第五章　自　我

老子在《道德经》中曾言及，知人者智，自知者明，意即我们不仅要了解他人，更要了解自己。你是谁、你如何知晓自身等问题哲学家很早就展开思辨与探讨，迁延至今这些主题不仅受到一般人的关注，也激起了社会心理学研究者的兴趣。本章将主要介绍自我和自我概念的本质，人们是如何形成自我概念的，我们如何形成和维持自我评价等内容。

第一节　自我概述

一、自我概念

（一）自我概念的定义

当有人问你“你是谁？”时，你会想到什么呢？也许你会想到自己的性别、身高、体重，抑或是你的家人、朋友、恋人，想到你什么时候考上的大学、想到你的考试成绩等。加扎尼加（Gazzaniga，2015）发现，在人们的日常生活中接近2/3的谈话内容与自我有关，其中，11%与心理状态或生理状态有关，涉及自己的偏好、计划、行动等。因此，研究者将人们对于自己所持有的主要信念的集合称为自我概念（self-concept）。简言之，自我概念实质就是你认为自己是一个什么样的人。

自我概念是相对稳定的认知结构。人们的自我知觉随着时间而变化，例如，人们会意识到现在的我不会是10年前的我，同样地，10年后的我也并非现在的我。但一般来说，自我概念是相对稳定的。当人们谈到自己时，总是将自己看成是稳定的、较少变化的实体。这种稳定的自我概念对于保持自我一致感是非常重要的。

自我概念是一个多层面、多维度的复杂结构。那么，人们的自我知识是如何组织的呢？这就涉及自我概念的内容。伦奇和赫夫尼（Rentsch & Heffney，1994）要求大学生对“我是谁？”这一问题给出20种答案。结果发现，每个人都有着独特的自我概念，但是自我概念的总体结构大致相同，学生们主要从8个方面描述自己：（1）人际特征（interpersonal attributes），如我是一

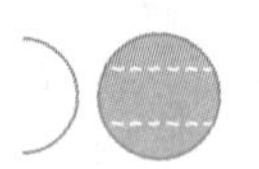

名学生;(2)规定性特点结(ascribed characteristics),如我是男性;(3)兴趣和活动(interests and activities),如我是一个好厨师;(4)存在状态方面(existential aspects),如我是富有吸引力的;(5)自我决定(self-determination),如我能实现考研的目标;(6)内化的信念(internalized beliefs),如我重视环保;(7)自我觉察(self-awareness),如我是一个好人;(8)社会分化(social differentiation),如我来自贫困家庭。

在自我概念中,自我图式(self-schema)提供了更具组织性的自我知识。自我图式指人们对特定领域内具有特定自我含义的观念和感受的认知结构(Greenwald,1980;Markus & Wurf,1987)。例如,勤奋对于大学生可能较为重要。一些大学生可能会形成勤奋的自我图式,并作为其自我概念的重要内容。一个拥有勤奋的自我图式的大学生可能会储存更多自己的勤奋学习经历,并对自己的勤奋持有自豪感,对于勤奋与自己未来成功的关系看得更为透彻。自我图式会影响着人们对图式相关信息的注意、提取等加工过程。马库斯(Markus,1977)在一项经典研究中,选择出一批自认为非常独立或非常依赖的被试,将这些被试称为图式化的(schematic)被试,并选择了一批认为自己的独立或依赖适中或认为这些对自我定义并不重要的被试,这些被试被称为非图式化的(aschematic)被试。随后要求被试对一系列特质词与自我的相符程度进行判断,结果发现,图式化的被试比非图式化的被试对独立/依赖相关的特质词的反应更快。

但是,在特定时刻自我概念中只有一部分被激活并引导人们的行为。马尔库斯和努瑞丝(Markus & Nurius,1986)指出,自我对我们的社会认知和行为的影响,取决于自我概念的哪些成分在特定情境中被激活。例如,人们在家里容易激活家庭相关的自我概念如孝顺老人、爱护子女,而在学校里则会激活学业自我概念如勤奋学习、求真务实等。上述被激活的家庭或学业相关的自我概念被称为工作的自我概念(working self-concept)。工作的自我概念会影响着人们当下的社会认知和行为。例如,自我概念中包含着多重自我如现在的我、将来的我、社会的我等。其中,将来的我涉及我希望自己成为什么样的人。一个立志为祖国繁荣富强而贡献的学生,在课堂情境中这一期望被激活势必让其学习更为用心。

(二)自我的成分

1. 物质自我、心理自我和社会自我

个体对自己的看法至少涉及生理、心理和社会三个方面的内容。其中,物质自我指人们对自己的身体、容貌、性别、年龄等方面所持有的信念。此外,物质自我还包括与物质自我相关的物体和地点所持有的信念。例如,有些物品对个体可能具有重要意义,从而构成了个体的延伸自我(extended self)。心理自我指人们对自己的兴趣爱好、期望目的、能力特质等方面所持有的信念。社会自我指人们对其被他人看待和接纳所持有的信念,是对自己的地位名望、受人尊敬和接纳程度等方面的认识。

2. 个体自我、关系自我和集体自我

一些研究者将自我区分为个体自我(individual self)、关系自我(relational self)和集体自我(collective self)。其中,个体自我是一个人认为自己具有的独特的特质、能力、偏好、情

趣、才华等方面的信念。因此,个体自我关注的是与其他人相区别的特点。关系自我是一个人对特定关系中的自我意识,例如,我是孩子的好父亲、太太的好伴侣等。集体自我是一个人对作为所属群体的成员的认同。例如,人们对自己作为中国人、共产党员等身份的认同。

其中,关系自我和集体自我涉及自我与他人、群体的关系,是自我的社会层面,包括人们对自己在特定关系中的特质和作为群体成员的特点的信念,还包括人们认为的特定关系和群体中有关角色、责任和义务方面的信念。

3.现实自我、理想自我和应该自我

希金斯(Higgins,1985)提出了自我差异理论(self-discrepancy theory),认为人们会参照内在的理想和应该的标准来评价自己,由此产生特定的情绪并以此作为个人行为的引导。希金斯认为,人们存在着三种自我图式,分别为现实自我(actual self)、理想自我(ideal self)和应该自我(ought self)。其中,现实自我指个体对当下我是什么样的人所持有的信念。理想自我是个体对我想要成为什么样的人所持有的信念,包括个体期望拥有的品质、性格和才能等;而应该自我是个体对我觉得自己应该成为什么样的人持有的信念。

自我差异理论认为,人们具有确保现实自我符合理想自我和应该自我的动机。如果人们的现实自我与理想自我或应该自我之间存在差异,则会体验到不适感。这种不适感与自我差异的程度、自我差异对自我的重要性、个体对自我差异的关注程度等因素有关,如果个体越是关注这一差异,或者自我差异过大,抑或自我差异对个体较为重要,则体验到的不适感越高。该理论还认为,自我差异的类型会影响个体的特定情绪体验。如果人们的现实自我和理想自我差异过大,容易引发人们的失望、不满或悲伤;而如果现实自我和应该自我差异过大,则会让人们感到害怕或焦虑。

二、自我概念的特征

(一)自我复杂性

内容和结构是自我概念的两个基本属性。其中,自我概念的内容属性指的是个体对自我的描述和评价,结构属性则指的是自我概念的内容如何组织。自我概念的结构属性主要体现在自我复杂性(self-complexity),表现为人们对自我知觉的复杂程度。

自我概念是有组织、多维度的复杂结构,涉及人们看待自身的方式。人们对自身的特质、角色、生理特征、爱好、能力等方面存在着各自的看法,都是根据有意义的方式对自我进行组织的结果。这些人们看待自我的方式被称为自我维度(self-aspect)。人们的自我概念中包含着大量这样的自我维度,相当于亚自我,但是人们在组织自我概念的维度方面可能存在着数量和内容上的差异。在认识自我时,有些人可能通过一、两个重要方面来认识自己,有些人对自己的认识可能基于多个层面。例如,有些大学生可能认为自己的重要身份是学生,而有些人可能从学生、运动员、义工等方面认识自己。对于同一身份,人们的认识也不一样。同样对于学生的身份,有些大学生可能更为关注自己的学业成绩,有些大学生则从学业成绩、领导才能、人际技能等方面认识自己。这种组织自我概念的维度的数量和内容的差异反映出自我概念的复杂性。林维尔(Linville,1985)的自我复杂性模型认为,人们的自我复杂性表现在自我维度的数量和重叠程度两个方面。如果一个人从较多的自我维度来思考自己,且这些自我维度之间的特征重叠较少,自我复杂性较高;而如果一个人从较少的自我维度思考自己或自我维度之间存在很多的重叠特征,则自我复杂性的水平较低。

在此基础上,林维尔(Linville,1987)提出了自我复杂性的压力缓冲模型,认为自我复杂性可以帮助人们缓冲压力对人的身心冲击,自我复杂性高的人可以将注意力从自我的某一个维度转向另一个维度以缓冲压力。按照林维尔的说法,就是不要将所有鸡蛋放到同一个篮子里。这一假说的核心是情绪扩散机制,它假定自我维度的数量和重叠程度影响着情绪的扩散。压力往往对某个自我维度产生影响,由此产生特定的情绪。对于自我维度数量较多的人,这一自我维度只是自我概念的小部分内容,特定情绪对总情绪的影响不大。如果个体拥有的自我维度数量较少,这一自我维度在自我概念中的比例就会提高,由此产生的特定情绪对总情绪的影响就比较大。如果自我维度数量相同而重叠程度不同,重叠程度越低(即自我维度之间的相似性越低),这一自我维度引起的特定情绪就会被绝缘在小部分的自我概念中,不会扩散到其他自我维度;而如果自我维度间相似性很高,这一自我维度引起的特定情绪就会扩散到其他自我维度,使个体的总情绪受到感染。因此,自我维度数量越多且自我维度间相似性越低,某一自我维度受影响所产生的情绪就越是不会扩散。当某一方面遭遇挫折时,与那些将全部生活重心置于一处的个体相比,挫折对那些在其他方面都令人满意的个体的危害相对较轻(Showers & Ryff,1996)。孙晓玲等(2006,2007)以中国青少年为对象研究发现,自我维度的高数量/高重叠使得青少年的自我清晰、连贯,较少产生抑郁;高数量/低重叠意味着自我分裂,这类青少年较易受到消极事件的影响;而低数量/高重叠表明自我相对简单或狭隘,这类青少年难以应付生活的高压力。

(二)自我概念清晰性

除了自我概念的复杂性以外,人们对自己的了解程度也各不相同。人们对自己了解的清晰程度的差异称为自我概念清晰性(Campbell,1990)。坎贝尔(Campbell,1990)提出:"一般说来,任何自我观点的集合,其构成都具有不同程度的复杂性,个体对其表现出不同程度的自信和稳定性。"他认为自我概念清晰性具有三方面特征:自我概念内容(例如,感知的个人属性)的明确性、个人属性的内部一致性和稳定性。

自我概念清晰性并不涉及自我知识的内容和组织,反映的是个体对自我知识的自信程度和一致性水平。自我知识指导和组织社会经验过程,自我概念清晰性较低的人会将外界环境视为混乱的和无法预测的,容易将外界环境知觉为压力性的;在决策时更需要依靠外部刺激信息,容易受到外界情境的影响。

三、自我知识的来源

(一)社会化

自我知识很多是源于个体的社会化过程(socialization)。在成长过程中父母、老师和同

伴以特定的方式对待我们。我们从小就参与道德的、文化的、社会的和宗教的活动，这些活动长期地影响我们，慢慢地成为自我的一部分。我们自幼时起过春节，看龙灯，吃汤圆，剥粽子，认汉字，背唐诗，读四书五经，听牛郎织女的故事，所有这一切都使我们认为自己是一个中国人，这些年复一年的经验最终渗透到、内化为自我认同的重要组成部分，成为我们的自我概念的内容。

（二）他人的反馈

他人的反馈伴随着我们的社会化过程。在成长过程中，来自家人、教师、朋友对我们行为的反馈为我们的自我知识提供了丰富的来源。他们的反馈让我们了解自己是外向的还是内向的、是情绪稳定的还是不稳定的。例如，老师表扬我们是因为学习认真，让我们帮他做事情是因为我们有责任心；同学们选我们当班干部是因为我们有组织才能，邀请我们参加游戏是因为我们有良好的人际关系；班级推选我们参加体育运动会、加入校歌唱队，所有这些都是对我们的能力和品质的直接反馈，为我们认识自己是什么样的人提供了重要信息。

此外，人们还会根据他人对自己的反应来知觉自己，这一过程被称为反射性评价(reflected appraisals)。反射性评价来自库利(Cooley，1902)的镜中之我(looking-glass self)概念。正如俗话说"以人为镜，可以明得失"，人们以他人作为镜子来认识自己。人们通过想象他人是如何看待自己的行为，以形成和修正自我概念。

（三）自我知觉

人们有时候从观察自己的行为来推论自己的品质和能力。当然，人们并不是凭借一次偶然的行动或特定情境中的行为，而是经过长时间的观察，寻找自己行为的规律性，从而进行提炼与推导。例如，我们经常会思考，为什么能顺利完成某些任务但其他任务就不行，为什么喜欢这些食物而不喜欢其他食物，为什么喜欢与这些人打交道而不喜欢另一类人。基于这一思想贝姆(Bem，1965，1972)提出了自我知觉理论(self-perception theory)，认为有时候我们通过对自己行为的观察以推论自己的内在心理状态。贝姆认为，人们用于推论自己态度的过程与用于推论其他人态度的过程几乎没有区别，并提出"个体对自己的态度、情绪和其他内在状态的了解，部分是通过观察自己外显的行为以及行为发生所在的环境的特征而推论得来的"。我们往往根据他人的行为经历对他人进行归因。例如，某个人问你，你的室友是否喜欢听流行音乐。如果你从未听室友说过其确切的喜好与否，你会思考他平时购买哪些音乐、收藏哪些歌曲、收听哪些电台。如果他一直听莫扎特或贝多芬的作品，那么你可能会认为他不那么喜欢流行音乐；如果他总是选择或播放流行音乐，那么你会认为他喜欢流行音乐。贝姆认为，我们推论自己的态度，与推论其他人的态度使用的是相同的方法。譬如说，如果有人问我是否喜欢流行音乐，我便会运用对其他人所运用的这一相同的过程：我是否经常购买流行音乐的磁带，是否经常录制流行音乐，或是否播放流行音乐的节目，是否经常听流行音乐。如果这些问题的答案都是"是"，我便会认为自己喜欢流行音乐。

贝姆认为，行动者本身可以作为自己行为的观察者，根据行为来推论态度。贝姆利用了科恩(Cohen，1962)的诱导服从实验来检验其观点。科恩的实验是让美国学生在闹风潮反对警察干预学生活动时，撰写为警察的行为辩护的文章。显然，撰写为警察的行为辩护的文章

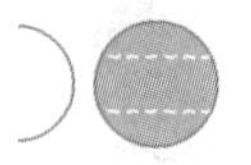

与学生的态度是背道而驰的，作为补偿实验者给予学生高额、少量或不给予任何酬劳。写完文章后研究者重新测量了被试的态度。结果发现，获得少量酬劳的被试倾向于认为警察的干涉是对的，而给予高额或没有给予补偿的被试的态度并没有变化，仍然不认可警察的行为。贝姆将科恩研究的三种补偿情况用书面形式呈现给自己的被试，要求他们指出科恩实验中被试的态度会怎样，结果重复了科恩的研究发现。贝姆认为，观察者与行动者会经历同样的推论过程，也就是根据自己的行为对他人进行态度的归因。

贝姆为自我知觉过程设定了限定条件。首先是自由选择，自由选择是该理论的重要变量。如果我整天听流行音乐是因为室友总是播放这类音乐，显然我不会就此推论我喜欢流行音乐。贝姆认为，我们会考察自己的行为究竟是受外部因素控制如外在诱导下发生的，还是自主发生的即由自己选择决定的，只有在自主决定的条件下我们才会根据自己的行为去推论态度。其次，只有当内在线索很模糊或是说服力不够时，人们才利用外在行为推论自己的态度。对于自我的重要方面我们都比较清楚，都有很明确的内在参照框架，表现在长期稳定的信念、态度和情感性的偏好中。对于那些涉及自我的不重要的方面，我们可以根据自己的行为来推论出内在状态，从而为我们提供有关自我的知识。例如，如果我们内心对流行音乐是坚决反对的，这个观点非常明确、十分坚定，便不可能再通过观察自己的行为去推论自己的态度。最后，当缺乏个人态度的外在表现的时候，人们才用行为来推论自己的态度。例如，如果我是流行音乐业余创作协会的主席，我不需要从听了多少流行音乐来推论自己的态度，因为我有一个清楚的外在线索能确切地说明我的态度。

（四）自我归因

凯利(Kelley，1967，1971)的共变理论模型认为，人们对他人的行为进行归因的法则同样可以应用于自我归因。想象你正在看一部电影或话剧，你发觉自己在发笑，思考其原因究竟是电影本身有趣，还是因为自己很爱笑才会在这时发笑。推断自己为什么要笑的归因过程与对相同情境下的他人做出解释时的归因过程是一样的。人们会考虑以下三方面的因素。

区别性：你看所有的电影都会笑吗，抑或只是在看这部电影时会发笑？这部电影越特殊，你越会将发笑的原因归因于这部电影。

一致性：其他人在看这部电影时是否在发笑？如果你看看周围，发现几乎每个人都在由衷地笑，这种高度的一致性反应使得你认为电影才是引你发笑的原因。相反，其他人都在皱紧眉头，你就会认为你此刻的发笑是由你本身的一些原因所导致的。

一贯性：你还会考虑看电影时的发笑在不同的时间和情境下是不是始终如一。如果你再看一次这部电影，你会不会发笑？如果你在其他电影院或者在电视上看这部影片，会不会发笑？行为的一贯性越低，你就越不会将发笑归之为内在特征如具有幽默感。一贯性程度较低的话，人们往往将其归因于偶然因素。

（五）情境的独特性

情境为我们提供了有关自己特性的一些线索。麦圭尔和辛格(McGuire & Singer，1976)提出了特异性假设(distinctiveness hypothesis)，认为我们在自我定义中会强调那些让

我们在特定情境中彰显出自我独特性的内容。他们让六年级学生用几分钟时间描述他们自己。这些孩子平均写了 11.8 个陈述,大部分与创造性活动、态度、朋友和学校行为有关。麦圭尔等人仔细考察了这些陈述,看看被试是否从与其他同学相区别的方面来定义自己,发现比平均年龄大或小的孩子中有 30%的人在自我定义中提及年龄,而其他同学只有 19%提及年龄;在出生地方面,出生于美国以外的孩子中有 44%的人提及这一点,而在美国出生的孩子仅有 7%;在班级中是少数性别的人(如女生少、男生占大多数)提到性别的人有 26%,而多数性别的孩子中提到性别的学生只占 11%。

在一些特定情境中我们也经常提到让我们区别于他人的特征。例如,在会议中如果绝大多数与会者是男性,只有一两个是女性,那么参会的女性更可能提及自己的性别。当我们处在类似的人群(如班级)中,我们更可能从自我认同方面来关注自己,即从与其他人有区别的特征上考虑自己。一位大学生运动员在上课教室里更可能想到自己是名运动员,而非学生。然而,身处不同群体的交互情境中,例如学生与家长在一起时往往从范畴的成员关系上来看待自己,更为关注自己的学生身份。

(六)社会比较

为了更好地与他人交往和适应社会,人们需要了解自己的观点、能力和情绪的正确性或准确性,获得有关自己的真正知识。为达到这一目的,我们需要获得他人的反馈,即通过社会比较来认识自己。例如,你希望参加合唱队,通过社会比较的反馈信息发现自己的歌声实在太差,这时你可能会选择继续努力学习有关声学知识或勤加练习,也可能认为唱歌不适合你,你没有这方面的特长从而转向参加其他的文体活动。一般来说,如果通过社会比较获得的反馈与我们的稳定特征(如能力或教育水平)相一致,我们就感到更有信心。相反,如果反馈信息与我们的不稳定特征(如实践)有关,我们就会缺乏信心。

费斯汀格(Festinger,1954)的社会比较理论(social comparison theory)认为,人们有准确评价自己的观念和能力的驱力。而要证明我们的观点是否正确,一般可以采取两种方法。首先,我们可以根据所获得的客观证据加以验证。例如,我们可以通过举重或长跑以了解自己的体力或耐力。但是,对于某些观点来说很难寻找到客观的证据来判断它们是否正确。费斯汀格认为,如果我们不能借助于物理现实对我们的观点做出评价的话,便会求助于社会现实。某一观点、信念或态度之所以被认为是正确的、有效的、恰当的,有时与其他人是否持有同样的观点或态度的程度有关。因此,我们通过考察他人的观点来评价我们的观点。如果其他人也有同样的观点,那么对于这种观点的正确性我们就更自信。因此,社会比较理论认为,在缺乏客观标准时,人们通过与他人比较来评价自己。

我们可以通过社会比较过程了解自己的能力或品质。对于判断我们是否有足够的能力也需要社会信息。比如,我们在数学考试中得了 85 分,这个数字并没有告诉我们自己的数学能力是高、低或中等,我们需要利用其他人的信息来了解自己的水平。此外,在判断我们的情绪的恰当性方面也需要社会比较。沙赫特(Schachter,1959)发现,人们在恐惧时会提高合群倾向。一种可能的原因是,人们想从他人身上得到自己正在体验到的情绪的恰当性的证据。达利和阿伦森(Darley & Aronson,1966)想知道,人们进行交往的目的是要减少恐惧,还是验证恐惧这一情绪的恰当性。研究者采用了沙赫特(Schachter,1959)的电击任务,告诉被试将要遭受电击，从而诱导她们的恐惧情绪。在电击前需要她们等在外面，问被试愿意和哪一位女同学在一起等候？被试被告知，其中一位女同学的害怕程度比被试小得多，而另一位女同学的害怕程度稍稍比被试大一点。如果被试想要减少自己的害怕，害怕程度小的女同学就会是恰当人选；而如果被试是想要进行社会比较，那么稍微更害怕一点的女同学由于具有与被试类似的恐惧状态，便会成为被试的选择。结果表明，被试更愿意和害怕程度上与她们相类似的女同学在一起等候，这说明被试交往的目的是验证自己的情绪是否恰当。

费斯汀格的社会比较理论还强调，在评估我们的观点、能力、情绪的恰当性或正确性时，我们是主动地寻求与我们相类似的、可以与之比较的人。在评价观点上，并不是任何一个人都可以起到社会比较的作用，其必须在某些方面与我们相似。一名大学生不会去和六七十岁的老人或尚不懂事的小学生去进行社会比较，只有那些与其年龄相似的人抱有同样的观点，才能够增加其对自己观点的自信。在技艺方面，如果你想知道自己的篮球水平，与国家队的球员进行社会比较肯定是不合适的。

社会比较除了帮助人们了解自己外，还有助于产生一体感。社会比较研究往往都强调人们如何在客观特征上与他人比较，目的是对自己进行评价。这种社会比较典型地会产生一种对比效应，使人们了解自己与其他人的不同。但有时候，我们在社会比较过程中会产生一体感。例如，在乘飞机时飞机上下颠簸，你会将你的反应与邻座乘客进行比较，这种比较的目的与其说是为了评价自己的恐惧，还不如说看到其他乘客也有这种反应而体验到大家都这样，体验到我们此刻共为一体，也许还有一丝安慰。洛克等(Locke & Nekich，2000)让大学生记录一周内自发产生的社会比较。结果发现，大学生经常将自己对情境的主观反应与处在同一情境下身边的其他人的反应进行比较，这种比较常常增加了与其他人的联结性和类似性的感受，增加了群体认同感。因此，社会比较并不一定完全是出于了解、提高或改进自己某些特征的愿望，也可能是来自和其他人共为一体的需要。

社会比较的方式分为两类，分别为向上的社会比较(upward social comparison)和向下的社会比较(downward social comparison)。有时候，人们会与比自己优秀的人进行社会比较，这被称为向上的社会比较。象棋棋手有时会与象棋大师进行比较，向大师公开自己下棋的策略或向大师请教，以此来判断自己象棋水平达到什么阶段，并学习大师的战略和睿智，以及学习大师下棋的范例从而得到启迪。这表明，社会比较时人们并不一定像费斯汀格所说的，只与自己相类似的人进行比较，也可能与比自己优秀的人进行比较，将他们作为自己学习的榜样，以便达到自我改进的目的。这种想要自我改进的欲望产生向上的社会比较。

有时候，人们会和那些比自己差一些的人进行社会比较，这被称为向下的社会比较。例如，我们会寻找那些比我们运气差、不大成功、幸福感较低的人进行社会比较(Wood，1996)。我们为了让自己感觉良好和维持自尊，有时候会需求对自己有利的信息，从而采取向下的社会比较方式。通过向下的社会比较，我们可以让自己看上去更好一些，正如俗话所说，比上不足，比下有余。尤其在对自我而言的重要方面，我们往往会采用向下的社会比较。例如，受欢迎程度往往是大学生较为关注的，因此，大学生在这一方面往往倾向于采用向下的社会比较(Wheeler & Miyake，1992)。甚至有时候，我们会与那些更差的人主动建构来进行社会比较。伍德等(Wood，Taylor & Lichtman，1985)发现，那些患有乳腺癌的女患者会虚构出一些更为恶性的肿瘤患者，以取得内心的平衡。

（七）社会认同

泰弗尔（Tajfel，1978）将社会认同定义为个体认识到自己属于特定的社会群体，同时也认识到作为群体成员带给他的情感和价值意义。人们渴望拥有积极自我形象（例如，高自尊），而个体的积极自我形象在某种意义上来源于我们所属的特定社会群体。如果我们所属的社会群体拥有较高的社会地位或者被予以积极评价，作为该群体的成员我们由此得以拥有积极的自我概念。因此，人们在社会情境中通过实现或维持积极的社会认同，以此维持与提高其积极的自我评价。

人们所认同的群体包括工作、宗教、种族、政治、社区等方面的群体，以及其他能够强化自我的重要方面的群体。儿童时期我们所在的群体是社会化的重要途径。长大后我们自己所重视的特征会引导我们选择要进入的群体，这些群体能够反映和强化我们的价值观。因此，自我概念和社会认同互相决定和影响对方。

（八）文化

自我镶嵌于特定社会文化背景中，文化塑造了人们的自我概念。西方文化中的人们更为关注个体性、自我实现、个人自由和个人表现的重要性，而在东方文化中的人们更注重社会关系，认为人与人是互相依赖的，将自我看成是人际关系的一部分，考虑自我时还需要考虑他人。人类学家霍尔（Hall，1976）将人们互相依赖的社会称为高情境（high-context）文化，而将强调个体独立性的社会称为低情境（low-context）文化。在高情境文化中，我们在考虑并确定对一个人采取何种恰当行为时，与他人之间的社会关系起着关键的作用。我们对待家人、朋友是有区别的，对待熟人、陌生人也是不同的“我”发挥作用。而在低情境文化里，人们的为人处世中特定的角色关系的作用较弱，更多反映出个体的特征如偏好、信念、能力等方面的作用。这种类型的自我较少受到社会关系或情境等过多的限制。

马科斯等（Markus & Kitayama，1991；Triandis，1989，1994，1995）深入探讨了基于文化的自我概念如何影响人们的情绪、动机和知觉社会世界的方式。他们认为，西方文化强调个体性，强调通过自我挖掘和充分利用自己的才能，展示自己与众不同的个性，因此将这种自我称为独立性自我（independent self）。这是一种有界限的、独特的，具有觉察、情绪、判断、行动的与众不同的有组织的整体，并且是与其他人和社会、文化背景形成对照的实体。西方文化中的人们不仅将自我看成是具有独立功能的单元，实际上也将独立性当作社会化的基本任务，教育孩子如何成为一个独立的人。而在许多东方国家以及在南部欧洲、拉丁美洲和非洲南部一些文化中，人们常常将自我看成是社会关系中的一部分，认识到自己的行为取决于或由社会关系中的其他人的思想、情感和行为所决定。自我在社会关系的环境中才是完整的、有意义的，而不是通过独立自主的行动才富有意义、才是完整的，因此将这种自我称为互赖性自我（interdependent self）。虽然互赖性自我也拥有内有的特征如能力、观点，但这些特征的作用是依赖于特定情境的，是不稳定的。这种自我的关注点在于人们必须找到在社区和其他集体中的地位和角色。马科斯等人认为，独立性自我与互赖性自我是个人自我系统的重要的、基本的成分，影响着人们如何看待自己，如何与人交往，以及在不同情境中的情

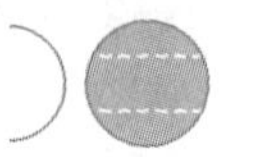

绪体验和采取行动的动机。人们的自我植根于特定文化的观念、价值观和社会程式之中，并进一步塑造个体的经验和自我。

第二节 自 尊

一、自尊的定义

自尊(self-esteem)源自拉丁文 aestimare，即评估、评价的意思。自尊包含着双重含义，一是评估某一对象的价值，二是表明对某一对象的看法。因此，自尊指的是我们如何看待自己以及我们是否喜欢自己。对于自尊的看法存在着两种视角，即自尊作为评价或是体验。自尊的评价论将自尊视为个体对自己做出的并经常持有的评价，表达了一种肯定或否定的态度，表明个体在多大程度上相信自己是有能力的、重要的、成功的和有价值的(Coopersmith，1967)。自尊的体验论将自尊视为个体对自我价值的感受，是对自己的情绪体验和喜爱程度。在中国文化中，自尊被视为“尊重自己，不向别人卑躬屈节，也不容许别人的歧视和侮辱”。自尊与自爱往往紧密相随，自爱充满着丰富的情感色彩，而自尊则更为客观。不仅如此，自尊还具有一定的道德含义，与个体的尊严关联，所谓“士可杀不可辱”往往就包含着道德上的嘉奖与期许。

除了对自己的总体评价外，我们对自己在特定领域内的能力或品质也存在着相应的评价。例如，你可能会觉得自己擅长机械设计而非人际技能。克罗克等(Crocker & Wolfe，2001；Crocker & Park，2003)提出了自我价值的权变模型(contingencies of self-worth)。该模型认为，人们的自尊存在于许多领域，自尊的高低取决于其自我价值所基于的重要领域的成功与失败经历。一个大学生的自尊可能来源于外表、学业成就、品德、老师和同学的赞赏等。但是，如果一个人将自尊建立在他人的赞赏、外表、金钱、分数之上，往往会遭遇失败导致自尊的不稳定，这类自尊被称为脆弱自尊(fragile self-esteem)，以区别于稳定的真正自尊(true self-esteem)。

对于自尊的构成，存在着多种观点。(1)单维度观：认为自尊是人们对自我价值的总体评价。(2)二维度观：认为自尊包括动力(例如，支配、胜任)和共享(例如，包容、依恋)两个维度。例如，自恋个体的自我关注往往表现出动力与共享特征的分离，认为自己在动力特征(例如，智力)方面超出一般人，但在共享特征(例如，宜人性)方面低于一般人，因此他们会骄傲于自己的能力但实际上并不是非常喜欢自己。这两个维度分别预测个体的思想、情感和行为。例如，自恋个体对地位和支配的追求反映在伴侣偏好上，他们偏好那些具有有助于地位获取的人格特质的伴侣，而不是那些具有高度关爱他人取向的伴侣(Campbell，1999)。(3)多维度观：认为人们会基于自己不同方面的特征而构建自尊，即外显自尊包含多个维度。沙维尔森等(Shavelson，Hubner & Stanton，1976)提出了自尊的四因素模型，认为自尊包括自我关照、能力自尊、社会性自尊和生理自尊。库珀史密斯(Coopersmith，1967)认为，自尊由重要性、能力、品德、权力四方面因素构成。自尊的重要性指个体认为自己是否受到重要人物的喜欢和赞赏，能力指个体认为自己是否具有完成重要任务的能力，品德指个体认为自己达到伦理道德标准的程度，而权力指个体认为自己影响自己和他人生活的程度。

自尊影响着人们的社会认知过程。高自尊的人能够清楚了解自己的能力和品质，积极看待自己，设定恰当目标，以提升自我的方式对待他人反馈信息，灵活地应对困境。而低自尊的人往往自我概念不清，消极看待自己，为自己设立不恰当的目标或轻易退缩，对将来抱持悲观态度，对他人的批评或负面反馈信息表现出消极的情绪或行为反应，更关心对其他人的社会影响，当面临障碍或紧张情境时容易情绪低落或抑郁。

二、自尊的理论

（一）恐惧管理理论

恐惧管理理论（terror management theory）认为，自尊相当于焦虑缓冲器，主要作用是克服死亡带来的恐惧并缓解个体的焦虑（Greenberg，Pyszczynski & Solomon，1986；Greenberg et al.，1992）。

恐惧管理理论的基础是死亡突显性假说（mortality salience hypothesis），其认为每个人都有着对死亡的恐惧心理。即使是原始人类，终会意识到人将难免一死，肉体终归湮灭。斯蒂芬·凯夫在《不朽：永生的愿望及其对文明的驱动力》中就提出，人们出于对死亡的恐惧而形成对永生的迷恋，这一迷恋可以归结五种模式：长生不老、死后复生、灵魂不灭、声名流传和基因遗传，并认为这五种模式并不是相互独立的，在一个文明里可能出现多种模式共存的情况。为此，恐惧管理理论提出了焦虑缓冲假说（the anxiety buffer hypothesis），认为为了缓解和消除对死亡的恐惧人们创立了文化世界观。文化世界观让人们感觉象征性地超越了死亡，并给人提供一种感觉，即每个人是这个有意义的世界中有价值的一员（Greenberg，Solomon & Pyszczynski，1984）。

自尊是对个人价值的评价与感受，即人们对自己生命的意义感和价值感的体验。因此，自尊可以通过两种途径获得。首先，人们相信自己所持有的文化世界观的正确性，据此可以获得意义感。因为文化世界观是对现实世界的抽象反映，只有"正确的"文化世界观才能赋予我们存在的意义。其次，人们相信自己所遵守的价值标准是文化世界观的一部分，由此可以获得价值感。对这种已经内化了的价值标准遵守程度的评价，反映了个体的价值和价值标准体系的关系，两者之间越是紧密，个体的价值感也就越高（张阳，佐斌，2006）。

（二）社会计量理论

社会计量理论（sociometer theory）从进化论和符号互动论视角出发探讨自尊的本质与功能。该理论认为，自尊是衡量个体人际关系的重要计量器，用于评估个体体验到的被他人接受或拒绝的程度（Leary et al.，1995）。当个体感受到被其他人拒绝时自尊会下降，为了恢复自尊，个体需要采取各种策略以寻求被他人重新接纳。因此，人们对高自尊的追求，实质是人们对他人接纳的追求（张林，李元元，2009）。

人际拒绝确实会影响人们的自尊和神经生理反应。消极的人际反馈会导致那些低自尊的人的腹侧前扣带回和内侧前额叶（vACC/mPFC）的活动增强，而自尊高的人无论是获得积极还是消极反馈其 vACC/MPFC 活动水平均不改变，这说明低自尊的人对社会拒绝线索更为敏感（Powers et al.，2010；Somerville，Kelley & Heatherton，2010）。在自尊的社会计量理论的基础上，艾森伯格等（Eisenberger et al.，2011）提出了神经计量（neural sociometer）理论。研究者首先询问被试一些问题，如你最害怕什么、你的最好品质是什么，并告诉他们对话录音会被其他人评价。被试获得的反馈包括积极的（如聪明、有趣）、中性（务求实效的、健谈的）或消极的（令人厌烦的、没有安全感的）三种。研究者测量了被试的自尊并扫描了他们的大脑后发现，消极反馈确实降低了自尊，那些被降低了自尊的人在两侧前脑岛、背侧前扣带皮层、背内侧前额皮质和前颞上沟有较高的激活；与之相反，被提升了自尊的人的两侧后脑岛有较高的激活。这表明，遭受人际拒绝而导致自尊下降的个体表现出增强的内侧前额皮质活动，而这一区域被认为与消极反馈所引发的自我参照过程相关。当面临社会拒绝时，低自尊的人表现出强烈的生理唤起（Gyurak & Ayduk，2007），与社会性痛苦体验有关的背侧前扣带回的激活显著增强（Onoda et al.，2010）。

三、内隐自尊

（一）内隐自尊的定义

随着内隐社会认知的兴起，研究者将自尊区分为外显自尊（explicit self-esteem）和内隐自尊（implicit self-esteem）。格林沃尔德和班纳吉（Greenwald & Banaji，1995）提出了内隐自尊概念，指的是人们在对与自我相关或自我无关的客体进行评价时产生的一种自我态度效应，这种态度效应无法通过内省的方式被意识到或无法精确地意识到。与之相对，外显自尊指的是个体能够意识到的、内省的、受控的自我评价。也有一些研究者将这些心理结构视为不同信息加工过程的表现形式，强调了外显心理结构与内隐心理结构之间的内在关联和互换性（interchangeability）。人们将社会认知过程分为自动化过程和受控过程。按照这种观点，内隐自尊是自动化过程作用的结果，反映个体对自我的即时性、自动化的情感反应；而外显自尊则是受控过程作用的结果，是个体对于即时性的、自动化的情感反应的合理性和准确性进行精细加工的产物。

中国人中也存在着类似的积极的内隐自尊（例如，蔡华俭，2002；耿晓伟，郑全全，2005；吴明证，水仁德，孙晓玲，2006）。在一些特殊人群中也存在着积极的内隐自尊。对不同程度听觉障碍个体的内隐自尊进行研究发现，聋生（马爱国，2006）、听觉障碍学生包括全聋和重听学生（杨福义，谭和平，2008）、听力障碍中学生（何茜，2010）均表现出积极的内隐自尊。一些表现出社会适应不良行为的个体如工读学校学生（杨福义，2003）、问题学生（杨福义，梁宁建，2005）、网络行为失范者（胡志海，2009）也表现出积极的内隐自尊。吴明证（2016）出版了《内隐自尊》一书对此进行了概括和总结。

如果个体存在着外显自尊和内隐自尊，则每一个体都是外显自尊和内隐自尊的结合体。外显自尊和内隐自尊的不同组合被称为自尊结构。外显自尊和内隐自尊皆高被称为安全型高自尊（secure high self-esteem），高外显自尊而低内隐自尊被称为防御型高自尊（defensive high self-esteem），低外显自尊而高内隐自尊被称为受损型高自尊（damaged high self-esteem）

(Jordan,Spencer & Zanna,2003)。研究者对防御型高自尊个体十分感兴趣,这类个体在意识性水平上表现出高外显自尊,但在无意识水平上却持有消极的自我看法。乔丹等(Jordan,Spencer & Zanna,2003)发现,防御型高自尊个体表现出防卫性的行为方式,如内群体偏差,将自己的决定合理化以降低认知失调;将自尊基于不稳定的操作领域,表现出较高的自恋;自我观感容易受到消极反馈的影响,遭遇失败时自尊波动剧烈。

内隐态度、内隐自尊和内隐刻板印象是内隐社会认知研究的三个重要主题。考虑到内隐社会认知过程在社会心理学研究中日趋重要,本节将详细介绍内隐自尊的研究内容,以帮助理解内隐社会认知研究的理论和方法。

(二)内隐自尊的测量

内隐自尊的测量方法非常多,大体包括以下三类。

1. 自我报告测量

在内隐自尊的自我报告测量中,姓名与生日数字偏好任务(initials and birthday-preference task)和姓名喜好测量(name-liking measure)是常用的测量方法。

姓名与生日数字偏好包括两种测量方法,即姓名字母任务(name letter task)或姓名首字母偏好任务(initials preference task)以及生日数字偏好任务(birthday preference task)。这两种任务都是基于敝帚自珍效应(mere ownership effect),即人们一般对自我相关物品的偏好高于自我无关物品。姓名和生日与自我的关系非常紧密,人们对自己姓名和生日数字的偏好更为强烈,因此,对人们的姓名字母、生日数字的偏好的测量可以反映出个体对自我无意识的积极评价。

2. 评价性启动任务

用于测量内隐自尊的评价性启动任务主要包括三类:情感启动任务(affective priming paradigm)、反应窗情感启动任务(response-window affective priming task)、情感错误归因程序(affect misattribution procedure)。

情感启动任务主要由刺激启动任务和目标判断任务构成。任务过程中,启动刺激先期呈现,短暂间隔后呈现目标刺激,要求被试对目标刺激进行"好"或"坏"的判断。根据启动刺激是以阈上抑或阈下形式呈现,可以将情感启动任务区分为阈上情感启动任务和阈下情感启动任务。采用情感启动任务测量内隐自尊时,研究者先呈现自我相关或他人相关的启动刺激,随后呈现目标刺激,要求被试对其进行积极或者消极判断。一般认为,自我相关刺激呈现能够启动被试的积极情感,对高内隐自尊的个体而言,自我相关信息启动后他们对积极目标刺激的反应要快于对消极目标刺激的反应(Fazio et al.,1986)。反应窗情感启动任务与此类似,只是要求被试在特定时间(反应窗)必须做出反应(Krause et al.,2011)。

情感错误归因程序(affect misattribution procedure)是以投射为基本原理的内隐测量方法,本质上与情感启动任务类似(Payne et al.,2005)。在该任务中,首先向被试呈现自我相关的启动刺激,然后呈现汉字图像作为目标刺激,要求被试忽略启动刺激而尽可能快地判断该汉字图像是令人愉快的还是不愉快的。该程序明确要求被试在进行汉字图像判断时忽略启动刺激的影响，考虑到汉字对于西方被试来说一般都不太熟悉，如果被试对汉字的愉快与否判断偏离均值，则意味着启动刺激的效价仍然无意识地影响着个体对该汉字图像的判断。该任务之所以被称为错误归因，是由于个体在该任务中错误地将一个目标或客体所引发的情感效应归因于另一个目标（任娜，佐斌，2012）。情感错误归因程序根据人们做出愉快或不愉快判断的比例，反向推断启动刺激的效价，即内隐自尊的高低。

3. 内隐联结任务

格林沃尔德等（Greenwald，McGhee & Schwartz，1998）还开发了内隐联结测验（implicit association test，IAT）以测量内隐态度，现在被广泛用于测量人们的内隐自尊（Greenwald & Farnham，2000）。一项典型的内隐自尊测量任务包括七个步骤（Greenwald，Nosek & Banaji，2003）。在该任务中，通过计算机分别呈现自我词（self，me）、他人词（him，her）、积极词（diamond，smart）和消极词（death，stupid），研究者要求被试对这些刺激进行归类，并按照要求揿键做出反应。测验主要考察被试在两个联合任务中的反应。在一致性联合区分任务（block 3 和 4）中，被试对自我词和积极词共同做出反应（如揿左键），对他人词和消极词共同做出反应（如揿右键）；在不一致联合区分任务（block 6 和 7）中，被试对他人词和积极词以左键共同做出反应，对自我词和消极词以右键共同做出反应。程序记录从呈现刺激材料到被试按键反应之间的时间间隔（以毫秒为单位），同时记录被试反应的正误情况（见表 5-1）。

表 5-1　内隐联结测验（IAT）流程

组块（block）	试次（trials）	作用	左键反应	右键反应
1	30	练习	积极词	消极词
2	30	练习	自我词	他人词
3	30	练习	积极词＋自我词	消极词＋他人词
4	30	测试	积极词＋自我词	消极词＋他人词
5	30	练习	他人词	自我词
6	30	练习	积极词＋他人词	消极词＋自我词
7	30	测试	积极词＋他人词	消极词＋自我词

内隐联结测验（IAT）通过考察被试在联合区分任务中行为表现（反应时或者错误率）的差异，以推断个体认知结构中特定的类别（或目标）与属性之间的自动化联结（automatic association）是否存在以及联结的紧密程度。被试在两个联合区分任务中的行为表现差异称为 IAT 效应（IAT effect）。如果 IAT 效应在一定显著性水平上大于 0，则说明假设的一致性的概念—属性联结存在；若小于 0 则说明假设不成立，应将类别与属性的关系反转；若与 0 没有显著差异，则说明类别与属性两个维度之间没有预期的联系存在。在表 5-1 的内隐自尊 IAT 中，如果被试在一致性任务比不一致性任务的反应时间短，则可以据此推断在个体认知结构中“自我”和“积极”概念间联系较为紧密，而“他人”和“消极”概念间联系紧密，由此推断个体持有积极的内隐自尊。

(三)内隐自尊的理论

自尊是以自己作为对象的态度,内隐自尊与外显自尊关系的理论探讨主要基于双重态度模型(model of dual attitudes)和社会信息的双加工模型。社会信息的双加工模型包括认知—体验自我理论(cognitive-experiential self-theory)和联结—推理评价过程模型(associative-propositional evaluation model)。

1. 双重态度模型

双重态度模型是解释内隐自尊与外显自尊分离论中最具影响力的理论(Wilson,Lindsey & Schooler,2000)。该模型的核心假设是,人们对于同一态度对象能够同时存在两种不同的评价,一种是能被人们所意识到、可控的外显态度,另一种则是无意识的、自动激活的内隐态度。内隐态度影响着个体的即时性反应或内隐反应,个体并不试图对此加以控制甚至有时候无法对其进行有效控制,而外显态度影响着个体的深思熟虑后的行为或外显行为,个体能够对其施加必要的控制。个体在特定情境中采用何种态度,取决于认知资源是否足以提取外显态度以及外显态度能否足以超越内隐态度。当个体缺乏认知资源时内隐态度通常发挥作用,而一旦个体具备相应动机及充分的认知资源,外显态度将起到主导作用,内隐态度的影响将被抑制。威尔逊等(Wilson,Lindsey & Schooler,2000)还讨论了外显态度和内隐态度分离的四种机制,分别为压抑、独立系统、动机性抑制和自动抑制。

依据双重态度模型,人们对自我的态度能够同时表现为内隐和外显两种心理表征。内隐自尊和外显自尊这两种心理表征彼此分离、独立存在于个体记忆系统中,在动机和认知资源的作用下分别影响着个体的思想、情感和行为,甚至被不同的大脑结构所加工(Rudman,Dohn & Fairchild,2007)。

2. 认知—体验自我理论

认知—体验自我理论是一种人格的整合理论(Epstein & Morling,1995)。该理论认为,人们是通过两种独立存在又相互作用的信息加工系统去理解和适应外界与自身的。一是认知或理性系统。该系统遵循逻辑规则并在意识性层面上运作,优先加工非情感性的、概念性的信息如数字和事实。二是体验系统。该系统遵循启发式规则并在无意识层面运作,优先加工情感性信息。两个系统以平行方式运作,当个体拥有充分的认知资源时认知或理性系统发挥作用;而当个体处于认知资源匮乏时则由情绪驱动的、非理性的体验系统发挥作用。外显自尊和内隐自尊分别是上述两种系统作用的产物,目的都是为了维持自尊系统的一致性与整体性。

此外,还存在着与认知—体验自我理论相类似的理论。例如,Smith 和 DeCoster(2000)提出了基于经验的加工过程和基于规则的加工过程,Trope 和 Liberman(1996)基于社会认知神经科学的研究发现,提出了认知加工的 X 系统(X-system)和 C 系统(C-system)两种加工模式。这些社会认知双重加工模型为内隐自尊和外显自尊作为分离性结构的观点提供了理论支持。

3. 联结—推理评价过程模型

联结—推理评价过程模型是当前内隐态度与外显态度关系的主导性模型之一(Gawronski & Bodenhausen,2006,2007)。

联结—推理评价过程模型认为,对于特定态度对象的评价是联想和推理两种信息加工过程先后作用的结果,而内隐自尊和外显自尊分别是联想过程和推理过程作用的产物。人们在日常生活中形成一系列由对象—评价(例如,我—善良)联结所构成的联结性概念网络。在联想过程的作用下,这一联结性概念网络能够被快速、自动化地激活,无须耗费认知资源,由此形成对个体直觉性的、自动化的评价。在个体拥有足够的动机和时机情况下,个体通过推理过程将上述自动化的评价转换为命题表征(例如,我是个善良的人),并对该命题的合理性进行判断,由此形成外显自尊。

一项关于内隐自尊提升的研究较为清晰地揭示了自尊的联结—推理评价过程模型。格鲁姆等(Grumm,Nestler & Collani,2009)探讨了暂时激活的自我知识和自我情感对个体内隐自尊和外显自尊的影响。他们发现,采用评价性条件反射程序可以提升内隐自尊,因为评价性条件反射程序可以帮助个体建构自我—评价联结,但是评价性条件反射程序不能提升外显自尊;而自我反省能够改变个体的外显自尊但不能改变内隐自尊。他们还发现,在被试完成外显自尊测量前要求被试集中注意力于他们的情绪感受的时候,经由评价性条件反射程序而提升的内隐自尊效应能够迁移到外显自尊中。可能原因在于,要求被试集中注意力于情绪感受提高了自动化情感反应的突显性,使得被试更多地将自动化的情感反应作为评价性自我判断的基础,从而提高了随后的外显自尊。

四、自尊的文化差异

自尊被视为人类的普遍需要,有些研究者认为自尊具有跨文化的普遍性。也有一些观点则认为,自尊需要并非是普世性的,积极的自我关注深深植根于个人主义文化,而集体主义文化的个体往往缺乏追求自尊的动机(Heine et al.,1999)。

对于自尊概念的理解可能就存在文化差异。Coopersmith(1967)将自尊定义为人们在多大程度上相信自己是有能力的、重要的、成功的和有价值的。这一界定可能源于注重追求个人自由与平等这一个人主义文化价值观,关注的是个体的独立和能力的突显(黄希庭,尹天子,2012)。而我国传统文化强调个人价值在于修身、齐家、治国、平天下,重视在家庭、社会、国家的发展中实现自我的价值。朱滢(2007)认为,西方文化中的自我更多涉及个体的自我认同问题,而东方文化中则更多涉及自我与他人的关系问题,中国人的自尊不只涉及个体本身,还包含着与自我有关的亲密他人。正是因为中国人的自我概念中包含着自我与他人的关系,布朗和蔡华俭(Brown & Cai,2010)发现,美国被试对动力方面特质(与成就有关)的评价比中国被试更为积极,而中国被试对共享方面特质(与人际关系有关)的评价比美国被试更为积极。日本人理解的自尊一词与西方也略有差异。Coopersmith(1967)的自尊概念接近于日语中的 serufuesutei-mu。但除了 serufuesutei-mu 外日语中还有 jisonshin 一词同样带有自尊的含义。布朗(Brown,2008)探讨了 jisonshin 在语义上是否等同于英语中的 self-esteem,具有类似于西方意义上的对自我积极评价的含义。研究者要求日本被试分别完成由

serufuesutei-mu 和 jisonshin 替代 self-esteem 的 Rosenberg 自尊量表及单项目的自尊量表，并测量他们对两类自尊词含义的理解情况。结果发现，日本人可以独立地区分两类词，他们在西方自尊的语义环境下使用 serufuesutei-mu，两类词的差异更多在于 serufuesutei-mu 具有西方文化背景下的含义。在日本文化中，jisonshin 蕴含着 self-esteem 概念难以触及的涵义。

文化塑造着人们的思维方式，影响着人们的自尊构成。中国人还持有区别于西方人的辩证自我(dialectical self)的观念，即同时存在着对自我的积极和消极评价。以中国为代表的东亚文化具有整体思维方式，而西方文化中的个体往往持有分析思维方式(Nisbett et al.，2001)。辩证主义是整体思维的重要组成，持有辩证思维的个体能够接受相互矛盾的观点，由此形成辩证自我(张晓燕，高定国，傅华，2011)，这种辩证自我可能会导致中国人出现自我评价矛盾性(self-evaluative ambivalence，Spencer-Rodgers et al.，2004)。自我评价矛盾性指的是个体对自我积极性和自我消极性并存的认可程度。这一矛盾性不仅体现于自尊的外显层面，还体现于内隐层面(Boucher et al.，2009)，因此，中国人在内隐和外显层面均存在着辩证自尊(dialectical self-esteem)。

谦虚这一文化规范可能影响着我们的自尊。我国传统文化中往往强调自谦的重要价值，将虚怀若谷、谦恭自守作为修身处世之道，即使在现代社会人们仍然认为谦虚具有重要的个人和人际意义(胡金生，黄希庭，2009；Sedikides，Gaertner & Vevea，2005)。蔡华俭等(Cai et al.，2011)发现，谦虚与中国被试的外显自尊呈负相关，而与内隐自尊呈正相关，但与美国被试的内隐自尊相关不显著。他们认为，谦虚的规范在不同文化背景下可能具有不同内涵，在中国文化中谦虚规范实际上是一种自我提升策略，但在美国文化中则并非如此。谦虚或者自谦或许抑制了中国人的外在自我表达，但实质往往是内心骄傲的反映。

第三节　自我与动机

一般认为，人们的自我包括四方面的功能，分别为自我评价、自我提升、自我证实和自我呈现。其中，自我评价、自我提升和自我证实分别反映了人们寻求准确、积极和稳定的自我概念。自我呈现则涉及人们试图给别人留下好的印象，将在第四节中加以介绍。

一、自我评价

自我评价动机指人们寻求自我认识、准确对自我进行评估的愿望。准确性是自我评价动机的主要目的。

人们可以采用诊断性任务(Trope，1983)对自己做出评价。诊断性任务指在无须顾及颜面的情况下，那些能够清晰准确评价自己能力的任务。例如，如果一个大学生想要了解自己的英语口语的实际水平，与其与室友或朋友交流，不如与国外留学生直接对话。此时，能否与国外留学生流利对话就成为检验口语水平的诊断性作业。

SWOT 分析也可以用于人们的自我评价。SWOT 由四个英文单词的首字母组成，分别为 strength、weaknesses、opportunities 和 threats，指的是组织所具备的优势、劣势、机会和威胁。SWOT 分析被设计用于制定组织战略、分析竞争对手等目的。在职业选择中，人们

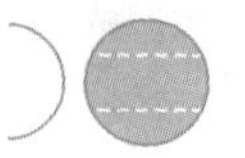

也可以通过这一方法分析自己的竞争优势与不足，寻找潜在的成长机会和威胁，从而实现对自己的全面了解。

二、自我提升

自我提升(self-enhancement)指人们维持、提升以及保护自尊或自我认识的愿望。人们倾向于保持积极的自我形象。因此，与自我评价以获得准确的自我概念不同，自我提升动机在于促使个体获得和维持积极的自我形象和自尊。

(一)自我服务偏向

在很多时候，人们按照对自我有利的方向为错误寻找原因，如将成功归因为自身，而将失败归之于环境，这一倾向被称为自我服务偏差(self-serving bias)。这种自我服务偏差在生活中是较为常见的现象。很多夫妻会因为家务劳动分配而发生矛盾，可能就是自我服务偏差的结果。研究发现，妻子对自己承担家务比例的估计，远远高出丈夫对她们的评估(Burros，1988)。

在能力方面，人们也会表现出自我服务倾向。当被问及你的能力与其他人相比是高还是低时，绝大部分的人都认为自己的能力要超出一般水平，这被称为超出平均水平效应(above-average effects)，即认为自己在所有方面都属于中上水平，而这是不符合统计规律的。人们有时候将这一效应称为沃比冈湖效应(Lake Wobegon effect)，意指人们相信自己优于其他人。这一效应来自 Garrison Keillor 的著名广播小说 *A Prairie Home Companion* 中虚构的一个小镇——在那个镇子里，所有的女人都很强壮，所有的男人都很好看，所有的孩子都中等水平以上。超出平均水平效应在生活中较为常见。邓宁等(Dunning，Meyerowiz & Holzberg，1989)调查了 100 万名高中生中后发现，超过 70%的学生认为自己的领导水平处于中上水平，60%的学生认为自己的运动能力处于中上水平，85%的学生认为自己的交往能力处于中上水平。在商业领域，90%的商业领导认为自己的业绩超过其他人，86%的商业领导认为自己更有道德(Myers，1993)。即使在高等教育领域，94%的大学教授会认为自己的工作成绩属于中上水平(Cross，1977)。不仅如此，邓宁和克鲁格(Dunning & Kruger，1999)发现，能力不高的人反而倾向于高估自己的实际能力，正如达尔文所说的，自信更经常来自无知而不见得是来自有知。他们调查了一群大学生，测试了他们的幽默、语法、逻辑等能力，随后要求他们对此进行自我评估。结果发现，那些成绩最差的学生对自我能力的认知偏差最大，成绩处于 12%等级的学生认为自己至少应该是 67%，与之相反，那些高能力的大学生反而会低估自己的能力。研究者将这种能力较低的人反而倾向于高估自己的能力，无法认知和正视自己的不足以及不足的极端程度的现象称为 Dunning 和 Kruger 效应。

在控制感方面，人们对自我的积极评价还表现为控制错觉(illusion of control)。控制错觉指的是人们夸大自己产生预期结果的能力。兰格(Langer，1975)早就发现，人们会愿意卖掉别人给的彩票，而不愿意卖掉自己挑选的彩票。人们相信自己挑选的彩票有更大的中彩可能。

在对未来的预期中，人们对自我的积极评价还表现为计划谬误(planning fallacy)现象。

计划谬误指的是人们对自己未来的计划往往过于乐观，低估完成任务所需的时间。悉尼歌剧院在1957年建设立项时预计在1963年完工，当时预算是700万美元，实际上歌剧院到1973年才正式完工，最终耗费1.02亿美元。1976年第21届奥运会在加拿大的蒙特利尔举行，1970年申报成功预计奥运会预算是1.2亿美元，事实上奥林匹克公园就耗资近10亿美元，一座体育馆的屋顶就花掉了1.2亿美元，最后导致10多亿美元的巨额亏空，这一事件被称为蒙特利尔陷阱。对大学生的研究也发现，学生往往会低估自己完成论文的时间(Buehler，Griffin & Ross，1994)。此外，大多数人都会高估自己的社会阶层在未来向上流动的可能性，表现出对未来的乐观预期(沈斌，2016)。

(二)自利归因

我们在现实生活中会发现一种现象，人们常常从好的方面来看待自己。当取得成功时人们常常归功于自己，而做了错事之后则怨天尤人，将其归因于外在因素，这就是俗话说的居功诿过，实际上也是一种归因偏差。研究发现，行动者往往存在这种偏差，但在观察者的归因中则不存在这一现象。约翰逊等(Johnson，Feigenbaum & Weiby，1964)检验了这个观点。他们邀请担任教育心理学课程的老师参与一项对九岁儿童讲授数学课的实验。研究中每名老师教两个孩子：在第一个学习阶段中，孩子A学得好，孩子B学得差；在第二个学习阶段中，孩子A依然学得很好。在第二个学习阶段中，部分教师教授的孩子B有了进步，变得和孩子A一样；部分教师教授的孩子B依旧学得差。在总结孩子B在两个阶段中的成绩时，进步型的学生B的教师将B的成绩提升归因于自己的教学，而持续低迷型的学生B的教师则认为是学生本人的特征决定了他们的成绩。这表明，人们确实存在着功过的归因的偏差。那么，这种将成功归于自己、将失败归因于环境的现象是否具有普遍性呢？一般来说，如果行动者是自主选择参与该活动、行动者高度参与这一活动且行动者的表现将被公开，此时容易出现这种归因偏差。

(三)自我评价维持模型

当别人的行为威胁到我们的自我形象时，我们如何维持积极的自我评价？自我评价维持模型(self-evaluation maintenance model)认为，人们的自我概念可能会因为别人的行为而受到威胁，威胁的程度取决于对方与我们的亲密程度，以及该行为与我们自我定义的相关程度(Tesser，1988)。

人们会通过两种机制维持积极的自尊：首先，在某项和我们自我定义无关的行为上，当他人的表现优于我们时，他人表现越好且与我们关系越密切对我们的自我评价越有利，这被称为反射效应(the reflection effect)。例如，生活中父母因为孩子的成功而骄傲就是一种典型的反射效应。西奥迪尼(Cialdini，1976)研究发现，人们常会利用或炫耀他们与成功人士的关系来提升他们的自尊。相反地，如果我们所认同的个体或群体遭受失败，我们则会毅然与其划分界线，以减少他们的失败给我们带来的耻辱。可能原因在于，人们的自尊通常会受到所认同的个体或群体的影响，通过突出与成功人士的关系可以强化人们的自我表达。西奥迪尼将这一印象管理策略称为利用他人的荣耀或沐浴在他人的光辉下(basking in the glory of others，BIRG)。其次，当他人表现比我们好，且该表现和我们的自我定义明显相关

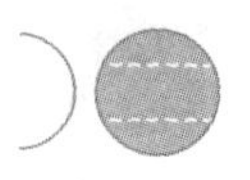

时便会威胁我们的自我评价，让我们产生忌妒与不舒服的感觉，这被称为比较效应（the comparison effect）。比较效应的一个表现是，有时候我们给予陌生人相对于朋友更多的帮助。特塞尔和史密斯（Tesser & Smith，1980）在研究中让被试玩单词游戏，实验设置让被试开始表现很差，随后让被试提供线索给朋友或者陌生人猜。自我相关性由"这一游戏和他们的智商与领导能力紧密相关"加以操纵，他们可以提供简单或复杂的线索给朋友或者陌生人。结果发现，当被告知这一游戏与个体的智商和领导能力紧密相关时，被试给予朋友的帮助要少于陌生人，但被告知该游戏与其智商和领导能力无关时，人们给予朋友的帮助会多于陌生人。

自我评价维持模型认为，当社会比较导致自我概念遭受威胁时，人们会采取三种策略以维持积极的自我评价：首先，改变与他人行为的差距，人们通过努力让自己的能力赶上或超过他人。其次，疏远对方。特塞尔（Tesser，1980）对当代科学家进行的档案分析发现，兄弟隔阂尤其容易发生在年龄相近的兄弟身上。最后，改变自我定义中与某项表现的关联性。比奇和特塞尔（Beach & Tesser，1995）发现，在亲密关系中，一方表现出色的领域往往是另一方所不看重的。

（四）自我肯定理论

有时候，我们的积极自我评价会受到较大的威胁。当你以自己的出色人际交往技能而自豪的时候，偶然间听闻说你拙于此道，你的自尊可能深受打击。当积极的自我评价受到威胁时，我们会通过一系列的认知策略和行为恢复自我价值感。自我肯定理论（self-affirmation theory，Steele，1988）认为，如果人们的自尊受到威胁，则会激活人们的自我彰显需求，人们经由肯定自己的一些无关特征以缓冲自我价值的威胁，这一倾向在自尊较高的人中更为明显。自我肯定理论认为，个体都有维持自我完整性（self-integrity）的需要或动机，自我完整性指自我在整体上是适应性的或良好的。当自我完整性受到威胁时，人们通过肯定与威胁无关的重要自我以修复自我完整性。例如，一个成绩差的学生可以通过人缘好自我开解。研究发现，人们在道德方面进行自我肯定能够有效缓冲自我衰竭（吕锦程，2016）

三、自我证实

自我证实（self-verification）指人们期望获得一致性的自我评价的愿望。例如，对于一个学习成绩不好的学生，你告诉他非常聪明，他会如何回应你的评价？自我提升观点认为，人们会采取各种策略以维持积极的自我评价。因此，这个学习成绩差的学生可能会笑纳你的评价。但是也存在着另外一种可能性，这个学生清楚知道自己的学习成绩不好，而你对他的夸奖违背了他的自我概念，他很可能会认为你是在信口雌黄，是一个不可信的人。

自我证实理论（self-verification theory）认为，人们存在着一致性自我的需要。人们相信自己拥有一些内在特征，这些特征不会随着情境和时间而发生改变（Swann，1983）。一个经常变化的自我往往让个体无法有效预测自己未来的行为。因此，人们倾向于寻求和解释那些可以证实自我概念的情境，并避免或拒绝与已有自我概念不一致的情境或反馈信息。自我证实理论还认为，无论人们的自我概念是正面的还是负面的，人们都有证实其自我概念的需求。研究发现,在衣着打扮上,人们会选择那些能够说明他们是谁的标记和符号(Swann,1983)。斯沃和瑞德(Swann & Read,1981)在研究中,向大学生被试呈现其他学生对他们的评价,并让他们以为这些评价与他们的自我评价是一致的或不一致的。随后,给他们机会阅读这些评价,结果发现,大学生阅读对自己的一致性评价的时间要长于不一致性评价,即使这些一致性评价是消极的。

当获得不一致的评价时,这种不一致的评价可能会对个体造成不必要的伤害。Brown & McGill(1989)发现,积极生活事件提升了自尊较高的人的身心健康,但却有损于自尊较低的人。对于那些期待生活充满艰辛的人而言,积极生活事件反而会困扰他们(Swann & Brown,1990)。Brown & McGill(1989)由此提出了积极生活事件的健康后果的认同破坏模型(identity disruption model),认为低自尊的人在遇到积极生活事件时可能会变得更为不健康。对于高自尊的人来说,积极生活事件只是验证了他们已有的积极自我观点。但是,积极生活事件反而会破坏低自尊的人的自我感(sense of self)。低自尊的人为了缓解认同破坏威胁所引发的焦虑,反而倾向于从事风险性健康行为。他们还可能需要花费额外资源以应对这些积极生活事件,导致他们丧失对生活的控制感,由此导致疾病的产生。

Shimizu & Pelham(2004)系统探讨了积极生活事件与不同自尊个体的身体健康恶的关系。其中,身体健康状况以被试在过去四周内看望医生的次数作为指标。结果发现,对于一致性低自尊(低外显自尊、低内隐自尊)和防御型高自尊的个体,积极生活事件对他们的身体健康反而是破坏性的,经历的积极事件越多,则身体健康状况越差,低内隐自尊对身体健康的消极效应要强于高外显自尊的压力缓冲效应。这意味着,积极生活事件可能违背了低内隐自尊个体的无意识自我期望,这一认同破坏在无意识层面对个体身体健康产生了消极影响。

第四节　自我呈现

一、自我呈现

(一)自我呈现的定义

自我呈现(self-presentation)或印象管理(impression management)指人们引导他人按照我们所期待的特定方式看待我们。戈夫曼(Goffman,1959)在《日常生活中的自我表演》提出戏剧论(dramaturgy),认为"人的社会交往就像是戏剧舞台,每个人都在扮演角色,演出一定的节目"。莎士比亚也说过:"整个世界就是一个舞台,所有的男人、女人都只是演员,他们有自己的出场和入场方式。一个人在他的一生中扮演了很多角色。"

亚历山大(Alexander,1975)提出的情境化认同(situated identity)理论认为,在不同社会情境或人际背景中都存在着合适的行为模式,人们需要按照这一行为期待去行事。按照既定期望行事的过程实质上就是印象管理。在图书馆里学习的学生如果肆意大笑,无疑会遭到认真学习的同学的鄙视和谴责。因此,印象管理有时候也是个体素质和品格的标记。

人们通过自我呈现以影响他人对自己的印象，从而实现特定的目的。一个学生上课时认真听讲，有时候可能是期望以此留给老师良好的印象，借此获得好的分数。一个艺术家可能通过新奇的装扮以凸显其独特气质，以此赢得他人对其作品的赞赏。而一个乞丐如果身着华服必定遭人厌弃，但如果衣衫褴褛，才有可能赢得人们的同情。

印象管理在生活中具有十分重要的作用。首先，印象管理能够促进社会交往。对于别人赠送我们的生日礼物，我们应该当面表示感谢，尽管我们可能并不喜欢这个礼物。其次，印象管理帮助我们获得物质或社会收益。例如，一些策略性的自我呈现（strategic self-presentation）如讨好可以帮助人们在组织情境中获得物质奖励和职位晋升（Jones，1990）。此外，印象管理有时候被作为自我象征性（self-symbolizing）的策略。一些青少年故意穿着上有破洞的牛仔裤，通过这一特定的服饰以彰显自我。炫耀性消费如奢侈品的购买行为有时候也会被视为一种自我象征性策略，这一行为本身具有标记社会地位的信号意义。

（二）印象管理的策略

在使用印象管理策略的过程中，人们会考虑两方面的因素。首先，交往对象影响人们的印象管理。有时候人们期望与别人一致，有时候人们却期望凸显自己，而与别人有所区别。在印象管理过程中，交往对象的特征会影响着人们是寻求一致性还是寻求彼此间的差异性。其次，交往情境影响人们的印象管理。依据上述情境化认同理论，在特定情境中存在着特定的行为模式。人们在不同情境中需要选择合适的印象管理策略，正如俗话所说，到什么山唱什么歌，见什么人说什么话。

研究者（例如，Jones，1990；Jones & Pittman，1982；Brown，1998）对印象管理策略进行了概括（见表 5-2）。人们常用的印象管理策略可以分为七类，每一类策略反映出人们特定的印象寻求动机，有着其特定的代表性行为，但这些策略使用不当时还会给人们带来潜在的危害。例如，讨好策略是最为常见的印象管理策略。在使用这一策略时，人们会使用赞美或恭维、支持他人观点等方法，以让他人喜欢自己。在使用讨好策略时，讨好者也会面临着道德困境，讨好过度可能会适得其反，会让人怀疑诚意，甚至让人觉得另有所图。

表 5-2　常见印象管理策略

印象管理策略	印象寻求动机	代表性行为	潜在危害
讨好（ingratiation）	可爱	赞美、支持	不真实、欺骗
自我提升/门面修饰（self-promotion）	高能力	吹嘘、炫耀	自以为是、欺骗
威胁（intimidation）	强大、无情	威胁	被回骂、无效
榜样化（exemplification）	良知、道德感	自我否认	伪善、假装神圣
哀求（supplication）	无助	自我贬低	操纵性的、苛求的
谦虚（modesty）	喜爱、尊重	低估自己的成就	缺乏自信
沙袋术（sandbagging）	满足感	假装没有能力	欺骗

人们在使用印象管理策略时，有时候会同时采用多种策略。为了赢得他人的好感，人们在通过讨好以抬举别人的同时，还有可能会使用谦逊策略暗示自己技不如人。对于特定的策略，人们还会针对具体情境灵活采用各种方法和技巧。例如，在讨好策略中，人们可以采用意见遵从的方式，在一致的意见中故意夹杂不一致的意见，或者通过节节退让的方式以达到讨好的目的；也可以通过第三方去抬举他人，使得赞美之词显得可信。

印象管理策略的使用存在着个体差异。有些人非常在乎自己留给别人的印象，有些人则深陷于自己的个人世界中。因此，自我监控(self-monitoring)可能影响着人们进行印象管理的意愿和能力。自我监控指个体根据外部情境调整自己行为的能力(Snyder，1974)。施耐德等(Snyder & Gangestad，1986；Snyder，1987)编制了自我监控量表以测量人们对自我控制倾向。施耐德(Snyder，1987)认为，高自我监控的人具有较高的情境敏感性和情绪、行为控制能力，他们在新的环境中能够很快掌握那些恰当的行为方式，并能够根据情境灵活地调整自己的行为。

二、自我妨碍

琼斯和伯格拉斯(Jones & Berglas，1978)最早使用自我妨碍(self-handicapping)这一术语描述当个体面临自我威胁时的自尊维持机制，将自我妨碍定义为“个体在操作情境中采取的各种行为或决策，以增加将失败的原因外化或者将成功的原因内化的可能性”。人的自我概念的形成和发展往往与其成败体验紧密相关，成功或者失败会提高或者降低个体的自信心和自我效能感，并引发积极或者消极情绪。个体可能会采取一些策略来规避失败对自己的消极影响，以维护积极的自我概念。自我妨碍是个体主动设置障碍阻挠自己获得成功以维持积极的自我形象，往往与人们害怕失败紧密相关，自我妨碍有时候被视为面向危机的印象管理策略。

人们采用自我妨碍并不是少见或者新近的现象，著名精神分析学家阿德勒在1929年就注意到一些病人会采用自我欺骗策略。自我妨碍在日常生活中也随处可见。例如，学生在期末考试前彻夜狂欢，从而为自己的考试失败预先寻找到借口，即自己是因为疲劳而不是缺乏能力导致考试失败。满足人们自我妨碍功能的行为十分多样化，包括拖延、故意减少努力或练习、疾病、害羞、滥用药物或者酗酒、有意减少睡眠、过多的社交活动等。依据人们能否对行为进行控制，可以将自我妨碍分为行动式和自陈式两类。其中，行动式自我妨碍是指个体所能控制的对评价性情境不利的行为或事件如酗酒、吃药、减少努力、设立过高的目标等，而自陈式自我妨碍指的是个体为可能的失败寻找的一系列不可控的借口，例如个体声称的焦虑、创伤性生活事件、疾病等(Leary & Shepperd，1986)。也有研究者将自我妨碍细分为特质性自我妨碍和情境性自我妨碍，特质性自我妨碍者更经常性地、在不同情境中进行自我妨碍，而情境性自我妨碍者倾向于在特定情境中进行自我妨碍(Rhodewalt & Davison，1986)。

自我妨碍策略被视为印象管理策略。人们通过设置自我妨碍，表明自己并不缺乏某种有价值的品质或特性以保护自我概念，实质上是一种防御性归因。伯格拉斯和琼斯(Berglas & Jones，1978)最早揭示了人们在自己前进的道路上设置障碍的倾向。他们让被试参加一项关于药物对作业成绩影响的实验。研究者告诉被试药片A可能会降低智力测验中的成绩，药片 B 可能会提高智力测验中的成绩。在被试服药之前先让他们完成智力测验任务，研究者通过操纵使得一组被试在智力测验中都有较好的表现，并给予良好成绩的反馈。这组被试因为良好反馈对自己充满了信心，认为有足够的能力回答之后的测验中的问题。对于另一组被试的智力测验题目，研究者故意将题干设计得很模糊，也没有正确答案，可以从不同角度对问题进行回答。这组被试也收到了良好成绩的反馈（实际上反馈与他们的作答无关），但他们显然不知道为什么会取得良好成绩。接受反馈后，研究者告知被试随后会再进行一次智力测验，测验前被试可以自己选择服用哪种药物。正如研究者所预料，那些无法将测验成绩归因于自己能力的被试倾向于选择药片 A，尽管他们知道服用这种药片会干扰他们在随后测验中的成绩。显然，他们对取得成功的基础存在着疑虑，于是选择药片 A 作为一个障碍，这样未来可能出现的失败也就会被归因于这个外在对象，而不是由他们的能力所致。

自我妨碍对个体而言是一柄双刃剑。一方面，自我妨碍有助于保护人们的自尊。自我妨碍有助于个体在经历失败后，仍然能够保持在这一领域积极的自我概念（McCrea & Hirt，2001）。自我妨碍减缓了个体对自我评价的关注，使得个体能够集中心力于当前任务中，从而提高个体的绩效（Snyder & Higgins，1988）。另一方面，如果人们长期使用自我妨碍策略，可能对个体成长造成不利影响。某些自我妨碍策略如酗酒会消耗人们的体力和精力，减弱了人们实现长远目标所需的意志性和坚持性。自我妨碍可能会导致人们的自我欺骗。施耐德和希金斯（Snyder & Higgins，1988）发现，自我妨碍者难以认识到他们寻找理由的真正原因，随着时间的推移，他们会执着于自我妨碍。自我妨碍会给个体带来心理压力，随着时间的推移会导致人们的身心适应不良，降低人们的幸福感（Zuckerman & Tsai，2005）。人们设置在自己前进道路上的障碍时，也减少了取得长期成功的可能性。因此，在关注自我妨碍可能带来的益处时，更需要注意长期的或者极端形式的自我妨碍确实具有伤害自我的可能性（Feick & Rhodewalt，1997）。

本章习题

一、简答题

1. 简述恐惧管理理论对自尊的看法。
2. 简述内隐自尊与外显自尊的区别。
3. 简述内隐联结任务。
4. 简述自尊如何影响着人们的社会认知过程。
5. 当他人的行为威胁到人们的自我形象时，人们如何维持积极的自我评价？

二、论述题

1. 参照伦奇和赫夫尼的研究发现描述你自己。

2. 试述双重态度模型。

三、思考题

1. 人的自我知识的来源有哪些?

2. 人们的自我概念和自尊受到文化的影响很大。试述集体主义与个人主义文化中的个体的自尊有什么区别。

3. 自我提升动机与自我证实动机的关系如何?

4. 一般认为,面子在中国人的生活中发挥着重要作用。试述面子心理如何影响着人们的印象管理。

在线测试

本章参考文献

态　度

随着一个人的成长和成熟，接触的社会事物越来越多、越来越复杂，他逐渐形成了对事物的看法、观点和态度。在社会心理学中，态度的研究是一个最古老、最重要的领域。早在1937年，墨菲(G. Murphy)和纽科姆(T. M. Newcomb)就写道："在社会心理学的全部领域中，也许没有一个概念占据的位置能比态度更接近中心的了。"麦圭尔(McGuire，1969)在总结该领域的研究时说道："这一课题……似乎具有巨大的内在魅力，以至于我们期望将来的研究会一如既往并达到更高的水平。"

第一节　态度概述

一、态度的定义

态度(attitude)是个体对特定的人、事物、观念等所持有的稳定的心理倾向，由认知(cognitive)、情感(affective)和行为倾向(behavioral tendency)三个成分组成。

其中，认知成分也被称为认识成分、信念成分，指的是个体对特定对象的心理印象。认知成分主要涉及态度对象的知识性的或信息性的内容，因此是人们知觉和判断时的重要参考，也是态度其余部分的基础。态度的认知成分并不等同于事实本身。态度的认知成分不能脱离个人情感或主观评价而存在，总是带有评估的意义。

情感成分指的是个体对特定对象的评价，如喜欢或厌恶。态度的情感成分具有方向性，包括正性情感和负性情感。正性情感包括尊重、喜欢、同情、爱等，而负性情感包括轻视、害怕、反感、仇恨等。态度的情感成分还具有强弱之分。我们常用好或坏、喜欢或讨厌等表明态度评价，例如，这首歌很好听、我比较喜欢用植物牙膏等。

行为倾向成分指的是个体预先具有的心理状态或定势，是在一定的社会情境中个体对态度目标将要采取行动的心理准备状态。因此，态度具有准备行动的性质，会影响到个体对这个态度目标将要采取的行动。

态度的三个成分是互相依赖、协调一致的。人们对周围事物的知觉会影响到对它们的情感体验，从而产生某种行为倾向。例如，画质是选购液晶电视的重要指标，有人了解到某品牌电视机具有画面清晰的特点（认知），这会使得他对该品牌的液晶电视产生好感（情感），买液晶电视时会倾向于购买该品牌（行为倾向）。此外，情感成分是态度的关键。一方面，如前所述，认知是产生情感的基础，但情感也能影响认知。例如，人们往往看不到自己所爱之人的缺点与不足。另一方面，情感常能催生行为倾向，行为倾向反过来也会影响个体的情感评价。如果你的好友是追星族，当你和好友谈论她的偶像时会倾向于沟通一些积极的信息，假以时日你对该偶像的评价也会变得更为积极（Higgins & Rholes，1978）。非人化（dehumanization）是奴隶贸易、种族灭绝、侵略战争等暴行发生前必经的心理准备，也是常见的宣传动员手段。为了消除对他人施暴前的内疚或罪恶感，施害者会贬低目标对象，将他们视为比自己低等的人甚至禽兽。“非我族类、其心必异”“戎狄豺狼不可厌也”之类的说法就反映了这一现象。

随着人们对于无意识在心理过程中的作用的关注，研究者将态度区分为外显态度（explicit attitudes）和内隐态度（implicit attitudes）。其中，外显态度指的是人们可意识到的且能够表达的态度，通常可由问卷测量得知。而内隐态度指的是非自主、不可控制且有时是下意识的态度，主要根源于幼年时期的经验。格林沃尔德等（Greenwald，McGhee & Schwartz，1998）曾说过：“有些态度是可以公开的；有些态度不能公开，只能对好朋友说；有些态度对好朋友也不能说，只能自己知道；还有一些态度，自己也不知道，只是存在于潜意识之中。”有时候，人们的外显态度和内隐态度可能不一致。例如，某人儿时体重过重，成年后体重正常，则可能对过重者持有积极的内隐态度，但外显态度却偏向消极。

二、态度的特性

（一）社会性

态度是人们在社会生活中积累一定的经验、经过一定的体验而形成和发展的，因此具有社会性。新生儿对外界事物不存在任何态度，在社会环境的影响下，随着个人意识的出现以及生活经验的积累才逐步形成与发展其态度。换言之，态度反映了个人在日常活动中逐步建立的主体与客体的关系，是个人对自己与他人、外界环境等关系所持有的内在心理状态。

（二）对象性

根据定义，态度是个体对特定的人、事物或观念的稳定的心理倾向。态度通常是针对某件事、某个人或某一观点而言的，单一的评价词如勇敢、美丽、善良等不是态度，只有当这些评价词与具体的人、事物或观念相联系时才是态度。例如，“解放军战士真勇敢”表达了对我军战士的积极态度。

（三）协调性

态度由认知、情感和行为倾向三种成分所组成。就具体的态度而言，以上三种态度成分是互相结合、协调一致的。如果三者不协调，就不能称为稳定的心理倾向，而是处于变动状

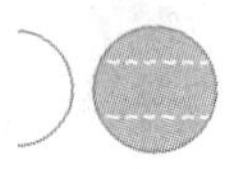

态下的心理倾向，还没有发展为态度。

(四)稳定性

情感成分是态度的核心，而改变一个人的情感较为困难，因此情感成分使得态度变得稳定和持久。尽管有些信息否定了我们的态度，我们往往还会坚持既有的心理倾向。例如，对于部分烟民来说，吸烟让人有提神解乏的感觉，是有效的解压和放松方式，与舒适感、满足感联系在一起，即使知道吸烟危害健康、浪费金钱，有些人还是会继续吸烟，相信吸烟利多弊少，对吸烟继续持有积极的态度。

三、态度与价值观的关系

价值观是与态度紧密相关的心理变量。态度是个体对某个特定事物的评价，而价值观是个体对周围客观事物重要性的总体评价，是对超越特定情境的重要生活目标的持久信念(Rokeach，1973)，对个人生活所坚持的原则起着指导作用。例如，和平主义(pacifism)价值观反对一切形式的战争或暴力，主张用温和的手段来解决人与人之间的冲突和对抗，拒绝使用暴力来达到政治、经济或社会目标。和平主义者——如圣雄甘地和马丁·路德·金——在处理国际争端和解决国内矛盾时坚持使用非暴力的手段来达到目的，即使遭到暴力镇压也不改初衷。

不同的价值观会让人对同一问题形成不同的态度。例如，重视自主性的人会支持妇女拥有堕胎权，而坚信生命至上的人会反对堕胎；功利主义者(utilitarianism)认为如果能够增加总体幸福，个人牺牲是正当的，但信奉道义论(deontology)的人则认为这在道德上是不可接受的；崇尚自由主义价值观的美国人对政府提供医保充满疑虑，这种疑虑是生活在集体主义文化中的人所无法理解的。在日常生活中，这类价值观冲突的例子不胜枚举。

价值观会通过态度间接地影响行为。那些重视健康或环保的人喜欢水果、蔬菜和其他有机食品，而比较重视便利、不怎么关心健康和环保的人喜欢即食食品，他们的态度也会反映在他们的购买行为中，那些倾向于购买即食食品的人可能会认为有机食品太贵，不值得购买(Hauser，Nussbeck & Jonas，2013)。以生物为中心或以人类为中心(biocentric/anthropocentric)的价值取向可以预测对荒地保护的态度，进而影响投票赞成荒地保护的行为意向(Vaske & Donnelly，1999)。

但是，价值观并非对所有态度都有决定性的影响。例如，不喜欢某品牌服装的态度可能是由价值观(如抵制皮草)所决定的，也可能和价值观无关(如丑陋的设计)。那些主要受长期价值观的影响而形成的态度被称为象征性态度(symbolic attitude)。象征性态度的对象不被简单地看作对象本身，而是象征其他意义的符号。例如，有些人追捧奢侈品，并不是喜欢其材质、工艺或用料，而是将其视为上流社会身份地位的象征。象征性态度易受到群体成员身份的影响，常带有强烈的情感因素，有时会引发非理性行为。例如，消费者在日常消费中基于民族情感而抵制他国商品。如作为对日本政府加强出口管制的回应，韩国民众发起了抵制日货运动，日系车在韩销量因此急剧下降。与象征性态度相对的是工具性态度(instrumental attitude)，其对象只代表自身，而不具有象征性符号的意义。例如，一个游戏玩家对某款手机游戏的喜爱可以完全建立在它的娱乐性上，它只是为玩家带来快乐的工具。有些人选择咖啡豆只是在乎口感好坏，并不关心它是不是“公平交易咖啡豆”，前者考虑的是其功能或给自己带来的好处（工具性态度），而后者考虑的是劳工权利（象征性态度）。

四、态度的功能

政府部门、企事业单位常常花费大量的时间、财力和物力调查和测量居民、员工和消费者等人的态度。这是因为态度会影响其他一些重要的心理过程乃至行为，例如对模糊社会刺激的知觉和解释，对新信息的学习、保持和接受，甚至会倾向性地影响人们的社会判断和决策等。卡茨（Katz，1960）总结并提出了态度的四种心理功能，即工具功能、自我防卫功能、价值表达功能和知识功能。这些功能与个体当前的需要有着密切的关系，有助于个体更好地适应环境。

（一）工具功能

工具功能（utilitarian function）又被称为功利性功能或调节功能。根据学习理论，人们为了从环境中获得奖励和避免惩罚而行动。态度具有工具性功能，它是帮助人们获得快乐、避免痛苦、实现效用最大化的一种手段或工具。满足个人需求的欲望是这类态度的基础。例如，一个人喜欢宝马汽车是因为其动力十足、驾驶体验好，他关注的就是车作为工具的实用性，因为宝马汽车能满足他的需求所以他喜欢。类似地，对于能产生对我们有利结果的人或事，我们就会喜欢；而对会导致痛苦、挫折等对我们不利结果的人或事，我们就会厌恶。而喜欢和厌恶的态度会让我们趋近对我们有利的对象、疏远对我们不利的对象，从而使我们能继续获得良好结果和避免不良结果。因此，这种态度是工具性的，用于调节我们和周围环境的关系。此外，如果一个人为了赢得周围人的喜欢、尊敬和支持而表达某种态度，这种态度也发挥着调节功能，使人能够更好地适应环境。例如，一个人喜欢宝马汽车是因为这辆车能让他获得生意伙伴的认可，那么这种态度就发挥着社会调节功能。

（二）自我防卫功能

态度具有自我防卫功能（ego-defensive function），能够让人们免于承认自我或外部世界的令人不快的真相。根据精神分析流派的观点，当个体的自我受到威胁时会启动自我保护机制，通过扭曲现实来达到心理平衡。自我防卫的态度就是发挥了这种功能来维持自尊和保护自我形象。研究发现，非素食者会贬低素食者的外表（如瘦弱、脸色苍白等）或心理社会特质（如自以为是、令人讨厌等），以此来应对想象中的道德责备，维护其道德自我形象（Minson & Monin，2012）。但更多时候，个体是为了解决内部冲突——而且往往是有利于自己的解决——而产生自我防卫的态度。例如，某个球队的球迷在面对喜爱的球队的败绩时，为了维护已有立场和减轻失调感，会通过质疑裁判不公正、赛事安排不合理等来否认和扭曲现实，以消除心理上的不适感。

（三）价值表达功能

态度具有价值表达功能（value-expressive function），能够帮助人们表达自身重要价值

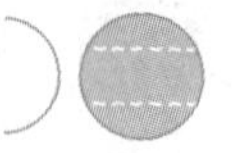

观和自我概念的核心方面。与人本主义流派的观点一致，态度的表达功能假设人类有积极表达核心价值的需要。人们会通过在一些问题上的立场来表达他们的核心价值，强化他们对自己的认同。例如，某个人有强烈的意愿购买电动汽车，因为这表达了他的环保价值观，强化了他作为环保主义者的自我概念。与此类似，当消费者基于自我概念或核心价值观来看待产品或服务时，态度就发挥了价值表达的作用。通过采取一定的态度，我们将自己的价值观转化为更具体、更容易表达的东西，对外展示了我们是怎样的人和我们主张什么。但只有重要的、与我们自我概念紧密相关的态度才具有这种表达功能。在一项研究中，研究者事先测量了被试对某人权组织的态度的核心性(centrality)。在正式实验时，研究者操纵了被试的自尊水平。根据自我肯定理论(self-affirmation theory)，个体可以通过表达重要的价值观来修复受到威胁的自尊。因此，在被试的自尊受到威胁后，研究者给予被试机会向该人权组织捐款。结果发现，只有对这个人权组织的态度处于核心地位的人才能通过表达对这个组织的态度(捐款)来修复他们的自尊，而对人权组织的态度与自身价值观联系不紧密的被试则无法通过捐款来自我肯定(Smeets & Holland，2002)。

(四)知识功能

态度具有知识功能(knowledge function)，能够帮助人们构建有意义的世界。受认知心理学的启发，卡茨(1960)指出，人们居住的世界是极其复杂的，态度有可能发挥了帮助人们理解这个世界的作用。人们常常从网络、电视、报纸等媒介得到知识，并把这些零碎的知识汇集成整体。在汇集事实、经验以及观察、推理、思考的过程中，态度为此提供了结构，使这些知识变得有意义、有倾向性和连贯性，并按照是否符合既有的信念和情感，将它们分门别类、归纳为抽象的范畴，并且在范畴的关系中概括出对我们有用的普遍规律。基于此我们就大体上理解了周围的世界，能够恰当地处理日后可能遇到的态度对象，达到了行动的准备就绪状态。例如，不熟悉核能的人可能会形成一种态度，认为核能是危险的，不应该被当作能源；或者有时在不了解一个人的情况下，我们可能会用刻板印象来判断一个人。这些态度使人们能够预测可能发生的事情，从而给人以控制感。

任何特定的态度都可能具有一个或多个功能。某个态度最重要的功能需要根据持有态度的主体和发挥作用的情境来确定。因此，表面上相同的态度可能发挥了不同的功能。赫利克(Herek，1987)通过分析自己对同性恋的态度的描述短文，归纳总结出三种态度的功能：经验—图式性的(experiential-schematic)、防御性的(defensive)和自我表达性的(self-expressive)，对应了卡茨(1960)提出的工具功能、自我防卫功能和价值表达功能。假定有一个人对同性恋持有负面态度。如果这个人是因为曾经遭遇过同性恋者的骚扰，而对所有同性恋者抱有敌意，那么其对同性恋的消极态度主要发挥的就是趋利避害的工具性功能，类似于“一朝被蛇咬、十年怕井绳”，属于条件反射的泛化。如果这个人是为了将不被接受的对同性的欲望有意识地从头脑中驱除出去，故意采取与之相反的态度，表现为对同性恋者的敌意，这属于反向形成(reaction formation)的自我防御机制。如果这个人出于宗教、信仰等方面的原因反对同性恋，这种态度只是表达了与信仰相关的价值观。同样是对同性恋者持有负面态度，但因为持有者不同，这种态度就发挥了不同的功能。因此，在试图改变他人的态度前，我们有必要先厘清其态度所起的作用、所满足的需求是什么。

五、态度与行为的一致性

态度的行为倾向成分会引发和决定行为，积极的态度引发积极的行为反应，消极的态度引发消极的行为反应，态度在一定程度上可以有效地预测人的行为。

但一些研究发现，态度和行为之间并不存在着必然关联。例如，理查德·拉皮耶(Richard Lapiere，1934)开展了一项经典研究。当时美国社会的反华气氛高涨，拉皮耶想知道这种态度能否预测行为，就带着一对中国夫妇进行了一次跨越全美的自驾游，结果发现，他们到访过的66家旅店和184家饭店中只有一家旅店拒绝接待中国人，他还观察到40%的饭店给予他们的待遇是超越平均水平的。旅行结束后，拉皮耶又给这些旅店和饭店寄了一封信，询问他们是否愿意接待中国人，最后收到128位经营者的回复，92%的人回复不会接待，但实际上他们每一家都接待过拉皮耶的中国朋友。除此之外，过往研究还发现，人们对缺勤、作弊、参与民权运动、母乳喂养等的态度和实际行为之间关联很小甚至没有关联(Wicker，1969)，在日常生活中人们还表现出道德伪善，知行不一(吴林芝，2016)。这些实证研究结果险些动摇了态度作为社会心理学核心概念之一的地位。

尽管如此，大部分研究者还是认为态度可以预测行为，但这种态度—行为的关系受到其他因素的影响。个体的个性特征会影响态度—行为的一致性。例如，对考试作弊行为有重要影响的并不完全是对诚实的态度，还有想要获得好成绩的动机。不仅如此，影响态度能否准确预测行为的还有匿名性、社会规范、行为的可选择性、态度和行为的特异性水平等情境因素。例如，对劳动的积极态度不一定能预测疏通下水道这个行为，因为态度和行为的特异性(或具体性)水平不一致；身处极端保守的社会中的个体即使内心是理解和同情同性恋人群的，但为了不被群体孤立，可能不会做出任何支持他们的行为。

态度本身的某些属性也可能影响态度—行为的一致性。这些因素包括：(1)态度的强度，态度越强烈和明确，态度与行为的联系就会越紧密，一致性程度就越高；(2)态度的稳定性，态度可能随时间而改变，态度测量和行为观测的时间间隔越长，两者相关性可能越低，稳定的态度受时间因素的影响较小；(3)态度的具体性，态度越具体，与实际行为的相关性越高；(4)态度的重要性，在许多态度与行为有关情况下，起决定作用的是其中最突出的态度。此外，个体对态度的自我觉察也与态度与行为一致性有关。法奇奥等(Fazio et al.，1982)提出了态度的易接近性(attitude accessibility)概念，认为那些强烈的、具体的、重要的或自我觉察的态度，对个体来说会具有较高程度的易接近性，往往与个体的行为紧密联系。

菲什拜因(Fishbein，1967)认为，与其说是态度，不如说是三个因素共同决定了实际的行为，即对行为的态度(对行为结果的认识以及价值的估计)、规范性信念(对规范的认识)以及遵守规范的动机水平，其他因素只能通过这三个因素来间接地影响行为。他和艾森(Ajzen，1975，1980)随后将这一观点发展为理性行为理论(theory of reasoned action)。这一理论关注基于认知的态度形成过程，假设人们在做出某一行为前会综合各种信息来考虑这一行为的意义和后果。该理论认为，个体的行为是由行为意向(behavioral intention，个人对做出某一特定行为的意愿)决定的，而行为意向又是由指向某行为的态度和行为的主观规范(subjective norm，包括对规范的认识和遵守规范的动机)决定的。考虑到人的行为并不是

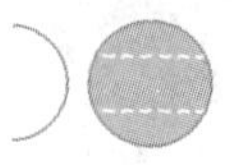

靠个人意志完全可控的，其还受到个人能力、机会、资源等实际条件的制约，艾森（Ajzen，1985，1991）对理性行为理论进行了扩充，增加了一个行为意图的影响因素——行为控制知觉，提出了计划行为理论（theory of planned behavior，TPB）。其中，行为控制知觉（perceived behavioral control）与自我效能感这一概念类似，指的是个人预计在采取某一特定行为时自己感受到的可控程度，个人认为自己掌握的资源、技能或机会越多，可能面临的阻碍越少，则感知到的行为的可控性越强。

计划行为理论（TPB）认为，对行为的态度、行为的主观规范和行为控制知觉是决定行为意向的三个主要因素，对行为的态度越积极、重要他人对行为越支持、感知到对行为的控制力越强，则行为意图就越高，越容易转化成实际行为。例如，对吸烟的后果以及对这些后果的评价（对行为的态度）、重要他人（如妻子、孩子）对吸烟的赞成程度以及顺从他们期望的动机水平（行为的主观规范）、对自己的自控力的评价以及戒烟过程中会遇到的困难的估计等（行为的控制知觉）都会影响一个人戒烟的意图，进而影响一个人是否采取戒烟的实际行动。

第二节　态度的形成和发展

一、态度形成的条件

态度是个人活动的主观结果。与社会性需要或社会动机一样，态度是人们在共同活动中，通过个人与环境、他人或群体之间互相作用后形成的。态度的形成以社会性需要为基础，以满足人的需要或动机的活动情境或外界情境为前提条件。

态度是在满足个人的社会性需要的基础上产生的。当个人出现某一社会性需要时，如果在活动中遇到与之有关的特定对象，则会对此对象产生一定的态度。如果某一事物能满足个人的需要，并能消除由内驱力（或冲动）而引起的紧张状态，人们便会对它形成积极的态度；反之，对那些不能满足需要、会增强个人的紧张状态的对象，人们会形成消极的态度。因此，态度以需要和动机的存在为前提。如果个体从未接触过某一事物，也从未对其采取过行动，则不可能对其形成稳定的心理倾向。

每个人从出生到死亡，都生活在一定的社会环境之中。个人会产生何种需要、这种需要能否得到满足、在多大程度上得到满足无不受到外界环境中各种因素的影响和制约。社会环境通过规范的约束、思想的传播、习俗的教化和文化的熏陶等方式影响态度的形成。例如，家庭教养方式、家庭成员之间的关系对于个体态度的形成及发展具有重大且深远的影响。从小生活在充满冲突和敌意的家庭氛围中的孩子，难以形成良好的人际互动态度，缺乏与人相处和合作的能力。一般来说，家庭出身、过往经历、生活环境等社会背景不同的个体，往往会形成不同的态度。

二、态度形成的途径

态度由认知、情感和行为倾向三个成分组成，同时，态度的形成也可以基于认知学习、情绪或情感体验以及行为反应三种途径。

(一)基于认知的态度形成

我们对于某个对象的态度有时候是基于对其性质的认识而形成的，例如，对某款汽车的态度可能是基于性能、油耗、安全性等客观价值。态度的预期—价值模型(expectancy-value model)将人视为理性的、主动的评价者，认为态度是由关于态度客体属性的各种预期以及对态度客体属性的评价(价值)所决定的。人们在形成态度时力图扩大主观效用，而主观效用是某属性的价值和对该属性的预期的汇总。例如，你计划买一辆汽车，正在考虑要不要购买新能源汽车，可以肯定的是(高预期)新能源汽车节能减排(高正价值)，但是续航里程比较短，有可能(低预期)开到一半没电了，不过短距离通勤使用的话完全够用了(低负价值)，综合考虑后，你会决定购买新能源汽车。

(二)基于情绪的态度形成

有时候，态度并不是根据对态度对象的优缺点的客观评价，而是根据情绪体验而形成的。例如，有些人购买汽车并不在乎性能，而是凭感觉行事，这也是车企为什么会争相重金聘请外观设计师的原因。以情绪为基础形成的态度不受理性、逻辑支配，存在着多种形成方式。基于情绪体验的态度形成包含以下三种方式：

1. 重复接触

有时候，重复接触特定事物就能让个体对该事物发展出积极的态度，扎荣茨(Zajonc, 1968)将这种现象称为纯粹接触效应(mere exposure effect)。例如，一项研究表明，古典音乐爱好者重复地接触流行音乐后增加了对这种音乐的积极评价(Krugman, 1943)。在另一项研究中，研究者让被试重复接触陌生的土耳其字母，再让他们用这些符号来表达积极的事物，结果发现被试倾向于选择重复次数最多的符号。在这一研究中，被选择的符号对个体而言没有任何意义，它们只是简单地被重复呈现。这表明仅仅靠重复接触，个体可以对自己毫无了解的对象产生积极的情感和评价。人们总是偏好熟悉的事物，不管其是否包含着奖励。

连续的体验会使我们对于频繁接触的那些事物给予更高的评价，这一效应具有重要的实践意义。在消费心理学中，某些广告制作者往往根据该假设，通过重复性的广告和营销活动，促使消费者形成积极态度。

2. 经典条件反射

态度可以通过经典条件反射过程而形成。研究者认为，将一个中性的态度对象与产生情绪反应的刺激相匹配能够解释一系列态度的形成。像好、坏这些词语之所以具有积极和消极的意义，可能是通过经典条件反射的联想机制形成的。例如，母亲每次给孩子糖时都会说声“好孩子”，起初只有糖才会让孩子愉快，而“好”这个词对孩子来说是中性的。然而，两者多次重复匹配以后，先前的中性词“好”也能诱发孩子的愉快反应了。一旦“好”这个词被条件化，就成为能引起积极情感的刺激，当它再与其他中性刺激相匹配时，就可以形成对新的刺激的积极态度。

经典条件反射理论还能为那些我们觉得不合理的态度的形成提供解释。有时候，对某些事件我们常常会说："我不知道我怎么会这样想，但我确实是这样认为的。"对人的态度也是如此，我们会说："不知为什么，我对他总没有好感。"这可能是由于某些使我们不愉快的事情与这个人的行为在时间上多次耦合，于是我们对他的中性行为也产生了不愉快的感受。因此，由经典条件反射形成的态度往往没有令人信服的理由，因为态度对象与产生情绪的无条件刺激的匹配或者是偶然的，或者与态度对象基本无关。

3. 操作性条件反射

态度可以通过操作性条件反射过程而形成。这种学习理论是斯金纳在1938年提出的。他认为，一种行为或反应在一定的情境刺激下产生，导致了一个强化刺激的出现，随后为了获得这种强化刺激个体就会重复这种行为，由此个体习得了这种行为或反应。最初的行为可能是自发的，由于获得了强化使得该行为被重复，所以习得的行为在获得强化刺激方面发挥着工具性的作用。例如，当你偶然选修一门心理学课程之后，觉得心理学知识对你帮助很大，你就有可能在下一次再选修心理学课程。还有，在购物时，一开始消费者对某种产品并没有态度，在选用了这个产品之后(行为)，发现它的质量很好，感觉很满意(强化刺激)，以后就会再去买这个产品，从而形成对这个产品稳定的态度。

(三)基于行为的态度形成

贝姆(Bem，1972)的自我知觉理论(self-perception theory)认为，当人们对某个对象的态度不够清晰、模棱两可时，会通过观察自己的行为和行为发生的情境来推断出自己的态度。具体而言，首先，只有对某事不具有明确的态度时，人们才会从自己的行为中推断自己的态度。例如，如果人们清楚地知道自己喜欢红色，就无须通过观察自己常买什么颜色的衣服来发现这一点。其次，人们会判断自己的行为反映了自己真实的态度还是只是受到情境的影响。在没有外部压力和奖励时，人们会认为自己的行为表达了自己真实的态度；在有明显的外部压力或奖励时，人们会将行为原因归之于外部原因，而不是自己的态度。在一项研究中，蔡肯和鲍德温(Chaiken & Baldwin，1981)通过变换问卷题目的表述方式来操纵被试对自己的环保行为的自我知觉。一部分被试看到的问卷题目会凸显被试的环保行为，如"你会不会偶尔与人共用汽车"(绝大部分人都有过与人共乘的经历)，而另一部分被试看到的则是"你会不会经常与人共用汽车"，会凸显出他们不够环保的行为(很少有人会经常与人共用汽车)。研究者在被试回答完问卷后测量了他们对环保的态度，结果发现，回答凸显环保行为问卷的被试对"做一个环保主义者"表现出更积极的态度。但是，只有在原本态度比较模糊、矛盾的被试身上才观察到这种操纵的效应，而原本态度就很明确(情感和认知高度一致)的被试身上并没有发现这种现象。

具身认知(embodied cognition)的研究发现，面部表情、头部运动和身体姿势对态度也会产生影响。例如，在听电台广播时垂直上下移动头部(与"点头"相似)的被试比水平移动头部(与"摇头"相似)的被试更为赞成广播的内容(Wells & Petty，1980)；在看漫画时，相比用嘴唇含着钢笔(抑制笑肌)的被试，用牙齿咬着钢笔(推动笑肌)的被试对漫画的有趣程度评分更高(Strack，Martin & Stepper，1988)；当给被试呈现象形文字时，比起让他们

屈曲手臂，让他们舒展手臂会令他们对这些象形文字的评价更积极(Cacioppo，Priester & Berntson，1993)；当被试手持写字板进行道德判断时，写字板的重量越重被试对道德两难困境中的自利行为可接受性越低、认为其道德正确的程度越低、愿意为其承担道德责任的程度越高(丁汝楠，2018)。

三、态度形成的阶段

科尔曼(Kelman，1958，1961)提出了态度形成的三阶段理论。该理论认为，态度形成包括三个社会影响过程，即顺从、认同和内化。

(一)顺从

顺从(或依从，compliance)是态度形成的开始。当个体想要得到他人或群体的积极反应而接受其影响时，顺从就会产生。这种态度是工具性的，是人们为了获得奖励和避免惩罚而形成的。人们往往会言不由衷，表达自己并不同意的态度。例如，为了讨好老板而表达对周末加班的支持态度。由此可见，这种态度的最初形成，往往发生在主体能被他人观察到的情况下，因此顺从是受到外因控制的，是暂时的、表面的和权宜性的。

(二)认同

当个体想要建立和维持与他人或群体的关系而接受其影响时，就发生了认同(identification)。认同一般有三种形式。第一种形式是个体想要和某个人变得相像或者想要成为某个人。在儿童身上我们经常可以看到这种形式的认同，儿童常常模仿父母或者其他榜样人物的态度和行为。第二种形式是个体想要与某个人建立一种互惠角色关系，这种关系要求个体做出与角色相符的行为。因此，个体以符合某个人期望的方式行动。例如，病人采纳医生的指导和建议，按照医生的期望来行动。第三种形式是个体想要维持与某个群体的关系，且这种关系已成为个体自我概念的一部分。

与顺从阶段类似，认同阶段的态度并非是出于满足个体的内在需要而形成，认同的发生主要是为了建立或维持与他人或群体的关系。但与顺从不同，在认同中的个体实际上相信他所采取的态度和行为。认同阶段的态度是否表现出来不受他人在不在场的影响，但受当下个体所扮演的角色的影响。例如，某一个体在工作场合扮演着医生的角色，但在家庭生活中扮演着父亲的角色，其作为父亲就不会表现出面对病人时所表现出的态度，因为子女对父亲的期待和病人对医生的期待是不同的。

(三)内化

内化(internalization)是个体对某个观点或信念的全心全意的接受和采纳。这是在个体层面发生的，没有来自他人的强迫，也不是由与他人交往的需要所引发的。内化是个体真心相信并接受他人的观点，并将之纳入自己的态度体系，使之成为自己态度体系的有机组成部分。例如，一名解放军士兵将当代革命军人核心价值观内化为坚定的政治信念和价值追求，将其落实在日常工作、生活、学习中，把为人民服务的使命转化为行动自觉。科尔曼认为，内

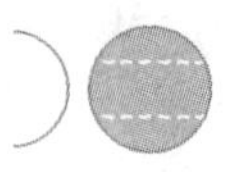

化经常需要理性的参与，因为个体需要思考被外部灌输的思想观念是否符合自己既有的信念、价值观和图式。例如，一个人采纳了专家的建议，因为这些建议与他自己的问题相关，并且符合他自己的价值观。但是，理性的参与并非内化发生的必要条件。例如，独裁主义者可能会形成某些种族主义态度，因为这些态度符合他偏执、非理性的世界观。

四、人际关系在态度形成中的作用

在态度形成和发展中，人际关系如家庭、学校、同伴关系发挥着重要影响。人们更可能同化与自己有关的群体的态度。

在儿童早期的态度形成及其发展过程中，家庭特别是父母起着关键的作用。我们在漫长的人生中不断地习得新的态度和改变旧的态度，但在形成长期的、稳定的态度方面，早期基本的学习是十分重要的。儿童期的体验能够形成根本的态度和价值观，这些态度和价值观会被带入成人期，其中一些甚至能影响整个人生。在生命早期，家庭或父母控制了我们生活中两个主要方面。首先，他们控制着绝大部分针对我们的奖励和惩罚。我们要想获得喜欢的东西，要先得到他们的允许。同时，他们还会勉强我们做不想做的事。当我们对某一事物的态度或做出的行为是恰当的，他们就以微笑、赞扬等奖励方式激励我们；反之，当我们的态度或行为是不恰当的，他们就以皱眉、规劝或训斥等惩罚方式阻止我们。其次，他们控制着进入我们头脑中的大部分信息。当我们想知道为什么打人是不对的、为什么偷窃是错误的、为什么天是蓝的、为什么鸟儿会飞等问题的答案时，我们都会问父母。虽然我们长大后发现父母的话并非全对，但他们提供给我们的信息塑造了我们对周围事物的态度和信念。

同伴关系在青少年的态度形成和发展中发挥着重要影响。我们常将自己的态度和信念与作为参照群体的同伴相比较。当与同伴的态度一致时，我们会受到同伴的赞扬；当与同伴的态度不一致时，我们常体会到来自同伴的有形或无形的压力，甚至可能会遭受嘲讽、打击等。所谓近朱者赤、近墨者黑就是这一道理，因此孟母三迁来为孟子创造良好条件。纽科姆(Newcomb，1943)对本宁顿学院(Bennington College)女学生的研究揭示了同伴对个人态度的影响。研究发现，大多数从保守家庭出来的新生在这所以理性自由和无拘无束而闻名的大学里学习了一段时间之后，在公共政策和社会问题上的态度会向着开明的方向转变。20年后纽科姆进行了追踪研究，发现这些学生还保持着大学里形成的开明态度。纽科姆还对女大学生中比较保守的小团体进行了研究，他想知道为什么这些人不受开明潮流的影响，是因为选择了具有保守态度的朋友呢，还是因为未能接触具有开明态度的学生？结果发现后一假设是对的，这些女学生的固执己见是因为她们没有广泛地接触其他学生。

有时候，同伴会对个人态度的形成和发展造成不利影响。青春期是开始吸烟的敏感时期，而同伴关系经常被认为是影响青少年吸烟的主要因素。如果同伴都吸烟，那些不吸烟的青少年可能会遭到取笑，被视为胆小鬼，面对这种社会压力，害怕被同伴排斥的青少年很难不屈服。

第三节　态度的改变

一、态度改变概述

在日常生活中，我们经常试图改变他人的态度，同样地，他人也会通过报刊书籍、影视广播、广告网络等渠道和媒介试图影响我们的态度。态度的改变过程实质上就是说服(persuasion)的过程。态度改变包括两种方式：一是改变人们的态度强度，例如，说服别人更喜欢自己的产品。二是改变人们的态度方向，例如，说服别人对自己的产品的态度由消极转变为积极。对于态度改变的成效，一则信息的说服力包括三个层次的效果：第一层次，听众接收信息之后态度发生改变，例如对吸烟的感受从喜爱变成拒绝；第二层次，个体的行为发生改变，例如吸烟行为减少，个体决心戒烟；第三层次，个体长时间的行为改变，例如个体此后不再吸烟。

二、耶鲁态度改变法

态度改变的基本结构最早由亚里士多德提出，他认为用说话进行劝说包含三类因素：第一类依赖于说话人的个人特性；第二类使听众进入一定的思想境界；第三类是由说话语言本身所表达的证据。这一思想涉及说服效果的三个影响因素，即沟通者、听众和信息。霍夫兰德等(Hovland，Janis & Kelley，1953)提出了耶鲁态度改变法(Yale Attitude Change Approach)，认为态度改变研究实质就是研究"谁对谁说了些什么并取得了怎样的成效(who says what to whom with what effect)"。这一观点同样认为，说服过程涉及沟通者、听众和沟通信息的特性。麦圭尔(McGuire，1968)扩展了这一基本结构，认为还要考虑听众对信息的理解和服从。

(一)沟通者

1. 可靠性

可靠性(credibility)指的是沟通者让人信赖的程度。一般认为，沟通者的可靠性由专业性(expertise)和可信度(trustworthiness)构成。

(1)专业性。沟通者的专业性能加强说服的效果。专业性与沟通者的教育经历、经验、成就、声誉、职位等因素有关。阿伦森等(Aronson，Turner & Carlsmith，1963)在一项研究中，告知被试他们参加的是一项美学研究，要求他们评价一首晦涩的现代诗中的九节诗句，并阅读其他评论者对其中一节诗的评论，而这节诗是被试起初认为其中最差的一节。但评论者认为这节诗比被试认为的要好，好的程度分为比被试认为的要稍好、更好或好很多。研究者还分别告诉被试这则评论的作者是著名诗人艾略特(T. S. Eliot)或一名普通大学生，并

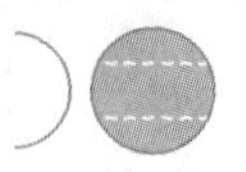

要求被试重新评价这节诗。结果发现，不管这则评论的观点与被试原有的观点相去多远，与被告知评论者是普通大学生的被试相比，被告知评论者是艾略特的被试的态度改变更大。毋庸置疑，专业性对态度改变有着强烈的影响，这就是为什么我们会更容易被权威人物、专家佐证说服的原因。

霍夫兰德和韦斯(Hovland & Weiss,1951)也对可靠性与态度改变的关系展开了探讨。他们向被试提出四个当时具有很大争议的问题：没有医生的处方是否可以出售抗组胺；美国建造核潜艇的可行性；当代钢铁的紧缺是否应由钢铁工业承担责任；家庭电视对电影工业的影响高低。有关这四个问题的沟通来源分为高度可靠性和低度可靠性。例如，声称购买抗组胺的药可以不用医生的处方的来源是《新英格兰医学杂志》(高可靠性)或者是一本普通的图画杂志(低可靠性)。结果发现，就即时效果来说，可靠性来源对态度改变有更明显的效果(见图 6-1)。

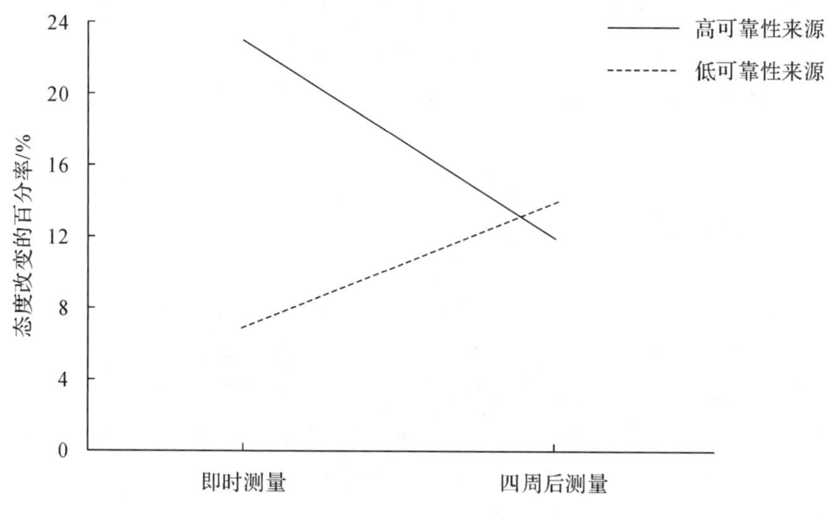

图 6-1　沟通者可靠性与态度改变

但是，霍夫兰德和韦斯(Hovland & Weiss,1951)发现，沟通者的可靠性对态度改变的影响随着时间的推移而消失，这一效应被称为睡眠者效应(sleeper effect)。当研究者在四周后再次询问被试对这几个问题的态度时，结果发现，由高可靠性的沟通者所导致的态度改变随着时间的推移而降低，而低可靠性的沟通者所导致的态度改变实际上增加了。来源记忆(source memory)研究发现，随着时间的推移，人们往往将信息本身和沟通者分离开来，而且人们遗忘沟通者要比遗忘沟通内容要快一些。处于高可靠性的沟通者条件下的被试，高可靠性的沟通信息对其态度发生即时的影响。但是，随着时间的流逝，沟通者的高可靠性带来的积极影响消失，态度改变的效应随之降低；沟通者的低可靠性带来的不利影响消失，态度改变的效应反而上升。也就是说，可靠性高的人传达的信息的说服力随着对信息源的淡忘或者信息源与信息自身的分离而消退，而可靠性低的人传达的信息的影响力则会随着时间的流逝而增强(Cook,Flay & Berkowitz,1978;Kumkale & Albarracin,2004)。这种因人们遗忘信息源或者遗忘其与信息之间的关系而导致的延迟性说服就是睡眠者效应。凯尔曼和霍夫兰德(Kelman & Holland,1953)开展了一项类似的研究，在再次测量时提醒被试沟通

者的可靠性，结果发现，在没有提醒沟通者可靠性的条件下出现了睡眠者效应，当提醒被试沟通者可靠性时睡眠者效应消失了。

(2)可信度。可信度是指听众知觉到的沟通者的公正性或者是否值得信任，涉及人们所察觉到的沟通者的立场(例如，利益相关方或无关方)或者沟通者的意图。如果沟通者传递的观点对沟通者而言是有困难的或者损及沟通者本身的利益，则会提高人们对沟通者的信任，从而促进态度改变。沃尔斯特等(Walster，Aronson & Abrahams，1966)在研究中，让被试听一个已判决的罪犯的辩论。一部分被试听到罪犯正在为增加警察权力、限制个人自由而争辩，而另一部分被试听到这个罪犯为限制警察权力、提高个人自由而争辩。当测量被试对罪犯的态度时，发现那些听到罪犯为本身利益争辩的被试态度没有发生变化，但在罪犯为增加警察权力而争辩的情况下，被试的态度发生了很大的改变。由此可见，即使是低可信度的沟通者，当他为不利于自己的观点辩护时也有很大的影响力。

人们如果认为沟通者没有隐藏的动机或不可告人的意图，立场也更为客观，则会更容易受其影响。例如，对于制造商夸耀其产品性能优良、质量可靠的行为，人们往往会持有高度怀疑的态度。俗话说的王婆卖瓜、自卖自夸，就蕴含了顾客不信任商家的态度。当听众认为沟通者不是在有意表达自己的观点，或信息是偶然被听见的也会提高可信度。同样地，当听众不在沟通者的注意范围内时，听众会认为沟通者没有隐瞒他们，就更可能更相信其所传递的信息。

沟通者的语速会影响听众对专业性和可信度的判断。人们的语速较快时其专业性和可信度都会增加(Miller et al.，1976)。米勒等(1976)让被试听一段有关“喝咖啡有害”的录音时，被试会认为语速较快的人比语速较慢的人更为客观、聪明和有见地。此外，较快的语速让听众无暇思考，让他们难以提取和思索辩驳的论据，杜绝他们产生对说服不利的想法(Smith & Shaffer，1991)。

2. 喜好程度

人们对沟通者的喜好程度影响着态度改变。沟通者的相似性、外表吸引力、可爱度等都会影响听众的喜好程度。

我们倾向于认同那些与我们相似的人，并将他们看成自己人，进而认为他们传递的信息更具说服力。戈萨尔斯和纳尔逊(Goethals & Nelson，1973)在研究中要求被试考察高中生的合格程度，一部分被试考察其平均成绩等分数，从而判断出哪些学生是优秀学生(认知方面)；另一部分被试考察哪些学生可以成为朋友(评价方面)。实验助手与被试一同参加实验，并试图在哪些是优秀学生、哪些可以成为朋友这两个问题上影响被试的判断。这些助手可能与被试相似或不相似。结果显示，与被试相似的实验助手在涉及评价方面的态度改变更有影响力，而在认知方面，被试更多地受与其不相似的助手的影响。这表明，相似的沟通者所传递的信息是评价信息时对态度改变更为有效。相似性对态度改变的影响在生活中也较为常见。例如，购物时尽管广告将商品描绘得很好，卖主也拼命向我们兜售，我们总是不那么相信商品的质量和适用性。但如果一位站在我们身边的顾客或邻居对我们说，他们买了这个商品之后用起来相当好，我们的态度就会发生较大的转变，可能会相信这商品是真的好，我们的购买意愿也就增加了。这是因为陌生的顾客或邻居与我们同是顾客(消费者)。

外表吸引力也影响态度改变。凯尔曼和赫伯特(Kelman，1961)在研究中向被试呈现两个信息源：一个是不那么吸引人的专家，另一个是有吸引力的非专家。其中，专家是位生理心理学教授，他刚刚与其他人合著了一本关于睡眠的书，但他是一个毫无魅力的中年人；而非专家是一名年轻英俊的大学生，刚被选进学生会。研究者向被试展示两个人的照片和传记，然后让被试听他们关于某一主题的论证。一部分被试听到的是强有力的为什么应该减少睡眠时间的论证；而另一部分被试听到的只是简单说明应该减少睡眠时间。结果发现，强有力的论证增加了专家的说服力，但是吸引人的非专家也同样产生相同程度的态度改变。之所以产生这种现象，可能原因在于专家和有吸引力的人分别触动了态度的不同成分，专家促使我们考虑事实，作用于态度的认知成分，而有吸引力的人让我们喜欢，作用于态度的情感成分。明星代言就是通过提高听众的喜好程度以达到说服目的的。首先，受众对明星的关注会迁移到对产品的关注，能提高品牌关注度和知名度。其次，利用受众对明星的喜爱产生爱屋及乌的移情效果，增加品牌喜好度。此外，还能通过明星的个性/形象魅力，强化产品及品牌的个性/形象。但与此同时，明星代言也存在一些潜在的风险，将明星与产品建立联系同样会使得产品与明星的不确定因素相关联，例如明星的知名度下降、道德风险等都有可能会对产品本身产生负面影响。

（二）沟通过程

1. 情感诉求

依照常理，逻辑缜密的沟通才更具说服力。考虑到态度包括认知成分和情感成分，有时候我们需要利用情感来改变他人的态度。情感包括积极情感和消极情感，两种情感在态度改变中均能发挥重要作用。

在积极情感方面，态度可以通过与积极情感相联系而形成，也可以通过这一方法来改变。优秀的教育工作者常常以诚相待，动之以情，晓之以理，从情感方面入手去感化不良青少年。广告中常用漂亮的图片、柔和的音乐以激发人们的好感，激起人们的积极情绪并将之与品牌或产品之间建立联结，从而塑造和强化人们对品牌和产品的积极态度。

激起人们的消极情感也能够改变态度。很多机构和部门倾向于采用恐惧诉求（fear appeals）这一策略以达到所倡导的目的。例如，卫生部门广泛宣传抽烟会危害人们的健康，如导致癌症、心脑血管疾病等，以此试图改变人们对抽烟的态度；环保人员不断警告如果继续砍伐森林、滥用自然资源，将会遭受更多更严重的自然灾害并祸及子孙后代。一般来说，恐惧诉求与态度改变之间呈正向关系，个体体验到的恐惧越高，越可能感到害怕，则越可能被说服（Witte & Allen，2000；Cho & Witte，2005）。要达到最大的态度改变效果，一定的恐惧是必需的，过高的恐惧则可能适得其反。恐惧会干扰人们采取行动的能力，使人们过于害怕而手足无措。恐惧还会激发人们的防御机制，拒绝相信风险的存在，或者认为风险不会发生在自己身上，减弱了态度改变的可能。因此，目前研究者一般认为，恐惧和态度改变之间呈倒 U 形关系。

对于恐惧的个体，提供减少恐惧的方法更能促进态度改变。利文撒尔等（Leventhal，Watts & Pagano，1967）利用戒烟说服实验对此进行了验证。实验者将被试分为三组：第一组被试拿到了一本指导如何戒烟的小册子；第二组被试观看了描绘肺癌的影片，引起被试对吸烟的恐惧；第三组被试既拿到了小册子也观看了影片。实验者在实验前和实验后一周、两周、一个月及三个月分别对被试每天抽烟的数量加以记录。结果发现，纯粹的指导并没有减

少被试的抽烟行为，而在既有影片又有指导的条件下被试的抽烟情况得到了显著改善。

2. 单方面信息和双方面信息

在说服过程中，是呈现单方面的支持性信息还是呈现正反两方面的信息更有利于说服？霍夫兰德等（Hovland，Lumsdaine & Sheffield，1949）研究了单方面说服和双方面说服的效果问题。他们以第二次世界大战反法西斯战争中攻克德国的 214 名美国士兵作为被试。当时，美国政府要求士兵继续对日作战并告诉士兵做好思想准备——战争不会很快并轻易地结束。实验者先调查了士兵对此事的看法，然后让他们听 15 分钟的广播，广播内容是论证太平洋战争还需要两年才能结束。一组被试听的是单方面的内容，没有提供相反的证据；另一部分被试听同样内容的广播，只是广播中还有几分钟正反两方面观点的争论，争论的内容是有关战争会不会很快结束。结果发现，信息的说服效果取决于听众，对于那些对最初观点持赞成态度的听众，单方面信息比双方面信息更能强化原有的态度；而对于最初持反对态度的听众，双方面的信息则更为有效。

拉姆斯戴恩和詹尼斯（Lumsdaine & Janis，1953）进一步探讨了两种说服方式的成效。他们让被试听一些不熟悉的材料，部分被试听单方面信息，部分被试听正反双方面的信息。结果发现，这两种沟通方式对于态度的影响具有同等效力。研究者想进一步探讨哪一种沟通方式能够使听众经受得住反宣传，因此让部分被试在第一次实验之后听取反宣传的材料。结果发现，曾经听过正反双方面信息的被试更能保持现有态度，而收听单方面信息的被试的态度有所减弱。这表明，双方面信息能让人们抵制反宣传，说服效果更为持久。

3. 信息的呈现顺序

如果沟通材料中包含正、反两方面的材料，那么材料呈现的顺序应该如何确定？人们传统上认为，应该先提出支持性的观点，充分展开后再提出反面的观点并加以辩驳。然而，依据艾宾浩斯（1885）的遗忘曲线，遗忘遵循先快后慢的规律。如果正、反两方面信息先后间隔呈现，先前呈现的信息可能很快被遗忘掉，而第二个信息记忆得更好些。

米勒和坎贝尔（Miller & Campbell，1959）对信息呈现顺序与说服效果之间的关系展开了探讨。他们的研究参考了法庭审判情境。在审判中原告和被告都有机会在陪审团面前辩论，一般是原告先于被告辩论，而每次审问的休庭次数和长短则存在差别。米勒和坎贝尔向被试提供了一例真实案件材料。在一种条件下，在呈现原告的辩论后紧接着呈现被告的辩论信息，一个星期后要求被试组成陪审团裁决该案件；而在另一种情况下，首先呈现原告的辩论信息，一个星期后再呈现被告的辩论信息，并马上要求被试做出裁决。结果发现，在第一种情况下原告的辩论更有影响力，这实质上反映了首因效应，而在后一种条件下则发生了近因效应，被试的判决更有利于被告。这表明，材料呈现的时间间隔是出现沟通信息的首因效应和近因效应的影响因素。米勒和坎贝尔（1959）还发现，如果两种材料的呈现和被试判断的时间间隔均较短，或者两种材料的呈现和被试判断的时间间隔均较长的话，两方面材料的相对优势则均不存在。

4. 差距

说服的内容还需要适应听众原有的态度。我们试图说服别人的观点往往与其原有观点存在差距，那么，这一差距与态度改变之间是怎样的关系？

差距影响着人们对沟通信息的评价。由于听众的原有态度不同，对于同样的沟通观点听众也会有不同的评价，并做出不同的反应。以宣传戒烟为例，将人们对抽烟的态度表示为－5～＋5，其中－5表示极端反对，＋5表示极端赞成，0表示中立态度。调查甲、乙、丙三人对抽烟的态度，其中甲持较为肯定的态度（＋4），乙持中立态度（0），丙持相对否定的态度（－2）。如果沟通者传递的抽烟态度强度是－4，当他试图劝说这三个人相信自己的观点时，效果会如何？由于他们原有的态度不同，因此对沟通者观点的评价也不一样。甲与沟通者的差距最大（8），可能将沟通者的观点评定得更为极端（例如评定为－5），这一效应叫对比效应。乙持中立态度，可能对沟通者观点的评定会较为客观。而丙与沟通者的观点相距较近，则可能将其评定为－3，不仅将沟通者观点视为可以接受的，而且评定得比实际上更接近自己的态度，这一效应叫同化效应。研究者将产生同化效应的观点范围称为听众的接受幅度，包括个体认为可以容忍以及可以采纳的观点；而将产生对比效应的观点范围称为听众的拒绝幅度，包括个体认为不予考虑的所有观点。

差距越大改变他人态度的程度就可能越高。霍夫兰德和普里泽科（Hovland & Prinzker，1957）在研究中向被试呈现一些观点，这些观点与被试的已有观点的差距分为低、中、高三类，在沟通前、后分别测量被试的态度。结果发现，被试态度改变程度是观点差距的函数，沟通者的观点和受众的观点差距越大，态度改变也越大。但是，如果沟通者与听众的差距过大，听众可能会对沟通者本人或观点的可信度产生怀疑（Eagly & Telaak，1972）。因此，研究者认为，差距与态度改变之间呈倒U形关系，中等程度的差距能够引发最大的态度改变。

沟通者的可靠性影响着差距与态度改变的关系。如果沟通者可靠性高，如拥有一定的专长，我们一般会接受他们提出的相对极端的观点。阿伦森等（Aronson，Turner & Carlsmith，1963）在研究中要求学生被试评价现代朦胧诗，并阅读其他人对这些诗作的评价，这些人的评价与被试的个人评价间存在着一定的差距，阅读完他人的评价后要求学生再次评价。结果发现（见图6-2），当评价来自专业的权威人物时，不管差距多大，被试的态度都发

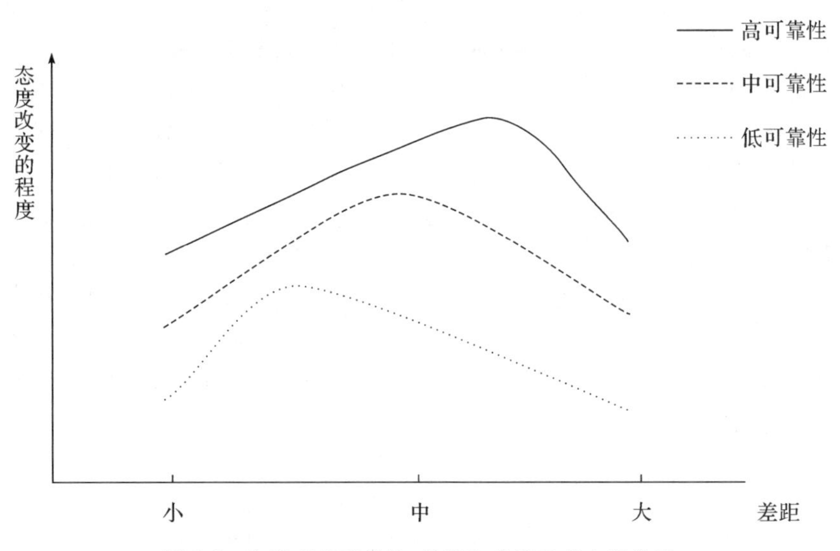

图6-2　沟通者的可靠性、差距和态度改变之间关系

生变化，差距越大，态度改变的程度越高；而当评价来自缺乏专长的人时，中等程度的差距导致最大的态度改变。

5. 信息的可理解性

只有听众理解了信息，说服才能发挥影响力。伊格利（Eagly，1974）让被试听11分钟的录音，录音中主张学生不需要那么多的睡眠，应减少睡眠时间。研究操纵了材料的可理解性，让一些被试听录制得较好的录音，另一些被试听录制得较差的录音。结果发现，较好的录音产生了更强的说服力，说服效果与被试能够理解的论点、论据的数量有直接的正向关系，而与被试因不能理解材料的观点而烦恼的程度存在着负向关系。

6. 引出结论

在说服中是由沟通者直接给出结论，还是让听众自行得出结论，哪一种效果会更好？霍夫兰德和曼德尔（Hovland & Mandell，1952）让被试阅读一些关于美元贬值的争议性材料。一些被试的材料中给出了明确的结论，即美元应该贬值；另一些被试则需要根据论据得出这一结论。结果发现，与需要自己得出结论的被试相比，给予明确结论的被试更倾向于美元贬值。霍夫兰德和曼德尔认为，应当向听众呈现明确结论。后续研究则发现，在特定情况下，由听众自行得出结论也可以增加沟通的效果：首先，能推导出结论的论据必须能够容易被人们理解；其次，要激发听众的动机。如果人们受到激励、有做出这些结论的动机，并且得出结论付出的努力越大，越容易受到材料的影响。

7. 信息传递的方式

在说服过程中，说服信息可以通过面对面接触、影像、录音、书面文字等方式传递。一般来说，信息的传递方式越贴近生活，信息越有说服力。因此，上述四种形式对态度的改变影响依次下降。

信息传递的方式如果能够与信息本身特征（如难度、差距）相契合，会具有更好的沟通效果。柴肯和伊格利（Chaiken & Eagly，1976）认为，如果信息难于理解，书面表达的说服效果最好，因为听众可以反复研读信息。他们在研究中向被试呈现难度不同的书面、影像和录音信息。结果发现，较难理解的信息以书面呈现时最具说服力，而简单的信息以影像呈现最佳。在影像信息中人们可以直观地感知到与沟通者有关的信息，如外表和非言语行为等。但是在书面沟通中，沟通者本身的作用就不显著了，信息内容则更为重要（Chaiken & Eagly，1983）。

8. 信息传递的风格

在说服过程中表达风格的强弱也会影响说服的效果。一般来说，强有力的表达风格要比柔弱的表达风格让人觉得传递者更有胜任力，并且更为可信（Newcombe & Arnkoff，1979）。卡利和琳达（Carli & Linda，1990）发现，表达风格的效果会受到沟通者和听众性别的影响。当女性试图说服男性改变态度时，采用柔弱的表达风格（如犹豫式语言）比采用强有力的表达风格（如自信式语言）更有说服力；而当女性试图说服女性时，采用强有力的表达风格更为有效。这意味着，柔弱的表达风格能够增强女性对男性的说服效果，但会削弱对女性的说服效果。这可能是性别刻板印象的作用，我们还难以适应女性像男性那样过分自信有力地表达自己(Lakoff,1975)。

9.信息的重复

信息重复得越多，说服效果越好。电视广告的反复播放就是利用了信息重复有助于增强说服效果这一效应。这可能与可得性层叠(availability cascade)或效用层叠(utility cascade)有关，即一个信念经过不断重复后会自我增强，集体信念在公共话语中不断重复会增加个体对其合理性的感知。换言之，一个信息的重复次数足够多，那么将会让人以为是真实的，类似于“三人成虎”或“重要的事情说三遍”。

重复信息对说服有一定的效果，也存在一些限制。首先，重复信息有利于听众一开始认为是中性或者正性的观点，但不利于负性的观点(Cacioppo & Petty,1989)。其次，有时过度的重复会导致说服的效果下降，出现疲劳效应(wear-out effect)，甚至会招致反感(Smith & Dorfman,1975)。为此，研究者建议采取变化式重复方法(repetition with variation)，即变化相同信息的呈现形式以消除疲劳效应(Pratkanis & Aronson,1992)。例如，某产品的广告内容是相同的，但是请几位代言人拍摄相同系列的短片轮换播放。

(三)沟通对象

一个好的沟通者在传递强有力的论证时要想取得良好说服效果，还需要考虑听众本身的因素，正如俗话所说的“你永远叫不醒一个假装沉睡的人”。

1.个性

可说服性(persuasibility)是一种个性特征，具有这种个性特征的人容易被说服。詹尼斯和霍夫兰德等(Janis et al.,1959)很早就对这个问题展开过研究，并得出了容易被说服的人的一些个性特征。

相对于其他社会心理因素，可说服性个性对态度改变的影响是微弱的。一种可取的方式是，探讨不同个性的人在说服过程方面的差异。例如，人们的认知需求(need for cognition)会影响说服过程。认知需求反映的是个体喜好从事思考或认知活动的程度。拥有较高认知需求的个体更喜欢透彻地思考问题，倾向于经过仔细思考后才会形成结论(Cacioppo et al.,1996)。对于认知需求高的个体来说，在说服过程中更可能关注论据的质量，而认知需求低的人更可能依赖其他线索，如沟通者的吸引力。

2.智力

一项元分析发现，智力低的人比智力高的人更容易被说服(Rhodes & Wood,1992)。智力低的人也许理解信息有些困难，这削弱了沟通信息对他们的影响，但这些人可能缺乏主见，防御自己观点的能力也较低，反而又容易被说服。

3.自尊

中等自尊的人更容易被说服(Rhodes & Wood,1992)。高自尊的人对自己非常自信，可

能难以改变自己的态度或行为，而低自尊的人可能过于关注自己，从而无暇接收外界的信息，从而削弱了说服信息的影响。

（四）沟通情境

1. 分心

在说服过程中，说服情境中的某些因素会引起被说服者的分心(distraction)。分心使得听众难以将注意力集中于说服信息，从而会阻碍沟通并削弱说服的效果。当说服信息较为简单时，分心对说服的不利效果尤为显著(Harkins & Petty，1982；Regan & Cheng，1973)。这就是为什么那些内容太过滑稽（如幽默广告）或者暴力色情的广告我们往往记不住产品信息，也达不到期望的效果(Bushman，2005，2007)。在这些广告中，幽默或者暴力色情等信息吸引了我们的注意，让我们难以去关注对方真正想传递的信息。

但另一方面，分心也会减少听众的辩驳，有利于态度改变。研究发现，如果人们受到干扰而无暇反驳时，言语的说服力会增强(Festinger & Maccoby，1964；Keating & Brock，1974；Osterhouse & Brock，1970)。分心促进态度改变还需要一些前提条件，如听众对议题较为熟悉、对议题本来就持有异议等。

2. 预先警告

预先警告(forewarning)是指在说服之前先告诉人们可能要改变其态度。一般来说，预先警告不利于态度改变。可能原因在于，预先警告给听众提供了积攒反面证据的机会，从而减少了信息的说服力。此外，预先警告一般发生在信息呈现前，这也为人们对信息进行辩驳提供了准备时间(Petty & Cacioppo，1977)。

对于强度较低的态度，预先警告反而有助于态度改变。对于那些态度不够明确的听众，由于他们的立场并不坚定，人们的预先警告似乎是一个提醒，让他们思考为什么他人会有这一倡议(Apsler & Sears，1968)。

3. 预防接种

预防接种(defensive inoculation)源于对态度改变的抗拒研究。为了抗拒态度改变，人们可以通过增加新的支持性论据以巩固自己的原有观点，从而增强抗拒说服的能力，麦吉尔(McGuire，1964)将这一策略称为支持性防御(supportive defense)。此外，麦吉尔(McGuire，1964)还从人们的免疫病毒接种中受到启发提出了第二种策略。人们接种疫苗以增强身体对病毒的免疫力，实际上是注射微量灭活病毒以激活免疫系统，增强的免疫系统可以防御随后大剂量病毒的攻击。麦吉尔认为这一原理同样可以应用于抗拒态度改变，如果事先让听众接触少许相反论点然后仔细思考，则听众届时将难以被相反论点所说服。麦吉尔和同事(McGuire & Papagerorgis，1961)将该程序称为态度免疫(attitude inoculation)，并通过研究支持了其有效性。

态度免疫之所以有效的可能原因在于，如果事先知道有人要进行说服，预防接种可以让听众构思出反对说服的论证，这样当遇到说服性信息时，人们已经准备好充分的论据以对抗

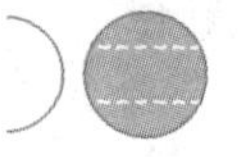

这些信息。这一方法具有重要的应用价值。例如,青少年常会因同伴压力而吸烟或吸毒,如果预先在较为温和的类似情境中让青少年模拟练习可能的抗拒方法,则在面临同伴压力时就能够有效地应对和抗拒。

三、精加工可能性模型

研究者在耶鲁态度改变法基础上对态度改变展开了大量研究,取得了丰富的成果。随着社会认知的双重加工理论的兴起,研究者开始将双重加工理论应用到态度改变研究中,提出了一些关于态度改变的综合性的模型,如精加工可能性模型(Elaboration Likelihood Model,Cacioppo,Petty & Kao,1986)、系统性—启发式模型(Systematic-heuristic Model,Chaiken,1980;Chaiken & Stangor,1987),其中以精加工可能性模型最具代表性。

精加工可能性模型认为,说服过程可以通过两条路径实现(见图 6-3):中心路径(central route)和边缘路径(peripheral route)。在中心路径,人们对信息进行精细加工,会专心聆听并仔细思考论据内容和质量,由此决定其最终态度。而在边缘路径,人们往往不会仔细思考信息的内容和论据质量,而关注信息的边缘线索如沟通者的吸引力、是否为专家、论据的长度等。在说服过程中,人们采取哪一种加工路径取决于其动机和能力。如果人们对议题不感兴趣,或者没有足够的认知资源与时间去加工说服信息时,往往会采取边缘路径,使用简单却很有用的经验法则,例如"专家一定是对的"或者"论证越长越可靠"(Chaiken & Maheswaran,1994)。如果人们具备专注于沟通信息的动机和能力时,往往会采取中心路径,注重论据的质量、论证的逻辑而非沟通者的吸引力、论证的长度。例如,对于那些与人们的切身利益相关、卷入程度较高的议题,人们往往会采用中心路径。

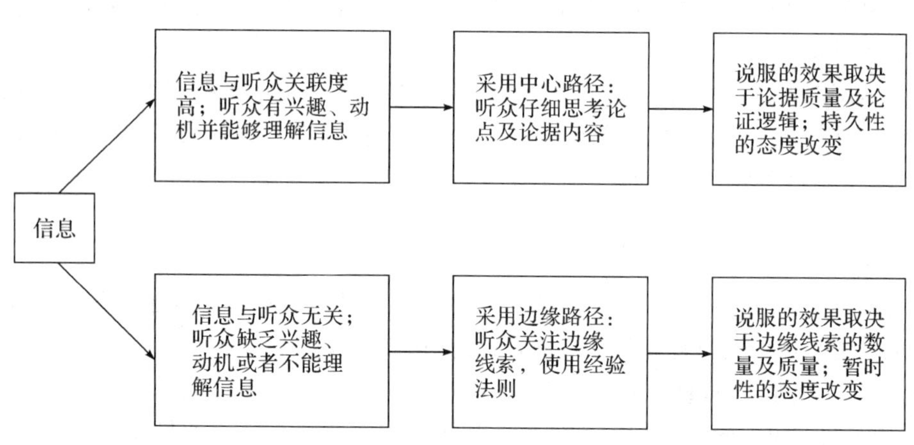

图 6-3 精加工可能性模型示意

佩蒂等人的研究(Petty,Cacioppo & Schumann,1983)为精加工可能性模型提供了实证支持。研究者将刊登着 10 幅宣传刮胡刀产品的广告的小册子展示给被试,并操纵了被试的卷入水平、论证质量以及代言人是否为名人三个因素。高卷入组的被试得知这些产品不久后在他们的所在地上市出售,而低卷入组被试则被告知这些产品将在给定地区展示。在论据的质量方面,说服力较高的宣传语为:产品的把柄呈锥状,具有螺纹可防止滑动,直接对比

测试表明本刀片的锋利度是同类产品的两倍；而说服力低较低的宣传语则只说明洗澡时需要用它。代言人则以照片的形式呈现，分为名人和普通人。研究发现，在低卷入条件下，代言人是否为名人对态度产生影响(即边缘路径)，而在高卷入条件下，强有力的证据对产品态度产生影响(即中心路径)。

那么，上述两种说服路径在态度改变的效果有何差异呢？研究者发现，说服的中心路径引起的行为变化比边缘路径更为持久，且更能够影响行为及抵抗反说服(Petty，Haugtvedt & David，1995；Verplanken，1991)。当人们对相关议题经过仔细思考之后，他们的决定不仅是基于信息本身，而且还蕴含了他们自己的考量。

第四节　态度改变的理论

一、平衡理论

俗话说："朋友的朋友是朋友，朋友的敌人是敌人，敌人的敌人是朋友，敌人的朋友是敌人。"这句话简单明了地阐述了人际关系平衡的逻辑，而海德(Fritz Heider)是最早对这一逻辑进行理论化阐述的，他在1958年提出了人际关系的认知平衡理论(cognitive balance theory)。这一理论描述了个体对其他人和对象以及他们之间关系的评价结构，其中心思想是态度主体和客体之间的某一些关系结构是平衡的，另一些是不平衡的，而人们总是更喜欢平衡的结构(Hecker，1993)。

平衡理论又被称为P—O—X理论。其中，P代表认知主体，O代表与P相关联的另一个人，X代表与P和O相关联的另一个态度对象，可以是人、事物或观念。海德认为，P—O—X形成的三角关系是一种情感关系，即喜欢或厌恶、好感或反感，三者间关系的不同组合会令P的认知体系呈现平衡或不平衡状态。我们举一个例子来说明这种三角关系。假设P是个男生，他有一个女朋友O，O喜欢跳舞(X)，那么P对待跳舞的态度会怎么样呢？可能会有这样三种情况：第一种是如果P喜欢O，O喜欢跳舞，P对跳舞持有赞成态度或者本来也喜欢跳舞，这是一种平衡状态；第二种是假使P内心不喜欢O，而O喜欢跳舞，P不喜欢跳舞，对此持否定态度，这也是一种平衡状态；第三种是O喜欢跳舞，而P不赞成跳舞，但又喜欢O，那就造成一种不平衡状态。

海德根据P、O、X三者之间的情感关系提出八种模式，其中四种是平衡的，四种是不平衡的。如果我们将上述的P—O—X的关系列成图解形式，以＋表示正的关系，以－表示负的关系，那么这三种关系可见图6-4。在图6-4中，上面的四种图形是平衡结构，下面的四种图形是不平衡结构。从图中也可以看出，要判断P—O—X关系是否平衡其实很简单：三角形三边符号相乘为正就属于平衡结构；三边符号相乘为负就属于不平衡结构。

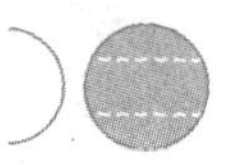

平衡结构:

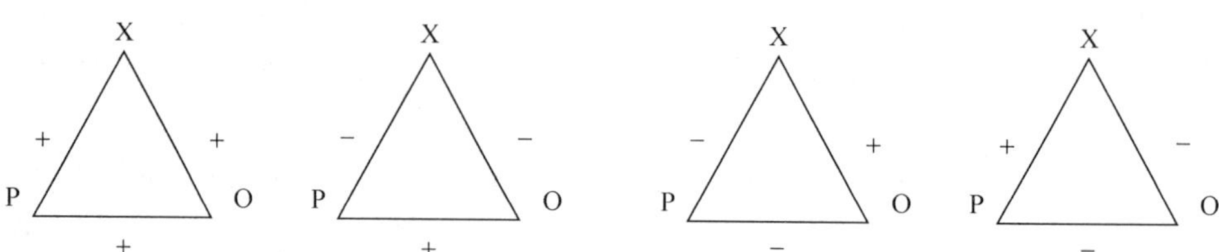

不平衡的结构:

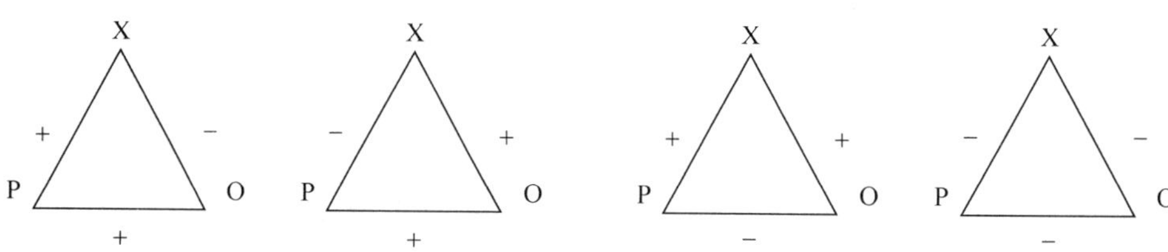

图 6-4　平衡理论的结构

平衡理论认为,不平衡的结构会对人产生压力而使人的态度发生改变,这种压力会持续存在直到结构达到平衡(Heider,1958)。罗森伯格和埃布尔森(Rosenberg & Abelson,1960)提出,在态度转变的过程中,人们往往会倾向于遵循最小努力原则(least-effort principle),即个体会尽可能少地改变认知和情感因素来达到态度平衡。在上述第三种情况下,这种不平衡会驱使 P 做出使结构达到平衡的改变:第一种可能是改变对 O 的态度,认为喜欢跳舞的 O 太过活跃和轻浮;第二种可能是改变对跳舞的态度,认为跳舞可以适当调节生活;第三种可能是劝说 O 不要去跳舞。但这三种态度改变的发生不是等可能的,依照最小努力原则,P 更可能选择第二种,即改变对跳舞的态度以恢复平衡。

不同于海德的 P—O—X 模型,纽加姆(Newcomb,1953)提出了平衡理论的 A—B—X 模型。两种模型较为相似,只是纽加姆强调平衡适用于人际沟通情境,认为 A、B 两者不必确定谁是认知体系的主体,两种观点并无本质上的不同。

平衡理论强调,个体对事物、观念的态度常常受到他人的影响,即强调人际相互影响在态度转变中的作用。这个理论清楚地说明了在给定的情境中,人们可以采取多种方法以消除认知的不一致。该理论将关注的重点放在态度改变,主要研究是什么因素决定了人们在众多解决途径中的选择(Hummert,Crockett & Kemper,1990)。总之,平衡理论的基本观点具有一定的说服力,还突破了传统格式塔心理学只从主体与客体关系上考察认知的局限,将人际关系引入认知研究领域。

二、和谐理论

和谐理论(congruity theory)由奥斯古德和坦南鲍姆(Osgood & Tannenbaum,1955)提出。该理论着重研究个体 P(person)与对象 O(object,事件、概念、事物等)及对象的来源 S(source)三者之间的关系。其中心思想是个体 P 对来源 S 有特定态度,对对象 O 也有特定态度,当 S 对 O 表示看法后,P 对 S 或 O 都会做某一程度的改变而达到平衡。也就是说,个

人态度总是朝着减少不和谐或模糊性的方向上发展和改变。

和谐理论认为，当P对S和O态度相似、而S对O主张否定时，或是当他对S与O态度不同、而S对O主张肯定时，不协调都会存在。即三者之间只有一个否定关系，或者所有关系都是否定的，就会出现不平衡，其他情况下都处于和谐状态。这一点与海德的平衡理论的模式是一致的。举例来说，现有某教授、某校长和"学校应该有科研成果奖金"这一提议，如果教授对校长的评价是正面的，对提议也持肯定态度，并且校长也赞成该提议，那么该教授对两者的态度就是和谐的；但是当教授对校长和提议的态度都是正性的，但校长却反对该提议时，教授就会处在态度不和谐的状态。而一旦个体处于态度不和谐状态，就会体验到一种心理压力，促使人们朝着达成和谐的方向努力去改变自己的态度。

上述内容同平衡理论基本相似。不像平衡理论那样假设人们只会改变P—O—X三者间某一项关系，和谐理论认为人们会朝着更和谐的方向同时改变两方面的关系。和谐理论还认为，极化程度不同的态度所承受的改变压力与其极化程度成反比。也就是说，越温和的态度越容易改变，越极端的态度越不易改变，因为这种态度指向的对象在个人的价值体系中具有较强的地位。仍以教授、校长和提议的关系为例，如果该教授对校长抱有强烈的积极态度（如7点量表上的"+3"），但对这项提议持较温和的反对态度（如7点量表上的"−1"），而校长却是支持该项提议的，那么根据和谐理论，他既要改变对校长的评价，又要改变对提议的评价。而且，鉴于他对校长的态度极化程度更高，他可能会对该项提议变得较有好感，但对校长的态度却不会有多大的改变。

平衡理论只考虑态度的方向，而忽略了态度的强度。和谐理论弥补了这一不足，不仅考虑了每一项关系的强度，而且能够对态度改变的方向和程度做较为精确的预测。它的突出特点是运用奥斯古德独创的意义微分法对认知变化进行客观的定量分析，找出认知的变化方向和变化量。

三、认知失调理论

（一）认知失调理论概述

费斯汀格（Festinger，1957）提出的认知失调理论（cognitive dissonance theory）是认知一致性理论中最具影响力的理论。

在认知失调理论中，认知元素（简称认知）指的是关于态度对象的任何思想、信念和知识等，例如我喜欢红色、国家政策好等都是认知。认知之间的关系可分为三类：认知无关、认知协调、认知失调。认知无关意味着认知之间没有关系、相互独立，如"纽约距离巴黎4800多公里"与"杭州今天下雨"之间的关系。认知协调指的是认知之间一致或互相平衡，如"今天外面在下雨"和"我有一把雨伞"之间的关系。认知失调指的是认知之间不一致或失衡，如"你想减肥"和"你想吃甜食"之间的关系。在费斯汀格看来，这些认知之间存在着相关和不相关的关系，才会产生协调或失调的状态。例如，你因为超重想要减肥，可是你特别想吃甜食，结果你控制不住自己还是吃了甜食，这种情况下你对于吃甜食的行为的认知与信念不一致，就会产生认知失调。

认知失调有程度上的大小之分，这取决于以下两个条件：(1)失调的认知数量与协调的认知数量的相对比例；(2)每一种认知对个体具有的重要性，即所赋予的权重。认知失调程度可以用下述公式表示：

$$认知失调程度=\frac{失调的认知数\times重要性}{协调的认知数\times重要性}$$

认知失调理论认为，人们由于认知失调会体验到不愉快的驱力状态，并随着认知之间的失调程度增加而不断加剧，个体减少认知失调的压力也随之增长，由此催生出人们减少或消除认知失调的动机，驱动个体采取策略以减少认知失调。通过五种方式可以减少认知失调，我们以上述减肥与吃甜食例子进行举例，如表 6-1 所示。

表 6-1　减少认知失调的方式

方式	举例
改变态度：个体可以通过改变自己的态度，让有差异的态度同与行为保持一致	我不一定要减肥，我这样刚刚好
增加认知：个体可以通过增加一个或更多的协调性认知来减少认知失调	吃甜食可以让我心情愉快
改变认知重要性：个体可以通过改变协调的和有差异的认知的重要性来减少认知失调	相比担心自己肥胖，现在的开心快乐更重要
减少感知到的选择：个体可以告诉自己没有别的选择，只能选择与态度不相符的行为	我现在压力太大，我必须要吃甜食才能缓解我的情绪
改变行为：个体可以改变行为，使其与态度不再有冲突	我还是太胖了，要减肥，不能吃甜食

(二)认知失调理论相关研究

1. 理由不足研究

认知失调理论源于费斯汀格和卡尔斯密斯(Festinger & Carlsmith，1959)的一项经典实验——诱导服从(induced compliance)研究。实验中被试被要求完成一小时的枯燥乏味任务，随后实验者向被试解释说这些任务关注期望是如何影响绩效的，希望被试向另一名被试撒谎说这个实验非常有趣，如果同意撒谎将会获得 1 美元或 20 美元，而控制组的被试只需完成无聊的任务。被试被诱导谎称"这个实验是有趣的"与他们认为"这个实验是无聊的"认知不一致，从而产生认知失调。结果发现(见表 6-2)，控制组和 20 美元组的被试仍认为任务是单调乏味的，而为 1 美元做出违背态度的行为的被试报告任务是有趣的。这意味着，同意为了小的诱惑而做出违反态度的行为导致了最大程度的态度改变。

表 6-2　诱导服从后的态度改变

实验条件	喜欢工作任务的程度	愿意参加同样实验的程度
1 美元	＋1.35	＋1.20
20 美元	－0.05	－0.25
控制组	－0.45	－0.62

注:数值越高,态度越积极。

研究者称这个现象为理由不足(insufficient justification),指小的刺激能够有效地促进人们对一个活动产生兴趣,并乐于继续做下去。也有研究者将这一现象称为较少导致更多(less is more)效应。对于上述现象,研究者采用外部合理化(external justification)和内部合理化(internal justification)加以解释。外部合理化指的是为失调的个体行为提供外部的理由或解释,而内部合理化指的是通过改变自己的态度或行为等方式以减少认知失调。在上述研究中,1 美元而诱发的态度改变要远远大于 20 美元,可能是因为获得 20 美元补偿的被试为其撒谎提供了充分的外部理由,即将其外部合理化为自己是为了钱而撒谎,但被试并不因此相信自己所说的话,所以态度的改变较小;而 1 美元的补偿并不能为被试的行为提供充分的理由,他们需要一种内部理由说服自己这个实验是真的有趣,即将其内部合理化,从而使得态度改变较大。

费斯汀格与卡尔斯密斯(1959)的经典实验引发了对认知失调的大量研究。阿伦森和卡尔斯密斯(Aronson & Carlsmith,1963)探讨了认知失调现象是否存在于儿童身上。研究者让儿童根据喜爱程度将一些玩具进行排序,随后实验者告知儿童他要离开一会,他不在的时候儿童可以玩玩具,地上的玩具都可以玩,但不能玩喜爱程度排在第二位的那个玩具,如果玩了那个玩具儿童就会受到轻或重的惩罚。10 分钟后,研究者回来要求儿童重新根据喜爱程度将玩具进行排序。研究发现,没有一个孩子玩那个玩具,同时相比于较重惩罚,较轻惩罚条件下儿童对被禁止的玩具的价值感降低了(见表 6-3)。较重的惩罚为儿童提供了充分的外部理由,他们只是会短暂改变自己的行为。而当处于较轻惩罚下,因为处罚不充分,他们需要说服自己并不是那么喜欢那个玩具,从而使态度发生改变,这种改变将会长期持久存在(图 6-5)。所以在教育孩子的时候,如果想让孩子真正地改变态度,我们不应该给予其巨大的奖励或者严厉的处罚,应该循循善诱、温和教导或者给予一些小奖励。

表 6-3　禁止玩的玩具在吸引力方面的改变

威胁的程度	评定		
	增加	相同	减少
温和	4	10	8
严厉	14	8	0

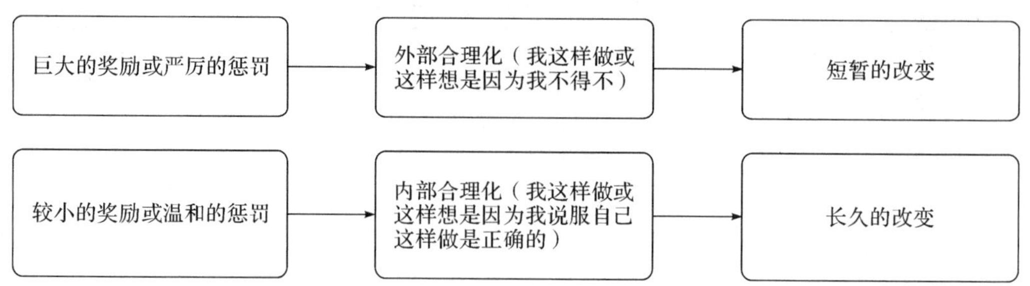

图 6-5　内部合理化和外部合理化的效力

2.努力合理化研究

大多数人都愿意为自己想要的东西付出努力。当你付出很大的努力去达到某个目标，结果发现它并不如你期望的那么好时，你将会体会到极大的认知失调。你可能会说服自己没有付出过太多努力来减少认知失调，这可能较为困难。于是你可能不得不采取另外的方法来减少认知失调，如提高对目标的评价，使自己相信付出这些代价和努力去实现这个目标是值得的，这一过程称为努力合理化(the effort justification)。我们会为付出的努力进行辩解或为自己付出的心血辩护，即对于努力追求的事物，我们倾向于提高自己对它的喜欢程度。

阿伦森和米尔斯(Aronson & Mills,1959)对这个现象进行了研究。在实验中大学生们自愿加入心理学习小组，进入小组会有筛选过程，被试被随机分为三组条件：筛选过程极度严格、筛选过程轻微严格、不需要筛选。接着被试会听到即将加入小组的其他成员的讨论内容，内容十分枯燥乏味。讨论结束后，每位被试对讨论进行评分。结果发现(见图 6-6)，只付出一点努力或未曾付出努力就加入小组的被试不会喜欢该小组(讨论与小组成员评分均不高)，那些经历严格筛选程序的被试更加喜欢该小组(讨论与小组成员评分均较高)，经历严格筛选的被试更容易为自己的努力进行辩护，认为这个小组是一个有意义的小组，他们用积极的方式来使自己付出的努力合理化。正如诺顿等(Norton,Mochon & Ariely,2012)发表的《宜家效应(IKEA 效应)：劳动创造爱》一文所提及的，消费者对于一个物品付出的劳动或情感越多，就越容易高估该物品的价值，这就是通过将自己的努力合理化来减少认知失调。

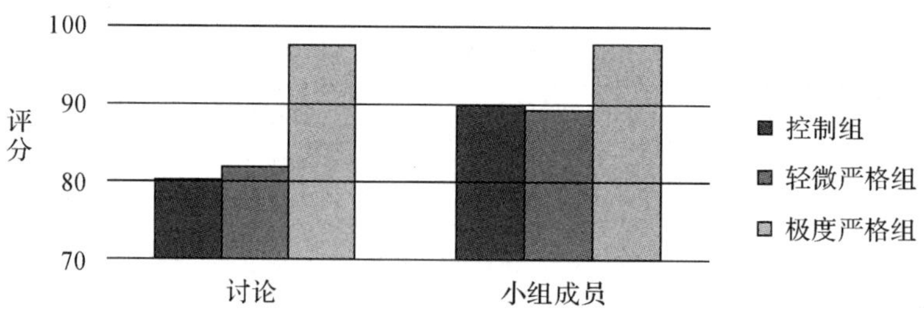

图 6-6　不同条件下对讨论及小组成员的评分

3.决策后失调研究

我们在生活中往往面临着诸多选择，而且很多时候鱼与熊掌不可兼得。当人们在两个或多个对象中自由选择其中一个后往往会体验到认知失调，称为决策后失调(post-decision dissonance)。例如你想买车，你在两辆车之间徘徊，当你做出决策之后，你认为“自己有智慧有才能”的认知会与你所选的车的不好的方面相冲突，也会与你所放弃的车的好的方面相冲突，所以在决策后你产生了认知失调。认知失调理论预测，我们可以通过增加我们所选事物的吸引力，降低未被选择事物的价值，通过自身态度的改变来减少认知失调。在上述买车的例子中，我们可能会通过购买后合理化(post-purchase rationalization)来减少认知失调，在买入某东西之后为说服自己而加入对购买行为合理化的解释，即使买下的产品太贵或有瑕疵。

布雷姆(Brehm，1956)最早采用自由选择范式(free-choice paradigm)对该现象开展了研究。布雷姆邀请女士们为8件家用商品进行评分，为了表示感谢允许她们挑选一个产品回家，她们可以在自己评分相同的两件产品中进行选择。被试完成决策后，所选商品被包好送给她们。20分钟后再次邀请这些女士评价商品。结果发现女士们对自己所选商品的评价要高于第一次，同时大大降低了未选择商品的评分。这表明在决策后，我们会更认同我们所选的事物并且更不认同未选的事物，通过改变自身态度以减少我们的认知失调。

当然，决策越重要，认知失调会越严重。买车比买饮料更重要，产生的决策后失调会更严重。同时，决策的影响越是持久，被撤销或改变起来越难，则减轻失调的需求越是强烈，这就是决策的不可改变性(Aronson，Wilson & Akert，2010)。例如，你要换车相比于你要换本书，决策更难以改变，减少认知失调的动机也更强。诺克斯和英克斯特(Konx & Inkster，1968)在赌马场进行了一项实验，他们分别访问了前往窗口投注的人和投完注后离开的人，发现后者对自己赢的概率有更高的估计。在投注前的人所做的决策可以改变，所以他们并不会有太多的认知失调产生；而投注后的人的决策已经不可改变了，他们会经历更多的认知失调，为了减少认知失调，他们就会认为自己做过的决策是最好的。

决策的不可改变性会增加认知失调，从而促使人们去减少它。当决策不可挽回时，认知失调程度将会增加，如果一个人不能再对决策有所作为，为了减少认知失调，便会更加肯定自己的决定是正确的。销售者利用决策不可改变性为消费者制造了错觉，创造了一种不道德的销售策略——滚雪球技术(lowballing technique)。销售者先以极低的价格诱使消费者答应购买一项产品，接着宣称搞错了价格需要提价，逼迫消费者只好以高价购买，但是此时大部分的消费者都会同意以一个过高的价格购买这件商品(Cialdini et al.，1978)。在这种情况下，承诺购买产品造成了决策不可改变的错觉，而这种承诺会让消费者对产品产生美好期待，如果不继续购买，会让期待落空产生认知失调，为了减少认知失调，消费者只能肯定自己购买产品的决策是正确的，最后只好以高价购买。这也符合经济学中的沉淀成本效应(sunk cost effect)，为了避免损失带来的负面情绪而沉溺于过去的付出中，选择了非理性的行为方式。

关于汽车、书这种商品的决策是比较容易的，有时候我们的决策还会涉及道德和伦理问题。例如，为了取得好的成绩而作弊，在这样的情况下，我们更有可能为了合理化自己的行为、改变自己的价值观来减少认知失调。这个推论被米尔斯(Mills，1958)所验证，其实验发

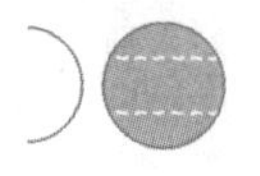

现曾经作弊的学生对作弊的态度更加宽容，而拒绝作弊的学生对作弊的态度则更为严厉。当你决定作弊后，你就会产生认知失调，因为这与我们所倡导的公平诚实不一致，在这种情况下你需要减少认知失调，一种非常有效的方法就是改变对作弊的态度，表现出对作弊的宽容，说服自己作弊并没有伤害他人、没有那么坏。相反，当你决定不作弊后，这与你想要获胜的认知也不一致，为了合理化你放弃好成绩的行为，最有效的就是改变自己的态度，认为作弊非常可耻，作弊者应该受到严厉处罚。因此，减少认知失调的过程不仅仅是合理化你的行为，你的价值体系有可能也会随之改变。

4. 诱导伪善研究

在社会情境中，如果人们对于自己不合理、不正确的态度或行为产生了认知失调，怎样促使人们的态度或行为变得合理而正确呢？例如，对于存在性别歧视的个体，如何引导他们产生性别平等的态度并且做出一致的行为呢？对于这个问题，研究者提出了诱发伪善范式(hypocrisy induction paradigm)。伪善指的是公开宣扬一些态度和行为，但随后表现出与此不符的态度和行为。而诱导伪善范式提出，如果想改变他人的态度，必须让当事人公开支持他所赞同的行为，诱发个体产生认知失调，使得个体不得不为了维护自己的承诺而做出更正确、合理的行为。

阿伦森等(Stone et al.,1994)利用诱导伪善预防艾滋病的传播。实验要求两组大学生撰写一篇演说稿描述艾滋病的危险，并宣传人们每次性行为时应使用避孕套。一组学生只撰写演说稿；另一组学生撰写演说稿之后，还需要在摄像机前背诵其观点并录下来，并告诉他们这些录像将会播放给高中生看。此外，还要求每组中的一半学生将他们没有使用安全套的情况列出作为提醒，包括认为安全套十分笨拙、难以使用或者无法使用等(伪善)。研究结果(见图 6-7)表明，处于伪善情况下的大学生购买安全套的可能性以及数量要远远大于其他情况。这些大学生因为教导别人使用安全套与自己不使用安全套的行为不一致(伪善)，将会产生高度的认知失调，为了消除伪善、减少认知失调，他们必须开始履行自己的承诺——使用安全套。

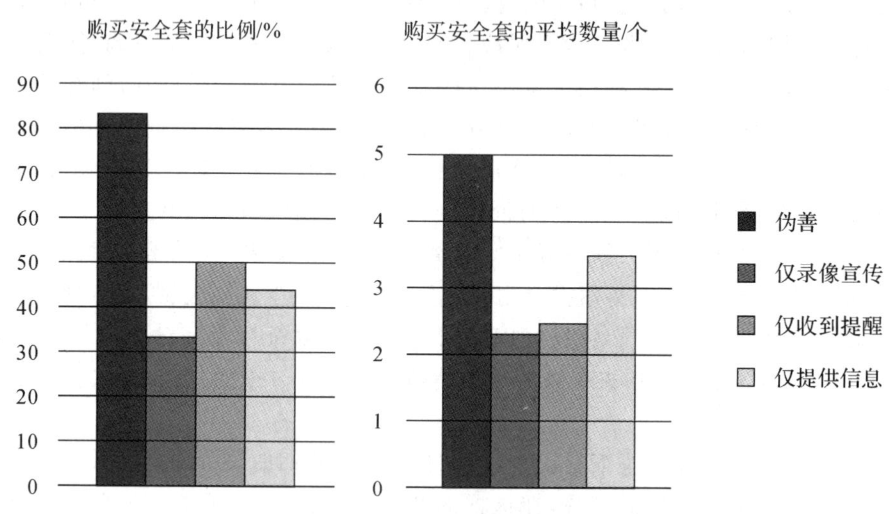

图 6-7　不同条件下被试买安全套的比例及平均数量

5. 富兰克林效应研究

富兰克林效应提到，你会喜欢那些你帮助过的人，讨厌那些你伤害过的人。这是源于本杰明·富兰克林(Benjamin Franklin)的一个典故，在他担任宾夕法尼亚州的参议员时，一位议员同事因为政见不同，和他基本上没打过招呼。富兰克林采取了一种策略，请求这个议员借一本稀有的书给他。议员提供了帮助，随之产生了认知失调，即自己讨厌富兰克林却又借书给他。为了减少认知失调，最有效的方法就是该议员改变对富兰克林的态度。果然，再次见面时议员主动与富兰克林友好地打招呼，此后他们还变成了要好的朋友。杰克尔和兰迪(Jecker & Landy，1969)验证了这一效应，实验中被试参与一项奖励丰厚的比赛。比赛结束后，被试被随机分到三个条件下：第一个条件，实验者告诉被试实验资金将要用尽，希望被试将奖金退还；第二个条件，由心理系秘书而不是实验者出面告诉被试心理系的资金将要用尽，希望被试将奖金退还；第三个条件下被试并未被请求退钱。最后，被试对实验者进行评价。研究显示(见图 6-8)，相比于另外两个条件，由实验者出面请求退款的被试对实验者的评价更高，对实验者的喜爱程度更高，这充分验证了富兰克林效应中的你会喜欢那些你帮助过的人。

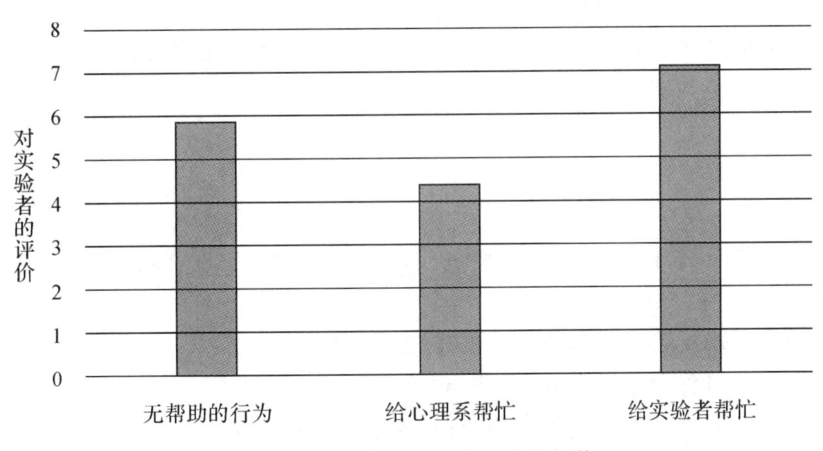

图 6-8 不同条件下对实验者的评价

此外，富兰克林效应也暗示你会讨厌那些你伤害过的人，即憎恨受害者。伯奇德等人(Berscheid，Boye & Walster，1968)的研究支持了这个假设。实验中每一位大学生被试需要对自己的同学进行痛苦的(假的)电击，为了减轻自己的认知失调，被试会说服自己相信受害者是罪有应得的，去贬损受害者。正如在战争中，士兵们杀害平民百姓，他们会产生较大的认知失调，因此有较大的需求去贬损平民受害者。为了将自己的暴行合理化，他们也有可能将平民动物化，即非人化。非人化是指将某个对象直接用某种非人生物或者无生命的物体来完全剥夺或者否定人性特征(Haslam，2006)。战争中将难民非人化会导致暴行的持续发生，残酷性更为升级，将会导致更大规模的暴行以及对难民更强烈的非人化，所以才会有类似南京大屠杀这种暴行的发生。

认知失调理论的意义在于把复杂的认知关系简化为认知因素之间的协调与不协调的关系，这使得该理论具有较大的灵活性和适用范围。该理论不仅适用于认知者的认知体系，还适用于更为广泛的、认知者以外的社会领域，对社会心理学理论的发展做出了重大贡献。不足之处在于，由于认知失调理论的灵活性高、范围广，因此对协调与不协调的界定往往是模糊的，不易进行测量。随着研究的进展，海恩等(Heine，Proulx & Vohs，2006)将认知失调理论拓展为意义维持模型(meaning maintenance model)。该理论认为，当新经验的事实与个体基于既有信念形成的预期出现冲突，个体会体验到意义违背，这使得个体采取自我调节策略如同化、顺应、肯定、提取、重组五种策略来缓解意义违背，实现意义维持(王珏，2017)。

本章习题

一、简答题

1. 根据卡茨的理论，态度有哪几种功能？
2. 简要说明态度和行为的关系。
3. 简述基于认知、情感和行为的态度形成过程。
4. 根据卡尔曼的理论，态度形成可分为几个阶段？每个阶段都有什么特点？
5. 简述平衡理论与和谐理论的异同。

二、论述题

1. 请根据计划行为理论，以减肥为例试述包括对行为的态度在内的因素如何影响减肥的实际行动。
2. 请说明耶鲁态度改变法和精加工可能性模型的区别。
3. 请说明沟通过程会怎样影响说服的效果。
4. 试述认知失调理论的主要观点和证据，并结合实际谈谈该理论在现实中的作用。

三、思考题

1. 凯尔曼认为，态度形成可分为顺从、认同和内化三个阶段。那么，通过哪些方法能够使得人们的态度内化？
2. 根据精加工可能性模型，设计说服方案以减少人们的吸烟。
3. 试述自我在认知失调理论中的作用。

在线测试

本章参考文献

第七章 人际关系

与他人之间的有意义的人际关系如同空气、水、食物，是人能够得以生存与繁衍的基础。健康和良好的人际关系也是人的幸福感的重要根源。贝谢德(Berscheid,1985)曾调查不同年龄段的人们哪些东西让他们感到幸福，结果发现位居其首的都是亲情、友情等充满温情的人际关系，而有意义的人际关系的匮乏会让人感到孤独、无价值、失望和无助。本节以人际吸引和爱情为主题，介绍人际关系的功能、作用及影响因素，帮助人们透过纷繁复杂的人际现象分析背后的可能机制。

第一节　人际关系概述

一、人际关系的定义

人际关系(interpersonal relationships)指个体与他人在相互交往过程中形成的心理关系，是人与人之间相互依赖与相互影响的反映。人与人的相互依赖与影响体现在个体与他人之间的亲密性、融洽性和协调性。其中，亲密性反映了双方情感上相互接近的程度；融洽性反映了双方的心理相容程度，即双方能否做到相互接纳和包容；而协调性强调交往中双方相互配合并满足各自需要的程度。不同的人际交往在这三方面存在着区别，例如，家人是人们最亲密、相处最融洽的人，而同事关系的协调性相对较高，亲密性和融洽性则相对较低。

人际关系是由认知、情感和行为三种成分构成的。认知成分是人际关系的基础，反映了人们如何看待当前的人际关系，认知上的变化往往会引起人际关系的变化。你认为一个人值得交往，就会倾向于与其相互分享和彼此帮助，可能逐渐发展成为彼此的挚友。情感成分是人际关系的主要成分，反映人们在感情上对关系对象的好恶以及对关系现状的满意程度。不同的人际关系会引发不同类型和强度的情感，与师长交往会使人们心生钦佩，与兄妹一起则令人放松愉快。行为成分是双方在交往中的外在表现。不同的人际关系通常伴随不同的行为表现。人们与长辈交往时会小心翼翼，与朋友交往时随性自然，而与讨厌的人在一起则可能如坐针毡。

人际关系是在双方你来我往的过程中逐渐建立和发展起来的。奥尔特曼(Altman,

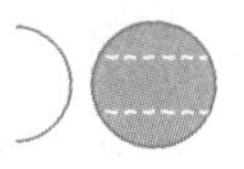

1973)认为,建立良好的人际关系需要经历四个阶段。一是定向阶段,这个阶段的任务是对交往对象的注意、选择和初步沟通,此时建立的人际关系类似于点头之交。二是情感探索阶段,随着双方沟通的深入,共同情感领域被不断发现,双方开始尝试浅层的自我暴露,例如交流对某事件的看法。初次合作的小组成员之间的关系就处在情感探索阶段。三是情感交流阶段,此时,人际关系开始出现实质性变化,双方逐渐建立对彼此的安全感,沟通内容开始涉及深层次的自我暴露,好朋友往往处于这一阶段。四是稳定交往阶段,双方在心理上的亲密性、融洽性和协调性进一步增加,会允许对方进入高度私密性的个人领域,甚至还会分享彼此的生活空间和财产,夫妻关系往往处于这一阶段。

二、人际关系的类型

人际关系的研究不仅受到心理学领域的关注,社会学、人类学等对此也进行了富有成效的探讨。

(一)人际关系距离

在心理学领域,往往以人际关系距离作为衡量人际关系的指标。人际关系距离反映出人与人之间彼此关系的亲疏远近,是个体与亲近程度不同的人之间的情感距离。人类学家霍尔(Hall,1966)很早就根据人们之间的亲疏关系提出四种空间距离,即亲密距离、个人距离、社会距离的和公共距离,人们在交往时会与不同对象保持不同的空间距离。如果你认为某一个人与你只是朋友关系,那么可能会期望他在你的亲密距离之外,一旦他进入你的亲密距离,就会自动激活你对他一系列的特定生理或心理反应。人与人的空间距离是人们之间关系的具象化表征。人际空间距离的构建可能是无意识就能完成的。例如,当一个黑人坐在一把椅子上时,一个白人进来后更有可能坐在距离较远的另一把椅子上。

与此类似,艾伦等(Aron & Smollan,1991)在自我扩张理论(self-expansion theory)的基础上提出了自我对他人的包含(inclusion of other in the self,IOS)这一概念,以衡量人们之间的关系远近。该理论认为,人际关系的发展是为了扩张自我,随着关系的不断深入,人们会不断将他人纳入到自我中,关系双方的心理边界随之不断消除。因此,人们与他人的关系越亲近,则将他人纳入自我的程度越高。艾伦等(1992)将自我—他人关系分为七种水平,从自我与他人完全分离到高度重叠,以此来反映他人与人们的亲疏远近(图 7-1)。其中,自

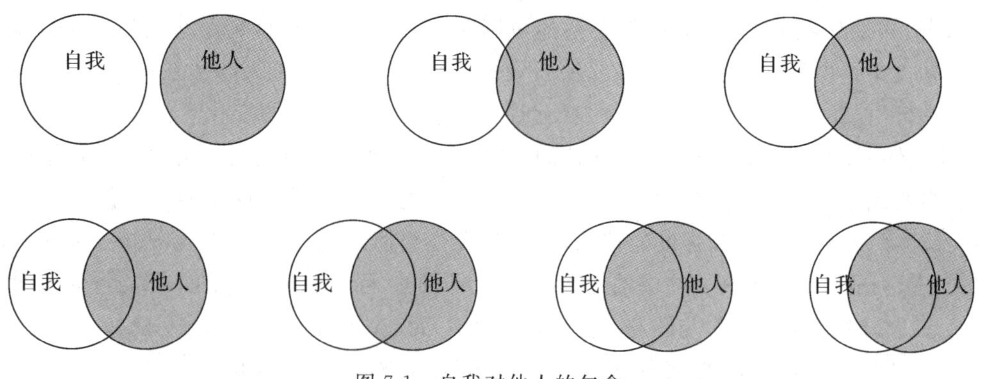

图 7-1　自我对他人的包含

我对他人的包含中的他人不仅包括亲密他人，还包括一般意义上的他人、群体或社会共同体（如社区）。

（二）差序格局

人际距离反映人际关系亲疏在量上的变化。在我国的文化背景中，人与人的关系不仅存在着量的变化，可能还存在着质的区别，这被称为人际关系差序性（differential of interpersonal relationships）。

费孝通（1947）提出了中国社会的差序格局，认为"人们社会中最重要的亲属关系就是这种丢石头形成同心圆波纹的性质"，以自己为"中心"，"社会范围是从'己'推出去，最基本的是亲属……向另一路线推是朋友"，"愈推愈远，愈推愈薄"。费孝通认为，我国的社会格局区别于西方，人们的社会关系类似于丢石头形成同心圆波纹的性质，关系范围的大小取决于中心势力的厚薄，关系范围因时因地可以伸缩。而西方的社会组织常常是由若干人组成的一个个团体，像"一捆捆扎清楚的柴"，团体界限相对分明，人们承认团体的界限，具备相应的资格可以被纳入团体，资格取消了就需离开团体。团体中的个体对于团体的关系是相同的，即使有组别或等级的区别，也是先规定清楚的。因此，西方社会中人们往往争的是权利，而中国人常常是攀关系、讲交情。

在此基础上，黄光国（1986）提出了中国人的"人情与面子"模式，将人际关系分为工具性关系、混合性关系和情感性关系三种，对于不同的关系人们会采取不同的社会规则。人们对待工具性关系的外人会采用公平法则，对待情感性关系的家人则使用需求法则，而对待同时具有情感性和工具性关系的熟人则使用人情法则。

人际关系差序性影响着人们的交往心态和道德取向。例如，在面临资源损失的情况下，当一个人对他人表现出偏私行为时，这个人与偏私对象的差序关系越近，人们对其偏私行为的道德评价越高（刘淑威，2018）。在进行道德判断时，儿童对母亲、兄弟姐妹、亲密朋友、一般朋友和熟人的公正取向逐渐增强，而关怀取向逐渐减弱（卞军凤，2015）。

（三）强关系和弱关系

社会学家格兰诺维特（Granovetter，1973）认为，在一个社会关系网络中，人际关系可以分为强关系网络和弱关系网络。强关系网络中的个体同质性高，人与人的关系紧密，有很强的情感因素维系着双方的关系；人们之间信息的重复性高，通过强关系传播的信息可能限制在较小范围内。反之，弱关系网络中的个体异质性高，人们的交往面广，但是人与人的关系并不紧密，缺乏情感因素的维系；个体可以从中获得多方面信息，且由于信息传播经过较长的社会距离，传播范围会较大。

强关系和弱关系并不具有褒贬之意，只是依据人际关系的广度与深度，对个体的社会关系的结构形态加以描述。社会关系网络在一定程度上决定了个体通过人际关系获得的信息的性质，如多样性、私密性等。Facebook（脸书）的数据团队于 2012 年分析发现，转发强关系个体信息的概率大约是弱关系的 2 倍（Bakshy et al.，2012）。人们转发别人分享信息的可能性与自己看到并直接分享的可能性的比值被称作分享的放大效应。Facebook 的研究显示，强关系下的放大效应是 6，而弱关系下的放大效应是 9。这说明对于同样一条信息，如果分

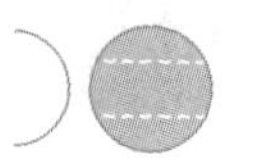

享自弱关系个体，那么你的转发概率是你自己发现这项信息后转发概率的9倍，而且这个比率高于强关系个体分享时你的转发概率。因此，弱关系网络的信息多样性比强关系网络更高。对于强关系分享的信息你自己本来也有可能发现，而对于弱关系分享的信息，若非对方分享你很有可能发现不了。

强关系与弱关系网络的差异会影响个人达到其行动目的的可能性。格兰诺维特(Granovetter,1973)认为，美国社会是一个偏向弱关系网络的社会。在美国，个体认识的各行各业的人越多，信息多样性越高，越容易办成他想要办成的事，而那些交往比较固定、狭窄的人则不容易成事。中国社会是一个偏向强关系网络的社会，在中国，人们想要办成事情依靠的不是弱关系提供的信息的广度与多样性，而是强关系给予的明确、有力的帮助，因此，人们倾向于建立强关系网络来达成目标(边燕杰，1994)。

（四）关系模型理论

人类学家费斯克(Fiske,1991)综合社会学、社会心理学和文化人类学的理论与研究发现对社会关系的类型进行了系统划分，提出了关系模型理论(relational model theory)。依据不同的社会交换规则，该理论将人际关系分为四种类型：共有共享关系(communal sharing relationship)、权威等级关系(authority ranking relationship)、平等匹配关系(equality matching relationship)及市场定价关系(market pricing relationship)。

人际关系可以理解成建立在成本与收益的社会交换基础上的简单概念。具体地说，人际关系可以看作是在“资源”交易上建立起来的，资源既可以是物质的(如花束、食物)，也可以是非物质的(如信息、情感)。基于人际关系中进行社会交换时使用的不同规则，艾伦·费斯克认为人类社会存在着以下四种社会关系类型。

共有共享关系　当社会交换的规则是关系中的个体共享资源、按需索取并相互照顾时，人们就形成了共有共享关系。这种关系中的个体都有一种强烈的一体感和共享性，资源交换或分配的决策是由群体的一致意见决定的。例如，和谐的家庭关系往往属于共有共享关系，家庭的资源物质按需使用，家人之间相互照顾，所有关乎家庭的决定都需要每个家庭成员的一致同意。

权威等级关系　当社会交换的规则是关系中的某一方享受优先获取资源的权力时，就形成了权威等级关系。当人们通过权威等级进行联系时，人际交往的特征是关系各方之间存在等级显著性。高等级的个体不仅拥有优先获得资源分配的权力，并且有权享受低等级个体的忠诚和尊敬；而低等级的个体在关系中获得保护，接受建议和领导。在这种关系中，有关资源交换和分配的决策由高等级个体做出。例如，中国式家长会倾向于与孩子建立权威等级式的亲子关系，家庭的大部分决定都由父母做出，孩子的意见往往被忽视或忽略。

平等匹配关系　当社会交换的规则是关系中任何一方不论强弱和需求都享受平等的资源交换和分配时，就形成了平等匹配关系。这种关系下资源的交换和分配基于公平的一对一原则，没有人比他人获益多，大家平等分享、相互回报，享有平等的决策权。这种关系类型往往很难实现，多存在于儿童时期。例如，一起游玩的小孩子会不论玩具的实际价值而交换玩具。

市场定价关系　当社会交换的规则是关系中的个体根据资源的价值及合理的利己原则

进行交易时，就形成了市场定价关系。在市场定价关系下，个体的付出与获得资源成比例，并且不断寻求最佳的交易。因此，资源的交换与分配由价值决定，资源交换的决策权也依据价值的比例确定。买卖双方的关系就是最为典型的市场定价关系。

三、人际关系的作用

（一）满足需求

在人类的漫长历程中，通过人际交往获得生存繁衍的食物和经验是至关重要的。一旦被部落所驱逐，个体存活的可能性会微乎其微，可谓是对个体最为严厉的惩罚。因此，归属的需要（need for affiliation）一直被认为是人的最为基本的需要。自尊的社会计量理论也认为，人们都渴望与他人建立联系，当人们被社会拒绝时自尊会随之下降，从而驱动个体采取策略以恢复自尊（Leary & Baumeister，2000）。

（二）了解自我

人际关系是探索自我的重要途径，人们通过与他人比较的结果来评价自己。人们之所以与他人亲近，可能是为了将自己与身处相同情境中的他人进行比较，以此判断自己的能力和自我概念是否准确、情绪反应是否合理，甚至以此来选择朋友（Helgeson & Mickelson，1995；Schacter，1959；Wood，1996）。费斯汀格（Festinger，1954）认为，当人们对自我的某个方面不确定时，更希望通过社会比较来加以确认，例如，低自尊的人喜欢采用向下比较以恢复自尊。

人际关系能够增进他人对自我的了解，通过他人的反馈来验证人们对自己的看法。约哈里窗（Johari Window）揭示了人际关系中他人反馈对自我了解的作用（Luft & Ingham，1955）。依据自我了解和他人对自己的了解的不同，约哈里窗将人的内在自我分成四部分：开放我、盲目我、隐藏我和未知我（图 7-2）。人际关系使得人们可以通过他人的反馈来减少“盲目我”，增加“开放我”，达到增进自我了解的目的。

	自我了解	自我不了解
他人了解	开放我： 自我的公开领域	盲目我： 自我的当局者迷、旁观者清领域
他人不了解	隐藏我： 自我的逃避或隐藏领域	未知我： 自我的潜在待发掘领域

图 7-2　约哈里窗

(三)减轻孤独

每个人都有对社会关系的归属需要,这也是人们与他人建立人际关系的意义所在(Baumeister & Leary,1995)。当人们无法与他人建立良好的人际关系时,就会体验到寂寞和孤独。寂寞是人们的社会关系缺乏某些重要成分时产生的不愉快感。孤独(aloneness)与之类似,是个体与他人或社会相隔离和疏远的感觉与体验。长期孤独的人会花更多的时间谈论自己,但是对同伴的话题不感兴趣(Jones,Sansone & Helm,1983),消极地看待他人(Rotenberg & Kmill,1992)。这说明孤独的人渴望与他人建立良好的人际关系,却往往采用消极的交往行为,结果反而可能招致社会排斥,进一步遭受寂寞和孤独。当人们想要建立人际关系却被社会排斥所阻碍时会感到焦虑和抑郁,甚至会陷入孤僻(Gerber & Wheeler,2009)。艾森伯等人(Eisenberger,Lieberman & Williams,2003)发现,社会排斥诱发了与身体疼痛导致的相似的大脑反应,从反面说明了人际关系的重要意义。而良好的人际关系不仅会减少孤独寂寞,还会让人们体验到深深的幸福感(Deci & Ryan,2002)。

第二节　人际吸引

一、人际吸引的定义

人际吸引指人们在情感方面相互喜欢的现象。人际吸引反映出人们接近他人、寻求互动的愿望,是人际关系的积极心理状态。

人与人之间为何会产生吸引呢?学习理论认为,由于某些刺激能满足人们的需要,会比其他刺激更能吸引人们。人们往往趋利避害,那些让人趋近的刺激称为奖励,会让人产生愉悦感;而让人回避的刺激则会带来不悦感。有时他人会直接带来奖励,有时只是偶然地和奖励一起出现。人们会将奖励和他人联系在一起。如果奖励和他人反复出现,这一联系就得到了巩固,即使奖励没有出现时他人本身也能够引起愉悦感。总之,人们喜欢给其带来奖励的人,不喜欢引起不愉快的人。按照这一观点,人际吸引是因为他人的出现对于人们有奖赏意义,人们因为他人带来的直接和间接奖赏而喜欢他人(Clore & Byrne,1974)。在人际关系中,直接奖赏指他人提供给个体的全部的积极结果,如金钱、信息、关注等,他人提供的直接奖赏越多,吸引力就越强。他人还会给个体带来间接的利益。人际吸引的强化情感理论(reinforcement-affect model of attraction)认为,人际吸引形成的原因在于,当人们处于积极的情绪时,伴随此情境出现的人也会让人们较为喜欢(Byrne & Clore,1970)。这实际是一种关联吸引,就像运动员会喜欢那些让自己赢得比赛的所谓幸运号码一样,人们也会喜欢自己喜欢的球队赢得比赛时陪伴自己观看的同伴。人们会无意识地追求那些能为后代提供生存优势的人,以这些人为伴侣的话可以给个体带来间接的利益,所以个体会被他们所吸引(Buss & Shackelford,2008)。男性认为女性最迷人的腰臀比(waist-to-hip ratio,WHR)为7∶10,这种体型比例与生育能力紧密相关(Platek & Singh,2010);而女性偏好那些能够提

供和保护资源的男性特征，年轻貌美的女性通常会嫁给社会地位较高的年长男人(Elder，1969;Kanazawa & Kovar,2004)。

社会交换理论考虑了成本和收益在人际吸引中的作用。当人们认为与某些人交往的收益高于成本时，人们就会喜欢这些人。他人能提供给的收益越多，人们花费的成本越低，人们对他人的喜欢程度也会越高。这一过程类似在商场中寻求最为称心如意的商品，人们总是试图寻求以最小代价获取最大奖赏的人际交往(Rusbult,Arriaga & Agnew,2001)。人们会维持收入(即奖赏)超过付出的关系，而在收支不抵时会中止这一关系(Berscheid & Lopes,1997)。

纽科姆(Newcomb,1953,1971)提出了人际吸引的对称理论(symmetry theory)。该理论与海德的平衡理论类似，涉及认知主体A对于另一个体B和认知客体X的关系，因此又被称为A—B—X模式。该理论认为，人际吸引是基于交往双方对共同相关的对象具有相似的态度。人们相互交往、建立关系和形成群体是因为共同的态度和价值观。纽科姆认为，人们之所以喜欢对称的关系是出于工具性的目的：如果A和B对于对象X持有同样的看法，A就能更好地预测B的行为。如果你和朋友在一系列重要事情上的态度相似，那么在其他情境中你就能对朋友的行为做出可靠的判断。此外，人们喜欢对称关系是因为这有助于验证人们对事物的观点。如果朋友和你对某一事物的看法相同，你就会认为自己的看法较为准确、可靠。反之，如果你喜欢的人对此事物有不同的看法，会降低你对所持观点的自信，你可能不得不采纳他对于此事物的观点，或促使他采纳你的观点。当然，如果这种情况屡屡发生的话，朋友对你的吸引会随之降低。

二、人际吸引的影响因素

(一)相似性

一般而言，相似性(similarity)会导致人际吸引。“物以类聚，人以群分”，人们倾向于喜欢在态度、兴趣、价值观、背景、人格等方面与人们自己相似的人(Simpson & Harris,1994)。因此，英雄会彼此欣赏惺惺相惜，琴友心意相通会会心一笑，同乡异地相逢则欣喜若狂。正如《阿摩司书》有云：如果两个人不一致，他们能走到一起吗?

相似性导致吸引这一假设已得到大量研究的支持。纽科姆(Newcome,1961)以密歇根大学的两组新生为对象，探讨了相似性与人际吸引的关系。根据实验安排，两组素不相识的男生住在提前安排好的宿舍里，这些宿舍几乎和其他宿舍完全一样。纽科姆以测验得到的数据为基础控制了两组学生的相似性，将相似的学生安排到同一房间，将不相似的学生安排到另外一间房间。研究发现，在共度了13周的寄宿公寓生活后，一开始表现出高度相似性的学生更容易成为亲密朋友。另有研究者发现，在很多环境中，当走进满是陌生人的房间时，人们通常会坐在外表特征与自己相似的人身边(Mackinnon,Jordan & Wilson,2011)。甚至微妙的模仿也会产生喜爱之情。例如，在饭店里，仅仅通过重复客人点菜方式以模仿客人的服务员往往能得到更多小费(Lakin & Chartrand,2013)。

在恋爱或婚姻中，人们选择与自己相似的伴侣的倾向被称为匹配原则(matching

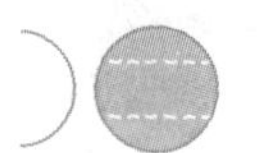

principle)。人们在选择朋友,尤其是在选择终身伴侣的时候,通常倾向于选择那些在智力、受欢迎程度和自我价值方面都能与自己匹配的人(Taylor et al.,2011)。此外,人们选择约会对象或者伴侣时会考虑价值观、态度的匹配,甚至在外表吸引力、社会背景、人格特征方面也是如此(Schoen & Wooldredge,1989;Stevens,Owens & Schaefer,1990)。

人们之间的相似性既可以是真实的,也可以是想象的,想象的相似性(assumed similarity)也会提高人际吸引。在《罗密欧和朱丽叶》中,罗密欧无法对有世仇的朱丽叶的家族抱有积极态度。按照对称理论,罗密欧应该改变对朱丽叶的态度,或者假想朱丽叶不喜欢其家族。如果罗密欧这样假想,而且朱丽叶不提出反对意见,则可以维持彼此间的亲密关系。米勒等(Miller et al.,1966)要求大学生描述自己的个性,又要求这些学生的朋友(同住在大学生宿舍中)描述这些学生的个性。结果发现,朋友将这些学生的个性描述得与自己十分相似,但与这些学生的自我描述相比较,两者实际上只有很少的相似性。这种知觉到的相似性(perceived similarity)甚至比真实的相似性对于人际吸引更为重要。人们知觉到的相似性和婚姻满意度之间的相关高于真实的相似性和婚姻满意度之间的相关(Levinger & Breedlove,1966)。

不相似则会导致不喜欢。男性异性恋者通常会鄙视那些在感知性别特征及性行为方面与自己不同的同性恋者(Lehavot & Lambert,2007)。Rosenbaum(1986)指出,态度相似会导致喜欢,而态度的相异会产生排斥。如果对方的那些不同的态度和价值观与人们的道德信仰紧密联系,人们会更加不喜欢且远离他们(Skitka,Bauman & Sargis,2005)。重要的是,不同的态度对喜欢的抑制作用甚于相同的态度对喜欢的促进作用(Singh & Ho,2000;Singh & Teoh,1999)。

需要指出的是,与他人相似并不总是让人们感到愉快。在某些情境中,相似性代表着威胁。如果他人和自己同样患有心脏病或者遭遇到不幸事件,人们可能因为自己的软弱而心生焦虑,宁愿躲开此人以回避自身的焦虑(Novak & Lerner,1968)。

(二)互补性

有时,互补性(complementarity)也会导致人际吸引。人们倾向于喜欢那些能弥补自己的需要或特征的人,当他人具有我们看重却不具备的特征时,我们会觉得对方很有吸引力。

互补性因素主要涉及人格特质与能力特长。在人格特质方面,生活中不乏特征互补的关系。不同人之间,脾气火爆的与脾气随和的、活泼健谈的与沉默寡言的、独断专行的与优柔寡断的往往会彼此吸引。互补性特征使得彼此能够取长补短,互相满足对方的需要。支配性的个体和依赖性的个体往往能走到一起,一方喜欢控制,希望伴侣能听从自己的忠告;而另一方喜欢依赖,希望伴侣给予帮助和建议。有研究表明,感到最多爱意和最少冲突的伴侣是那些在热情上相似而支配欲上不同的伴侣(Markey,2007)。在能力特长方面,你擅长烹饪我擅长修理、你精通数理我文采斐然、你想象丰富我善于落实的人往往也会彼此吸引。如果伴侣双方有不同的技能,一方往往乐于让另一方在他的优势项目上发挥特长,正如梁思成和林徽因在建筑才能上的珠联璧合、相得益彰,成就一段佳话。

互补性对人际吸引的影响与交往时间有关。克切霍夫和戴维斯(Kerckhoff & Davis,1962)采用访谈、测验等方法研究了大学生恋人,考察究竟是价值观的相似性还是需求的互

补性能够导致持久性关系的建立。恋人们被分为长期组(在一起超过18个月)和短期组(在一起不足18个月),且都很严肃地考虑了未来的结婚问题。研究者首先测量了恋人们的价值观和需要,7个月后再次询问他们的关系是否有所改变,并给予三个选项:不,和以往一样;是的,我们接近永久性伴侣关系;是的,我们进一步成了永久性伴侣。结果发现,关系的时长影响着价值观相似性、需要互补性与关系的发展程度。对短期组来说,价值观相似的恋人倾向于报告其持久性关系有进展,而需求互补性并没有促进持久性关系的发展。但对长期组来说,需求互补的恋人的持久性关系有了更多的进展,相似价值观对持久性关系并没有助益。根据上述结果,克切霍夫等人提出了匹配选择的筛选因素理论,认为亲密关系的发展中存在着许多筛选器,主要包括:人口统计学因素如社会经济地位、宗教信仰、年龄等;恋爱时间较短时的价值观相似性;恋爱时间较长时的需求互补性。在交往初期,相似性决定亲密关系的发展,而在交往后期则是互补性主导亲密关系的走向。总而言之,究竟是相似性还是互补性导致了人际吸引,取决于他人是否能提供更多人们想要的内容。

(三)接近性

在日常生活中不难发现,许多友谊、爱情的形成都受到物理距离的强烈影响,如家庭住址的距离、宿舍间距、教室座位的接近程度等。对于这些因素的早期研究表明,空间距离的接近性(proximity)能够增加人们偶然接触的次数,不断的接触让人们彼此认识、相互了解直至最终吸引。接近性是决定人们之间能否成为朋友的最有力因素(Berscheid & Reis,1998)。所谓近水楼台先得月,向阳花木易为春,彼得·尤斯蒂诺夫(Peter Ustinov)在《Dear me》中就直白点出:“跟一般人的信念相反,我不相信朋友就必然是自己最喜欢的人,他们只是最先占据那些位置罢了。”在大学中,那些上学期坐在相邻座位或同一排的学生比那些座位离得远的学生更容易成为朋友(Back, Schmukle & Egloff, 2008)。詹姆斯·博萨德(James Bossard,1932)研究了配偶选择中距离的重要性,他考察了费城约5000对申请结婚的情侣,发现申请人数与配偶住地的距离之间呈反向关系,随着两地距离的增加,申请人数显著减少。社会学家也证实,大多数人的婚姻对象是那些和他们居住在相同的小区,或在同一个单位或公司工作,或曾在同一个班里上过课的人(Burr,1973;Clarke,1952;McPherson, Smith-Lovin & Cook,2001)。接近效应意味着人们很多人际关系的产生仅仅是由于“同一个时间出现在同一个地点”。

费斯汀格等(Festinger, Schachter & Back,1950)较早对空间距离和人际吸引之间的关系进行了系统研究。他们调查了一个名为Westgate West的宿舍区里友谊关系的形成。这个宿舍区是新建成的,供已婚大学生夫妇住。宿舍区有17幢两层楼的房子,每层有五个套间,所有房间配置设施完全一样。搬进来的夫妇没有权力选择住哪一套,房间基本上是随机分配的。夫妇们入住一段时间后,研究者请住户列举愿意在这个住宅区经常交往的三个人。住户的回答表明他们与住得近的人经常交往(图7-3):住在同一楼层的居民提到他们隔壁邻居的次数比提到两门之隔的邻居的次数要多很多;而提到两门之隔的邻居的次数又大大高于提到走廊另一端(4门之隔)邻居的次数。在住户的回答中,有41%的隔壁邻居、22%相隔两门的邻居被提到;而在相隔4个房间的邻居中,只有10%的人被提到。事实上,房间之间的距离是非常短的,距离最远的门之间也不过是27米。虽然这样的距离多花几分钟就可以

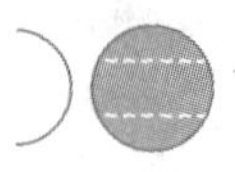

走到，却是决定友谊关系的重要因素。此外，即使物理距离相差不多，住在不同层的人们与住在同一层的人们相比，前者被提及的频率要比后者少得多。在这个意义上，住在不同楼层的人们要比住在同一层楼的人们遥远得多。

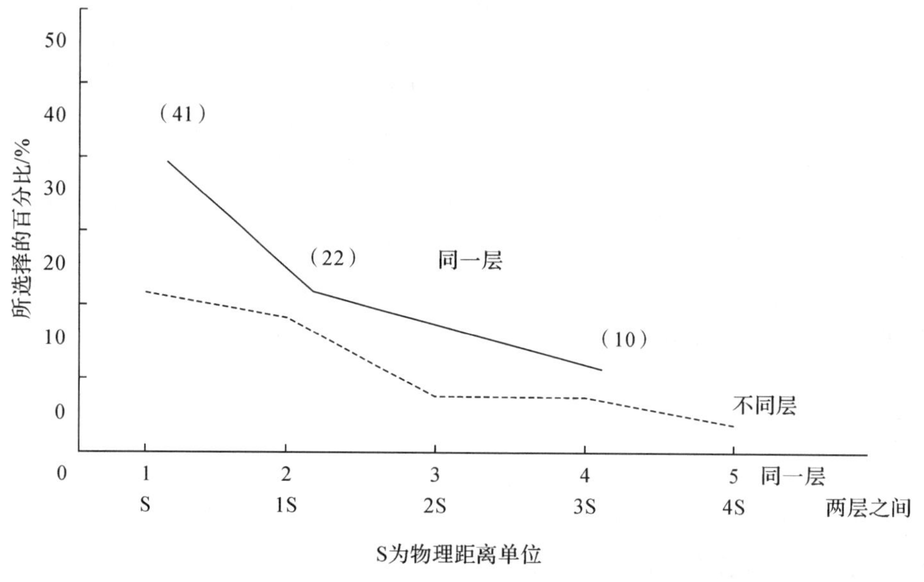

图 7-3　空间距离与人际吸引的关系

空间距离的接近性之所以导致人际吸引，可能原因在于：首先，距离接近导致彼此互动所需付出的成本较少，而酬赏相对较多。一方面，远亲不如近邻，邻居通常比远方的亲戚更能提供及时的帮助，解决人们的燃眉之急；另一方面，相比于邻近的关系，相隔很远的人际关系需要人们花费更多的时间、精力和金钱来维持。在爱情中，分隔两地一般不如双宿双栖令人满意(Sahlstein，2006)。其次，距离接近增加了获取对方相关信息的机会。人们的距离越近，越有可能有共同的活动与交流，从而越有可能发现对方的优点，拥有共同的话题和生命体验。最后，距离接近让彼此容易产生熟悉感，进而增加彼此的吸引。

(四)熟悉性

物理距离的接近性促进人际吸引，一种可能的原因是熟悉性(familiarity)或交往频率。人们与他人交往得越多，彼此了解得就越充分，彼此的熟悉性就会提高相互的人际吸引。人们彼此之间交往的次数越多，越容易形成共同的体验、话题和态度。对于素不相识的人来说尤其如此，交往频率在形成人际关系的初期起着重要的作用。

熟悉性导致吸引的现象中最为常见的是曝光效应(mere exposure effect)。曝光效应指人们对重复接触的中性或积极刺激的评价会逐渐变得积极或更积极(Zajonc，1968)。扎荣茨在一项研究中发现，被试对经常看到的外文单词会赋予更积极的意义。如果人们重复听一些音乐，人们会更喜欢它们。广告商们正是充分利用了这一原理，力图让一个产品在广告中频繁出现，人们就更有可能逐渐对该产品形成积极的情感。一般认为，趋利避害的习性使得人们对于不熟悉的事物往往抱有警觉和怀疑，而随着接触的增加，警觉感会

逐渐减轻，不熟悉的事物变得熟悉并且亲切。曝光效应在个体没有意识到呈现的刺激时也会发生，而且研究表明，在阈下刺激情况下的曝光效应更为强烈(Bornstein & Dagostino，1992)。

熟悉性会影响人们对他人的评价。Zajonc(1968)在一项研究中要求被试看一系列照片，其中一部分照片经常出现，另一部分照片很少出现。随后要求被试报告对照片上的人的喜欢程度，结果发现，被试对于经常出现的照片上的人比只看过一、两次的人喜欢程度更高。莫兰和比奇(Moreland & Beach，1992)邀请 4 名女助手参加了一项现场研究，前测表明，她们在外表上被认为具有同等的吸引力。她们以学生身份参加了一门社会心理学的讲座课程。其中有三名女助手分别旁听了 15 次、10 次、5 次课，有一名女助手一次也没听过。研究者在学期结束时要求学生参照这些女助手的照片，报告对她们的喜欢程度，结果发现虽然四名助手的外貌极为相像，并且与教室里的同学均没有任何互动，学生对她们的喜欢程度却随着她们出现次数的增多而增加。这清楚地表明，重复接触会导致喜欢。

需要指出的是，重复接触并不一定总是导致喜欢。首先，曝光效应的研究发现，人们对其他人的最初反应必须是中性的或略微积极的，这一效应才会存在。如果人们一开始就不喜欢另一个人，那么增加接触机会并不必然导致喜欢。甚至有证据表明，一个否定刺激的重复出现会导致对其更为消极的评价。其次，交往质量也影响着熟悉性效应。在熟悉性影响人际吸引的关系中，还需要考虑交往质量。例如，两个人在一天里有多次接触，但是交往内容仅限于应酬，而另外两个人虽然接触次数没那么多，但是交流却很深入，反而容易彼此相互吸引。

(五)外表吸引力

外表吸引力(physical attractiveness)是影响人们对他人喜欢程度的重要因素。所谓一见钟情，大多是人们根据对方看上去的样子而形成的仓促判断。在人际交往中，心灵美最为重要，但是人们也不能忽视容貌对人际关系的影响。有研究表明，年轻女性的外表吸引力可以在一定程度上预测她的约会次数，而男性的外表对他约会次数的预测力也只是较女性略小一些(Berscheid et al.，1971；Krebs & Adinolfi，1975；Reis，Nezlek & Wheeler，1980；Walster et al.，1966)。

一般而言，人们偏好容貌有吸引力的人。与容貌缺乏吸引力的人相比，人们对有吸引力的人的行为更加喜欢，也期望他们做出更好的行为。兰迪和西格尔(Landy & Sigall，1974)在一项研究中向大学生呈现一篇短文，文章质量有高、低之分。文章附有作者的照片，分为吸引人和不那么吸引人两种。主试要求被试评定短文的质量。研究发现，质量好的文章被认为比质量差的文章好，此外，无论文章质量高低，附有吸引人照片的文章的评价均高于附有不那么吸引人照片的文章。不仅如此，容貌的吸引力还会影响法官的判决。埃尔弗朗(Efran，1974)在一项研究中要求被试决定一个犯诈骗罪的被告的命运。在所有实验条件下，案卷上的事实都一样，只是在案卷上附有的被告照片不同。研究发现，虽然案子事实相同，被试更为喜欢外貌吸引人的被告，对他们的判刑也较轻，这表明，容貌有吸引力的人受到了较少的惩罚。其中可能的原因在于，法官头脑中存在着一些先验的观点，认为容貌好的被告的家庭经济条件较好，受过更多的教育，或许有较大的潜能，将来更有发展前途，不大可能再犯罪。同时有研究发现,人们会把外貌无吸引力的孩子的犯错归因于他们稳定的内在特征,认为他们可能会再犯错;而把外貌有吸引力的孩子的犯错归因于暂时的环境,认为他们再次犯错的可能性较低(Dion,Berscheid & Walster,1972)。

容貌之所以会影响人际吸引,可能原因在于:首先,人们通常会有美即是好(what is beautiful is good)的刻板印象。人们容易犯以貌取人的错误,把外貌美推广到其他特征上去,以为外貌美的人在其他特征方面也必定好(晕轮效应)。在学业成绩相同的情况下,教师评价漂亮的孩子比不漂亮的孩子更聪明、更受欢迎(Clifford & Walster,1973)。学生在给一位女教师打分时,与她素面朝天的情况相比,当她化了妆时学生认为她的课更有趣,是位好老师(Chaikin et al.,1978)。其次,外表吸引力是社会赞许(social desirability)的特质。美丽的人会让人们产生正向的情绪,和美景一样让人赏心悦目。生活中人们对待做了错事的漂亮小女孩或帅气小男孩,往往较少会生气。最后,美丽具有辐射效应,让别人看到自己和具有吸引力的朋友在一起可以提高自己的公众形象(public image),科尼斯和维勒(Kernis & Wheeler,1981)的研究证明了这一点。

尽管如此,容貌的吸引力有时反而会对人际关系造成不利影响。在埃尔弗朗(Efran,1974)的研究中,具有吸引力的外貌导致较少的惩罚这一假设只适用于那些与外貌没有直接联系的罪行,如果罪犯利用他/她的美貌去诈骗,反而会遭受更为严厉的惩罚。此外,容貌只是有利于人际关系的一个因素,人们的政治素质、文化修养、人格品质才是决定人际吸引的主要因素。

三、人际吸引的现象

(一)自我暴露

自我暴露(self-disclosure)指人们与他人分享隐秘信息与感受的过程。自我暴露与人际吸引紧密相关,在每一段良好的关系中都有着重要作用。在积极情感方面的自我暴露能给交往双方带来愉悦,促进人际关系的深入发展。经常敞开心扉分享感受的夫妻对婚姻更为满意,也更能保持长久的感情(Sprecher,1987;Neff & Karney,2005)。一些心理学家甚至认为,一个人至少要让一个重要的他人知道和了解其真实自我,如此才算是心理健康的,也是人们自我实现所必需的个性特征。

人们在与他人交往中会遵循互惠原则,也叫暴露互惠(disclosure reciprocity),即一个人的自我暴露会引发对方的自我暴露,并且自己的暴露水平会与他人的暴露水平相对应(Cunningham,1981)。人们会回报或模仿其他人的自我暴露水平,在与自我暴露较高的人交往时,人们也可能较多地自我暴露。自我暴露中的这种互惠原则对人际关系的建立与发展极为重要。太少或太多的自我暴露都会导致人际适应方面的问题。如果一个人在与他人交往时缺乏自我暴露,将难以与他人建立密切和有意义的关系,他也会感受到更多的孤独与寂寞(Fitzpatrick,1987)。与那些愿意倾诉自己的私密想法的人相比,缺乏亲密交流的人的处理人际关系的功能往往不健全(Stokes,1987)。但是,过度的自我暴露会使他人害怕、焦虑以及退缩,尤其是在交往的初期,会给人际关系的建立和发展造成障碍,一旦发生这种情

况，人们要耗费更大的努力和更长的时间才能加以修补（Wish & Kaplan，1974）。

自我暴露的速度也会影响人际关系的质量。社会渗透理论（social penetration theory）认为，人际交往的沟通水平与亲密关系的发展有关，自我暴露的由浅入深使得人们之间的关系由一般转向亲密（Altman & Taylor，1973）。人际关系的建立始于双方较低的自我暴露和信任。在交往初期，自我暴露的速度一般比较缓慢，人们谈论的往往是一些事物化的话题，例如天气、社会新闻、流行文化等，具有试探的性质。当对方以同等自我暴露水平做出回应后人们会进一步地自我暴露，往复交换促使双方的交流深入到个人化、敏感性信息，这样既不会让对方感到惊讶，也避免了窘境的发生，保障了交往的顺利进行。在交往的初期，这种基于互惠原则的渐进式的过程十分重要，双方的暴露水平相当，当一方愿意进一步暴露时另一方也会跟着暴露更多，如果在这个过程中一方不愿意暴露，关系的发展就会受到阻碍（Omarzu，2000）。如果一个人的自我暴露在内容、强度或稳定性上不适应于对方，可能会引起对方的不愉快，致使对方退缩到原来关系的恰当水平（Berg，1987）。因此，自我暴露的程度应随着人际关系的亲密度的增加而逐渐增多，人们应对少数亲密朋友较多地自我暴露，而对其他人中等程度地自我暴露更合适。

自我暴露对社会赞同是相当敏感的。当人们获得对方赞同时自我暴露会增多，而对方的不置可否或淡漠以对会显著地减少自我暴露。泰勒等（Taylor，Altman & Sorrentino，1969）曾训练助手对他们谈话的对象分别提供持续的正向奖励、持续负向反馈或奖励与负反馈相混合的反应，结果发现，持续获得积极赞同或者社会赞同逐渐增加的被试会更乐意以亲密的暴露方式谈及自己。

自我暴露还存在着性别差异。女性比男性更愿意暴露自己的恐惧和弱点（Cunningham，1981）。在同性关系中，女性之间的暴露水平高于男性；而在异性关系中，男性和女性似乎都认为自己与女性朋友的友情更亲密，更喜欢女性朋友（Thelawll，2008；Cozby，1973）。自我暴露与人际吸引的联系多体现在女性身上，对于男性来说，他们所喜欢的人与对方所做自我暴露的水平没有关系，这可能反映了表达喜欢和亲密在性角色社会化中的一般差异（Fredrikson，1995；Jourard，1960）。

（二）人际吸引的得失效应

一般而言，人们喜欢那些也喜欢我们的人。如果人们知道他人喜欢我们，往往也会喜欢对方。相似性和人际吸引的关系是基于互惠原理，对方对我们的喜欢导致了互惠的压力，使得我们不得不回报对方的喜欢。巴克曼（Backman，1959）让彼此陌生的被试组成一个小组，告知每一个被试他们先前完成的个性测验表明小组里有几个特别的人会喜欢他们，而事实上这些信息是假的。作为非正式的讨论小组，小组成员聚在一起进行了六次讨论。每次讨论结束时主试均会告知被试，有可能解散当前小组而分成两人小组，要求被试指出他喜欢和哪一个成员配对组成两人小组。结果发现，第一次讨论后被试倾向于选择喜欢他们的成员组成两人小组，但最后一次讨论时没有发现这一现象，可能原因在于，此时被试获得的真实反馈超过了虚假信息的作用。这表明，人们在相互作用过程中确实遵循着互惠和回报的原则。

阿伦森和林德（Aronson & Linder，1965）的研究也体现了这一原则。研究者让被试与

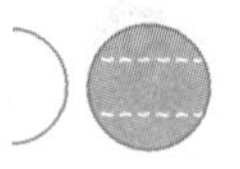

另一名实际上是研究助手的被试进行一系列短暂的接触。每次接触后被试都能听到研究助手与研究者谈论其对被试的评价。研究分为四种条件:(1)助手高度赞扬被试,每次接触后都对被试做肯定的评价;(2)助手对被试持批评态度,每次接触后都对被试做否定的评价;(3)助手对被试最初的几项评价是否定的,之后逐渐转变为肯定的;(4)助手对被试最初的几项评价是肯定的,之后逐渐转变为否定的。随后,研究者要求被试报告他们对助手的喜欢程度。结果发现,被试回报了助手对他的评价,当助手喜欢他们时他们也喜欢他;当助手不喜欢他们时他们也不喜欢他。此外,研究还发现,被试更喜欢那些先否定再肯定他们的人,即人们最喜欢那些对人们的喜欢程度不断增加的人,最不喜欢那些对人们的喜欢程度不断减少的人。阿伦森和林德将这一现象称为人际吸引的得失效应(gain-loss effect)。

人际吸引的得失效应难以用强化或奖励理论加以解释。在上述研究中,助手一直对被试做肯定评价要比仅在结束时对被试做肯定评价所给予的人际奖励更多,但是得到的好感却更低。对此,研究者提出了两种可能的解释。首先,最初否定的评价使被试产生焦虑、自我怀疑等消极情感,当评价逐渐变得肯定时这一转变过程本身即为奖励,减少了个体的消极情感。因此,后来的肯定评价实际上比先前没有消极情感、一直做肯定评价有着更多的奖励。其次,这可能涉及被试对助手的知觉方式。当助手马上喜欢被试并且一直喜欢他时,被试可能会怀疑助手是否真诚、是否具有鉴别力,甚至怀疑助手是否对任何人都喜欢。而当助手以否定评价开始时,给被试的印象是他敢于说令别人不愉快的话且善于思考,最初的批评反而使助手显得更有鉴别力、更可靠。随后,当助手夸赞被试时,他的观点就变得更有分量,从而给予了被试更多的奖励。

第三节　爱　情

一、爱情概述

(一)爱情的定义

在人生的旅程中,我们期望与一些特定的人形成亲密性、融洽性和协调性都很高的关系,这被称为亲密关系(intimate relationship)。亲密关系包括长辈与晚辈间的亲情、人们与他人的友谊和爱情。

“问世间,情为何物,直教生死相许?”爱情是人类生活中的一个永恒的主题,也是人际吸引的进阶形式。几千年来,诗人用诗歌来赞美爱情,音乐家通过音乐来讴歌爱情,关于爱情的乡俗俚规、至理哲言可谓汗牛充栋。但是,对于爱情的科学研究则是非常晚近的事情。很多人以为,将一个人对另一个人的爱用数据加以表示,会削弱爱情本身的神圣性和内在价值。哈特菲尔德等(Hatfield et al.,1966)发表了第一篇关于爱情吸引的研究,鲁宾(Rubin,1970)编制了第一份爱情量表,社会心理学才开始对爱情和关系的科学研究。

长期的爱情可能并不仅仅是初遇时彼此好感的延续，爱情在本质上区别于喜欢(liking)。例如，拉姆与威斯曼(Lamm & Wiesmann，1997)认为，喜欢是个体渴望与他人互动，而爱情除此以外还包含着个体对爱人的信任和性的欲望。爱情和喜欢的区别主要表现在三个方面：(1)依恋。爱情中的个体在感到孤独时会高度特异性地渴望和依赖爱人的陪伴与抚慰，而喜欢的对象不会起到相同的作用。(2)利他。爱情中的个体对伴侣更加包容和无私，高度关心伴侣的情感状态，将伴侣的幸福视为自己的职责。(3)亲密。性是爱情的核心成分，相比于喜欢，爱情中的个体会有身体接触的需求。

爱情受到文化的强烈影响。作为人际关系的最高级的形式，爱情很多时候是文化的产物。文化决定着人们的审美和性吸引，还影响着爱情所应遵循的规范，以及人们在爱情中承担的责任。在我国，以家庭为本位的文化特征更强调亲密关系中责任的重要性，可能忽略了个人的自主性在爱情中的作用。目前，随着传统婚姻的经济、政治和繁衍功能日趋减弱，婚姻关系构建和解体自由度的不断提升，婚姻的维系与否受到社会束缚的程度日趋减小，爱情在婚姻中的作用越来越重要。

(二)爱情的分类

1. 激情之爱和伴侣之爱

在生活中既有如罗密欧与朱丽叶式的狂热与激荡人心的爱，也有老夫老妻之间相濡以沫、细水长流的爱。哈特菲尔德(Hatfield，1988)将爱情分为激情之爱(passionate love)和伴侣之爱(companionate love)。激情之爱是人们对伴侣的强烈渴望。激情之爱是具有高度情绪性、令人兴奋和强烈的爱，当伴侣在场时人们会体验到高度的生理唤起如呼吸急促、心跳剧烈等。身处激情之爱中双方对彼此充满着渴望，如果对方回应了自己的激情，人们就会非常满足和快乐，如果没有获得回应则人们会感到失望。伴侣之爱是人们对那些与其生活紧密交织的人的感情(Hatfield，1988)。伴侣之爱往往以深厚的友谊为基础，彼此之间有吸引力，但并不包含激情和生理唤起。身处伴侣之爱的人对伴侣充满着舒心、温情和信任，彼此拥有共同的爱好和活动，双方相互关注和相伴相随。一般来说，在一段感情发展的早期，伴侣之间会感受到对彼此的激情之爱。相处了一段时间之后，早期的激情开始减退，伴侣之间深厚的亲密感开始占据主导地位。两种爱情的区分可能与生理因素有一定的关联。激情之爱可能与睾酮、多巴胺、肾上腺素等激素有关，随着感情不断深入，这些激素的作用逐渐消退，催产素的作用不断增强，从而有助于维持伴侣之间的依恋和信任。伴侣之爱并不依赖于激情，所以比激情之爱要稳定和持久。一段浪漫的感情如果能够经受住时间的考验，最终会发展为稳固而温馨的伴侣之爱。

2. 爱情风格

社会学家李(Lee，1988)根据爱情的表现形式，将爱情区分为六种风格：(1)情欲之爱。这种风格的爱情往往与性关系密切，人们很容易受到他人外表的影响而急于建立亲密关系，一般采取这一风格的人相信一见钟情。(2)游戏之爱。采取这种爱情风格的人认为爱情就是一场游戏，以游戏的态度对待感情，可能会与几个人同时建立亲密关系，有时候不够忠诚。

(3)友谊之爱。采取这种风格的人们偏好细水长流式的恋爱关系,倾向于建立真正的友谊,在此基础上发展为情侣。(4)狂热之爱。采取这种风格的人沉迷于爱恋关系,对爱人有着强烈的占有欲和控制欲,在爱情中往往难以满足。(5)利他之爱。采取这种风格的人们认为爱情是一种职责,往往会无私地为爱人付出而不求回报。(6)现实之爱。采取这种风格的人们往往比较理性务实,会通过工作、收入、年龄等指标来寻找与自己般配的伴侣,看重实用性。一般来说,人们会更为欣赏友谊之爱和利他之爱,最不喜欢游戏之爱(Hahn & Blass,1997)。

(三)爱情中的冲突和威胁

爱情无疑能够让人幸福,但伴侣之间仍然存在着关系冲突。与一般的人际关系相比,长期在一起有可能使得伴侣间的冲突频率更高,伴侣如何应对爱情中的冲突对维持和提升彼此关系至关重要。一般来说,在爱情中存在着两种行为调节方式。其中,积极的非言语行为包括眼神接触、走向或靠近伴侣、微笑、伴侣说话的时候点头赞许、充满感情地与伴侣接触等,而消极的非言语行为包括摇头、不耐烦、叹气、皱眉或怒视、愤怒的语调等。与消极的非言语行为相比,积极的非言语有助于维持和促进爱情的发展。

爱情的维持与发展有时会面临着威胁。这些威胁有时候来自伴侣间的差异,如果伴侣在价值观、地位、收入等方面差异过大,可能会危及爱情的持续。不仅如此,爱情中一方的成功对另一方可能也是一种特殊的威胁。在一般的人际关系中,他人的成功有时候会威胁个体的自我价值感。在爱情中,伴侣的成功对个体的影响则利弊兼具。一方面,伴侣的成功可能会提升个体的自尊。伴侣双方彼此融为一体,彼此会因为对方的成功而提高自我价值感,也会因为对方的失败而降低自我价值感。另一方面,伴侣的成功也可能会降低个体的自我价值感。如果个体将伴侣的成功解读为伴侣超过自己,这种向上比较会降低其自我评价。研究发现,伴侣的成功降低了男性的自我评价,而没有影响女性的自我评价(Ratliff & Oishi,2013)。这可能与男性的高度竞争性紧密相关,男性容易将伴侣的成功解读为自己并不能像伴侣一样出色。在性别角色中男性往往与力量、勇气和智慧相关联,男性一旦将伴侣的成功解读为自己的失败,就破坏了男性所持有的性别角色观,从而降低了自我评价。女性会因为伴侣的成功而提高关系满意度,自我评价也没有改变,女性并不因为伴侣的成功而感到自我价值下降。男性的这一倾向可能会对彼此关系造成不利影响,伴侣的成功会改变男性对亲密关系的确信程度,导致对当前亲密关系的悲观看法,削弱了对亲密关系的承诺。

在爱情中,嫉妒和不忠往往会导致爱情的解体。在各种人际关系中,伴侣间的嫉妒更为常见,强度可能更高。恋情嫉妒(romantic jealousy)是针对处于恋爱关系中特定的亲密他人的嫉妒。嫉妒常常被视为一种人格特质,恋情嫉妒接近于处于特殊关系中的人们彼此间的特定行为表现。研究者将恋情嫉妒分为反应性嫉妒、占有嫉妒和焦虑嫉妒三类。其中,反应性嫉妒是指嫉妒所带来的消极情绪如愤怒、难过等;占有嫉妒是指个体为阻止同伴与他人建立或保持两性关系所采取的努力;而焦虑嫉妒是指个体思考并在认知上想象同伴的不忠,由此体验到焦虑、猜疑、担心和不信任的心理过程(Buunk,1997)。那些低自我价值感的个体容易产生强烈的嫉妒,他们难以相信伴侣,极力想控制或留住伴侣却因为嫉妒而进退失据,最终可能失去伴侣。

在爱情和婚姻中，不忠是爱情的毒瘤。当人们怀疑伴侣不忠时，可能会采取五种恋人保留策略(mate retention strategies)：直接监督(例如，直接打电话确定他/她去了所说或者想去的地方)、异性间消极诱导(例如，故意与异性交谈以让恋人嫉妒)、积极诱导(例如，给恋人买昂贵的礼物)、公开彼此关系(例如，在他人面前搂住恋人)和同性间消极诱导(例如，怒视那些看着恋人的人)。自我价值感较高的人往往较少采用恋人保留策略，可能是因为他们能够积极地看待彼此的关系，较少担心对方不忠。而那些在潜意识中自我价值感较低的人往往会采取异性间消极诱导、积极诱导和公开彼此关系三种恋人保留策略(Zeigler-Hill, Fulton & Mclemore, 2012)。

二、爱情的理论

(一)斯滕伯格的爱情三元论

斯滕伯格(Sternberg, 1987)提出了爱情的三元论(triangular model of love)，认为各种不同的爱情都是由三种成分组合而成。第一种成分是亲密(intimacy)，指人们在爱情中体验到的联结、结合的感觉以及对爱情的温暖感。亲密描述了爱情关系中的理解、沟通、支持和分享等特征。第二种成分是激情(passion)，指人们在爱情中体验到的浪漫感、生理吸引以及性行为，主要特征为性的唤起和欲望。第三种成分是忠诚(commitment)，指人们投身于爱情中和维护爱情的决心。这三种成分中，亲密是情感性的，激情是动机或驱力性的，而忠诚在本质上是认知性的。

爱情三元论提出，可以将爱情的三种成分表示为三角形形式。因为每种成分都包括从低到高的强度变化，爱情三角形呈现出不同的大小和形状，构成了人世间各种形态的爱情。斯滕伯格提出了八种爱情类型：

无爱(nonlove)。如果三种成分都缺失，爱情就不存在。两人仅仅是泛泛之交甚至是陌生人，彼此的关系是肤浅、随意而不受约束的。

喜欢(liking)。当亲密水平高而激情和忠诚都缺乏时的爱情就是喜欢。喜欢类似于青梅竹马、两小无猜的情感，主要表现为友谊。朋友之间会相互亲近，存在着温情却不会唤起激情，不会产生与对方共度余生的期望，对方离开时也不会强烈思念或魂牵梦萦。

迷恋(infatuation)。当激情水平高而亲密和忠诚都缺乏时的爱情就是迷恋。迷恋往往表现为个体对一个陌生人因为一见钟情而激起的强烈欲望，婚外情就是典型的迷恋。

空虚的爱(empty love)。没有亲密或激情的忠诚就是空虚的爱。空虚的爱多见于以前的包办婚姻中。在现代婚姻生活中，所谓七年之痒有时候也是一种空虚的爱，庸常的生活耗尽了彼此的激情，夫妻双方彼此多有厌倦，没有亲密也没有激情，只是搭伙过日子而已。

浪漫之爱(romantic love)。浪漫的爱情有着强烈的亲密和激情却缺乏忠诚。浪漫之爱多见于大学时期的恋爱，有着良好友谊基础的情侣维系了四年的浪漫爱情，有些在毕业后劳燕分飞，各奔前程。

相伴之爱(companionate love)。缺乏激情，亲密和忠诚结合在一起的爱就是相伴之爱。相伴之爱的双方会努力维持长期的深厚友谊，相互亲近、沟通、分享和投入。那些牵手而行的白发老人虽然年轻时的激情已然褪去，彼此的深情却会相伴终生。

愚昧之爱(fatuous love)。缺乏亲密，激情和忠诚结合形成了愚昧之爱。愚昧之爱的典型形式是闪婚，在压倒一切的激情基础上双方闪电般地结婚，其实彼此并不了解或真正喜欢对方。

完美之爱(consummate love)。当爱情的三种成分亲密、激情和忠诚都具备时，人们就能体验到彻底的或完美的爱情。这是许多人梦寐以求的爱情，但斯腾伯格认为，完美之爱类似于减肥，短时间里容易做到，却很难长久坚持。

根据爱情三元论，不同的情侣可能拥有不同的爱情体验。此外，爱情的三种成分会随着时间而变化，同一对情侣在不同时期可能会体验到不同类型的爱情。由此看来，简单的一句“我爱你”，其中的含义实际上变化万千。

(二)亲密关系的社会交换理论

社会交换理论主要是基于相互依赖理论。社会交换理论认为，所有的社会关系都像经济交换一样，各方都对自己要交换的“货物”有一个定价，“货物”可以是有形的如金钱、食物，也可以是无形的如信息、感情。在亲密关系中，丈夫负责修理和清洁，作为交换妻子负责采购和准备饮食。人们会追踪所交换的“货物”，以了解奖赏是否多于代价。社会交换理论认为，人际交往会带来相应的奖赏和代价。在亲密关系中，奖赏指人们从亲密关系中获得的受欢迎的事物如伴侣的关注和支持，代价指亲密关系中令人沮丧或苦恼的后果如伴侣的缺点与不足等。特定人际交往的结果表现为交往中一方综合得到的净收益或净损失，可用公式表示为：结果＝奖赏－代价。社会交换理论认为，人们只会追求可能的最好结果。

尽管如此，一个好的人际交往结果并不一定就是令人满意的结果。社会交换理论认为，人们的得失有时候并不重要，重要的是人们对结果的判断标准，一个是人们的期望，另一个是如果没有现在的伴侣，人们会过得怎样。

对于人们的期望来说，人们对一段亲密关系是否满意取决于其比较水平(comparison level)。比较水平指人们认为自己与他人交往中应当得到的结果。比较水平主要源于过去经验，如果人们曾遇到过较高价值的交往对象，比较水平可能较高，反之则期望和比较水平会低。亲密关系的满意度取决于结果和比较水平的差异，即满意度＝结果－比较水平。这个公式的隐含意义是，即使你与他人交往中获得了不错的结果，如果这一结果没有超出你的期望，你仍不会感到幸福，即期望越高，失望可能越大。

除了满意度外，替代关系的比较水平(comparison level for alternative，CLalt)也影响着亲密关系的持续性。CLalt指当人们放弃当前的关系，转投更好的人际交往对象或情境时所能得到的交往结果。Kelly(2002)认为，CLalt指的是个体认为的将所有因素考虑在内，更换伴侣所产生的净盈亏。CLalt决定了个体对人际关系的依赖程度，即依赖度＝结果－CLalt。不管人们对当前的关系满意与否，如果人们认为当前关系是目前能得到的最好关系，就会依赖现在的交往对象，不会轻言离开；但如果人们认为有更好的交往对象，就会选择离开。

因此，影响亲密关系的因素包括关系的结果、比较水平和替代关系的比较水平。如果结果超过期望(比较水平)，人们会感到满意，由此会喜欢对方。如果人们当前的结果超过从别

处得到的结果(CLalt),就会依赖于现在的交往对象,不太可能离开。研究发现,最能决定亲密关系满意度的是人们在这段关系中获得多少,而那些目前没有其他伴侣的人的分手意愿也更低(White & Booth,1991)。只有特定关系的结果超过比较水平和 CLalt,才是稳定和幸福的亲密关系。

(三)亲密关系的投资模型

除了上述因素外,鲁斯布尔特(Rusbult,1980,1983)认为还应该考虑人们对亲密关系的投资对长期关系的作用。

鲁斯布尔特提出了人际关系的投资模型(investment model of interpersonal relationship),认为有三个因素决定了伴侣之间的承诺(commitment):满意度、替代关系的比较水平以及对这段感情的投资(图 7-4)。其中,满意度和替代关系的比较水平已经讨论过。鲁斯布尔特认为,决定亲密关系是否长久稳定的第三个因素是伴侣对这段感情的投资。在亲密关系中,一旦关系结束,这些投入也会失去,因此伴侣投入得越多,对这段关系坚持下去的可能性就越大,对亲密关系越是满意,亲密关系也越是稳定。因此,当要求情侣描述彼此关系时,对彼此越忠诚的伴侣越愿意使用"我们"(Agnew et al.,1998)。彼此承诺的伴侣在婚姻中表现出利他、宽恕与自我牺牲,而非报复或过度索取,更能感受到信任和满足(Wieselquist et al.,1999)。

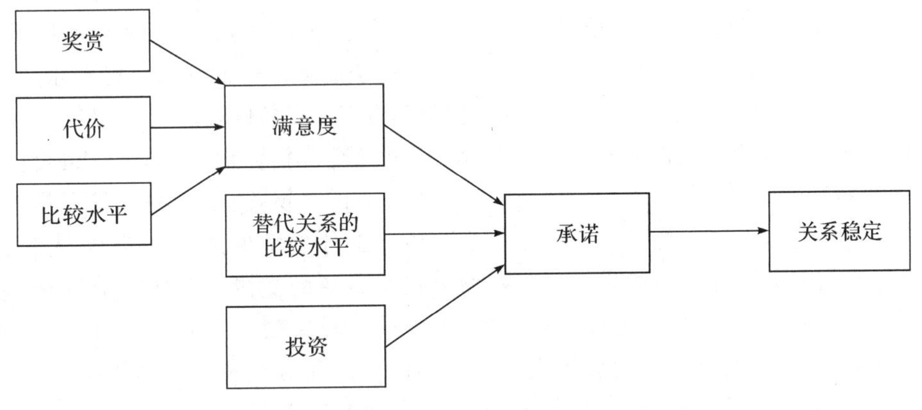

图 7-4 亲密关系的投资模型

三、亲密关系的影响因素

(一)依恋类型

不同的人在说"我爱你"时,不仅表达的内容可能是不同的,感受到的情感可能也是有差异的,依恋(attachment)类型可能是导致这种个体差异的影响因素。

依恋最初是用来描述幼儿与抚养者(通常是母亲)的情感联结。安斯沃思(Ainsworth,1989)发现,婴儿与母亲之间存在着三种关系类型:在安全型依恋(secure attachment style)中,抚养者对婴儿的不安、快乐和疲劳等信号非常敏感并能及时反应。婴儿由此获得安全

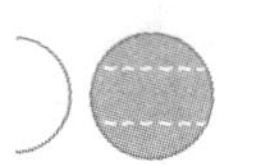

感,对靠近自己的人怀有信任感,不会害怕被遗弃,感到受重视和喜爱。在回避型依恋(avoidant attachment style)中,抚养者往往对婴儿疏远、冷淡,回绝婴儿与自己建立亲密关系的尝试。这种情感上的疏离使得婴儿缺乏对他人的信任,压抑自己的依恋需要。在焦虑—矛盾型依恋(anxious-ambivalent attachment style)中,抚养者通常情绪不稳定,对待婴儿喜怒无常,时而相当关注时而冷淡疏离。这种不稳定的爱使婴儿没有安全感,对他人能否回报自己的感情付出感到焦虑。一般来说,与不安全型依恋的婴儿相比,安全型依恋的婴儿在发展中表现出较高的社交能力、自尊和自我概念清晰性。

人们在婴儿和儿童时期形成的依恋类型会成为他们看待社会关系的图式。这个关系图式有时会伴随人的一生,并映射到个体与他人的关系之中(Fraley & Shaver,2000)。一个安全型依恋的孩子长大成人后可能会对伴侣表现出安全型依恋,形成长期的令人满意的关系。而回避型依恋的孩子长大后面对他人的友谊和亲近可能会退缩不前,不敢信任他人,害怕建立亲密的关系。焦虑—矛盾型依恋的孩子对爱情的态度可能是既渴望又害怕被拒绝。当然,依恋类型是可能发生变化的。追踪研究发现,25%～30%的人会改变依恋类型(Feeney & Noller,1996)。依恋理论认为,即使你和父母关系不佳,也不会就此注定在你遇到的人身上重复这种模式(Simms,2002)。人是可以改变的,在不同的亲密关系中人们可以学会新的人际交往方式,不断更新童年时期形成的关系模式。

成年人的爱情依恋在形式上和婴儿的三种依恋类似。布鲁南和谢弗(Brennan & Shaver,1995)总结了依恋类型影响成年人爱情的研究,提出了成年人的三种依恋类型:(1)安全型。这类成年人通常平易近人,很少担心自己被抛弃。他们认为自己最重要的爱情关系是非常愉快、友好和互相信任的,会与伴侣坦诚相待,分享自我感受和想法。(2)回避型。这类成年人在接近他人时感到不那么舒服,不能完全信任伴侣。他们在描述自己最重要的爱情关系时会讲述情绪的起伏、嫉妒和对亲密关系的恐惧,对自己的伴侣不是很坦诚,容易陷入相对短暂的性关系中。(3)焦虑—矛盾型。这种类型的成年人想要寻求亲密关系,却担心伴侣不会回应自己的爱。他们形容自己最重要的爱情关系是完全占有、希望有爱的回应、情绪上的起伏、强烈的性吸引和嫉妒,容易一见钟情,并感觉自己在爱情和工作中都不受重视。依恋类型会影响成年人对待伴侣的方式和对亲密关系的体验。安全型依恋的人比回避型的人付出更多,能够形成令人满意的亲密关系(Shaver & Hazan,1993)。回避型依恋的个体往往难以灵活、开放地表达情绪和有效地探索和加工情绪信息,这破坏了他们觉察与识别配偶情绪的能力,对亲密关系造成不利影响(Dentale et al.,2012)。面对焦虑时,回避型女性可能会回避男友,而安全型女性会向男友寻求安慰和支持;而对于女友的焦虑,安全型的男性比回避型男性会提供更多的支持(Simpson,Rholes & Nelligan,1992)。

(二)自尊

一般说来,高自尊的个体会积极评价自己的伴侣,具有较高的关系满意度。亲密关系的依赖调节模型(dependency regulation model)认为,人们会将积极或消极的自我评价投射于伴侣身上,人们对伴侣的爱与被爱的知觉其实是自我概念的投射,这一过程可能是无意识和自动化的(Murray,Holmes & Griffin,2000)。高自尊的个体相信伴侣能够积极评价他们,对亲密关系持有安全感,这使得他们在亲密关系中做出更多建设性的行为;而低自尊个体对伴侣的关爱持有怀疑态度,较少感觉到安全感,较少表现出建设性行为。实际上,高自尊和低自尊的个体都渴望重要他人(significant others)能够积极地看待自己,并认为伴侣对自己的评价与自己类似,导致低自尊个体明显低估伴侣对自己的积极评价和喜爱程度(Murray, Holmes & Griffin,1996)。

在长期的亲密关系中,低自尊个体对伴侣的消极期待使得他们关注婚姻中可能出现的问题,担心自己的行为会破坏婚姻关系,倾向于追求自我保护的目标,例如自己应该如何避免婚姻中消极事件的发生;与之相反,高自尊个体更关心如何促进双方的情感交流,例如,如何主动寻找自己与伴侣的兴趣结合点(Laible,Carlo & Roesch,2004)。自我保护倾向反映出低自尊个体在面对着自己内心投射出的伴侣对自己的较低评价时的自我防御机制(叶映华,吴明证,姚乃琳,2009)。

低自尊的个体对伴侣存在着过度的依赖和强烈的爱的渴求,这使得他们对关系冲突与威胁更为痛苦,出于自我保护的目的,他们通常采用回避或过度反应的方式加以应对,并低估伴侣对他们的重视和关爱(Murray et al. ,2001;Murray et al. ,2008)。莫瑞等(Murray et al. ,2002)发现,低自尊个体渴望被伴侣接受的需求反而限制了他们在面临婚姻困难时保护其婚姻的能力。研究者要求伴侣双方在不能交谈的情况下填写一些问卷,告知其中一方要求他们列出自己不喜欢对方的特点,实际上却让另一方尽可能多地列出自己宿舍里的物品(比前者需花费更长的时间),这使得前者以为伴侣对自己有诸多不满,随后对其恋人接受程度、亲密度进行了测量。结果发现,低自尊个体误以为伴侣认为彼此关系中存在很多问题,将其视为彼此情感与承诺下降的信号,使得他们贬低伴侣并降低彼此的亲近程度。这意味着,低自尊个体越是渴望为伴侣所接受,反而越是关注到那些根本不存在的拒绝信息。

婚姻的危机应对模型认为,为了降低伴侣拒绝对自己的伤害,在面临现实或者假想中的伴侣的消极评价时,低自尊个体会抢先将伴侣的价值最小化以钝化伴侣拒绝对自己的可能伤害,不愿意认可伴侣对自己的安慰和支持,经常消极地评价伴侣的行为。而高自尊个体容易体验到伴侣的支持与接纳,认为伴侣间的冲突反而有助于双方的相互理解(Murray et al. ,2008)。

(三)拒绝敏感性

与自尊紧密相关的概念是拒绝敏感性。拒绝敏感性(rejection sensitivity)指的是个体对社会拒绝的焦虑性预期、容易知觉和过度反应。那些拒绝敏感性高的人往往经历过不利的社会处境如不利的家庭环境、教养方式、同伴关系等,长期的社会拒绝降低了个体的自我价值感,导致他们形成防御性的人际互动模式。拒绝敏感性高的人对拒绝线索非常敏感,对社会拒绝信息表现出自动化的注意偏向和强烈的生理唤起(Dandeneau & Baldwin,2004; Gyurak & Ayduk,2007)。对消极线索如拒绝线索的注意偏向是众多临床心理疾患的重要认知机制。拒绝敏感性高的人缺乏自信,往往担忧被拒绝,从而回避社会交往,而不是通过交往重新确认自己的价值。他们还难以相信他人,采取消极的问题解决方式,表现出神经质和抑郁,这无疑会破坏他们与他人构建积极的人际关系,从而无法从该关系中获益(Brookings, Zembar & Hochstetler,2003;孙晓玲,吴明证,2011;李志勇,吴明证,陈明,2019)。

拒绝敏感性会妨碍亲密关系的维持和深入。如果一个人总是不相信伴侣,过度地解读

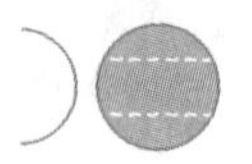

伴侣对自己的特定行为，遇到矛盾和冲突时回避解决问题，只会不断恶化彼此间的关系，降低亲密关系的品质。

（四）归因方式

在人与人之间的关系中，一方对另一方采用的归因方式不仅影响着归因者的认知和情绪，也影响着被归因者的回应方式。布瑞姆和卡辛（Breham & Kassin，1990）分析了幸福伴侣和不幸福伴侣的归因方式的差异。他们发现，幸福的伴侣往往会采取关系促进（relationship enhancing）的归因方式，将伴侣的积极行为归因于内部的、稳定的、普遍性的原因，而将伴侣的消极行为归因于外部的、不稳定的、特定的原因；而不幸福的伴侣则会采取苦恼维持（distress-maintaining）的归因方式，将伴侣的积极行为归因于外部的、不稳定的、特定的原因，而将伴侣的消极行为归因于内部的、稳定的、普遍性的原因。不幸福的伴侣的归因方式可能反映出归因者的自我投射，将对自己的负面看法用于解读伴侣的行为。不幸福的伴侣可能将对方的无心之失解释为刻意为之，是其内在本质的一贯反应，会以消极的方式加以回应。因此，归因方式在亲密关系中发挥着反馈的作用，幸福的伴侣经过关系促进的归因方式让彼此关系更好，而不幸福的伴侣经过苦恼维持的归因方式则让关系不断恶化。

伴侣作为普通的人同样会存在着自我服务偏差。例如，91%的妻子认为自己承担了大部分的食品采购工作，只有76%的丈夫同意妻子的看法；妻子对自己承担家务的估计，远远超出丈夫的判断（Burros，1988）。这种自我服务偏差同样会反映在伴侣的归因过程中。伴侣中任何一方的成功都离不开另一方的支持与帮助，如果一方过高估计自己的作用而忽略另一方的贡献，可能会导致彼此的矛盾和冲突。

（五）情绪表达

爱情和婚姻中的矛盾与冲突在所难免。在遭遇矛盾和冲突时，伴侣双方能否有效应对至关重要。如果个体缺乏建设性的冲突解决技能，经常性地采取情绪应对策略，势必无法回应伴侣的需求，难以有效地解决伴侣之间的冲突。

在亲密关系中，情绪表达和情绪表达冲突（ambivalence over emotional expression）影响着亲密关系中的互动品质。情绪表达能够提高婚姻满意度，善于情绪表达的个体能够有效地理解他人的情绪，不至于对他人的情绪困惑不解（King & Emmons，1991）。情绪表达有助于伴侣了解彼此的感受，为伴侣改变自己和改善关系提供了可能，有效化解了婚姻中的潜在风险。

但是，伴侣在情绪表达时可能体验到一定的压力，越是亲密的伴侣其对亲密的渴求以及维系现状的愿望越是强烈，反而制约了彼此的情绪表达，导致情绪表达冲突。情绪表达冲突指当情绪被激发时个体克制自己的情绪表达行为。金和埃蒙斯（King & Emmons，1990）提出，情绪表达冲突存在于三种情况中：首先，个体有表达需求但极力克制自己；其次，个体表达的需求不是自己的真实需求；最后，个体后悔表达了自己的需求。情绪表达冲突往往对婚姻关系存在消极作用，降低婚姻品质（李怡真，林以正，2006），还对伴侣的情绪表达与婚姻满意度造成不利影响，且这一状况在男性中更为明显（梁亮，吴明证，2009）。情绪表达冲突实质上是一种消极的回应方式，使得个体难以回应伴侣的需求，降低了有效地解决伴侣之间冲突的可能性，破坏了伴侣间的关系承诺与关系满意度。

本章习题

一、简答题

1. 简要说明什么是关系理论模型。
2. 简述人际关系的得失效应及其产生的原因。
3. 简述成年人的依恋类型。
4. 简述亲密关系的影响因素有哪些。

二、论述题

1. 请联系你的实际生活，谈谈人际关系的作用。
2. 试述纽科姆改变人际关系的方法。

三、思考题

1. 在互联网时代，除了教材中提到的因素，还有哪些因素会影响人际吸引？
2. 试述自我暴露对人际关系的影响及后果。
3. 简述人际吸引中的得失效应，并说明导致该效应的社会认知过程。
4. 在亲密关系中，有必要区分婚姻满意度和婚姻的持续性吗？请说明理由。

在线测试

本章参考文献

亲社会行为

亲社会行为(prosocial behavior)在生活中可以说是无处不在,大到人们在突发情境中的见义勇为,小到邻里之间的互帮互助都是亲社会行为。亲社会行为的存在,保障了社会和谐和人民幸福。为此社会心理学家想了解,人们为什么会做出亲社会行为,在什么情况下人们更愿意做出亲社会行为,以及哪些因素妨碍了人们从事亲社会行为,以期探究亲社会行为发生的规律,促进亲社会行为的发生,构建文明和谐的社会环境。

第一节　亲社会行为概述

一、亲社会行为的定义

亲社会行为泛指一切符合社会期望而对他人、群体或社会有益的行为。这是一个宽泛的概念,包括任何形式的帮助或想要帮助他人的行为,不论助人者是出于何种动机(Batson,1998)。亲社会行为包括助人行为(helping)、分享行为(sharing)、合作行为(cooperating)、安慰行为(comforting)、鼓励行为(encouraging)等。

亲社会行为有时候常常与利他行为(altruism)相混淆。利他行为指的是个体自愿做出的、不期待回报的有利于他人的行为。因此,利他行为具有四方面特征。首先,利他行为的目的是有利于他人。利他行为产生的动机是有利于他人和社会,而不是出于自利的目的。有时候,一个人出于自利的目的做出了某种行为,这一行为给他人和社会带来了好处,但并不能就此认为是利他行为。其次,利他行为是一种自愿行为,而不是人们在外界压力下做出的。一个人看到其他人为希望工程捐了款,迫于舆论压力而不得不捐款,尽管该行为有利于他人和社会,也不能算作利他行为。再次,利他行为是不期待任何形式的回报的行为。这里所说的回报既包括物质方面的回报如他人感谢而馈赠的金钱、物品等,也包括精神方面的回报,如声名、地位、荣誉等。利他行为是高尚的、无私的行为,这使得它区别于其他企求回报、沽名钓誉的行为。最后,利他行为具有自我牺牲性。从事利他行为必然要在时间、精力、物质等方面付出一定的代价,甚至可能要做出巨大的牺牲。在上述利他行为的四个特征中,最主要的是第三个特征。需要指出的是，利他行为给利他者心理上带来的积极感受并没有违背其不求回报的典型特征。为他人提供帮助以后，我们会获得愉快、自豪、骄傲等自我奖赏的感受，这些感受是自发产生的，不具有利己性。考虑到亲社会行为并不一定是由利他主义动机所引起，它还包括出于某种目的而做出的助人行为，因此亲社会行为是比利他行为更为宽泛的概念(Rushton，1980)。

助人行为是亲社会行为的典型行为。助人行为是指为他人带来益处或促进他人福祉的行为。助人行为与利他行为的区别在于其动机，人们在做出助人行为时往往是期待回报的。因此，根据个体内部的行为动机，可以认为亲社会行为包含着助人行为和利他行为，而利他行为是最高层次的亲社会行为。本章根据需要会交替使用这三种行为类型展开论述，这三种行为在概念上实际存在着一定的区别。

二、亲社会行为的理论

(一)社会生物学理论

社会生物学认为，人的利他行为是先天决定的和本能性的。例如，威尔逊(Edward Osborne Wilson)是从生物学角度解释利他行为的知名学者。他观察到很多动物都存在着利他行为，这些动物牺牲自己以保护同类。例如，工蜂会用叮蜇的办法抵抗入侵者，工蜂叮蜇以后虽会死去，却增加了蜂群存活的机会；雌夜鹰一旦受伤就会远离巢穴，在敌人面前拍翅低旋以使敌人不致发现巢穴(Wilson，1975)。

社会生物学和进化心理学从物种演化和基因生存角度出发解释人和动物的利他行为。利他行为可以在下列三个群体水平间产生：如果个体的利他行为对直系亲属有利，则属于家庭选择(family selection)；如果个体的利他行为对近亲家族有利，则属于亲缘选择(kin selection)；如果个体的利他行为对群体有利，则属于群体选择(group selection)。汉密尔顿(Hamilton，1964)认为，在理解利他行为时需要考虑广义适合度(inclusive fitness)问题。广义适合度是指个体在后代中传递自己的基因或与自身相似基因的能力。个体在从事利他行为时可能会付出牺牲，降低了个体的适合度，却提高了广义适合度，传递和保存了自己的基因。基于这一观点，亲缘选择理论认为，基因相似性能够预测利他行为。对身处困境的亲属的帮助行为研究发现，人们倾向于帮助一个近亲而非远亲或者陌生人；帮助年轻的亲人而非老者；愿意向年轻女性亲人提供更多帮助，而对绝经后的女性亲人帮助少些(Burnstein，Crandall & Kitayama，1994)。也有一些研究者认为，利他行为的产生是群体选择的结果。群体选择学说认为种群和社群都是进化单位，作用于社群之间的群体选择可以使那些对个体不利(降低适合度)、但对社群或物种整体有利(增加适合度)的特性在进化中保存下来。

那么，对于没有血缘关系的朋友和陌生人，我们为何会做出利他行为？在各种社群和文化中广泛存在的互惠性助人(reciprocal helping)可以回答这个问题(Trivers，1971)。互惠性助人建立在交易的经济性上，向一个不相关的人提供帮助如果能在将来得到回报，那么人们更有可能伸出援助之手。现场调查发现，在没有血缘关系的猴子中间，帮助另一只猴子梳理毛发可以增加未来向它求助时的回应可能性(Seyfarth & Cheney，1984)。互惠性助人的潜在风险在于，人群中存在着接受了帮助却不愿意提供任何回报的人。对此，进化心理学家勒达·科斯米德斯(Leda Cosmides)和约翰·托比(John Tooby)认为，人类已经进化出一套能够相当准确地判断对方未来如何作为的能力，在提供帮助之前就能相当准确地判断出受惠人未来是会回报抑或欺骗。互惠性助人是作为一种在进化上成功的策略而被保留下来。此外，自然选择还发展出内疚和惩罚机制以降低他人的欺骗行径，由此强制人们之间的互惠性帮助。

(二)社会规范理论

基于社会学视角的社会规范理论认为，利他行为的产生是人们按照社会规范来行动的结果。与利他行为有关的社会规范主要有社会责任规范、互惠规范和社会公平规范。

1. 社会责任规范

社会责任规范(norms of social responsibility)指我们对于需要帮助的人负有社会责任，我们应该帮助需要帮助的人。在日常生活中，人们确实愿意帮助依赖他们并且需要帮助的人，例如，父母会关心照顾子女，教师会耐心地教导学生，医生即使疲倦仍坚持拯救病人，消防员不顾危险拯救受困人群。即使在利他时没有回报，社会规范仍然要求我们帮助他人。

2. 互惠规范

互惠规范(norms of reciprocity)也称回报规范。就利他行为而言，互惠规范指我们应该帮助那些曾经帮助过我们的人，不应该伤害曾经帮助过我们的人。在日常生活中，若是有人在我们需要的时候雪中送炭，除了感激我们还会觉得欠了人情债，一旦有适当机会就会主动地回报。俗话说，知恩图报、滴水之恩当涌泉相报，就是互惠规范的外部表现。互惠规范促进了人际信任，是人际关系和谐的基础。只有少数人才不受互惠规范所约束，这些人往往是高度依赖性的人如幼儿、老人、病人等，对于这些人社会责任规范教育我们应该去帮助他们。

3. 社会公平规范

社会公平规范(norms of social justice)是关于公正和资源公平分配的规范。根据公平原则，当两个人对同一事件具有等量贡献时，理应得到相等的报酬，如果一个人的报酬多于另一个人，社会公平规范要求得到报酬多的人考虑重新分配报酬以达到两者均等。当观察到不公平现象时，人们会给予遭受不公平对待的受害者帮助和支持，以促成一个更为公平的局面。不患寡而患不均就是公平规范的外部表现。

(三)学习理论

学习理论认为，助人行为之所以发生是因为这种行为曾受到强化。助人行为在先前受到了奖励或避免了惩罚，这种行为更有可能发生；若先前助人行为没有受到奖励甚至受到过惩罚，这种行为就不太可能发生。因此，助人行为的增加和减少可以通过奖励或惩罚来实现。摩斯和佩吉(Moss & Page，1972)在美国戴恩顿和俄亥俄的大街上做了一个现场实验，考察被试做出助人行为后获得的反馈对其再次助人倾向的影响。通过安排一位实验助手向

被试打听百货商店的方向，操纵助手在被试指完路后的反应，助手或是笑着说“非常感谢你，我真的很感激”，或是简单地说声“噢”，或者直接粗暴地打断被试的话说“我不知道你在说些什么，不要紧，我去问别人”。随后，研究者安排第二位女性助手朝被试的方向走来，在走到被试附近时假装不小心地掉了一个小包并毫无察觉地继续往前走，观察被试是否愿意提醒她或是帮忙捡起小包。结果发现与前次助人受到惩罚的被试相比，受到奖励的被试更多表现出再次助人倾向。

助人行为本身也可以作为强化的来源。一方面，通过帮助别人，我们会体验到愉快和满足。另一方面，当看到其他人遭受痛苦时大多数人会内心不安，为减少他人的痛苦我们会采取行动帮助他人，在减少他人痛苦的同时也减轻了我们的不安，而减轻不安的体验对助人行为也是一种强化。

班杜拉提出的社会学习论认为，人们还可以通过观察别人而习得特定行为。助人行为也可以通过模仿而习得。布赖恩和特斯特(Byran & Test，1967)考察了人们是否愿意在高速公路上停下来帮助一位正在换轮胎的妇女。他们发现，在车子开来的路上看到过其他男性驾驶员帮助妇女换轮胎的摩托车手，与没有看过的摩托车手相比，前者更可能提供帮助。

(四)社会交换理论

社会交换理论认为，人们在助人中要付出一定的成本和代价，也会获得相应的收益和奖赏。在帮助别人时，我们需要付出的成本包括时间精力的损失、身心伤害、法律风险、未来的负担等，潜在的收益则包括金钱和物质奖励、获得社会赞许和名誉、提升的自尊、避免因没有提供帮助而遭受法律风险等。当我们不愿意帮助别人时，需要付出的成本包括自尊的损失、他人的鄙视、不帮助人的潜在法律责任、未来可能不会获得他人的帮助等，潜在的收益则包括避免时间精力损失、避免身心伤害、避免被害人的依赖、避免未来受到报复等(Piliavin，Rodin & Pliavin，1969)。

人们是否会做出助人行为，取决于人们对助人和不助人的成本和收益的考量。助人行为最可能发生在高收益、低成本的场合，当助人的成本很高而收益很低时助人行为不大可能发生，人们也会尽可能避免这种情境。例如，皮利亚文等(Piliavin & Piliavin，1972)在研究中让实验助手拄着拐杖走在一辆汽车旁边并突然倒在地上。研究者设置了助人行为的代价高低，例如在高代价助人情境中，助手的嘴里流出浓浓的红色液体，看起来像是血从两颊流了出来。结果发现，与助手嘴里没有流血的情境相比，助手嘴里流血时愿意提供帮助的人较少，获得帮助也较慢。即使受伤者看起来极为需要帮助，人们也会害怕卷入这种情境。

巴特森及其同事(Batson & Oleson，1991；Toi & Batson，1982)认为，当旁观者因为看到有人承受痛苦而体验到个人苦恼(personal distress)时上述的奖励和代价模型是适用的，但该模型不适用于移情(empathy)的情况。移情是指一个人感受到他人的情感、知觉和思想的心理现象，又称替代体验。巴特森等人将移情视为利他行为的重要触发机制。移情涉及关注受害者的体验和反应，只有当知道了受害者不再遭受痛苦后这种移情性的关怀才慢慢消除。因此，在移情中只涉及受害者的代价，而不涉及助人者的代价。如果一个人具有移情性关怀，那么他会去抚摸、同情、关心、怜悯和采取行动。他们的研究发现，旁观者对于和他们相类似的受害者表现出移情倾向，被激发移情时会做出利他行为，在生理上表现出强烈的

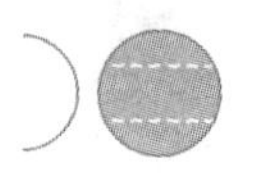

唤起状态(Batson & Oleson,1991)。霍夫曼(Hoffman,2000)认为,利他行为是人类本性的一部分,移情触发了这种行为。当问及助人者为什么会提供帮助时,人们通常都报告说是因为受害者需要帮助,或者说他们不假思索就帮助了。

第二节　助人行为的决策过程

对许多助人行为,特别是紧急情况下的助人行为的研究表明,人们是否提供帮助是一系列复杂决策过程的结果。拉坦内和达利(Latané & Darley,1970)认为,人们最终提供帮助与否的决策过程包括五个步骤,分别为注意紧急事件、解释事件为突发情境、判定个人责任、确定恰当介入方式和执行助人行为(图8-1)。在每一步骤中,人们都可能因为各种原因而中止助人行为。

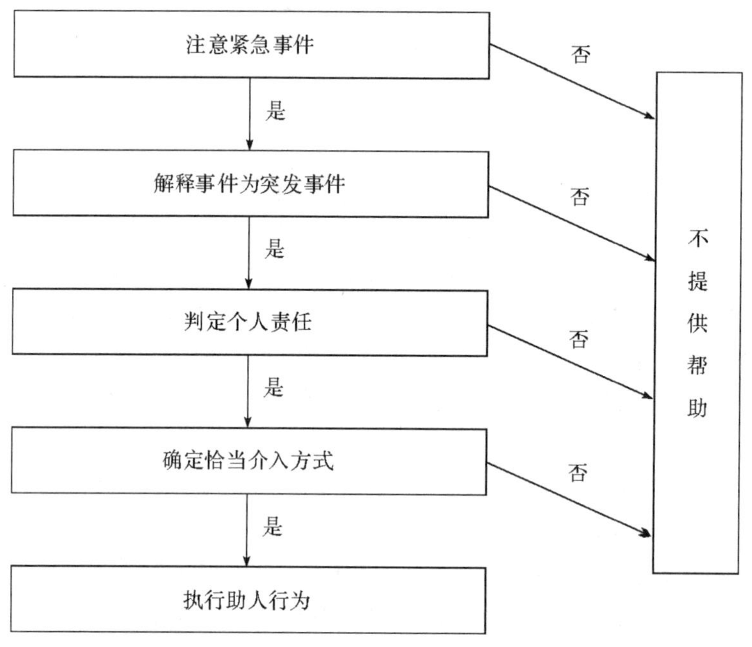

图8-1　助人行为的决策过程模型

一、注意紧急事件

在做出助人行为之前,人们首先要注意到发生了紧急事件。例如,一个心脏病人临时发作倒在街道墙角,行人必须意识到这一特殊情况才有可能提供帮助。如果当时路灯黑暗,或墙角过于偏僻,抑或行人正行色匆匆,都可能使得行人难以注意到这一紧急事件,也就不能提供帮助。

我们最有可能注意到有紧急事件发生往往是在下列情境中:(1)事件背景是熟悉的、不拥挤的和安静的;(2)我们所有的感官都在活动中;(3)我们看到了事件或事件的结果;(4)我

们听到了来自该事件发出的声响。由于看到或听到事件是伸出助人之手的必要条件，黑暗和噪声都会降低人们注意事件的可能性。

刺激过载效应(stimulus overload effect)表明，与乡村相比，在人口稠密的城市，人们不容易注意到求救的声音(Milgram,1970)。在拥挤的、嘈杂的城市里，我们的感官处于信息超载的状态。城市里过多的人、过多的事以及五花八门的刺激使得我们的感官变得麻木，我们不容易注意到发生了紧急事件。城市里快节奏的生活方式让人们很少有机会关注到紧急事件的发生。此外，人们在城市里更多地关注自身，无暇顾及周围环境，不愿意关注外部事件。

时间也是影响人们能否注意到紧急事件的重要因素，一个人什么时候出现在紧急事件现场会影响助人行为。在事件发生时在场的人，比在事后到达现场、只看到事件结束的人更有可能注意到事件，也更可能提供帮助。一个在你经过时翻倒在你面前、自行车倒在路旁的人，自然要比已经躺在地上、自行车在一边的人更能引起你的注意。有研究发现，当人们只看到事件发生之后的情况，提供帮助的可能性约为12%，当看到整个事件发生的过程时90%的人都会提供帮助(Piliavin,Piliavin & Broll,1976)。

二、解释事件为突发事件

在人们注意到有事情发生后，接下来需要判断该事件是否为紧急事件，潜在助人者需要准确地解释该情境。对于那个倒在墙角的心脏病人，匆忙的行人可能误以为是一个醉酒的人，或是一个正在休息的人。多数情况下，为当前事件建构出一个常规的、日常化的解释比高度异常和不可能的解释要好得多，这一倾向在发生危急事件时可能会阻碍人们采取行动。

那么，哪些因素使得人们判定发生了一件紧急事件呢？一般而言，紧急事件有以下五种性质：(1)它们是突然和出乎意料地发生的；(2)对受害者存在明显的伤害；(3)如果没有他人的干预，对受害者的伤害还会继续；(4)缺乏他人的帮助受害者无法从困境中解脱出来；(5)有效的干预是可能的。其中，第(2)、(3)项在判断一个事件是否为紧急事件中是最重要的因素。

在某些情境中人们判断一个事件是否为紧急事件会依赖生理线索，例如流血、严重的撞伤、呼吸停止、失去知觉等。而在某些情境中没有这些明显的线索，潜在助人者需要依靠其他人的信息做出反应。如果其他人表现得若无其事，人们就无法完全确定正在发生的事件，就会选择不采取行动并等待更多的信息，这被称为众人致误现象(pluralistic ignorance)。在一项研究中，当隔壁房间书架翻倒压在一位妇女身上时，单独的被试有70%会去帮她，而当有另一个人在场并且表现得若无其事的话，只有7%的被试会去帮她(Latané & Rodin,1969)。

在他人在场情境中有两种机制在起作用。一种机制是信息性影响。当人们将其他人的行为作为判断紧急事件的根据时，他人的行为就是信息性影响力。另一种机制是规范性影响，当人们和其他人一起去助人是为了避免内疚或获得赞赏以遵循社会规范时，他人施加的是规范性影响力。拉坦内和达利(Latané & Darley,1968)对此展开了探讨。研究者让被试独自一人或三人一组填写问卷。实验开始后不久一股浓烟从通风口涌了进来，主试记录了被试耽搁多久才会报告有烟进来。出于安全起见，若被试在6分钟后还未报告有烟进来，研究者会立即中止实验。在被试独自一人填写问卷时，有75%的被试报告说有烟进来，其中一

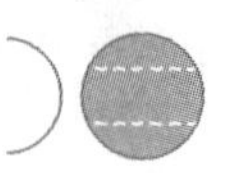

半的被试在2分钟内报告;而三人一组填写问卷时,只有一组被试在4分钟内报告有烟进来,62%的三人小组在6分钟内没有报告。这表明紧急事件发生时若有他人在场,个体往往根据其他人对事件的反应作为解释该事件的基础,在这一过程中他人的信息性影响力发挥作用。

三、判定个人责任

在采取助人行动之前,助人者还必须判定自己是否有行动的责任。例如,一位受伤者或病人突然病情发作倒在路旁,若旁观者中有人穿着医生的白长褂,那么其余的人会犹豫不前,因为他们认为那位貌似医生的人应该出来帮助他。一般而言,在面临紧急事态而责任不清晰的情况下,人们往往会认为领导者有责任采取行动。例如,在教室里一位学生突然摔倒撞了脑袋,教师往往被认为有责任去提供帮助。

如果在事件现场,没有领导者会发生什么事情呢?大量研究均显示,许多旁观者在场的情境中存在着旁观者效应(bystander effect),即在紧急情境中旁观者越多,受害者获得救助的可能性越小。拉坦内和达利(Latané & Darley,1968)检验了这一假定。研究中告知被试将参与一项关于大学生在高压力城市环境中所面临的问题的讨论。每个房间只有一名被试,他们可以通过对讲机彼此交谈。研究者让参加者误以为还存在另外1名、2名或5名被试,实际上其他被试的谈话都是实验助手的录音。讨论开始后每个人都要做一个简短的介绍性发言。接着,在事先没有警告的情况下,录音上的一个人开始气喘吁吁,好像心脏病发作了。他呻吟着说:“我……我需要……帮助……如果有人……帮助我的话……我真的犯病……了……现在……如果有人帮我出去……那就好了……因为……我……犯病……了我真的……需要帮助如果有人能……给我一点帮助……谁能到这里来……帮我……我要死了……我要死了……帮……心脏病发……(哽咽,然后没有了声音)。”研究者观察了被试在五分钟内是否走出房间寻找病人,还记录了从录音停止到被试做出反应的等待时间。结果表明,被试知觉到的旁观者人数极大地影响了助人行为,随着旁观者人数的增加,提供帮助的被试人数变少,被试做出反应的等待时间也变长。旁观者为1人时被试等待时间要少于1分钟,旁观者增至5人时等待时间增加了3倍。研究者事后还访问了被试,被试认为他们对于所发生的不幸确实感到心烦意乱,并不认为自己是冷漠无情、对病人困难处境毫不关心的人。

那么,是什么原因阻碍了他们不去及时地提供帮助呢?一种可能的原因是责任分散(diffusion of responsibility)。如前所述,要对处于困境中的人提供帮助,个体首先必须感到自己有责任采取行动。由于有许多旁观者在场,每个人都是潜在的助人者,这时责任分散让个体不清楚到底谁应该采取行动。此外,责任分散减少了每个人提供救助的责任感知,容易造成等待别人去帮助或互相推诿的情况。这一可能的根源在于评价恐惧。在任何紧急事态中,提供救助都需要人们停下自己手头的事情,去从事某种不寻常的、没有预料到的、超出常规的行为。人们害怕自己贸然行动的话,可能会因为自己举止失措而受到其他人的嘲笑,宁可停下来等待其他人的反应,由此降低了提供救助的动机。

情境模糊性也可能会引发旁观者效应。大多数紧急事态的情境都具有一定的模糊性。人们不能确信正在发生什么事情,往往会退缩不前。情境越模糊,旁观者提供帮助的可能性

越小。当你看到两个争吵的人，如果你以为两人相互认识可能会置之不理，如果你认为两个人素不相识就有可能会提供帮助。在一个实验情境中(Shotland & Straw，1976)，被试被要求晚上到心理学大楼填写一份态度问卷。填写过程中，走廊传来吵闹声，一个女生大喊，并不断请求那个男人。当这个女生喊叫"放开我，放开我"时获得帮助的可能性是65%，而当女生大喊"我不知道我为什么要嫁给你"时获得帮助的可能性降低到了19%。在另一项研究中，安排被试一个人或者与另外1个、4个被试在房间里，此时一个清洗窗子的工人扛着一架梯子、拿着一桶水经过被试房间的窗口，不久后被试听到重物撞击地面的声音，工人从梯子上跌到地上。这时候只有29%的被试会帮助这个工人。而当工人呼救请求人们帮他时，有81%的被试帮助他。显然，当求助的需要明确时会降低情境的模糊性，从而减少了旁观者效应。

四、确定恰当介入方式

如果紧急事态被知觉和正确地解释，人们也觉得有责任去提供帮助，随后人们要确定恰当的介入方式。例如，人们需要考虑是亲自去捉小偷还是报告警察，是帮助别人灭火还是去呼叫消防队，是帮助伤者止血还是寻找医生等。在上例中前者被称为直接帮助，后者则称为间接帮助。选择直接帮助还是间接帮助取决于直接帮助的代价大小，如果直接帮助的代价太大的话，间接帮助要比直接帮助更可能发生。

有些突发事件要求救助者具备特殊的知识和技能。例如，对心脏病发作的救护常识，人工呼吸的具体做法，对外伤的基本处理，对游泳的安全保护设备使用，在有毒气或浓烟情况下如何既保护自己又能抢救受害者等，能够提供直接帮助的前提是救助者必须具有这些必要的技能。如果人们没有能力进行直接帮助的话，最好选择间接帮助。

在非紧急事件中，直接帮助并不一定会给受助者带来积极的结果，可能会带来长远的消极影响。例如，对受助者的帮助会让其他人将受助者后来的成功归因于得到了帮助，从而对受助者的能力产生怀疑(Gilbert & Silvera，1996)。助人者有时候可以选择更为合适的方法提供帮助。例如，为了帮助贫困学生，我国一些高校按照本校学生的平均消费，结合贫困学生的就餐情况给贫困学生饭卡充值，这种"偷偷"补助贫困学生不失为一种好的方法，既帮助了贫困学生，又避免因为直接帮助而让贫困学生窘迫。

五、执行助人行为

在上述几个阶段完成后，才到达执行助人行为这一最后的阶段。人们会在助人的积极后果和消极后果之间进行权衡，是否执行助人行为很大程度上受到可能的代价所影响。这些代价包括被受害者拒绝、害怕莽撞和措施失当等。特别是紧急事态，往往要求人们做出不寻常的、没有预料到的和与日常角色不一致的行为，潜在的风险是多方面的。

人们往往不愿意涉及家庭纠纷或者家庭暴力。俗话说家家有本难念的经，家庭内部矛盾往往难以判断是非对错，盲目卷入一个与自己毫无血缘关系的家庭纠纷中，可能并不会被受害者或者他人理解和接受，甚至会被受害者认为多管闲事。在紧急事件中，施救给受害者带来的影响也是未知的，万一救助不当救助者可能会遭到受害者家属和社会舆论的谴责，因

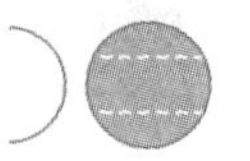

此提供帮助需要承担相当大的风险。为此，美国制定了《善良的撒玛利亚人法》(Good Samaritan Laws)，规定了在紧急状态下，施救者因其无偿的救助行为给被救助者造成某种损害时免除责任的法律条文。我们也有很多地方出台了类似的法律法规。例如，2016 年 11 月《上海市急救医疗服务条例》正式实施并明确规定：紧急现场救护行为受法律保护，对患者造成损害的不承担法律责任。2017 年 3 月 15 日通过的《中华人民共和国民法总则》第 184 条规定：因自愿实施紧急救助行为造成受助人损害的，救助人不承担民事责任。这一善意救助者责任豁免规则，其用意就是鼓励善意救助伤病的高尚行为。

事实上，助人行为的决策过程不只发生在紧急事态出现时，也表现在长期承担社会责任的行动中。人们将他们的时间、技能、财物无私地贡献给需要帮助的人时，这五个步骤的决策同样存在着。例如，要帮助遥远山区的失学儿童，我们必须首先觉察到问题的存在，正确地解释儿童的需要，觉得应该负有采取行动的责任，决定怎么做直至最后提供实际的帮助。

第三节　亲社会行为的影响因素

一、助人者特征

(一)心境

积极心境增加了亲社会行为。伊森和莱文(Isen & Levin，1972)设计了一项现场实验，以考察好心情对需要帮助的陌生人做出助人行为的影响。实验在购物中心的电话间里进行，通过控制自动电话机的钱币回收槽中是否有一枚硬币来操纵被试的心境。在被试打完电话后，等在电话间旁的实验女助手故意让装满文件的文件夹跌落在被试脚下，从而考察被试帮助捡起文件的助人行为。结果发现，那些没有发现钱币的人中仅有 5%的人会帮着捡起文件，而发现钱币的人中有 90%提供了帮助。为什么好的心情可以增加亲社会行为呢？可能原因在于，首先，好的心情让人们以积极的眼光看待他人，觉得他人是友善的、诚实的，从而增加了助人行为(Isen，1987)。其次，根据情绪维持假设，好心情的人出于延续这种好心情的期望，希望通过帮助别人带来自我奖赏的感受(Wegener & Petty，1994)。再次，拥有好的心情让人们对社会环境有了更多关注，增加了注意到他人需求的可能性(McMillen，Sanders & Solomon，1977)。最后，积极情绪使得我们更多地考虑社会活动的奖励性质。当助人行为的奖励性质变得突出时，人们更愿意做出助人行为。

积极心境也可能会减少亲社会行为，特别是紧急事件中的亲社会行为。这些情境要求人们做出不寻常的、没有预料到的以及与日常角色不一致的行为，存在着很多的潜在风险，让人们陷于尴尬和危险的境地。为了不破坏自己的积极情绪，人们可能会选择放弃亲社会行为。

消极心境通常会阻碍人们从事亲社会行为。当人们身处消极心境如悲痛和沮丧时，容易将注意力集中到自己的消极情绪上，这种自我注意降低了留意他人需要的可能性，从而更

少做出亲社会行为(Carlson & Miller,1987)。但是,消极心境在某些情况下也可能促进亲社会行为。负面状态解除假说(negative-state relief model)认为,身处消极心境中的个体会希望改善自己的情绪状态,而助人行为可以成为人们摆脱消极心境的可行途径,由此促使助人行为的发生。当一个人做了错事或对他人造成损害时会引发其内疚情绪,自我概念可能也遭到威胁。此时个体想要恢复心理平衡有以下三种方式:补偿受害者;通过助人行为让自己做出某种牺牲;惩罚自己的错误。在前两种方式中人们都可能会帮助他人。不过,这一助人行为是个体出于自利的目的而做出的,因而会考虑到助人的收益和成本。当助人的成本超过收益时,助人行为往往不会发生。一般而言,当人们的消极心境并不是很强烈、所要求的助人行为比较容易做出和有效、人们相信消极心情会由于助人行为而减少时,消极心境更容易产生助人行为。

(二)助人者的动机

巴特森的移情—利他主义假说(empathy-altruism hypothesis,Batson et al.,1983)提出,我们在看到他人遭遇痛苦时会产生两种情绪反应:一种是个人困扰(personal distress),指的是我们对看到他人遭遇苦难时的情感反应如焦虑、恐惧等;另一种是移情(empathy),指的是对遭遇苦难的人的同情和关心(Duan,2000)。这两种情绪反应都有可能会增加亲社会行为,但两者动机不同。遭受个人困扰的个体关注自己的利益,做出亲社会行为是想减轻这种困扰。而移情关注的是受害者的利益,移情状态下的亲社会行为是利他行为。

一般来说,体验到个人困扰会使个体努力降低自己的不适感。根据负面状态解除假说,我们可以通过助人来降低我们的不适感。但是,个人困扰和助人之间的联系不是必然的,人们可能会通过远离带来个人困扰的情境或忽视受害者的存在来摆脱这种不适感。而移情强调的是对受害者遭遇的感同身受,关注的是受害者的利益,因而移情更可能促进亲社会行为的发生。

(三)助人者的责任

潜在助人者的责任和承诺会影响亲社会行为。莫里亚蒂(Moriarty,1975)曾在纽约的一处海滩上进行过现场实验,研究对象是在海滩上躺在毯子上休息的游客。研究中一位研究助手将自己的毯子铺在被试旁边,打开收音机并放在石头上。过了一会儿,他会询问被试现在的时间,或是对被试说:“对不起,我现在要到木板步行道上去,你可以帮我照看一下我的东西吗?”如果被试答应了,那就视为他做出了承诺。研究助手走开后不久,另一位研究助手走过来拿起收音机就跑。结果在简单地询问时间的条件下,只有20%的被试会试图阻止偷窃行为,而在同意承担看管责任的条件下90%的被试对偷窃行为做出了干预行动。

紧急事件发生时如果旁观者不止一人,人们会感知到责任分散从而出现旁观者效应。但是,如果人们对于应付某一情境有专长,就会认为自己对应付该情境负有直接责任(Bickman,1971)。相反地,如果了解到旁观者中有人长于应付该情境,人们会觉得自己应负的责任较小。例如,看到一位妇女跌倒在地急需帮助,当了解到目击者中有医生时,一般人为该妇女提供帮助的可能性较小。

(四)时间压力

时间压力会影响人们的助人行为。时间充裕的人更可能帮助别人,时间紧迫者可能选择忽视受害者的存在。达利和巴特森(Darley & Batson,1973)以神学院的大学生作为被试开展了一项研究。研究者要求被试去另一幢房子参加座谈会并在会上做一个关于善良的撒玛利亚人的演讲,其中部分被试被告知他们有充足的时间到达会议地点,另一部分被试被告知他们现在出发的话正好能够到达会议地点,还有一部分被试则被提醒说他们要迟到了,得赶紧赶过去。被试经过走廊时都会看到有个人颓然倒地,不断地咳嗽和呻吟。研究者考察了不同时间压力下被试提供帮助的情况,结果发现,学生的宗教背景和座谈会的内容对助人行为没有什么影响,只有时间压力影响着助人行为,认为时间还较充裕的被试中有63%的人提供了帮助,认为时间正好的被试中有45%的人提供了帮助,而要迟到的被试中只有10%的人提供了帮助。

(五)性别

对于助人行为是否存在性别差异目前仍充满争议。尽管如此,研究发现,在助人的形式上存在着性别差异,男性倾向于提供体力帮助,在求助者为女性和有观众时更是如此;女性倾向于提供情感支持,更多地提供私人性质的帮助,或者对个人问题提出建议。在助人行为的时间方面,男性会在潜在危险情境中提供短暂的、英雄式的救助,女性则会在安全情境中提供长期的、高承诺的帮助(Eagly & Crowley,1986)。

(六)人格特征

生活中,有些人会比其他人更愿意帮助别人。如下一些人格特征会影响亲社会行为。

1. 利他主义人格和移情

有时候,研究者将利他主义和移情视为一种人格特质。利他主义人格(altruistic personality)指的是在各种情境中使得个体帮助他人的品质。相对于利己主义,利他主义人格的个体倾向于帮助别人。巴特森和肖(Batson & Shaw,1991)认为,移情较高的人倾向于从他人的角度考虑问题,尽力帮助解决问题;愿意体验他人的情感,容易同情他人。在看到身处困境的人时,高移情的人倾向于友善和同情,更可能做出亲社会行为。

在生活中,有些人将行善当成日常生活,竭尽所能地帮助别人,将自己整个奉献出去,这种人被称为行善者(do-gooder)。行善者心怀道德理想,以提高他人和公共福利为己任。令人费解的是,大量研究证实存在着行善者排斥(do-gooder rejection)现象,即相比行善者,人们更喜欢适度利他者(张灵,2019)。张灵(2019)认为,过度牺牲知觉是导致行善者排斥的可能原因。

2. 公正世界信念

公正世界信念(belief in a just world)指人们在生活中应该得到他们理应得到的东西的一种信念。持有这种信念的人认为世界是公正的,人们得其所得,善有善报,恶有恶报。持

有这一信念的人相信自己的善举会得到回报,更有可能做出亲社会行为。但有时候,持有这类信念的个体可能会认为受害者的困境是咎由自取,由此削弱了亲社会动机。

3. 内控者

与外控者相比,内控者更愿意提供帮助。外控者认为发生在自己身上的事情是由命运、运气、他人和其他不可控因素决定的,认为自己的所作所为无足轻重,从而降低了他们的助人倾向。与之相反,内控者相信自己是命运的主宰,认为自己的所作所为能够影响自己和他人,更愿意做出助人行为。

4. 赞同的需要

在希望赢得赞扬和了解周围人们是否赞同自己的行为方面,一些人比另一些人有着更强烈的愿望,这被称为赞同的需要(need for approval)。人们往往会给予助人者以赞美和荣誉,这使得那些有着强烈赞同需要的人更可能提供帮助,并且有目击者时会表现得更为明显,例如,与单独在场相比,有目击者在场时赞同需要高的人愿意捐助更多的财物(Satow,1975)。

5. 自我监控

助人行为有时候是个体出于自我形象管理的动机而做出的,那些高自我监控的人倾向于做出助人行为。斯奈德(Snyder,1974)认为,高自我监控者具有以下三个特征:关注社会适宜性、敏感于他人表情和自我呈现,将这些线索作为监控和管理自我呈现和表情行为的指南。高自我监控者通常具有很好的印象管理能力,这使得他们有可能做出符合社会期望的亲社会行为。

二、求助者的特点

(一)依赖性

利他行为是人们对处在困境中的人做出的亲社会行为。因此,接受帮助的人的依赖性影响着人们对他们是否是值得帮助的人的知觉,由此影响着其获得帮助的可能性。依赖性主要体现在以下几个方面:首先,依赖性可以是一种稳定的特点。例如,智力落后的儿童或瘫痪的人,这类依赖性强的人几乎可以得到所有人的帮助。其次,依赖性有时候体现在两个人的关系中,父母和子女、驾驶员和乘客之间存在着依赖性。此外,依赖性也可能来自暂时性的困境,例如受伤或溺水的人往往具有依赖性。在利他行为中,潜在的助人者会评价求助者依赖的合理性,依赖性越合理则越可能提供帮助。例如,孩子要求父母给自己零钱购买文具成功的可能性要比购买冰淇淋大。

(二)相似性

一般而言,相似性会导致吸引。人们往往会帮助那些与自己相似的人,尤其在求助者被认为将来有可能做出回报的情况下更是如此。

助人者与求助者的相似性可以表现在国籍、民族、衣着等方面。在采用错误电话技术(wrong number technique)的一项研究中,一位男性研究者打电话给一个陌生人,请求陌生人帮助打电话转告他的女友或男友,他将不能及时赶到他们的周年纪念约会。他获得帮助的可能性取决于他的性取向:如果他的恋人是女性的话,他将从女性助人者那里获得70%的回应率,从男性助人者那里获得90%的回应率;如果他的恋人是位男性的话,他只能从女性助人者那里获得35%的回应率,从男性助人者那里获得30%的回应率。显然,对不同性取向者的消极态度会抑制助人行为(Shaw,Borough & Fink,1994)。采用类似方法研究也发现,黑人会同等程度帮助黑人和白人陌生人的电话请求,而白人帮助白人陌生人的可能性要高于帮助黑人陌生人(Gaertner & Bickman,1971)。

在相似的人中,朋友、亲戚等亲密关系不仅包含着相似性,彼此之间还存在着互相依赖和帮助的义务,容易互帮互助。

(三)吸引力

外表有吸引力的人或者衣着仪表、言行符合社会主流标准的人容易获得帮助。本森等(Benson,Karabenick & Lerner,1976)在机场开展的现场研究考察了外貌吸引力对获得帮助的影响。研究对象是那些要用电话机的游客,研究者故意在电话机旁落下一份研究生申请人的入学申请书、照片和贴好邮票的信封。研究者想知道,人们是否愿意将申请书放进信封并帮助邮寄给失主,结果发现,是否获得帮助取决于申请人照片的吸引力,被试更愿意帮助邮寄那些照片更有吸引力的人的信件。研究者将这种因为容貌吸引力而获得额外收益的现象称为美丽贴水(beauty premium)。

(四)个人责任

求助者对困境应负的个人责任是人们对其提供帮助的障碍,当人们知觉到求助者是自己不能控制的不利条件的受害者时,才会做出亲社会行为。当人们认为求助者是由于自己的不负责任而招致问题和麻烦时,往往会期望他们自行解决而不是向其提供帮助。例如,人们会扶起被地上的砖块绊倒的人,而不愿意为躺在地上的酗酒者提供帮助。

第四节 人们为什么抗拒获得帮助

我们探讨了助人决策过程以及影响因素,希望能够促进亲社会行为的发生。但是在获得帮助后,受助者必定会感激他人的善意吗?一般来说,人们在得到帮助后大多会由衷地表示感激,但也有些人或在有些时候在接受帮助时反而体验到一种不愉快的情绪,甚至会有受助者不希望接受他人的帮助。人们在帮助别人的时候,会期待别人表达感谢,甚至他人感谢与否会影响人们将来的亲社会行为。因此,拒绝对助人者表达感激可能会削弱他们将来的助人意愿。那么,为什么会产生抗拒获得帮助这样的现象呢?

一、对自尊的威胁

人们往往会持有积极的自我评价。当身临困境而不得不寻求帮助时，他人的帮助有时候会让受助者觉得自己存在着不足，感到自尊受到了威胁，由此影响他们对助人者的反应。根据威胁自尊模型(threat to self-esteem model, Nadler, Fisher & Streufert, 1974)，人们对他人的帮助有时候会视为是自我支持性的(self-supporting)，有时候却会视为自我威胁性的(self-threatening)。在受助者看来，当助人者的帮助是出于关心且带来了益处，则助人行为会被视为自我支持性的(Dakof & Taylor, 1990)。如果受助者认为他人的帮助中隐含着彼此间的上下级不对等关系，或者他人的帮助威胁了受助者的自立、独立等文化价值观，助人行为可能被视为自我威胁性的，人们可能会拒绝求助并以消极方式回应(Dunkel-Schetter et al., 1992)。助人行为对受助者自尊的威胁越高，受助者抗拒寻求帮助的可能性越大。

自我评价维持模型(self-evaluation maintenance model, Tesser, 1988)认为，人们的自我概念可能会因为他人的行为而受到威胁，威胁的程度取决于对方与我们的亲密程度以及该行为与我们自我定义的相关程度。当助人者与受助者相似时，受助者可能会做出消极反应。人们不太愿意接受来自朋友、兄弟姐妹或与自己相似的人的帮助(Searcy & Eisenberg, 1992)。可能原因在于，与助人者的相似性容易促发助人者的向上社会比较，让受助人体验到自己的不足，导致自尊受到伤害，从而拒绝求助或抗拒帮助以维持自尊，甚至可能还会憎恨他人的帮助以维持内心的平衡。

二、社会交换理论

社会交换理论(social change theory)强调资源交换的对等，认为一个人从帮助中得到的收益与付出的成本应该是对等的。当受助者可以回报助人者的帮助行为，从而保持彼此关系的平等、均衡状态时，更容易感激他人的帮助。如果人们接受了帮助却无法完成资源对等的交换，他们会体验到不公平，认为自己的收益大于付出，而对方的付出却多于收益。因此，只有在人们认为自己有能力以某种形式来回报他人的帮助时，人们才会愿意寻求帮助(Fisher, Nadler & Whitcher-Alagna, 1982)；当人们觉得无法以某种方式回报助人者时，他们可能一开始就不会请求援助(Riley & Eckenrode, 1986)。不仅如此，人们认为自己有能力回报他人的捐赠时，会更愿意感激捐助者(Gross & Latané, 1974)。如果无法拒绝他人的援助，受助者只能尽力回报助人者以恢复彼此交换的对等，但当自己能给的回报远远少于对方的付出的时候，受助者可能会以怨报德，以怨恨助人者的方式来应对这种无法恢复公平的状态(Gross & Latané, 1974)。俗话说，斗米恩升米仇、久负大恩反成仇即是对此的形象概括。

三、抗拒理论

抗拒理论(reactance theory)认为，人们希望最大化个人选择的自由，不愿意别人影响我们的生活(Brehm, 1966)。当知觉到自由受到威胁时，人们会感到烦恼并表现出敌意，这种不愉快的心理状态被称为抗拒。预期会丧失自由的知觉可能会使我们强调自己的自主性。

在一些人看来，一旦接受了别人的帮助，就意味着丧失了部分自由。俗话说，吃人嘴软，拿人手短，在面对助人者提出的不合理的要求时，受助者会觉得自己丧失了直接拒绝的权利。布莱尔(Briar，1966)对领取政府援助金的人进行研究发现，他们知觉到自己丧失了自由：在接受调查的家庭中，大约70%的家庭表示如果社工深夜意外来访他们是不会抱怨的，他们也知道这种情形是不合法的；此外，有67%的家庭还说如果被要求接受婚姻咨询，不管他们是否认为有这个必要，他们都会感到有义务这么做。因此，出于保护个人自由的原因，人们有时候宁可不要他人的帮助。

本章习题

一、简答题

1. 简要说明利他和亲社会行为之间的联系和区别。
2. 简述好心情增加亲社会行为的可能影响因素。
3. 简述影响助人行为的助人者个体因素。
4. 抗拒理论如何解释人们不愿意获得帮助的现象？

二、论述题

1. 人们为什么会做出亲社会行为？
2. 影响紧急事件注意的因素有哪些？
3. 求助者的哪些特点会影响利他行为的发生？

三、思考题

1. 有时候，最有价值的帮助并不是直接提供的帮助。你是如何看待这句话的？

2. 一些经济困难的大学生不愿意暴露家庭的经济情况，可能不愿意申请学校的助学金。你认为哪些方法能够有效地帮助这些大学生克服经济困难？

3. 人们在社会生活中会出现“久负大恩反成仇”的现象，试用社会心理学的理论加以解释。

在线测试

本章参考文献

第九章 侵犯性

侵犯行为(aggression)是十分普遍的人类行为。我们在阅读报纸杂志、收听电视广播、浏览网页视频时,很多时候都会接触到侵犯行为,如争吵、斗殴甚至谋杀、战争等。侵犯行为让人民生活遭受损失,严重时导致社会的动荡不安,这些社会中人与人关系的阴暗面往往让人扼腕叹息。因此,社会心理学家耗费了大量时间和精力对侵犯行为展开研究,试图揭示人类侵犯行为的成因机制,以消除侵犯行为的危害,增进人类社会的福祉。

第一节 侵犯行为概述

一、侵犯行为的定义

侵犯行为是指以直接伤害他人为目的且受害者试图回避的行为。这一定义中包含着侵犯行为三方面的重要特征:

第一,侵犯是人的行为。根据上述定义,侵犯是一种行为方式,而不是一种情绪、需要或态度。有必要将侵犯与情绪、需要和态度区分开来。情绪如愤怒可能伴随着侵犯行为,也可能不会导致侵犯行为;侵犯行为的成因中可能与某种需要如使他人遭受痛苦的欲望有关,但这些需要不一定就会产生侵犯行为。此外,我们还要将消极的态度与侵犯行为相区别,尽管消极的态度如种族歧视、性别偏见有时会促使侵犯行为的产生。

第二,侵犯行为和侵犯意向。根据上述定义,侵犯行为应限于侵犯者有意伤害受害者的行为。决定伤害是否有意向固然存在着困难,但仍然有必要将这一因素包括在侵犯行为的定义中。首先,如果不顾及意向的话,必然要把偶然伤害对方的事件看成侵犯行为,而这是不合理的。其次,如果排斥意向于定义之外的话,就必然要把医生所做的医疗行为都看成是侵犯行为。但我们知道,医生的医疗行为是为了助人而非伤人,将这些行为看成是侵犯行为是荒谬的。最后,如果定义中不包括意向的话,那么伤害未遂就不能视为侵犯行为,但这是不合情理的。例如,一个人挥动斧头砍向另一个人但没有砍中,这一行为仍应被视为侵犯行为。基于上述原因,将伤害他人的意向包括在侵犯行为的定义中是基本的和必要的。

第三，侵犯行为涉及具有回避动机的受害者。根据上述定义，只有受害者有着避免侵犯行为的动机时，针对受害者的行为才是侵犯行为。仅仅把侵犯行为定义为伤害他人的行为是不全面的，尽管在大多数场合中这种说法是正确的，但依然存在少数例外。例如，在变态心理的表现中，有些人看起来喜欢他们所爱的人伤害自己（如受虐狂）。同样，想要自杀的人会主动地追求这种伤害。按照上述定义，这些行为不应被看作侵犯行为，因为受害者没有明显的动机来避免这种伤害。

二、侵犯的类型

（一）言语侵犯和动作侵犯

根据侵犯行为的方式不同，侵犯可以分为言语侵犯（verbal aggression）和动作侵犯（behavioral aggression）。其中，言语侵犯是使用语言、表情对别人进行的侵犯，包括嘲讽、诽谤、谩骂等行为；动作侵犯是使用身体的特殊部位（例如手、脚）以及利用武器对他人进行的侵犯。在现代社会中，我们比较排斥经常使用动作侵犯的人，他们会被认为有极端的暴力倾向，会对他人甚至社会造成威胁，而对于轻微的言语侵犯则具有较高的容忍度。

（二）工具性侵犯和敌对性侵犯

按照侵犯者的动机，侵犯可以分为工具性侵犯（instrumental aggression）和敌对性侵犯（hostile aggression）。工具性侵犯是指以伤害他人来达成某种目的的侵犯行为，其并非以造成痛苦为目的。例如，抢劫犯很多时候是为了劫掠钱财而伤害受害者，而并非为了给受害者带来痛苦。人们会为了获得财富、追求权力和社会地位、引起关注或者出于宗教和意识形态的目的而侵犯他人。而敌对性侵犯是一种源自愤怒、旨在将痛苦或伤害加于他人的侵犯行为，这类行为常常会过多地使用暴力。例如，某个球员因为输球而迁怒于对方主力球员，在赛后故意殴打该球员以泄愤。

（三）反社会的侵犯行为、亲社会的侵犯行为、被认可的侵犯行为

根据侵犯行为是否违背社会规范，侵犯可以分为三种类型：反社会的侵犯行为（antisocial aggressive behavior）、亲社会的侵犯行为（prosocial aggressive behavior）、被认可的侵犯行为（sanctioned aggression）。反社会的侵犯行为是指违反了普遍接受的社会规范的行为，诸如人身侵犯、打架斗殴、暴力杀人等故意伤害他人的行为；亲社会的侵犯行为是指没有违背社会规范，反而服务于维护社会秩序的行为，例如警察为解救人质而击毙歹徒就属于这类情况。被许可的侵犯行为介于亲社会行为与反社会行为之间，指那些既不违背社会规范、也不超出社会规范范围的行为，是经过长时间而形成的一种社会习惯，例如裁判责令犯规的选手退出比赛、父母使用体罚教育不听话的孩子等。我们通常所说的侵犯行为一般指的是反社会的侵犯行为。

第二节　侵犯行为的理论

一、本能理论

一个人，不论其年龄、性别、种族、宗教信仰或政治观点，大多侵犯过他人或被他人侵犯过。侵犯行为的普遍性和广泛性这一事实使得研究者认为，人类暴力的驱力存在于人类自身，即侵犯是本能的。本能这一概念意味着这种行为模式是遗传的，而不是习得的。而对于一个族群的成员们来说，其行为模式具有共通性。侵犯的本能理论(instinct theory)的两个代表人物是弗洛伊德(Sigmund Freud)和洛伦茨(Konrad Lorenz)。

弗洛伊德将人类的侵犯性看成是本能的。他认为人类有两种基本的本能驱力:生的本能(eros)和死的本能(thanatos)。他将人类的生存和获得愉快的本能称作生的本能，也叫利比多(libido)。而死的本能指的是一种趋向毁灭和侵略的本能冲动，是回到前生命状态的驱力。当死的本能占优势时，其结果是自我惩罚和自杀。弗洛伊德认为，生的本能常常阻碍死的本能达到毁坏性目标，并且把这些目标导向外部，这样就产生了仇视和侵犯。按照弗洛伊德的观点，侵犯的发起只存在于个体的内部，并不依赖外部事件。也就是说，人类一直是具有侵犯性的，不管他们生活的特定情境如何，因此也无法根除侵犯性。

被称为现代动物行为学之父的洛伦茨在《论攻击》(1963)一书中提出，侵犯本能是人和动物所共有的。但与弗洛伊德将侵犯看成是毁灭性的观点不同，洛伦茨采用了进化论的视角，将侵犯性视为物种生存的适应行为。侵犯性让人类和动物得以保护领地和族群，帮助雄性获得配偶与保存后代，使得强者生存、弱者覆灭，自然选择使得某些侵犯得以沿袭到今天。他们还认为，除非有外部的诱因引发，否则侵犯行为就不会发生。洛伦茨将其理论拓展到人类的攻击性，认为侵犯行为也是人类的本能，为了避免因为侵犯导致自我毁灭，人类发展出仪式化的侵犯形式如运动员的对抗、象征性的战争等。

本能理论获得了社会生物学和进化心理学的理论支持(Buss,1996)，为人类侵犯性提供了一种可能解释，但其效用仍值得质疑。与动物的侵犯相比，人类的侵犯更为复杂。几乎所有的人都曾有过侵犯行为，侵犯的程度和方式却千差万别。有些人在各种情境中都具有极端的侵犯性，另一些人则很少有侵犯性，侵犯时强度也很低。在侵犯方式方面，有些人用武器进行侵犯，许多人用拳脚表示愤怒，更多人只是用言语加以攻击。侵犯的表达还受到社会规范和法律规章的制约，在不同社会和文化群体中侵犯的广泛程度也存在着诸多差异。

二、生物理论

侵犯的生物理论(biological theories)从生物的角度出发，探究侵犯行为的机体内部的原因。该理论至少包括两条研究路线。

第一条研究路线是验证侵犯性存在于基因中的可能性。个体的基因构成可能预先决定了行为的形式。几千年来人类一直通过有意识的育种改良以改变动物如斗鸡和猎犬的攻击

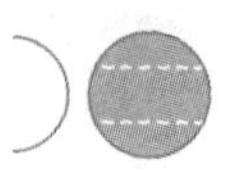

性。20 世纪 60 年代初，有些研究者注意到罪犯的性基因高度异常，有些罪犯多了一个 Y 染色体（即 XYY），这种 XYY 基因的人常常体型高大，容易产生暴力行为。威特金等（Witkin et al.，1976）对 4139 名被试进行性染色体测定，筛选出 16 名携带 XXY 染色体的被试，结果发现，相比携带 XY 和 XXY 染色体的被试，XYY 基因携带者的犯罪率达到 41.7%。双生子研究也发现，如果同卵双胞胎中一个人被判有罪的话，另一个人有 50%的可能性会犯罪，而异卵双胞胎这一可能性仅为 1/5（Raine，1993）。对于侵犯的基因研究人们提出了一系列批评，认为在研究方法和结论上存在着不足。例如，在上例中性染色体异常只可能导致一个人体型高大，而社会因素如“高个子的人是粗鲁和强壮的”这一社会期望可能会导致自我实现预言，由此提高了 XYY 染色体的人采取侵犯行为的可能性。此外，囚犯中只有 2%～3.6%的人拥有 XYY 染色体，这意味着大部分的罪行是由性基因正常的人犯下的。即使犯罪的基因假设有其合理之处，也只是解释了侵犯行为中极小的部分。

第二条研究线索是要寻找控制侵犯性的神经回路。如本能理论所述，在自然界中侵犯行为（包括致命行为）属于适者生存的适应性策略，几乎所有的动物都会演化出特定的神经回路以执行和控制侵犯行为，由此研究者试图寻找控制人类侵犯行为的神经回路。瓦尔特·赫斯（Walter Hess）在 1920 年用电刺激猫后发现，在猫的下丘脑有一个脑区控制了猫的攻击行为，这一神经结构也存在于人类大脑中，被称为下丘脑攻击区域（hypothalamic attack area）。特定脑区的激活会引发人们的侵犯行为。当电刺激人类的杏仁核时，人们会做出侵犯行为（Moyer，1983）。在一些脑损伤或脑异常病人中也容易出现侵犯行为。一般认为，前额叶与个体控制冲动的能力有关。采用 fMRI 扫描杀人犯和反社会人格障碍个体后发现，未受过虐待的杀人犯的前额叶激活水平比正常人低 14%，反社会人格障碍个体的前额叶比正常人小 15%（Raine et al.，2000）。格拉夫曼（Grafman，1996）发现，额叶内侧部受伤的军人发生暴力侵犯行为的可能性高于其他脑部位损伤患者和健康人。戴维森（R. J. Davidson，2000）综合已有研究后指出，调控侵犯行为的神经回路非常复杂，至少包括前额叶皮层、杏仁核、海马、视前区中部、下丘脑、纹状体腹部等区域，其中任何一个脑区结构或功能异常都会增加冲动性侵犯和暴力行为。

激素也会影响侵犯性。人们很早就发现，雄性激素（androgenic hormones）在动物的侵犯行为中发挥着重要的作用。目前研究者认为雄性激素尤其是睾酮与侵犯行为的形成与表达有关。赖尼希（Reinisch，1977）调查了一些 11 岁的男孩和女孩后发现，如果他们的母亲在怀孕期间接受合成激素注射的话，这些孩子在面对假设性的刺激情境时会比他们无此经历的兄弟姐妹表现出更多的侵犯性。斯文森（Svensson，1980）发现，早年有暴力犯罪史的男性睾酮水平较高，阉割男性罪犯可减少他们再次犯罪的可能性。5-HT 受抑制也会产生侵犯行为，那些有暴力倾向的幼儿和成人的 5-HT 水平普遍偏低（Bernhardt，1997）。可能原因在于，5-HT 在控制冲动的额叶区有许多接收器，5-HT 水平偏低降低了个体控制侵犯的能力。

三、个性理论

侵犯的个性理论（personality theories）将侵犯性视为一种人格特质，探讨不同侵犯性的个体在社会认知过程上的差异。例如，梅加吉（Megargee，1966）考察了暴力袭击罪犯的个性特征。他发现，犯下暴力袭击罪行的人常常表现出以下两种个性。第一种个性称为控制不

足型，这种个性的人缺乏抑制侵犯行为的能力，他们愤怒时自控力很差，难以抑制冲动性的暴力行为。第二种个性称为长期过分控制型，这种人在任何条件下对于表现侵犯行为都有着很强的抑制力。梅加吉发现，极度暴力的罪行如杀人、谋杀未遂、钝器袭击罪却是那些长期过分控制型的人所犯，这些人平时将愤怒积压在内部，直到最后所有积压的情绪和仇恨通过一个极端暴力行为宣泄出来。

那些长期具有侵犯性的个体还表现出归因偏差，将别人对自己的行为进行敌意归因，这一归因倾向在模糊情境中更是明显。当要求想象同伴扔出的球砸到自己头部的情境时，与没有侵犯性的儿童相比，侵犯性的儿童更可能认为同伴是故意这么做的(Dodge & Coie, 1987)。侵犯性个体对他人的敌意归因反过来会激发报复性的侵犯，如果我们认为他人是有意侵犯我们，那么我们对他们进行报复是理所应当的。

个性理论还试图揭示与侵犯相关的个性因素。例如，登奇林克等(Dengerink, O'Leary & Kasner, 1975)认为，与外控者相比，内控者更容易以侵犯行为来做反应。内控者会将侵犯看成是能够减少他人侵犯自己的行为，而外控者认为自己的行为对发生在他们身上的事情没有什么影响，相信侵犯对于保护自己免受伤害并无作用，反而较少选择侵犯作为反应。他们在研究中设置让另一个人对被试进行强度逐渐增加的侵犯，结果发现，内控者倾向于采用增加侵犯程度的方式来做反应。在随后的研究中，贝蒂尔松等(Bertilson et al., 1977)直接操纵了被试对行为是否具有控制能力的知觉。研究者让部分被试在一系列任务中不管多么努力总是遭到失败，而其他的被试则取得成功。然后，让两组被试处于与另一个人竞争的情境中，对方对被试进行强度逐渐增加的侵犯。结果发现，那些认为能够控制自己命运的被试(即完成任务的被试)对于逐渐增加的侵犯以同样的方式反击，而那些失败的被试感到不能通过自己的行为控制命运，没有反击他人的侵犯。这表明，认为自己在行为控制方面是否有效的信念会影响侵犯行为。

四、挫折—侵犯假说

挫折—侵犯假说(frustration-aggression hypothesis)由多拉德等(Dollard et al., 1939)在《挫折与侵犯》一书中提出。该理论提出肇始便广受关注，至今仍影响着侵犯理论的发展方向。

(一)挫折—侵犯假说的基本内容

多拉德等人将挫折定义为"对目标做出的反应受到干扰时所产生的状态"。挫折—侵犯假说认为，挫折和侵犯之间存在着普遍的因果联系，侵犯行为总是挫折的结果，挫折总会导致某种侵犯行为。其中，直接的身体和语言的侵犯是最可能采用的形式。如果直接的侵犯受到阻碍或抑制的话，其他类型的侵犯也可能被采用，例如散布对方的谣言、嘲笑对方等。挫折与侵犯的关系受到一些研究的支持。霍夫兰德和西尔斯(Hovland & Sears, 1940)发现，1882—1930 年美国南部棉花价格的降低与对黑人动用私刑存在相关，棉花价格降低意味着经济衰退，由此导致的挫折提高了农场主的侵犯性，这种侵犯以私刑的方式表达出来。

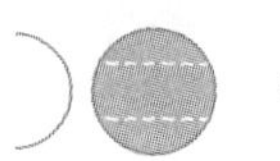

挫折—侵犯假说提出，遭受挫折的个体将直接侵犯挫折来源，即导致挫折的对象。当挫折来源不在身边，或害怕侵犯后受到惩罚时，人们会替代性地侵犯其他的目标，这被称为替代性侵犯(displaced aggression)。替代性侵犯的对象往往与引起挫折的对象相类似。例如，如果父亲是引起挫折的对象，母亲就有可能成为侵犯的替代性目标，因为两者都是双亲。

挫折—侵犯假说还探讨了如何减少侵犯行为。多拉德等(1939)认为，人们在遭受挫折之后如果不能进行反击，这些挫折会滞留使得人们进入侵犯他人的准备状态，滞留的挫折不断郁积终至某一临界点，此时任何微小的挫折都会引发强烈的侵犯。这就是为什么一个人如果在工作中不断遭受挫折，回家后孩子的一点冒犯都会使他勃然大怒。挫折—侵犯假说认为，宣泄(catharsis)可以减少人们的侵犯行为。宣泄指的是采用无害的方式使侵犯性能量发泄出来，以减少将来侵犯行为的激发。宣泄假设获得了一些研究的支持。霍坎森等(Hokanson & Shetler，1961；Hokanson，Burgess& Cohen，1963)发现，当被试受到实验助手侮辱后，被试的心速和血压都增加了。当被试被允许予以惩罚实验助手后，不管是身体的侵犯(电击)还是语言的侵犯，这些生理指标均出现下降，被试对实验助手进行直接侵犯而不是替代性侵犯时这些指标下降得更为明显。

(二)挫折—侵犯假说的修订和完善

挫折是一个模糊的术语，既可以指外在的条件，也可以指个体对这些外在条件的反应。例如，一个人开车去车站接朋友，汽车半路抛锚了，那么汽车抛锚是挫折(外在条件)，还是由此引起的心跳加速和焦虑这种情感反应是挫折呢？挫折定义不明使得伯克威茨(Berkowitz，1989)认为，挫折—侵犯假设遇到的很多质疑可能是因为挫折定义的模糊性，而并非是该假设缺乏基本的效度。现在研究者对此则加以区分，将前者称为挫折情境，后者称为挫折感。考虑到多拉德等人是从行为主义角度看待挫折的，挫折—侵犯假设中的挫折更多指的是挫折情境，而非挫折感。

多拉德等(1939)认为挫折和侵犯之间的关系是必然的，这个观点也受到了批评。挫折总会导致某种侵犯行为这一观点是不全面的。首先，挫折可能引发一系列不同形式的反应，侵犯只是其中一种可能的反应。人们应对挫折的反应可以是多种多样的，包括从无可奈何的屈从、失望到试图以某种行为方式克服挫折。其次，侵犯并不一定源自挫折。人们会出于各种原因而侵犯。例如，拳击手在比赛中会伤害对方，这并非是因为他们遭受了挫折，只是职业使然。此外，挫折的形式也可能影响侵犯。帕斯特(Pastore，1952)提出，除了阻止一个正在进行的反应之外，挫折在触发侵犯之前还必须包含着故意这一因素。帕斯特向被试呈现一些情境如“你即将和女朋友会面，但在最后一分钟她以缺乏充足理由的借口取消了这次会面。”或“你即将和女朋友会面，但她在最后取消了这次会面，因为她突然病倒了。”帕斯特认为，这两种情况都符合多拉德的挫折定义，前者代表了故意阻挠，后者代表非故意、非人为的阻挠。帕斯特发现，故意的阻挠导致了更多的侵犯。因此，在谈到挫折—侵犯行为关系时还需要考虑不同挫折之间的本质区别。

宣泄假设认为，通过合理宣泄可以减少将来的侵犯。进一步研究则发现，宣泄效应只有在个体愤怒的情况下才能发生。杜布和伍德(Doob & Wood，1972)在研究中先让部分被试被助手所激怒，随后让被试(1)看到实验者惩罚助手，或(2)没有看到助手被惩罚，或(3)亲自惩罚助手，再允许被试对助手进行电击。结果发现，处在条件(3)的被试，即先前给予惩罚的被试施加了较少的电击，且只有当被试愤怒时惩罚这一侵犯行为才会减少将来的侵犯。正因为如此，挫折—侵犯假设有时候被称为有关愤怒的侵犯理论。

五、社会学习理论

社会学习理论为了解人们在什么情境中表现出侵犯，以及采取怎样的侵犯行为提供了有效的视角。该理论认为，人们是通过学习掌握了什么时候侵犯、如何侵犯以及侵犯谁。这些学习大部分是从观察父母行为中得来的，有些则学习自同伴、教师和传播媒介。

社会学习理论认为，儿童可以通过两种学习机制习得侵犯行为。

第一种机制是强化(reinforcement)。一方面，儿童有时会因为侵犯而获得奖励。例如，当儿童打了同伴、抢了同伴玩具后，可能由此习得侵犯是有好处的这一经验。另一方面，儿童可能因为侵犯而获得成人的注意而被强化。例如，一个学生打了同学后，可能会因为打人而成为注意的中心，受到老师、同学的关注，由此获得了经由侵犯而受到他人注意的经验。

第二种机制是模仿(imitation)。儿童善于模仿其他人的行为，特别是他们羡慕或喜欢的人如父母、老师。当看到父亲的侵犯行为后孩子们可能会开始认为暴力是件好事，因为是一个"好人"在实施暴力。班杜拉等(Bandura，Ross & Ross，1961，1963)在幼儿园里进行了一系列研究，支持了观察学习对儿童侵犯的影响。在一项研究中，他们让一组儿童观察现实中的成人、电影中的成人或动画片上的成人以各种方式(如打、锤、踢和坐)对塑料人进行侵犯。然后，让儿童到一个放着许多玩具的房间里，玩具中就有一个塑料人，研究者会仔细观察儿童的行为。结果发现，观察过侵犯性榜样的儿童，不论是通过哪种方式进行的观察，都比没有观察过的儿童更具有侵犯性；不仅如此，侵犯行为的程序几乎完全跟榜样的行为程序一样，如依次为打、锤、踢和坐的行为方式。通过类似程序，他们还发现，并非所有的榜样都被相同程度地模仿。一般来说，儿童倾向于模仿同性别的榜样，男孩会倾向模仿男性榜样，女孩也是一样；此外，与地位低的榜样相比，儿童会模仿地位高的榜样。

班杜拉等(1961，1963)还探讨了惩罚在侵犯行为中的作用。一些研究者认为，如果惩罚榜样的侵犯行为，就有可能减少儿童的侵犯行为。班杜拉想进一步澄清，当儿童看到榜样被惩罚时，他们是没有去学习侵犯行为呢，抑或他们学会了侵犯行为，只不过抑制了这种行为？为此，班杜拉对那些能够模仿先前观察到榜样行为的儿童给予奖励。结果发现，所有的儿童，包括看到榜样被惩罚的儿童都表现出类似的侵犯行为，这说明观察了榜样被惩罚的儿童已经学会了如何侵犯，只不过他们暂时抑制了这一行为而已，这意味着惩罚榜样的侵犯行为并不能防止观察者习得侵犯行为。

社会学习理论弥补了挫折—侵犯理论的不足。例如，挫折—侵犯假设难以解释为什么在同样的挫折情境中，有些人会做出侵犯行为，有些人不会做出；即使在那些侵犯的人中，有些人会使用不同的工具，有些人却只是言语攻击。社会学习理论认为，人们的早期经验和学习决定了他们如何表达侵犯行为。

社会学习理论为减少侵犯行为而设计的教育计划提供了基础。依据该理论，父母对儿童的错误行为给予惩罚，实际上导致将来儿童侵犯行为的增加。在这种情况下，父母是儿童学习的榜样。儿童观察了父母运用侵犯来达到他们的目的(即减少儿童的侵犯性)。虽然儿童因为害怕报复而不在家里侵犯,但在其他适当的场合,他就有可能运用从家里学来的侵犯行为进行反应。那么,我们如何减少或消除儿童的侵犯行为呢?按照社会学习理论,如果取消儿童希望得到的东西使儿童的侵犯行为得不到强化(消极强化),就可以减少侵犯行为。在这种情况下,儿童没有因侵犯行为得到强化或受到注意,也没有目击一个侵犯榜样。因此,在教育儿童不要侵犯时,侵犯行为不能当作威慑因素。例如,教师奖励儿童的协作行为、非暴力行为,并忽视他们的侵犯行为,就有可能减少儿童的侵犯行为。

六、综合侵犯模型

很多理论从不同角度解释了人类的侵犯性,然而这些理论并没有为理解人类的侵犯性提供一个总体框架。安德森和布什曼(Anderson & Bushman,2002)提出了综合侵犯模型(general aggression model),系统阐述了个体因素和情境因素如何通过个体内在认知过程和评估决策过程影响侵犯行为的发生。综合侵犯模型(图 9-1)将侵犯过程分为三个阶段:输入阶段、路径阶段和结果阶段。

输入阶段包括个体因素和情境因素。侵犯研究的重点在于发现哪些生物、环境、心理、社会因素等会影响侵犯,以及如何利用这些发现来减少不必要的侵犯行为。在侵犯的影响因素中,个体因素包括个体生理特征、态度、遗传易感性等内在特征。个体因素具有相对稳定性,构成了个人对侵犯的准备状态。研究发现,某些类型的人如 A 型人格的个体经常侵犯别人的行为很大程度上是因为他们容易受到敌意感知和敌意归因的影响(Crick & Dodge,1994)。情境因素包括特定情境中的各种刺激,如侵犯线索、挫折、痛苦、药物等。侵犯线索是个体记忆中与侵犯有关的信息。武器效应(weapon effect)研究发现,枪支的存在(与羽毛球拍和羽毛球相比)增加了愤怒个体的侵犯行为(Berkowitz & LePage,1967),甚至武器图片和文字都会自动触发愤怒个体的侵犯性想法(Anderson,Benjamin & Bartholow,1998)。

路径阶段涉及个体当前的内部状态,包括侵犯性认知、情感和唤起。其中,侵犯性认知指的是个体的敌意思维以及与侵犯相关的信念和态度。一些输入变量提高了记忆中侵犯相关概念的可提取性(accessibility)。那些经常接触暴力媒体或暴力电子游戏的个体会形成攻击性图式,从而提高其侵犯可能性(Anderson & Dill,2000)。敌意性情感指的是愤怒、嫉妒等敌意情绪和表情。输入变量会直接影响情绪,例如疼痛会增加人们的敌意或愤怒(Anderson & Anderson,1998)。唤起指的是生理上的唤起状态如心跳加快、血压升高。在路径阶段,个体因素和情感因素影响着个体的认知、情感与唤起。例如,布什曼和布拉德(Bushman & Brad,1995)发现,敌意特质和是否接触暴力场景交互影响着个体的敌意情绪和侵犯行为。而认知、情感与唤起又彼此作用影响着个体的侵犯行为。

在结果阶段,人们会对当前的情境或限制因素,例如是否有警察在场或侵犯者威胁程度有多大等进行评估,并依据评估结果做出冲动或理性行为。在这一过程中,个体可能采取冲动行为例如侵犯行为,也有可能采取深思熟虑的行为,例如抑制自己的愤怒。

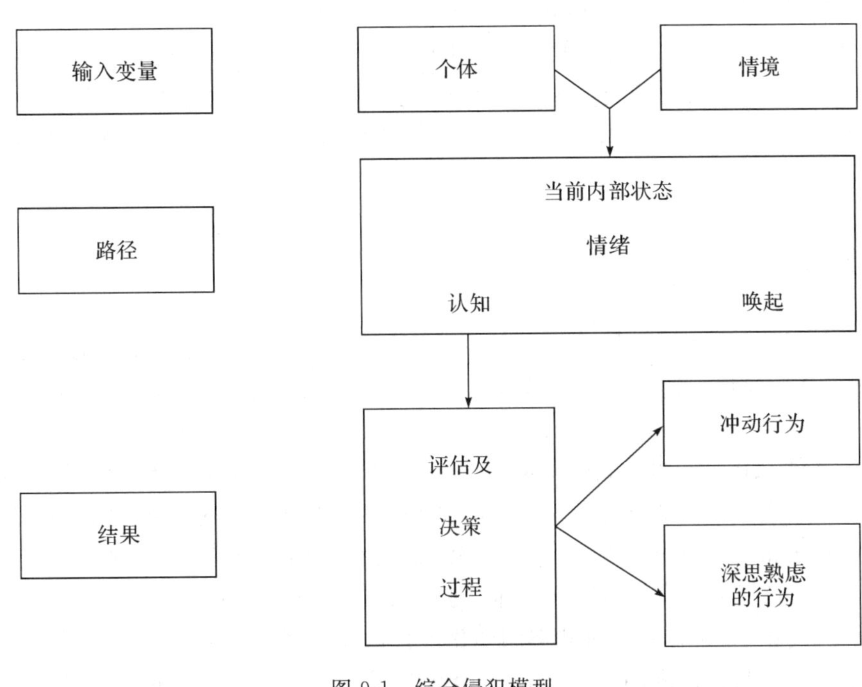

图 9-1　综合侵犯模型

第三节　侵犯行为的影响因素

一、侵犯者特征

在侵犯行为中，一些个体表现出较强的侵犯倾向。如侵犯的个性理论中所述，与外控者相比，内控者更容易以侵犯行为来做反应。此外，侵犯者还表现出如下一些特征。

一种常见的刻板印象认为，男性往往比女性表现出更高的侵犯倾向。在生理侵犯中，90%的强奸犯、88%的谋杀犯、92%的抢劫犯、87%的恶性袭击都是由男性所犯下的(Gilovich，Keltner & Nisbett，2006)。在动物中，侵犯行为和性别存在显著联系，说明侵犯和性别的联系背后有很强的生物学基础。此外，男性和女性在侵犯方式上也存在着差异。女性往往表现出较高的关系侵犯和间接侵犯，例如采用流言蜚语、建立同盟、社会拒绝等方式以达到侵犯的目的，而男性往往倾向于诉诸直接暴力(Linder & Crick，2002)。

A 型人格也被认为与侵犯性紧密相关。A 型人格中的 A 来源于 Ambition(雄心)和 Aggressiveness(攻击性)。A 型人格也被称为 A 型行为模式(type A behavior pattern)，其典型特征表现为时间紧迫性和高度竞争性，在挫折情境中变得易激惹，容易产生敌意和攻击性。

黑暗三联征(dark triad)被认为是一组介于病态和正常人格之间的特质群，主要由马基雅维利主义(machiavellianism)、自恋(narcissism)和亚临床精神病态(subclinical psychopathy)

三项人格特质组成(Paulhus & Williams,2002)。这三种人格特质既相互独立又彼此交织,因为与反社会行为紧密相关,有时候又被称为黑暗三人格(dark triad of personality)。研究者认为,当自恋者的利己主义受到威胁时往往会引发直接侵犯,这可能是他们保护脆弱的自尊的一种防御机制(Washburn et al.,2004)。而精神病态的冲动性和冷酷无情的特质都与侵犯有关。

二、情绪

在挫折与侵犯关系中,很多研究者对挫折—侵犯假说的核心观点,即侵犯行为总是挫折的结果、挫折总会导致某种侵犯行为提出质疑。为此,伯克维茨(Berkowitz,1989)提出了新联想理论(cognitive-neoassociation theory of aggression)以解释侵犯,认为不仅是挫折,任何令人不快的事件,如疼痛、饥饿、疲劳、羞耻、焦虑、侮辱等都会引发个体的愤怒,并由此引发个体对他人的侵犯。挫折之所以导致侵犯,可能原因在于挫折引发了个体的愤怒情绪。

沙赫特和辛格(Schachter & Singer,1962)的情绪二因素理论认为,对于特定的情绪来说有两个因素是必不可少的。第一,个体体验到生理唤起,如心率加快、手心出汗、胃部收缩、呼吸急促等;第二,个体对生理状态的变化进行认知解释。通常情况下,引起个体生理唤起状态的情境线索是很清晰的。但有时候,我们体验到生理唤起而对此并不能清晰地解释,就会从环境中寻找线索以对体验到的生理唤起予以解释,从而对该唤起予以标签化。齐尔曼及其同事(Zillman,1971;Zillmann & Bryant,1975;Bryant & Zillmann,1979)将情绪的标签理论应用于侵犯研究。他们发现,被激怒的人如果由于其他原因而被进一步唤起,那么会把随后的生理唤起归因为愤怒,这种错误归因使得个体更为愤怒,因而更具有侵犯性。这一理论被称为唤起转移理论(excitation transfer theory)。在这个理论中重要的不是愤怒的来源,而是附加唤起的存在。在唐纳斯坦恩和威尔逊(Donnerstein & Wilson,1976)的研究中,部分被试被研究助手侮辱从而感到愤怒,随后这些被试中一半的人被给予高强度噪声,另一半人则给予低强度噪声。听完噪声后给他们一个机会对助手进行电击。结果发现,遭受高强度噪声的愤怒被试会表现出更强烈的侵犯行为,可能原因在于,具有唤起性质的噪声刺激被错误地归因为愤怒,由此增加了随后的侵犯行为。

高温与侵犯行为存在着一定的联系。在炎热的地区犯罪率会更高(Anderson,1987),而谋杀和强奸案等案件在夏季更容易发生,这被称为夏季效应(The long hot summer effect,Carlsmith & Anderson,1979)。一方面,高温与侵犯的关系可能是源于挫折,高温让人烦躁不安,让人容易被激怒并引发侵犯。另一方面,可能是因为高温导致了个体的生理唤起,当碰到让个体遭受挫折的对象时,个体会将生理唤起归因于对方,从而导致愤怒和侵犯行为。

三、侵犯线索

侵犯线索(aggressive cues)指的是与挫折来源以及侵犯行为相联系的刺激。对挫折—侵犯假设的批评认为,挫折并非总是导致侵犯行为,侵犯行为只是针对挫折进行反应的一种方式。那么,在什么条件下挫折会引发侵犯行为呢?伯克威茨(Berkowitz,1968)提出了侵犯的线索理论(cue theory of aggression)。他认为挫折导致的是侵犯的准备状态,这种状态

可以用“愤怒”来标签它，但只有环境中具有恰当的引发侵犯的线索，侵犯行为才会发生。当一个人将特定的工具、情境或人与侵犯行为联系起来的时候，这些线索就具有引发侵犯行为的性质。基恩和伯克维茨(Geen & Berkowitz，1966)在研究中先要求被试和研究助手完成拼装玩具任务。研究设置为研究助手能完成任务，但被试中一半人能够完成任务，另一半被试则故意给予实际不可能完成的任务。随后，研究操纵了研究助手对被试的行为：在挫折条件下，研究助手完成任务后，只是坐着看被试完成任务；而在侮辱条件下，研究助手完成任务后，对被试没能完成任务进行侮辱和贬低。任务结束后，给被试看一部电影片段，一半被试看的是残酷的拳击片段，影片中拳击手柯克·道格拉斯被其他人暴打，另一半被试看到的是关于竞走的片段。看完后，主试告诉一部分被试说，研究助手的名字叫柯克·安德逊，另一部分被试则被告知研究助手的名字叫鲍勃·安德逊，并给予被试一个机会电击研究助手。结果发现，在挫折和侮辱条件下，当被试看的是暴力拳击电影(拳击手柯克·道格拉斯被暴打)，并且研究助手的名字是柯克·安德逊时，被试对研究助手的侵犯程度最高。这表明柯克这个名字因为与拳击电影相联系而成为侵犯线索，导致愤怒的被试做出侵犯行为。

伯克威茨的观点被称为“手指扳动了扳机”(The finger pulls the trigger)。设想一下，一对夫妇发生争吵或打斗时，如果桌子上恰巧放着一把刀，愤怒可能会让丈夫拿刀刺伤妻子；如果桌子上是一束鲜花，丈夫就不太可能伤害妻子。武器效应就是典型的例子，侵犯线索如武器会引发愤怒的人的侵犯行为。

四、受害者的特征

受害者的性别会对侵犯行为产生影响。女性往往被视为在身体和心理上是脆弱的，容易被视为易受侵犯的(Barreto，Ryan & Schmitt，2009)。女性还因为性客体化(sexual objectification)而被侵犯。性客体化指的是女性的身体、身体部分或性功能脱离了她本人，沦为纯粹的工具或被视为能够代表女性个体本身(Bartky，1990)。当女性被性客体化时女性会被视为身体，而其身体存在的价值仅仅是为了取悦他人和供他人使用。性客体化的极端形式包括性骚扰、强奸等性侵犯。

一些人认为，受害者的痛苦会减少对被害人的侵犯行为。看到受害者的痛苦会让侵犯者产生负罪感，从而减少了进一步侵犯的意图。但是，伯克威茨(Berkowitz，1968)认为，受害者的痛苦也可能会增加他人的侵犯。侵犯者可能会因为受害者的痛苦减少即时性的侵犯，因为侵犯者达到了目的(伤害对方)。还存在着另外一种可能，当侵犯者看到了对方被伤害，痛苦的表达可能是对其侵犯行为的一种强化，受害者的痛苦线索的潜在奖励性质导致侵犯者重复其侵犯行为。唤起转移理论也能够解释痛苦线索会增加侵犯行为的现象。目击他人的痛苦是一种附加的唤起，一个愤怒的人看到对方痛苦，并把看到痛苦所产生的唤起归因为愤怒，由此可能增加侵犯性。

五、酒精

在很多犯罪案件中我们经常会见到这样的例子：一个人被妻子或同事激怒、吵架之后，他喝了许多酒，然后回去杀死使他愤怒的人。长期以来，我们一直认为饮酒会使得人们容易

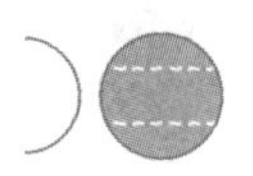

生气，充满侵犯性。调查研究发现，在28%～86%的凶杀案、24%～72%的殴打事件以及13%～50%的强奸案中，罪犯均受到酒精的影响(Roizen，1997)。巴赫曼和佩拉尔塔(Bachman & Peralta，2002)也发现，酗酒会极大地增加暴力犯罪的可能性。

对于饮酒会增加侵犯行为，可能原因在于酒精减弱了人们对侵犯性的抑制(Ito，Miller & Pollock，1996)。饮酒者会忽略潜在的抑制线索。被激怒的酗酒者会对最明显的社会情境特征做出反应，较少注意他人激怒自己时的意图，也较少考虑自己一旦做出侵犯行为可能会产生的后果。一项电击—竞争实验发现，在交换侵犯以后，尽管对手实际上将电击档次调到了最低，醉酒的被试仍然认为对手首先发起了报复性侵犯，即错误地理解了对手细微的非侵犯意图(Berkowitz，1989)。酒精作为一种去抑制的物质，还会降低人们对自己行为的抑制能力。这使得他们在遭受挫折时，可能难以抑制冲动去从事侵犯行为(MacDonald，Zanna & Fong，1996)。

此外，饮酒还为人们从事侵犯行为提供了可能的借口。在我国文化中饮酒往往被视为社交的手段，有助于增进人们之间的关系。这种饮酒期望可能让人们将侵犯行为重构为亲近，为侵犯行为提供了自我辩解的理由，由此提高了侵犯的可能性。

六、媒体暴力

近些年，电影和电视剧中大量呈现暴力镜头，被孩子们追捧的电子游戏也掺杂了很多暴力画面。随着科技的发展，无论是影视剧里的枪杀、流血镜头，还是游戏里的爆头、杀人特效，暴力景象都变得异常逼真。据调查，小学毕业的儿童仅从电视上已经看过8000次谋杀与超过10万次的其他暴力行为(Sleek，1994)。

人们普遍赞同，媒体暴力使人们变得更有侵犯性。社会学习理论强调，观察那些具有侵犯性的目标对象会让他人通过模仿习得侵犯行为。儿童会模仿媒体里的侵犯行为，并一直保留着关于这些侵犯行为的记忆，并产生相似的行为(Berkowitz，1984)。当儿童通过电视学习了歹徒激怒好人且好人进行报复的脚本，那么他在以后生活中就可能会对冒犯自己的人做出类似的报复行为(Viemero & Paajanen，1992)。长期接触暴力信息还会使得人们对暴力脱敏(desensitization)。那些长期接触性暴力的个体倾向于贬低女性，容易接受对女性的侵犯和暴力行径，甚至会产生强暴谬论(Oddone-Paolucci，Genuis & Violato，1994)。

媒体暴力信息强化了人们的侵犯行为。安德森和迪尔(Anderson & Dill，2000)在一项研究中发现，儿童长期玩暴力电子游戏与其侵犯和过失行为呈正向关系，且这种相关性在那些本来就具有侵犯性的儿童身上更高。不仅如此，仅仅是接触媒体暴力就会对侵犯行为产生影响。巴塞洛和安德森(Bartholow & Anderson，2002)将43名被试随机分配到暴力或非暴力电子游戏组中玩10分钟游戏，结果发现，玩暴力电子游戏比玩非暴力电子游戏的被试设置了更高的噪声来惩罚对手，表现出更强的侵犯意图。

第四节　侵犯行为的预防和控制

当前，侵犯行为仍是我们人类社会难以避免的重要问题。人类做出侵犯行为的原因多

种多样，但无一例外地都会导致消极的甚至严重的社会后果，因此了解如何减少侵犯行为是非常必要的。我们发展出法律制度和体系、社会规范和机构以规训和惩罚人们的侵犯行为，通过教育塑造和培育人们的道德感和伦理观念以抑制人们的侵犯行为。社会心理学也发展出一些方法和技术，以减少人们的侵犯行为。

一、宣泄

多拉德等(Dollard et al.,1939)认为，将怒火和敌意通过无害的方式发泄出来，会降低个体进一步从事更加危险的行为倾向，这被称为宣泄假说(catharsis hypothesis)。宣泄这一观点源自弗洛伊德的精神分析理论，认为侵犯是人的内在本能，是人与生俱来的内驱力。人们总保存着一种本能的侵犯性能量，应当不断以各种方式如体育比赛、运动、爬山等释放出来，否则能量滞存积聚，最终将会以极端暴力的形式爆发。

挫折—侵犯假设也提出了宣泄假说。挫折—侵犯假设认为，愤怒来自挫折，挫折的存在必然会导致某种形式的侵犯。那么，对于那些遭受挫折、体验到愤怒的人，让其适当地表现一些侵犯性的行为加以宣泄，他们做出更加危险的侵犯倾向就会减少。这一假说受到部分研究的支持。在一项研究中，被试和同伴(实际是研究助手)一起完成字谜游戏。研究助手很快完字谜游戏后开始侮辱被试，指责其在实验任务中速度太慢，并质疑其智商水平。随后的任务里允许部分被试对研究助手进行噪声惩罚，结果发现对实验助手进行噪声侵犯降低了他们随后的侵犯倾向(Konečni & Ebbesen,1976)。后续研究则发现，宣泄对于减少侵犯行为并不是一种非常好的方法。宣泄的效应只是短期的，当个体遇到或者仅仅是想起以前激怒他们的人，愤怒的感觉就会马上回来。

宣泄在某些情境中反而会增加侵犯。布拉德和布什曼(Brad & Bushman,2002)发现，如果个体想到激怒他们的人时正在进行宣泄活动，这些举动会强化进一步侵犯的倾向。在他们的研究中，在击打沙袋时，那些想着激怒他们的人的被试会体验到更强烈的愤怒，行为上也更具侵犯性，在随后的任务中向激怒他们的人发出更大的噪声。按照宣泄假说，如果宣泄效应真能发挥作用，被试击打沙袋已经宣泄了侵犯性能量，在随后任务中对激怒他们的人的噪声侵犯会减弱。事实上，当先前通过击打沙袋宣泄过的人再次获得侵犯机会时，他们的侵犯性反而得到了增强。此外，宣泄还会让我们消除对将来侵犯行为的抑制，让我们更轻易地表达对他人的敌意。

宣泄对于侵犯的效应可能更多取决于宣泄的方式。除了上述击打沙袋外，宣泄的方式还包括观看影视戏剧作品、参加体育文娱活动、与亲朋好友谈心等。我们应该寻求社会允许的有效方式来达到宣泄的目的。

二、惩罚

惩罚是一件很复杂的事情，尤其当涉及侵犯行为的时候。我们可能会认为，对一项行为(包括侵犯行为)进行惩罚能够减少它发生的频率，人们出于对惩罚和报复的恐惧而降低其侵犯性。实验室研究的结果表明，惩罚确实会有威慑的作用(Bower & Hilgard,1981)，但必须要满足三项前提条件：首先，惩罚必须是迅速的，必须尽可能快地紧跟侵犯行为；其次，惩

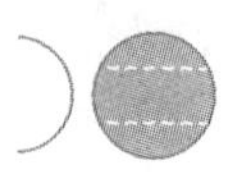

罚必须是可靠的;最后,惩罚必须是强烈的,让侵犯者受到威慑,并被接受者知觉为公正的。而在现实世界中,这三项条件是很难达成的。社会的复杂性导致强烈的惩罚不可能像在控制严密的实验室环境中那样发挥应有的威慑作用。此外,惩罚的实施需要社会付出很高的成本和代价。

惩罚在暂时抑制直接侵犯行为上通常有效,但难以作为解决问题的普遍方法。首先,依靠外部力量使暴力最小化是不可能的;其次,惩罚提供了暴力模仿对象,并没有提供新的亲社会行为方式,这将会引导他人模仿惩罚中的侵犯性行为,有可能引发更多的社会问题。惩罚本身往往采用侵犯的形式,可以说是变相地向惩罚对象示范了侵犯行为。被惩罚的人在此过程中有可能习得惩罚性的侵犯行为,从而引导他们模仿惩罚者的行为。对那些模仿能力非常强的儿童来说,他们因为侵犯性倾向而被惩罚后会变得更有侵犯性(Sers,Maccoby & Levin,1957)。在充满惩罚和侵犯性的教养方式下长大的孩子更容易具有暴力倾向,成年后会虐待配偶(Vissing et al.,1991)。这可能是他们对于父母侵犯行为的模仿,也可能是因为频繁的惩罚导致了愤怒的郁积和猛烈爆发。

三、认知干预

侵犯是个体一系列的社会认知加工过程的结果,对个体的侵犯决策过程的适当干预有可能降低其侵犯倾向。

不相容反应策略(incompatible response strategy)是一种可行的认知干预策略。不相容反应策略是指引起与期望改变的行为相对立的情绪或反应,以减少或消除愤怒或侵犯行为的策略。这一策略主要基于一项公认的行为原则,即所有的生物包括人类都不可能同时做出两种不相容的反应,或者体验到两种不相容的情绪,如遭受挫折时不可能欣喜若狂、欣喜若狂时不可能沮丧颓废。巴伦(Baron,1976)认为,不相容原则同样适用于控制愤怒和侵犯性。在他的一项研究中,研究者开车阻挠其他男性驾驶者(被试),驾驶者可以通过鸣笛表示自己的愤怒。在诱导被试产生不适的情绪后,将他们随机分配到移情、幽默、轻微的性唤起以及控制和分心的组别,目的是让他们经历与愤怒或公然侵犯不相容的反应。结果发现,与控制和分心组别的被试相比,不相容组的被试均表现出更长的延迟,不愿意对研究者鸣笛,即表现出更少的侵犯性。这表明,如果一个人遭受挫折时,接触的刺激如果能够引发与愤怒和侵犯不相容的反应,有可能会降低其侵犯性。不仅如此,在冲突双方之间诱导不相容于愤怒或侵犯性的反应还可能促使人们采取建设性的行为模式。根据巴伦的研究,不相容反应策略显著地改善了人们当前的情绪,提高了对冲突方的个人评价,也增加了对处理冲突的建设性方式如合作的偏好。

归因训练也被用于降低个体的侵犯性。如前所述,侵犯者往往表现出敌意性的归因偏差,这种敌意性的归因偏差反过来为其报复性侵犯提供了合理性。那么,改变个体的敌意性的归因方式有可能降低侵犯性。格雷厄姆等(Graham,Hudley & Williams,1992)开发了一项 12 个疗程的归因训练方案,如教会青少年对模糊情境做出非敌意的意图推断。研究表明,接受过归因训练的儿童降低了对他人的敌意意图归因,也降低了对他人采取报复性侵犯的赞同程度。

四、道歉

当人们做出使得他人遭受挫折的行为时，道歉能够降低对方的侵犯性。一项以日本大学生为对象的研究中，部分大学生被试在受到他人伤害后得到了对方的道歉，而另一些被试则没有。结果发现，那些收到道歉后的被试更有可能抑制自己的侵犯性(Ohbuchi，Kameda & Agarie，1989)。可能原因在于，道歉使得遭受挫折者意识到对方并非是有意为之，降低了他们的愤怒以及由此导致的相应的报复性侵犯行为。此外，道歉还意味着人们愿意承担相应的责任，并在将来不会再次做出这一行为。

本章习题

一、简答题

1. 简述并举例说明侵犯的类型。
2. 简述挫折—侵犯理论。
3. 个体从观察他人的侵犯行为到表现自己的侵犯行为需要哪些条件?
4. 简述综合侵犯模型的过程。
5. 简述影响侵犯行为的因素。
6. 酒精为何会增加侵犯行为?

二、论述题

1. 试述减少侵犯行为的方法。
2. 试述社会认知过程在侵犯行为产生中的作用。

三、思考题

1. 有些人认为存在着天生的罪犯。你是如何看待这一观点的？请说明理由。
2. 依照惩罚的社会心理学研究，有些人认为只要法律是迅速、可靠而强烈的，人们会因为害怕惩罚而避免做违法的事情。你是否同意该观点？请说明理由。
3. 如果要减少校园中的霸凌行为(bullying)，对于社会、家庭和学校你有哪些建议?

在线测试

本章参考文献

第十章 社会影响

人作为社会性动物，生活中的言行举止定然会受到其他人或群体的影响。社会影响(social influence)指一个人或一个群体运用社会力量以改变他人的态度、信念、情感或行为。其中，社会力量(social power)指的是能够用来推动或影响改变的力量。这个力量可能是源于处于某个社会位置上得以掌握的某种资源，如奖励、惩罚或信息；也可能是来自他人的喜欢或尊重，如专长、地位。在社会影响的作用下，人们的行为表现为三种类型，即从众(conformity)、依从(compliance)和服从(obedience)。了解这三种类型的行为，能够帮助我们了解自己的行为是如何受到社会情境的制约，以及社会影响对个人和社会的潜在消极后果。

第一节 从 众

一、从众的概念

从众(conformity)是指感觉到他人压力而导致个体在行为或信念上的改变。他人的压力使得个体改变其行为，而这种行动方式是个体在没有他人压力下本来不会采取的。此外，他人的压力可能是真实的、明确的，如果个体不从众的话会受到威胁或惩罚；他人的压力也可能是想象的、含糊的，个体认为如果自己不从众的话就会被威胁或惩罚，即使实际上并非如此。

从众是非常普遍的社会心理现象，我们的行为经常受到从众的影响。在一场辩论赛或音乐会结束时，如果有观众起立鼓掌，我们也难免跟随其后。人们的从众形式分为两类。从众有时候表现为对临时性的特定情境中占优势的行为的采纳，俗话中人云亦云、随大流说的就是这种情况。网红商家会雇佣一些“托”以制造虚假繁荣，炒作商品从而获利，实际上就是利用了人们的盲目从众心理。从众也可以表现为对长期性的占优势观念与行为的接受。人们会顺应传统、风俗、习惯，每年春节大规模异地返乡就是典型的这类从众行为。

从众在生活中的作用则利弊兼具。一方面，从众有利于个人与社会。进化心理学家与

人类学家认为，从众作为一种合群倾向与社会适应有关，对社会总体而言是有利的。从众有助于我们预测他人的行为，从而阻止其他人的消极行为，例如购物时从众能够阻止人们无故插队。从众还可以保障群体行为的一致性，如果没有从众，每个人都自行其是，社会秩序和稳定就会无法维持。另一方面，从众也可能给个人和社会带来消极后果。从众会弱化人们的自我意识，妨碍个体的独立性。盲目从众还可能导致不良后果。青少年的违法犯罪行为很多即出于盲目从众心态，"非典"期间出现的人们疯狂抢购板蓝根也是出于盲目从众心理。

二、从众的类型

人们的从众可能是表面的，也可能是出自内心认可的。根据人们的行为表现和内心信念，可以将从众分为三类。

(1)权宜从众：个体在行为上与众人保持一致，内心不以为然，仍然保持与群体不一致的信念。

(2)真从众：个体不仅在行为上与众人保持一致，内心的信念也自觉与群体保持一致。

(3)反从众：个体在观察了其他人的行为后，故意采取与他人对立的或相反的行为。这类人的行为表现和内心信念均与他人不同。例如，新年里每个人都焕然一新，这类人偏要衣衫不整。

反从众者与从众者同样受到他人压力的影响，不过反从众者并非是服从群体压力而是反对它们。在从众者中，权宜从众的个体仍然保持与群体不一致的信念，一旦群体压力不存在，他们可能就不会按照群体规范去行动；而真从众的个体即使群体压力不存在仍然会遵从群体规范。

三、从众的研究

(一)谢利夫的研究

谢利夫(Sherif，1935)对群体规范形成的研究涉及从众现象。谢利夫的兴趣在于探讨群体规范如何形成，以及规范形成后对人们的行为产生多大的影响。研究中，被试被带进一个黑暗的房间，被要求注视一个光点并估计光点移动的距离。光点实际是静止不动的，但如果人们在黑暗中注视发光点的话，由于缺少参照物会感觉光点会移动，这被称为似动现象(autokinetic phenomenon)。对光点移动距离的判断因人而异，特定个体的距离判断则相对稳定。被试报告了光点移动的估计后，被要求与其他 1 名或 2 名被试再次进入房间估计光点移动距离，并大声报告使其他被试听到。研究发现，一开始被试对光点移动距离的估计存在着很大的个体差异，但是群体成员的估计值会慢慢地彼此接近(图 10-1)。谢利夫还发现，当再次要求被试单独在黑暗房间里判断光点移动距离时，被试的估计与群体的最后估计完全相同。谢利夫认为，在模糊的情境中群体会建立起一定的规范和标准，群体成员会服从这些规范；被试会在内心里接受这一规范，即使不在群体中仍然会坚持不变。

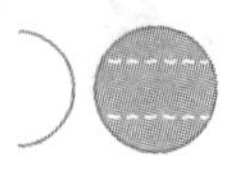

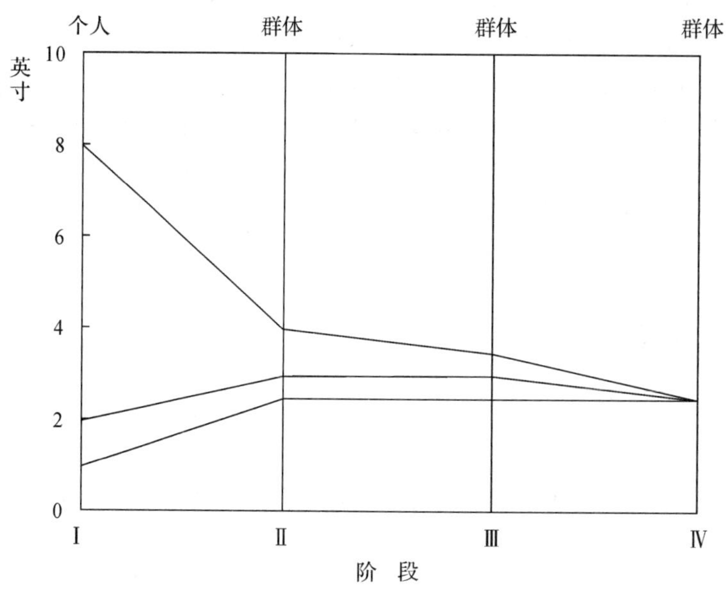

图 10-1 自主运动判断的聚合性

注：阶段Ⅰ，被试单人判断；阶段Ⅱ和Ⅲ被试听取其他群体成员的判断；阶段Ⅳ，被试再次单独判断

谢利夫(1935)的研究表明，群体规范一经形成，就会难以改变。那么，这一群体规范是否可以随机形成？雅可布斯和坎贝尔(Jacobs & Campbell，1961)重复了谢利夫的研究，探究给予被试错误的反馈是否会影响他们的判断。在一种条件下，他们让一名真被试和三名实验者助手(当然被试不知道他们是助手)组成一个群体。被试所看见的光点移动距离约为4英寸①，却听到三名助手报告说他们看到了15～16英寸的移动距离，通过助手的反馈建立了15～16英寸的移动距离的规范。研究发现，到实验结束时被试大都报告说看到了光点移动距离为15～16英寸。为了进一步考察群体规范能否持续，研究者在随后的实验中让助手在一定时间内被真被试替代。结果发现，在这个完全由真被试组成的群体中仍维持着移动距离的群体规范，即使群体成员完全变换，这一规范仍然会影响其成员的判断。

(二)阿希的研究

阿希(Asch，1951)认为，谢利夫研究中的被试之所以从众，可能是因为要求他们判断的刺激是模糊的，如果刺激是清楚的，情况可能有所不同。为此，阿希(Asch，1951)设计了一个研究从众的经典方法：假设你是参加心理学实验的被试，你被带进一个房间，进去时发现里面已经有六名被试围桌而坐，你就在桌子旁边的空座位上坐了下来。这时实验者进来告诉你们，你们要参加的是关于判断的精确性的实验。他向你们呈现了两张卡片，一张卡片上只有一条10英寸的线段(标准线段)，另一张卡片有三条线段A、B、C，很明显线段B与标准线段等长(图10-2)。实验者告诉你们，你们的任务是从卡片乙三条线段中选出与卡片甲单线

① 1英寸=2.54厘米，下同。

相同长度的线段。实验者要求每个人依次说出所选线段字母，你是倒数第二个回答的人。实验开始了，第一个被试说B，你也认为B是正确的回答，后面的四个人都报告了B，现在轮到你了，你当然也会说B。第二轮实验开始，实验者向你们呈现了2英寸的标准线条，在你之前的其他人都报告了2英寸的线段，你也这样做了。接下来，实验者呈现了一条3英寸的标准线段，你很明显地就能看出C与标准线段等长。这时第一个被试报告说线段A的时候，你开始怀疑他哪里出了毛病，因为C明显是正确答案，当你可能正要嘲笑这个被试时，第二个被试十分仔细地看了看线条后说"A是正确的"。你惊讶地靠着椅背。接着，你前面的被试都坚定地报告A。现在轮到你了，你该怎么办呢？

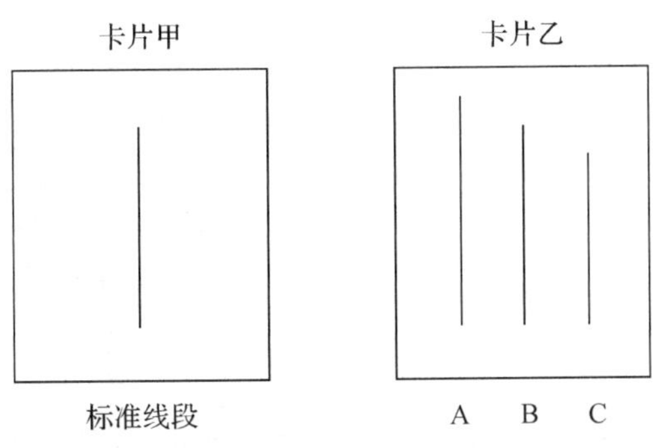

图10-2 阿希实验中的一个典型刺激

这就是阿希研究从众的程序。实际上其他六名被试都是实验助手，只有你才是真正的被试。研究者早就告诉助手们该如何回答，在18次尝试中有12次他们都一致地给出错误的回答。研究者想知道，你是听从群体的错误看法还是坚持正确的回答。阿希之所以采取线条判断的任务，是因为他发现当要求人们单独判断线段时，即没有群体影响时，人们基本不会犯错，而谢利夫的研究中对光点移动距离的判断是没有正确答案的。但是，阿希实验中的被试在超过1/3的次数里附和了群体错误的观点，即使他们知道群体是错误的；当面对群体一致的错误观点时，76%的被试至少从众1次，只有1/4被试能够坚持自己正确的回答。

后来，克拉奇菲尔德(Crutchfield,1955)改进了阿希的从众研究方法。在克拉奇菲尔德的研究方法中，被试被安排进一间可关闭的小房间，房间的桌子上放着一块控制板，上面有一排开关和4盏排成一排的灯。开关是让被试做反应的，4盏灯是用来说明其他四名被试的反应。实验者告诉被试他是第5名被试，他在看到其他1到4名被试的反应后才可以反应，且他的反应会被其他被试看到。实际上，实验中一共有五间房间，房间里的每个人都是真正的被试。实验者在控制室里操纵被试1到4的反应，真被试以为他们看到的是其他被试的反应，实际上看到的只是实验者操纵的反应。与阿希方法不同的是，拉奇菲尔德的方法并不要求有实验助手，所有被试都是真被试，作为同伴的被试的反应是模拟的，消除了阿希方法不够经济的不足。此外，这一方法能更好地进行实验控制，而阿希方法中助手在几次实验中可能产生不同的行为。尽管如此，这一方法与阿希的方法一样，距离人们的现实生活环境较远，带有很大的人为性；且被试没有面对群体成员，只是面对灯泡及开关，会削弱群体对其从众的影响。

四、从众的原因

群体中心理论关注群体施加于个人身上的压力对从众的影响，代表人物是阿希（Asch，1952）和凯利（Kelley，1952）。

他们认为，人们在成长过程依赖两方面的信息来源。第一个信息来源称为个人信息。个人信息主要来自在环境中直接获得的物理现实或个人体验，个体通过试错学习而掌握。例如，小孩子碰触热炉，学会炉子会烫伤手。第二个信息称为社会信息，这些信息来自其他人或群体。社会信息也可能涉及有关物理现实的知识，例如父母的教导让孩子学会炉子会烫伤手。同时还有很多问题，如人应该怎样有意义地生活、什么是美等，这些是难以借助物理现实获得答案、涉及社会现实的问题，我们必须依赖他人向我们提供答案。当我们依赖其他人而获得社会信息时，他人就获得了影响我们的行动或态度的权力，这一过程称为信息性社会影响（informational social influence）。信息性社会影响指的是我们将他人的观点或行为作为参照而判断什么是正确的、合适的或有效的结果（Deutsch & Gerard，1955）。在谢利夫实验中被试面临着模糊情境，人们不得不依靠他人的判断进行决策，表现出从众行为。

在阿希的研究情境中，被试所面临问题的答案是非常简单的，被试不需要从其他人获取信息。被试之所以从众可能是源于偏离的恐惧，被试担心偏离群体规范会遭受群体的排斥，如遭受拒绝、批评甚至惩罚，研究者将这一过程称为规范性社会影响（normative social influence）。规范性社会影响指的是人们害怕被他人所拒绝而不得不服从其他人的期望。如果某一个体被所处群体所排斥的话，往往会感到焦虑、烦恼甚至痛苦不安。正如 17 世纪哲学家约翰·洛克（John Locke）在他的《人类理解论》中曾提及的：一万个人中也难找到一个人，他能在自己的团体里长期忍受厌恶和谴责而麻木不仁、无动于衷。群体会使用如拒绝或否定的强化来惩罚不愿从众者。个体可能并没有见过群体施行这种惩罚，或者群体根本不存在着对偏离者的惩罚，但只要个体相信偏离会遭到群体拒绝就会体验到群体的规范压力。

在两种社会影响下个体会体验到不同的压力，由此产生不同形式的从众。信息性社会影响满足了人们渴望正确的心理需要。人们出于保持正确的需要，将其他人视为信息来源以指导我们的行动。此时个体遭受的群体压力称为信息性压力。信息性压力下的个体是出于将事情做得更好、更正确的愿望，而不是出于害怕而从众。他人是作为参照以提供行为和信念的正确方向，此时个体公开的从众常伴随着内心的接受，更有可能产生真从众。规范性社会影响则满足了人们渴望被喜爱和害怕被拒绝的心理需要。此时个体遭受的群体压力称为规范性压力。在规范性压力下的个体出于害怕被群体所排斥的心态，可能会公开顺从群体的信念和行为，但并不一定引发个人的私下接纳，更可能产生权宜性从众。

在大多数场合中两种社会影响同时作用于个体。在不同场合，两种影响会存在着一定的差异。例如，信息性社会影响在模糊情境、处于危机或其他人是专家时影响可能更为显著。此外，不同个体对两种影响的敏感性可能也各不相同。

五、从众的影响因素

(一)群体特征

1. 群体规模

在一定范围内,群体规模越大,持一致意见或采取一致行为的人越多,则个体受到的压力就越大,也越容易从众。但当群体中持一致观点或行为的人达到一定数量时,从众就不再明显增加。阿希(1955)在研究中将意见一致的实验者同谋从 1 人逐渐增加到 15 人时,发现随着群体规模的增加从众行为也随之增加,同谋者在 3 人和 4 人时从众最多,此后不再因同谋者人数的增加而上升,同谋者为 15 人时并没有比 3 人时引发更多的从众(图 10-3)。日常生活中,三人成虎可能反映了这一规律。随着群体规模的增大,个体遭受的信息性压力和规范性压力均会增大,从众随之增加。随着群体规模的进一步增大,他人提供的信息已经足够,更多的人未必能增加信息量,而个体偏离群体的恐惧随着群体规模而增加。但是,一个人的恐惧程度总是有限的,因此,群体规模增加到一定程度后对从众的影响就不再显著。

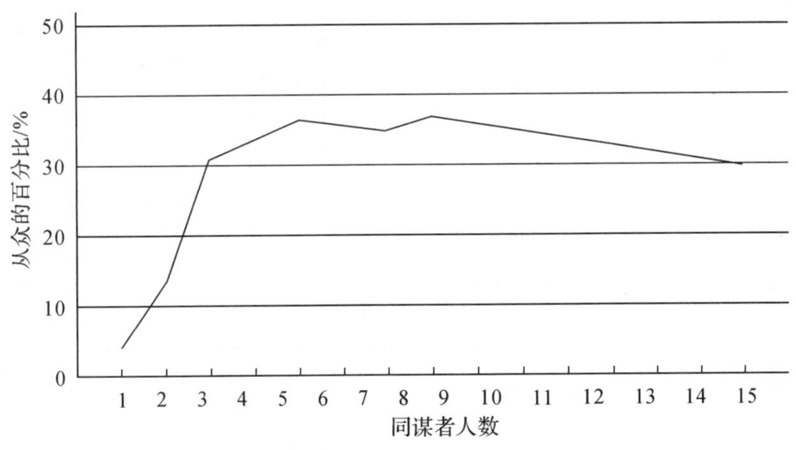

图 10-3　群体规模对从众的影响

2. 群体一致性

个体在面临一致性的群体时所面临的从众压力非常大,群体有着维持群体一致性的倾向性与运转机制。因此,当群体成员的意见并不完全一致时,从众的数量会明显下降。研究发现,当群体中仅有一名成员与其他人不一致时,都会导致从众降低至 5%,且无论该异议者是令人尊敬的专家抑或并无声望的普通人(Asch,1956;Morris & Miller,1975)。即使这位单独的异议者的回答错误,仍然会降低从众行为(Allen & Levine,1971)。这表明,有人对群体表示出轻微的异议,就能够让其中的个体保持独立性。群体中异议者的存在,不仅降低了群体的信息性社会影响,也降低了规范性社会影响。

3. 群体凝聚力

凝聚力(cohesiveness)指的是个体被一个群体吸引并期待成为其成员的程度(Turner，1991)。那些感到自己被群体吸引的成员更可能对群体的影响做出反应(Berkowitz,1954)。一个群体的凝聚力越强，对成员的影响力就越大。高凝聚力群体的成员对所属群体有着强烈的认同感和责任感，更渴望为群体其他成员所接受，对群体偏离的恐惧也越高。群体凝聚力影响着规范性社会影响，规范性压力使得人们不愿意偏离群体规范，从而表现出从众倾向。

(二)情境特征

1. 任务的难度和模糊性

研究表明，与容易的、清楚的任务相比，人们在模糊的、困难的任务中更为从众。例如，阿希(1951)发现，互相比较的线段之间的差异越小，人们越容易从众(图 10-4)。当任务是困难的或模糊的时候，人们会把群体作为信息的来源，此时信息性社会影响发挥着重要作用。

(a)

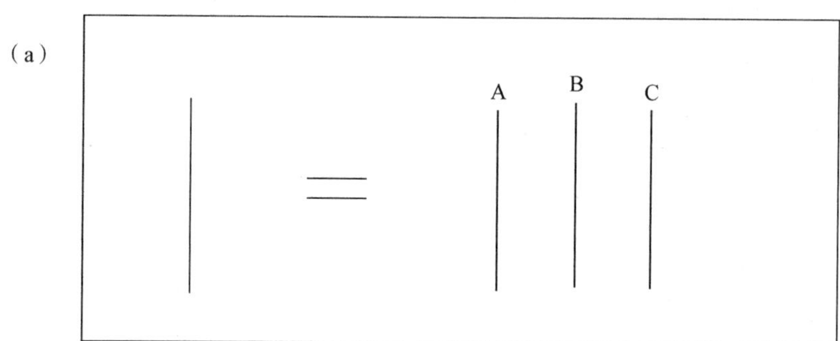

(b)

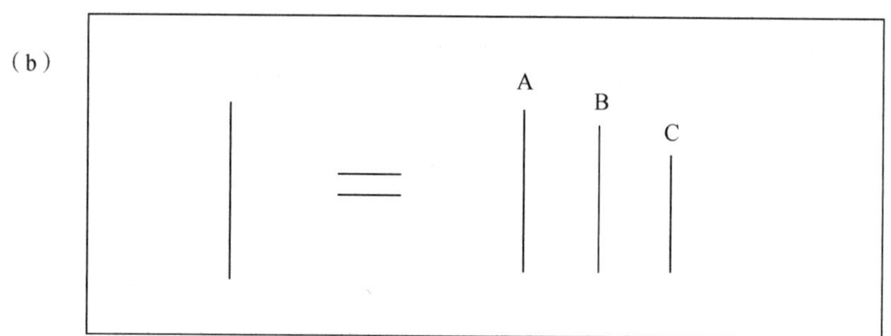

图 10-4 困难的(a)任务与容易的(b)任务

2. 从众的公开性

人们在公众场合比在私下场合更容易从众。多伊奇(Deutsch,1974)发现，人们在公众场合和私下场合中的从众分别为 30%和 25%。阿希(1956)在后续研究中，让参与者在看到

其他人的反应之后，不要求参与者口头说出自己的答案，而是将答案写下来给研究者看，从众就明显降低了。同样地，当老师提出某些有争议的问题时，如果让大学生通过遥控器匿名回答，他们给出的答案会比举手回答时更为多样化（Stowell，Oldham& Bennett，2010）。私下场合降低了规范性社会影响的作用，减少了人们的从众倾向。

（三）个体因素

1. 人格特征

一些研究者试图从个体差异角度分析从众行为。例如，克拉奇菲尔德（Crutchfield，1955）发现，常常从众的人一般说来智力较低、领导力不足、自卑，而那些有较多专制独裁特征的人很少会从众。此外，克拉奇菲尔德还认为，从众者具有较少的自我力量，较少具有忍耐冲动和模糊的能力，不愿意承担责任和委托，自省和创造性不足，具有较多的偏见。也有一些研究者认为，社会期许需要、自尊等因素可能会影响从众。

但是，解释从众行为的个性理论存在两方面的问题。首先，上述描述从众者的个性特征似乎表明从众者是适应不良、神经质的人，暗示着从众是一种消极行为，实际并非如此。其次，如果存在从众的个性特征，那么具有从众个性的人必然在许多情境中表现出一致的从众行为。研究者分析了在四种不同形式的任务上被试对群体观点的从众行为。结果发现，在不同情境中从众行为之间的相关系数是 0.06～0.60，这表明在不同情境中从众倾向只有微弱至中等强度的相关。因此，并没有证据表明具有从众特征的人在各种情境中都会屈从群体的压力。

2. 专长和地位

在一个群体中位高权重者和专业人才往往有更大的影响力。穆伦等（Mullen，Copper & Driskell，1990）对 24000 个行人乱穿马路的研究显示，行人乱穿马路的基线比例为 25%，当出现另一个乱穿马路者时该比例上升到 44%；但当存在着遵守交通规则穿过马路的助手时，行人乱穿马路的比例下降到 17%，而这个遵守交通规则过马路的人衣着整洁高雅时对乱穿马路的人示范作用最佳。一般说来，专家作用于信息性社会影响，专家的观点往往更为准确；而地位主要作用于规范性社会影响，来自地位高的人排斥的后果要远远高于地位低的人，这也可能是造成地位较低的群体成员更容易从众的原因（Driskell & Mullen，1990）

3. 性别

研究发现，女性比男性稍微更为从众（Eagly，1987）。从众的性别差异被认为是社会化的结果，在社会化过程中男性往往被要求独立自信，这可能降低了其从众倾向。有些研究者（例如，Sistrunk & McDavid，1971）认为，从众的性别差异可能是研究材料适合男性而致。早期研究材料对男性来说更为熟悉，使得女性比男性被试更容易受到信息性社会影响。他们重新设计了研究材料后发现，对于与男性有关的项目，女性被试更容易从众；而对与女性有关的项目，男性被试要更容易从众。这表明，从众并不存在系统性的性别差异，而是对问题的不确定性以及知识缺乏决定了人们的从众。

（四）文化

文化影响着人们的从众倾向。惠特克和米德（Whittaker & Meade，1967）在很多国家和地区重复了阿希的研究，发现大多数国家和地区的从众比例相近：黎巴嫩为31%，中国香港为32%，巴西为34%，但津巴布韦的班图人为51%，原因是该民族对不从众者惩罚甚严。米尔格拉姆（Milgram，1961）发现，挪威人比法国人更从众，可能是因为法国社会传统上强调个人，而挪威社会重视社会责任。

个人主义和集体主义是研究文化差异的重要维度。集体主义文化下的人们重视获得群体的赞同，一旦失败则会感到羞耻，而个人主义文化下的人们有着较高的自主和保持独特性的需要。因此，集体主义文化下的个体会对群体压力表现出更高的从众（Bond & Smith，1996）。个人主义文化下的个体认为在群体压力下的从众是软弱的表现，而集体主义文化下的个体则将从众看成是自我控制、灵活与成熟（Markus & Kitayama，1994）。

第二节　依　从

一、依从的概念

依从（compliance）是指在他人的直接请求下去做或者不去做一些事情。在现实生活中，我们经常会对他人提出各种各样的要求，希望他人能依从我们的观点，我们也经常依从他人的意愿。

依从与从众的区别在于，依从是在他人的直接要求下做或不做某些行为，源自人们外在的、直接的压力，而从众更多来自内隐的、无形的群体压力。

二、依从的策略

人们并不喜欢被他人拒绝。著名心理学家罗伯特·西奥迪尼（Robert Cialdini）对依从策略开展了大量研究，在其著作《影响力：说服心理学》（2006）一书中提出了六种依从策略。这些策略可概括为：喜爱/友谊（liking/friendship）、互惠（reciprocation）、承诺/一致性（commitment/consistency）、稀缺（scarcity）、权威（authority）和社会认同（social proof）。

（一）喜爱/友谊

喜爱策略是指人们更愿意依从来自喜爱的人或朋友的请求，而不是讨厌的人或陌生人。

我们往往会依从与我们相似的人的请求。我们喜欢那些与我们在政治观点、人生经历、价值观、生活方式甚至出生、生活地点等方面相似的人。有人将其总结提炼为五同，即同学、同乡、同事、同窗以及同性。与这些人的相似性容易引发我们的喜欢和情感接纳，往往难以拒绝他们的请求，而不得不依从他们。伯格和同事（Burger et al.，2004）发现，当被试发现一

个陌生人与自己同名或同日出生的时候，会更愿意答应其请求，如给慈善机构捐款。由此可知，人与人之间非常细微的相似仍足以诱发依从。

赞美可以产生依从。我们每个人都希望得到他人的认同和赞美。赞美别人会给别人留下好的印象，这种印象会更容易让他们答应我们的请求。俗话说"用蜂蜜比用醋能抓住更多的苍蝇"。一种常见的取悦他人的策略是，在提出请求前使对方有好的心情。林德和波蒂亚(Rind & Bordia，1996)让男、女侍者在给消费者的账单上一张画上笑脸，一张没有画。结果发现，当女侍者画上笑脸时获得的小费增加了19%，男侍者则没有此效果。因此，当人们获得好的心情时，将难以拒绝对方的请求而不得不依从对方。

(二)互惠

我国有句俗话：吃人嘴软，拿人手短。在现实生活中你可能碰到过这样的情境，一个陌生人送给你诸如花、笔或书签之类的小礼物，然后请你扫他们的二维码。他们希望用这些小礼物来降低你对他们请求的抗拒心理，这就是互惠的心理作用。互惠策略是指当你接受别人的恩惠时会产生一种负债感，使得你以同样或其他方式给予回报。互惠策略基于互惠的社会规范。在互惠策略的作用下，人们会答应在没有负债感时会拒绝的请求。丹尼斯·里根(Dennis Regan，1971)在一项研究中，要求大学生被试和另外一名学生(实验助手)共同完成一项任务，实验助手有些是友好的，有些并不友好。在任务的中间休息阶段，实验助手离开了几分钟，回来时有些给被试带了瓶饮料，有些则没有。过了一小会儿，实验者助手请求被试购买25美分一张的彩券。结果发现，那些收到饮料的大学生被试平均每人购买了两张，而没有收到饮料的大学生平均仅购买一张，互惠规范的作用非常强大以至于即使是不友好的实验助手也获得了回报。互惠策略的具体方法一般包括以下两种。

1.门面技术

门面技术(door-in-the-face technique)也称为以退为进技术、互惠性让步技术，指人们先提出一个非常大的请求，在对方拒绝后再提出一个较小的真正的请求，出于双方的互惠性让步，对方更可能接受第二个请求。其原理在于，由于第一个请求太大，人们会将提出者提出第二个请求的行为当成是一种让步。一旦感觉到对方做出了让步，出于互惠规范人们会觉得自己也需要做出一个让步来回报对方，从而难以拒绝第二个请求。

西奥迪尼和同事(Cialdini et al.，1975)的研究支持了该技术。他们邀请大学生被试参加一项志愿者活动，请他们在接下来的一年中每周花两小时为那些需要角色榜样的青少年做大哥哥或大姐姐。毫无疑问，几乎没有人答应这一请求。研究者在被试拒绝后立刻提出了第二个请求，问他们是否愿意花两小时带这些青少年去公园玩一次，结果发现，50%的被试同意了这个请求，而当研究者直接向被试提出这个小请求时，只有17%的被试同意。

进一步的研究发现，门面技术要想有效需要满足三个条件。首先，开始的请求必须足够大，人们一定会对此拒绝。当然，请求也不要让人们对自己产生消极的看法("我不是一个慷慨的人")。其次，第一个请求和第二个请求之间的时间间隔必须足够短，以免人们的责任感消失。最后，两次请求的必须是同一个人。

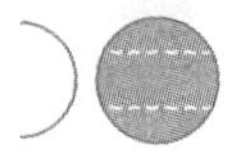

2. 并非全部技术

并非全部技术(that's-not-all technique)又称为折扣技术,指的是先提出一个特别大的请求,在对方答复之前将请求减小或变得更有吸引力,例如,给出产品折扣或给予对方其他好处。其原理在于,当人们的请求减小或变得更有吸引力时,人们会觉得这是对方对最初不合理请求的让步,按照互惠规范,人们会觉得自己有义务回报对方这一行为。该技术与门面技术相似,不同之处在于,该技术不给对方拒绝大的请求的机会,而是通过折扣、优惠、礼物等方式诱导对方接受这一请求。

伯格(Burger,1986)在一系列实验中支持了该技术的有效性。在一项研究中,研究者在校园里售卖蛋糕,很多人会停下来询问购买。研究者随机选择其中一半的人,告诉他们一块蛋糕和两块小甜饼包装在一起卖 75 美分,大约 40%的询问者购买了蛋糕。而在折扣条件下,研究者先告诉人们每块蛋糕 75 美分,稍后告诉他们 75 美分除了可以购买一块蛋糕外,还额外获赠两块小甜饼,结果有 73%的询问者最终购买了蛋糕。

(三)承诺/一致性

人们做出特定行为,在于那些行为与我们的自我形象具有一致性。我们一旦公开承诺某个观点或行为时,会更愿意顺从与自己观点一致的请求,不愿意顺从与之不一致的请求。此外,公开表达过的态度要比私下交流的态度更不容易改变,因为人们难以否认自己公开表达过的态度。基斯勒(Kiesler,1971)要求那些赞成到中学去宣讲计划生育的妇女签署一项公开的请愿,然后安排这些女性与没有签署请愿但抱有同样态度的妇女共同听一份关于不要扩散计划生育宣传的材料。听完反态度的材料后,研究者再次测量了她们的态度。结果发现,公开承诺过的妇女更加坚信应该扩大计划生育宣传,并且自愿从事宣讲工作。因此,人们难以改变公开承诺过的态度。承诺策略的具体方法包括以下三种。

1. 登门槛技术

登门槛技术(foot-in-the-door technique)又叫得寸进尺技术,是指为了让对方依从,先诱惑对方答应一个小的请求,再提出一个更大、更难满足的请求。例如,为了让顾客购买商品,销售人员往往在顾客购买前请顾客帮着完成一件小事情。"登门槛"一词来自上门推销,推销员为了进入屋子推销而先把一只脚伸到门里以避免吃闭门羹。

弗里德曼和弗雷泽(Freedman & Fraser,1966)的一项经典实验支持了该技术的有效性。实验在一个小城镇里进行,研究者想知道有多少居民愿意在他们的前院放一块又大又难看的写着"谨慎驾驶"字样的牌子。在直接请求条件下,实验者对每家女主人说自己是公民团体派来宣传安全驾驶的,希望获得这些妇女的支持,询问她们是否允许在她们的前院竖一块大牌子。在登门槛技术条件下采用了两种条件:第一种条件,实验者说自己来自安全驾驶委员会,要求在她们窗户上放置一块小牌子,上面写着"做一个安全的驾驶员"几个字;第二种条件,实验者要求她们签署一项呼吁安全驾驶的请愿书。在第一名实验人员登门拜访两个星期后,第二名实验人员来到被试家里,要求在她们前院放置那块又大又难看的"谨慎驾驶"的牌子。结果发现,在直接请求条件下只有 16.7%的被试同意了请求,而在登门槛条

件下平均有55.7%的被试同意了这一请求。这表明,在人们同意了一个小的请求后,很难再拒绝随后大的请求。

登门槛技术和门面技术相类似,都是大的要求和小的要求的变化,只是次序前后不同。卡恩、谢尔曼和埃尔克斯(Cann,Sherman & Elkes,1975)在同一实验里检验了登门槛技术和门面技术的有效性。研究者将被试随机分配到两种条件中:第一种条件,让被试拒绝一个大的请求;第二种条件,让被试听从一个小的请求。在这两种条件中,研究者都在第一个请求后提出一个中等程度的请求。卡恩等人还操纵了第一个请求和随后的中等程度请求之间的时间间隔:第一种条件,在第一个请求之后立即提出中等程度的请求;而在第二种条件,两个请求之间存在着7~10天的时间间隔。结果发现(图10-5),登门槛技术和门面技术在导致人们依从中等程度请求方面都很有效,然而在延迟条件下,门面技术的效果较差。

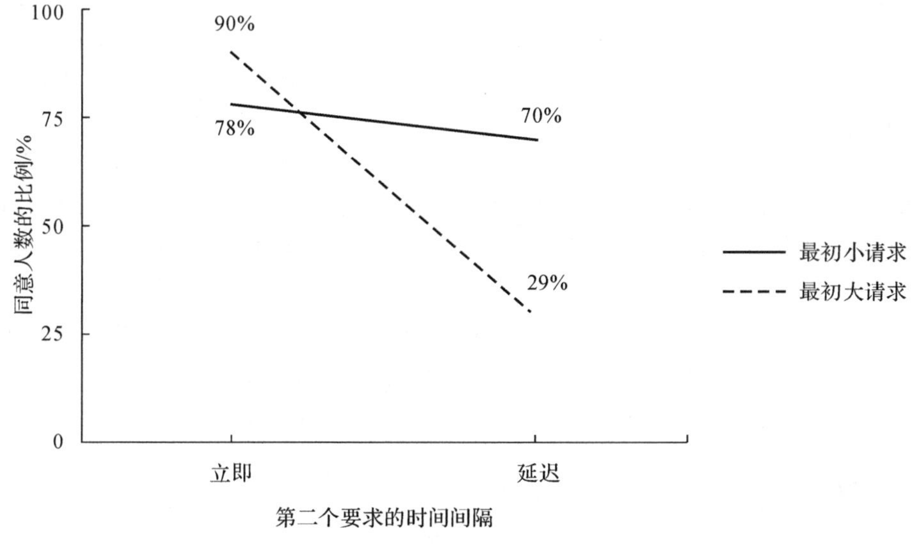

图10-5 时间间隔和最初请求对被试依从比例的影响

2. 滚雪球技术

滚雪球技术(low-ball technique)是指在他人未充分了解信息的情况下提出一些要求,随后再告诉他人完整的信息,以此让人依从其真正的请求。西奥迪尼和同事(Cialdini et al.,1978)对滚雪球技术进行了研究。研究安排了两种情境:在第一种情境下,研究者打电话要求大学生被试参加一项安排在早晨7点的实验;在另一情境下,研究者首先打电话要求被试参加一项实验,在征得被试同意参加后,告知被试该实验安排在早晨7点。结果发现,当一开始就告知学生要在一大早就进行实验时,只有25%的被试同意参加;而开始没有告诉时间,在征得同意后再告知时有55%的被试答应参加实验,且几乎所有被试都一大早就来到实验室参加实验。这表明被试一旦同意参加,即使随后知道实验时间后也大多不会反悔。滚雪球技术之所以有效,是因为人们一旦开始承诺某一事情就不愿意反悔,尽管基本规则完全发生了改变。滚雪球技术要想有效,第一项请求必须有足够的吸引力,使得人们愿意做出承诺。

滚雪球技术被广泛应用于商业销售中(Burger & Petty,1981)。例如,一些商家会先提供一些有吸引力的优惠让购买者同意购买,在顾客付款前临时更改销售约定,如告诉购买者这些优惠被领导拒绝、价格不含税或优惠已过期等,由此提高售价或者提出其他不利于消费者的变化。因此,这一方法尽管有效,很明显有违道德甚至涉及欺骗。

3. 诱饵—调包技术

诱饵—调包技术(bait-and-switch technique)与滚雪球技术相类似,也是一种常用的销售策略。例如,你被广告的某一促销产品的低价吸引,等你到店想要购买却被告知广告品缺货或已经卖完,销售人员向你推销高出促销产品价钱很多的其他相似产品。在这一过程中,顾客被商家抛出的诱饵(bait)如低价产品或服务吸引后,被鼓励换购(switch)其他定价更高的相似产品。其原理在于,人们一旦做出承诺就可能会乐意接受一个吸引力较低的协议。诱饵—调包技术与滚雪球技术的区别在于,诱饵与目标对象(如相似产品)之间是不同的。

焦耳等(Joule, Gouilloux & Weber, 1989)将诱饵—调包技术称为诱导程序(lure procedure),开展了一项研究支持了其有效性。研究者招募了一批大学生参加实验,实验内容包括观看一些电影片段,告诉学生实验很有趣,还能够获得 30 法郎的被试费。当学生前来参加时却被告知实验已取消,研究者询问学生是否自愿参加另一项实验,这个实验没有先前实验有趣且没有被试费。结果发现,如果没有提供诱饵,仅有 15%的学生愿意参加此实验;而在诱饵—调包技术下有 47%的人愿意参加该实验。

此外,在承诺策略中,贴标签技术(labeling technique)也被用来增加人们的依从可能性。贴标签技术指的是通过给他人贴一个与行动一致的标签以诱导其依从。例如,告诉别人"我一看到你就觉得你是通情达理的人",将别人贴上通情达理的标签以影响其随后的行为。

(四)稀缺

当一样东西非常稀少或者开始变得稀少时,就会变得更有价值。例如,错版的人民币或邮票反而具有收藏价值。可能会失去某种东西的想法在人们的决策过程中发挥着重要作用。有时候,害怕失去某件东西的想法比希望得到同等价值东西的想法对人们的激励作用更大。人们的稀缺心理不仅对实体物质有效,对信息也同样适用。在当今社会,信息的获取能力是成功的重要因素,因此我们更想获得稀缺的信息,对尚未得到的信息会给予更多的信任和更高的评价。从这个角度看,如果我们觉得某条信息不可多得,那么这条信息就会对我们更有说服力。

商家往往利用人们的稀缺心态达到销售的目的。在市场营销中,商家常会运用"即将结束、名额有限、专用"等稀缺策略作为促销手段。

(五)权威

当请求来自权威时,人们依从的可能性会大大增加。这就是药品广告里我们为什么常常会看见身穿白大褂的人在介绍这些药品的神奇疗效。社会角色决定了人际关系中的权威关系,如父母与孩子、老师与学生、医生与患者、警察与市民、领导与员工等。人们往往会依从这些权威的要求。例如,学生知道无论题目多难也要在截止期前完成老师布置的作业,非

常年幼的孩子也知道应该听从医生的建议和要求。

权威的合法性(legitimacy)在依从过程中非常重要。例如,警察的制服、医生的白大褂等权威和地位的可见标志有助于强化人们的依从。在纽约市布朗克斯动物园进行的一项研究显示了统一制服潜在的重要性。这种统一制服标志着个体所拥有的合法权威。一名工作人员带领人们参观热带礁湖时,要求参观者不要用手触摸鸟类展览台的扶手。如果引领参观的工作人员身着动物园管理员制服,参观者更多地依从了他的要求,而当他身着普通衣服时依从的人则会减少。这表明,由制服所传递的合法权力增加了人们的依从,尽管禁止触摸扶手的要求是很不正常的,参观者中并没有人对此产生异议(Sedikides & Jackson,1990)。

(六)社会认同

除了采纳权威人物的意见外,我们还倾向于采纳大多数人的意见。社会认同是指当人们在遇到不确定性时会参考他人的反应。在不确定情境中,我们通过观察其他人,特别是与自己相似的人的行为来决定自己该怎么做。因此,不确定性和相似性共同影响着社会认同的效用,不确定性越高,他人与我们越相似,我们就越容易被社会认同所影响。团购作为一种销售策略就是基于社会认同。采用这一策略的商家要求消费者自行组团以一定折扣的方式购买特定商家的产品,诸多消费者不得不充当商家的销售代理,临时聚合在一起以享受购买折扣。

社会认同的重要基础是参照影响力(referent power)。这种影响力与特殊的人际关系以及群体有关。当我们崇拜某个人或者认同某一组织并希望成为其中一员时,我们可能会自愿模仿他们的行为或者按照他们的要求去行动。例如,一个年轻的女孩会专门喝某品牌的果汁,可能是出于对广告中美丽健康的代言女孩的认同。病毒式营销就是基于社会认同的原理。基于社会认同,少数有影响力的人能够掀起一股时尚潮流或快速提升一种新产品的知名度,使得该时尚或产品在短时间内像病毒一样快速扩散。

有时候,误用社会认同策略可能会出现反效果。例如,亚利桑那公园为了避免硅化木失窃而贴出告示:您继承的遗产每天都在减少,每年有14亿吨硅化木失窃,尽管一次只捡一小片。让人意想不到的是,该告示反而起到了负面效果,贴有该告示的地方比没有张贴告示的地方硅化木失窃率更高。原因在于,告示中"每年都有14亿吨硅化木失窃"提醒我们,每年都有很多人在盗窃硅化木,而我的不良行为不过是沧海一粟(Cialdini,2006)。

除了上述策略外,社会心理学家还探讨了其他的依从策略,这些策略同样有助于依从。引起注意技术(the pique technique)就是其中一种。对于陌生人的请求我们更倾向于拒绝,而这一拒绝可能根本没有经过仔细思考,只是按照默认的"拒绝脚本"行事。研究者认为,在这种情况下,必须以某种方式打断人们的"拒绝脚本",引起他们的注意。桑托斯等(Santos, Leve & Pratkanis,1994)安排一名女助手上街乞讨。一种情况下,女助手向路人提出了常见的典型要求:"您能给我一些零钱吗"或者"您能给我一个25美分的硬币吗",有64%的路人会依从。在另一种情况下,女助手对路人提出了新奇的要求如:"你能给我17美分吗"或者"你能给我37美分吗",结果有75%的路人依从了请求。很显然,新奇的请求引起了路人的关注,打断了他们不经思维的"拒绝剧本"。此外,这一新奇要求还有可能引起了路人的好感,两种效果共同促进了路人的依从行为。

第三节　服　从

一、服从的定义

服从(obedience)是指在不平等的权力关系中,低权力一方听从高权力一方的明确要求而做出一定行为的现象。生活中我们经常要服从权威的命令,工作中有时候我们要服从上级的命令完成工作任务,迟交作业的学生不得不完成老师额外布置的作业。

服从区别于从众和依从。首先,服从发生于权力不对等的关系中,在从众和依从中人们与他人的关系是对等的。其次,服从是强制性的,人们服从的行为来自权威的直接命令。从众的压力则是模糊的,群体并不直接指示个体应该如何做出反应;而依从的压力虽然来自他人的直接请求,但并非强制,个体可以依从也可以拒绝。

有时候,服从会带来一些消极后果。典型的例子是二战中近六百万犹太人包括老弱妇孺遭到纳粹的折磨和屠杀。在纽伦堡军事审判中,许多在集中营里当过刽子手的纳粹党徒辩解说,他们对那些人的死亡不应当负责任,因为他们只是"简单地执行命令"。当然,这是一种狡辩,逃脱不了历史的审判和人民的惩罚。但在战争期间或非常事件中,这类盲目地效忠、无条件地服从命令以致丧失了人性和理智的情况是屡见不鲜的。

二、服从的研究

米尔格拉姆(Milgram,1963,1974)的经典实验探讨了人们的服从。下面是米尔格拉姆设计的场景:两名被试应征来到耶鲁大学心理实验室参加一项学习和记忆研究。实验者穿着白大褂,严肃地向被试解释说,本实验是一项考察惩罚对学习影响的尖端研究。实验要求其中一人(教师)教另一人(学习者)学习配对出现的单词,如果学习者学习错误就要受到惩罚,惩罚方式是由教师对学习者施加电击。按照随机抽签来决定两个人的角色。其中一名被试是性情温和的47岁的会计师(实际上是研究助手),假装说自己抽到了学习者角色,并被领进隔壁房间。另一人是应征而来的志愿者,被故意安排担任教师的角色。教师看到实验者把学习者领到隔壁房间并绑在椅子上,在其手腕上缠上电极。然后,实验者向教师介绍一个教育仪器,并说它会产生电击。仪器上有一长排开关,每个开关上面标有电压强度的数字,电压强度从15伏到450伏,每个开关的间隔电压为15伏。数字较低的范围标有"轻微电击"字样,较高数字范围标有"危险:严重电击"字样,最高电压435伏、450伏处标有"×××"字样。实验者告诉教师,他必须按照问题表上的顺序提问学习者,如果他回答错误就要给予电击,每次回答错误就递增15伏电压。

教师开始阅读问题,学习者不断犯错。每次回答错误教师就增加15伏电压电击学习者,接着读下一个问题。在遭受75伏、90伏和105伏电击时学习者会发出呻吟声;在120伏时学习者会大喊电击太痛了;在150伏时会咆哮着说:"实验者,把我从这里弄出去!我不再参加这个实验了!我拒绝继续做下去!"在270伏时学习者的抗议声成了痛苦的尖叫声,并

坚持要出去；在 300 伏和 315 伏时学习者会大声叫喊着拒绝回答；在 330 伏时学习者再也没有声音了。当然，学习者的这些反应都是安排好的，其并没有遭受真正的电击。随着电压增高，被试会询问实验者怎么办，实验者会坚持要求被试继续完成实验。

米尔格拉姆想知道，有多少人会服从实验者的命令，继续进行电击一直到 450 伏高压。实验前，他曾就此问题咨询 14 名耶鲁大学心理系的高年级学生以及 39 名精神病医生，他们预计只有 1%的被试会全部做完。结果发现，被试施加的平均电压达到了 360 伏，40 名被试中 26 名(65%)做完了整个实验，施予电击达到 450 伏！这表明约 2/3 的被试服从了命令，直接将极大的痛苦加在无辜的受害者身上。

三、服从的影响因素

米尔格拉姆的经典研究激起了大量的争论。有些研究者提出，人们之所以如此高度服从，可能原因在于实验程序本身。被试被置身于这样一个情境中：他们对这个情境完全不熟悉，对于电击他人毫无切身经验，在实验中他们也不拥有权力。此外，被试面对着的是实验者，而这个实验者看来完全了解实验程序。当受害者遭到电击时实验者表现得毫不在乎，实验者的这些行为使得被试相信，用不着对受害者表示关心。也有研究者质疑，被试高度服从的原因在于被试觉得他们不用对自己的行为负责。米尔格拉姆也发现，当要求被试对自己的行为负责时，服从确实会大幅度下降。

为了回应这些质疑，米尔格拉姆系统探究了影响人们服从权威的影响因素。总体而言，有四方面因素会影响服从：机构的权威(institutional authority)、权威的接近性和合法性(closeness and legitimacy)、受害者的情感距离(emotional distance)和不服从同伴的解放效应(liberating effect)。

(一)机构的权威

有些研究者指出，被试的高度服从可能是因为实验是在耶鲁大学实施的。作为一所世界知名的大学，被试认为在这样一个权威机构里实验者不会真的让他们去伤害另一个人。为了消除这一质疑，米尔格拉姆将实验地点搬到康涅狄格州布里奇波特市的一间商务楼里，结果发现，48%的被试完全服从了实验者的要求，明显低于耶鲁大学的 65%的比例。

(二)权威的接近性和合法性

权威与被试间的接近性会影响服从程度。米尔格拉姆发现，当实验者不是与被试面对面而是通过电话下达命令时，完全服从的比例下降到 21%。

权威的合法性对服从也至关重要。在米尔格拉姆实验的另一变式中，实验者离开房间，让助手来发布命令。随后，该助手命令教师对学习者的每个错误回答给予电击，这时候有 80%的被试完全拒绝服从，这表明，人们可能倾向于服从权威而非普通人。

(三)受害者的情感距离

在另一项研究中，米尔格拉姆改变了教师与学习者之间的空间距离：(1)在远距离反馈条件下，学习者被安置在一间孤立的房间内，教师既看不见他也听不到他的声音，只听到拳头撞击墙壁的“砰砰”声；(2)在声音反馈条件下，教师能听见学习者发出的声音，但看不见他；(3)在接近条件下，学习者与教师同处一间房间内，教师既能看到又能听到学习者的声音；(4)在接触条件下，学习者坐在教师的右手边，当教师实施电击时必须把学习者的手按倒在电击板上。结果发现学习者距离教师越近，服从的水平越低。此外，在接近条件下，40%的被试将电压调到450伏，而在接触条件下完全服从的比例下降到30%。

(四)不服从同伴的解放效应

米尔格拉姆更改了实验程序，安排两个助手和被试在一起。当两个助手假装违抗实验者的命令时，完全服从的被试仅为10%。这意味着，同伴的反抗将被试从权威命令的压力中解放了出来。有人曾质疑，被试高度服从的原因在于被试觉得他们不用对自己的行为负责。米尔格拉姆也发现，当要求被试对自己的行为负责时，服从就会大幅度下降。因此，看到同伴不服从，让被试觉得如果他们继续对受害者进行电击的话，势必要对行为后果负责，由此降低了其服从倾向。

四、对服从实验的反思

米尔格拉姆的实验遭到很多人的批评，主要集中在道德伦理方面。首先，研究使被试遭受到心理痛苦和折磨，被试被逼迫以痛苦的方式去行动。其次，研究可能对被试的自我概念和自尊造成威胁。研究可能让被试意识到自己的意志软弱，其他人可以轻易地让他们服从命令，即使这个命令可能会使无辜的人受到伤害甚至死亡。

米尔格拉姆的实验警示我们要学会抗拒社会影响。霍夫林等(Hofling et al.,1966)以护士为对象，揭示了盲目服从权威的严重后果。该研究在一家真正的医院实施。实验者以史密斯医生的名义打电话给夜班护士，要求护士检查名为“Astroten”的药物，该药物的最大剂量为10毫克。史密斯医生随后要求护士以20毫克剂量给病人琼斯先生使用，这一过程中史密斯医生表现得很匆忙，并表示随后会过来开处方。这不仅违反了药物标签上醒目标注的使用须知(药物包装瓶上明确说明该剂量可能会致命)，也违反了这家医院要求医生手写处方的规定。研究发现，在接到电话的22名护士中21名服从了所谓医生的命令，准备按照指示为病人施药，即使她们没有人见过那名医生。甚至当她们拿着这种有潜在危险的药物走向患者的病房时，研究人员需要强行阻止才能将她们拦住。这些护士无意识地采用了权威启发式(authority heuristic)，轻易地相信了医生这一权威。因此，研究者认为可以采用以下策略来抗拒社会影响：(1)了解盲目服从权威所带来的潜在消极后果；(2)学会质疑权威的专业技能和动机；(3)了解在某些情况下，对于破坏性要求的完全服从是完全不合适的；(4)当接到权威人物的命令时，提醒自己需要为产生的后果负责(Baron，Branscombe & Byrne，2008)。

本章习题

一、简答题

1. 简述人们从众的原因。
2. 举例说明利用承诺策略来增加依从的具体策略。
3. 简述服从区别于从众和依从之处。
4. 米尔格拉姆的实验警示我们要学会抗拒社会影响,简述抗拒社会影响的策略。

二、论述题

1. 从众在生活中的作用利弊兼具,你如何看待从众的两面性?
2. 试述从众的影响因素。
3. 试述提高依从的可能技术。

三、思考题

1. 谢利夫(Sherif)和阿希(Asch)是如何研究人的从众行为的?
2. 假如你是一家服装店的经理。通过学习本章内容,你有哪些提高服装销量的方法?

在线测试

本章参考文献

第十一章 群体心理

海明威在《战地钟声》的扉页上引用了一句诗："没有人是一座孤岛。"我们都生活在群体之中，作为群体的一分子进行人际互动。我们为特定群体的目标达成和长远发展付出时间和精力，群体则为我们提供了生存资源和价值依归，帮助我们完成独自难以完成的事情。但有时候，有些人在群体中会丧失自我，做出很多让人瞠目结舌的事情。本章在前述个体层面、人际层面基础上，描述人们在群体背景中的各种社会心理现象如社会促进、群体决策、领导等，帮助我们理解在群体情境中的人的行为。

第一节　群体概述

一、群体的概念

（一）群体的定义

当三个及以上的人因为需要和目标而彼此相互依赖和相互影响时，我们说这三个人组成了一个群体(group)。群体并不是几个人在同一时间、地点的简单集合，需要满足一定的条件。作为一个群体，首先需要其成员有共同的目标和利益，而这些目标和利益往往是个人独自难以实现的，这使得群体成员相互依赖、相互影响。一群乘坐长途汽车的旅客不能称为群体，但一旦汽车出故障，彼此的相互依赖就会让这些陌生人成为群体。群体成员会进行直接或间接的相互作用，会相互传递信息或交流情感(Cartwright & Zander，1968；Lewin，1948)。此外，群体还需具有一定的结构，拥有特定的群体规范，成员间的关系相对稳定并持续较长的时间。

我们每个人都属于不止一个群体，很少会有人脱离群体而生活。从根本上来说，群体的存在满足了人们的心理需求，如归属需要。归属需要是人的基本需要，在漫长的历史中人类都是依靠群居生活才得以生存繁衍，正如鲁滨孙在荒岛生活 28 年后，最终仍要回到文明社会中。这也是为什么人们被群体排斥时，所激活的脑区与生理疼痛所激活的脑区是重叠的

(Eisenberger,2012)。群体也是人们获取知识的来源,经验是在群体中通过口耳相传储存并传递下来的,直到今天人们仍是通过在群体中相互学习、相互模仿获得直接和间接经验。群体还能够帮助人们实现个人目标。对个人来说,有些目标单凭自己是难以实现的,需要个体与群体其他成员群策群力才有可能完成。此外,群体还有助于人们形成自我概念。人们在群体中能够更好地了解自我,在与群体成员的互动中形成自我概念。在此过程中,群体的成员资格有助于人们形成积极的自我认同,接纳个体的群体如果权威性较高,获取成员资格有限制,个体就容易形成积极的自我认同。

人们在群体中有时候需要承担一定的成本和代价。在实现群体目标的过程中,群体成员需要付出一定的时间、精力和资源,有时候还需要承担道德风险。人们感知到自己将被群体所排斥时,更愿意做出有助于群体的不道德行为(pro-group unethical behaviors)以重新获得群体的接纳,这一倾向在群体认同较高的个体身上更为常见(Thau et al.,2015;吴明证,沈斌,孙晓玲,2016)。群体还会对成员的行为有所规制,群体会拒绝或惩罚偏离者,如安排给偏离者较差的工作内容或工作时间,甚至会将偏离者作为群体的攻击目标或作为侵犯行为的替代性目标。

(二)群体分类

1. 正式群体和非正式群体

根据群体的构成方式,可以将群体分为正式群体和非正式群体。正式群体指有一定的规章制度、既定目标、固定编制和群体规范,成员占据特定的地位并扮演一定角色的群体。在很多国家,正式群体是有正式文件明文规定的群体,通常存在于较大的组织或机构中,并且会持续相当长的时间,如企业的业务部门、学校班级以及各种党团组织。非正式群体指以个人兴趣、爱好为基础自发形成的,没有固定目标、成员之间也没有地位差异及角色关系的群体,如广场舞爱好者、各种兴趣小组等。非正式群体以爱好为基础,以感情为纽带,所以有着较强的凝聚力,对群体成员有更大的吸引力。

2. 大型群体和小型群体

根据群体的规模,可以将群体分为大型群体和小型群体。这一划分的界限比较模糊,因为群体的大小是相对的。如果群体规模较大的话,成员之间一般通过间接方式进行沟通。因此,研究者将主要采用间接方式沟通的群体称为大型群体,而将成员通过直接方式沟通的群体称为小型群体。社会心理学一般研究的是2～50个成员的小型群体。

3. 主要群体与次要群体

根据群体成员关系的亲密程度,可以将群体分为主要群体与次要群体。主要群体是个体在亲密关系的基础上组成的、成员经常面对面接触的群体,如家庭。次要群体是在非个人关系基础上组成的群体,在这些群体中成员交往和亲密程度均较低,如学术群体、志愿服务者群体。

4. 成员群体和参照群体

根据成员的个人身份归属，可以将群体分为成员群体和参照群体。成员群体指个体被正式接纳为成员的群体。但是成员群体并不一定被该个体所认同，这时会发生所谓的“身在曹营心在汉”的现象，个体虽然身处当前群体，却接受了其他群体的观念和规范。这时候，其他群体就成为该个体的参照群体。参照群体存在着规范功能和比较功能。如果个体将某一群体视为自己的参照群体，则该群体的活动目标、标准和规范就会对其行为产生约束作用，个体会自觉或不自觉地以参照群体的规范指导及调整自己的行为。如果参照群体是积极的、正面的，会对成员起到良好的示范作用，但如果参照群体是消极的、负面的，则可能对成员造成不利影响。

（三）群体的发展阶段

群体的形成与发展需要一定的时间、经过多个阶段才能有效地发挥功能。一般来说，群体发展会经历形成（forming）、震荡（storming）、规范化（norming）、执行任务（performing）和中止（adjourning）五个阶段。

第一阶段：形成阶段。在这一阶段，群体成员试图从其他成员的行为中探索什么样的行为能被群体所接受。群体成员会自问：群体期望我做些什么、做到什么程度？什么是群体允许我做的、什么是不允许我做的？群体成员还会探索与谁在一起才能完成任务，会自问我应该听谁的、谁最有权力？我主要跟谁打交道、如何跟他打交道？在该阶段，群体的目的、结构、领导都不明确，成员还处于摸索群体规范的过程中。该阶段结束的标志是：成员将自己看成是群体的一员。

第二阶段：震荡阶段。震荡阶段是群体内部的冲突阶段。在这一阶段，群体成员为争取在群体内有一个良好的位置和希望的角色而开展活动或进行竞争。群体成员开始与其他成员出现意见分歧，对领导不满的情况增多，以此为手段来表达个性特点和抗拒既定的群体结构。成员会忽略领导者设定的规则，抵抗任务要求，成员间有时会发生严重的冲突。该阶段结束的标志是：群体内部出现了相对明确的层级，群体成员在发展方向上达成共识。

第三阶段：规范化阶段。如果震荡阶段的矛盾和冲突能够顺利解决，就进入规范化阶段。如果震荡阶段的矛盾与冲突没有很好解决，群体就有可能瓦解或停止发挥功能。在规范化阶段，群体形成了新的标准和规范；群体成员发展出群体身份，获得了新的角色；成员之间形成了群体凝聚力，相互表达亲密的、私人性的看法，产生了集体责任感和集体认同。该阶段结束的标志是：群体结构稳定，人们对什么是正确的成员行为达成共识。

第四阶段：任务执行阶段。在这一阶段，群体成员接受了新的群体结构，并将注意力转向当前的任务。群体中的人际结构服务于完成任务，成员的角色变得富有弹性并有效地发挥功能。群体成员的资源也汇集在一起，致力于任务的完成和目标的实现。该阶段结束的标志是：群体完成任务。

第五阶段：中止阶段。一旦群体实现了所有的目标，群体便进入中止阶段。此时，群体成员没有理由再居于群体中。中止或瓦解最可能发生在由于特定的目的而建立起来的群体中如技术攻关小组。如果群体的关键成员离开，群体中发生剧烈又无法解决的冲突，群体目标长期不能达成一致，群体也可能会瓦解。该阶段结束的标志是：群体的解散。

二、群体的基本特征

（一）群体结构

群体结构（group structure）指群体成员的规律性的、稳定的行为模式（Wilke，1996）。群体结构一般包括群体规范、社会角色和群体地位三个成分。

1. 群体规范

群体规范（group norms）指群体成员在特定环境中需要遵守的行为准则和标准。群体规范制定的依据是群体的价值观和目标，规定了有利于实现群体目标的行为，禁止破坏群体目标的行为。群体规范的形成是一个复杂的过程。一般来说，群体规范的来源包括四个方面。首先，群体规范源于前例。第一次群体会议的流程往往成为之后会议的标准。其次，群体规范源于其他情境的迁移。群体成员通常从先前经历中提取某些准则用于指导新情境中的行为。再者，群体规范源于上级的明确指令。在有些群体中，上级会明确规定相应的群体规范。最后，群体规范源于以往的关键事件。当一个组织因为员工的泄密而蒙受巨大损失时，组织会由此制定保密规范。

群体规范会影响群体成员的行为。费斯汀格（Festinger，1950）、麦格拉斯（McGrath，1964）对群体规范的功能进行了研究，认为群体规范可能具有如下功能：(1)支撑群体功能。群体要汇集全体成员的力量去达到目标，需要成员保持某种程度上的行为一致性，而群体规范就是为实现目标设立的相关规范。群体成员越是遵守这些规范，越有可能达到群体目标。(2)评价标杆功能。群体规范是成员如何看待目标和理解世界的参照框架，规定了成员的"正确"态度或行为，成员以群体规范作为自己行为的标杆并用以评价自己和他人。(3)约束功能。对成员行为进行控制和协调的规范促进了群体活动的持续性和成功，这种约束功能主要表现在群体的舆论和多数成员一致的判断中。凭借这些约束，群体对正当的行为进行奖励和对不正当的行为进行惩罚。(4)行为矫正功能。成员违反了群体规范，群体会以某种形式的压力迫使成员遵守，群体规范从而起到行为矫正的功能。群体规范为其成员设定了行为边界，但如果群体规范过于严格，可能会不利于成员的发展和成长。

不同群体存在着特定的群体规范，这些群体规范会受到文化的影响。集体主义文化强调成员之间的协调并避免矛盾和冲突，这不仅会体现在群体规范中，还体现在人们对群体规范的实践中。

2. 社会角色

社会角色（social roles）反映成员在群体中的不同功能，是群体对其特定成员的行为期待。每一名成员在群体中扮演不同的角色，承担不同的职责。角色有助于澄清每一名成员的责任和义务，使群体更好地分工合作以达成群体的目标。事实上，群体成员对其角色

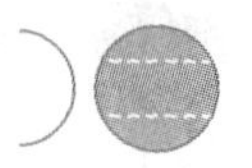

认识越清晰，会对自己的角色越满意，表现也越出色(Berley & Bechky,1994)。在大多数群体中，首先出现的角色是任务领导者或任务专家。随后，其余成员不断分化被分配于不同岗位，各司其职。角色分配有时候以正式和专门的方式进行，如不同成员被正式选举为领导者、秘书、财会人员等。有时候，成员不是经由正式委派，而是在群体中逐渐地获得角色。

在社会群体中，群体成员按照群体角色行事。但是，如果人们过于关注自己的角色，可能会丧失自己的身份认同。正如斯坦福监狱实验中扮演监狱警察和犯人的学生那样，他们都是按照自己扮演的角色行事，而忽略了自己的学生身份(Haney, Banks & Zimbardo, 1973)。

3. 群体地位

群体地位(group status)指成员在群体中的等级和位置。在社会生活中，不同角色的社会声望并不相同，老师、医生往往具有较高声望。在同一群体中不同角色在声望上也存在差异。有研究者认为地位(status)反映群体成员之间的权力分布情况(Robinson & Balkwell, 1995)。但是，地位和权力还是有区别的，权力涉及在社会关系中对有价值资源的不对称控制，而地位源于他人的评价，是被赋予的尊重、钦佩和认可。地位通常是他人给予而不是自己获得的，成员在群体中的地位是由其他成员所赋予的(Ridgeway,1991;胡晨,2018)。在正式群体中一般存在着严格的等级制度，并有与之相匹配的权力体系。而在没有正式地位体系的群体如朋友圈中，成员之间仍然存在着威信和权威的差异。这种差异通过言语和非言语行为显示出来，身处高位的人会保持更多的目光接触，站姿更为挺拔，经常会批评、命令或干扰别人(Leffler,1982)。

人们可以通过多种途径获得自己在群体中的地位。人们一般会尊重年长和资历深厚的人，这种行为有时候会作为群体规范存在，如在大学里年轻人会敬重年长的教授。地位还可以通过帮助群体实现目标而获得，这时候成员所承担的角色的重要性和该成员完成角色时的能力决定着地位高低。此外，地位还涉及成员对于群体规范和价值的实践程度。一个没有任何特殊角色的普通人，也会由于严格遵守群体规范和对群体的奉献而获得较高的地位。一些老工人虽然没有一官半职，仍会因为敬业的工作态度、丰富的工作经验和高超的技术能力而受到领导和同事的敬重，从而赢得很高的地位。而有些成员可能因为缺乏资源或能力、违反群体规范而地位较低，甚至被视为群体内的边缘人。

(二)群体目标

群体目标(group goals)指群体成员共同努力追求所要完成或希望达到的结果。群体目标是指导和协调成员行为的主要依据，为形成群体规范和行动准则提供了指导性框架。群体要成功地达到目标，成员就必须对目标有一致的认识并愿意付出努力。

群体目标与个人目标有时并不一致。个人目标是个体本身所希望要达到的结果，人们有时候出于实现个人目标而加入某一群体。但是，群体目标并不是个体目标的简单总和，也不一定是从个体目标中衍生出来的。相反，群体目标是成员认为作为一个群体所要达到的希望状态。某些群体会容忍群体目标与个人目标一定程度的分离。但如果这种分离过大，

就会妨碍群体功能的发挥。这时候，群体会采取措施弥合这些分歧，或者在群体目标与个人目标之间建立更为兼容的目标，例如施加社会影响使成员形成群体目标和个人目标的一致性，建立严格的群体规范来约束成员的行为，将与群体目标不一致的个体排除出去。

一旦群体建立了为大多数成员所认可的目标，就需要全体成员齐心协力、坚持不懈地努力完成。有很多因素会影响成员对群体目标的投入和坚持。首先是目标本身的价值和重要性，群体成员会以更大的努力去追求被认为有价值的群体目标。其次是成员实现目标的路径是否明确。通常情况下，群体成员对要达到的目标有着明确的认识，但对于如何去达到目标、以什么方式去达到目标则缺乏清晰的想法。如果追求目标的路径不清楚，就会削弱成员的动机，让成员无所适从，长此以往会妨碍群体目标的实现。影响成员对目标追求的第三个因素是目标进展的反馈。目标进展的反馈指群体在向目标前进过程中接近目标程度是否令人满意的信息反馈。当目标进展面临小或中等程度的失败时，成员更可能会倍加努力，而当反馈表明努力已彻底失败时成员往往会放弃该目标。

当群体目标遭遇持续性失败时，可能会让成员气馁，降低对群体的评价，反过来使成员退缩或者转而追求与群体利益不一致的个人目标。此外，连续失败也会使得成员之间相互指责，为了避免受到惩罚或难堪，成员往往会谴责其他成员或将失败推卸给其他成员。一般来说，被指责的成员往往是那些地位较低的成员。但有时候，成员也会指责某些地位较高的成员或领导者，认为他们应对整个群体的失败负责。

（三）群体凝聚力

群体将成员联结起来并增强成员相互好感的品质就是群体凝聚力(group cohesiveness)。也有人将群体凝聚力定义为个体被一个群体吸引并期待成为其成员的程度。在高凝聚力群体中，成员之间的关系紧密和持久，成员将很多时间、精力放在群体活动中并与群体荣辱与共；而低凝聚力的群体，成员之间的关系是松散的，成员对群体的活动漠不关心。

群体凝聚力受到许多因素的影响，主要包括：(1)群体规模。若其他条件相同，小规模的群体较大规模群体更容易形成凝聚力。小规模群体的成员交往更为便利，增加了他们对群体的积极感受。随着群体规模的扩大，群体成员的参与度随之降低，群体内成员间冲突可能会增多，减少了彼此间的合作(Wagner，1995)，群体的较大规模还会让成员觉得在群体中丧失控制感(Lawler，1992)。(2)领导方式。群体的领导方式会对群体的凝聚力产生影响。勒温等(Lewin，Lippitt & White，1939)比较了民主、专制、自由放任这三种领导方式下各实验小组的效率和群体氛围，发现民主型领导方式下的群体比其他两类群体更具有凝聚力，成员之间有更多的友好往来且相互关爱，思想也更为活跃。(3)同质性。根据人际吸引理论，群体成员在某些方面具有相似性会提高群体凝聚力。例如，民族性常常是群体凝聚力的基础，因为同一民族的成员比不同民族成员在价值观上有更大的相似性。一般认为，价值观的相似性是最为关键的因素，群体成员具有共同的价值观、意识形态和世界观会促进群体行为标准和群体活动目的上的一致性。(4)互赖性。当成员为了达到某些重要的目标而互相依赖时，就会塑造群体成员间的一体感。这也可能是为什么当群体感知到外界威胁或与其他群体的竞争时，群体成员的凝聚力会随之提高。(5)动机和目标。一个群体越能满足成员的需求，对成员的吸引力就越大，该群体的凝聚力越高。当群体目标与成员的个人目标一致时，

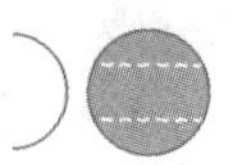

群体成员的凝聚力会提高(Lott & Lott,1965)。

群体凝聚力促进了成员间的人际关系,提高了成员的满意感。在高凝聚力群体中,成员之间的沟通较多,交往更为友好,彼此合作协调、达成一致意见的意愿也更强。因此,在高凝聚力的群体中,成员不容易紧张和焦虑,能够更好地适应工作和生活压力。群体凝聚力还提高了群体的生产率。西肖尔和利克特(Seashore & Likert,1954)对一所重型机械制造厂的228个小型工作群体进行研究后发现,与低凝聚力群体相比,在高凝聚力群体中成员会工作得更努力,效率更高,这表明群体凝聚力扩大了生产率的群体间差异。不仅如此,高凝聚力群体成员的生产率更为一致,这表明凝聚力还减少了群体内差异。可能原因在于,在高凝聚力群体中,群体成员更为关注彼此间的人际关系,在生产方面出现了从众效应。

有时候,群体凝聚力还会影响本群体与外群体的关系。群体凝聚力越高,群体成员将人们区分为内群体与外群体的倾向越强。凝聚力导致成员产生"我们"与"他们"相区分的感受,使得他们可能对外群体表现出偏见和敌意,而这往往是引发群体间冲突和矛盾的根源。有时候,有凝聚力的工作群体倾向于看低外群体成员,从消极方面解释外群体成员的行为,例如将外群体成员的一些无关紧要的决定和行为错认为威胁、不友好或不公平,从而加剧了彼此的心理对抗。

在组织情境中,群体凝聚力可能妨碍组织功能的正常发挥。组织内特定群体的凝聚力越高,越是容易抵制组织的变革。组织一般由许多不同功能的群体组成。当组织实施变革时,这一变革可能会影响特定群体的地位和利益,这时候凝聚力越高的群体抗拒组织变革的意愿会更强。高凝聚力的群体对于其功能或工作绩效有着强烈的认同感,使得这些群体更关注自身的目标实现,而有可能会破坏组织的整体目标。一个高凝聚力的产品设计部门可能过于关注对产品的设计和改进,而忽略了产品的成本及对公司利润的影响;一个高凝聚力的银行信贷部门由于能使应收款项目减少到最低程度而倍感骄傲,以致将潜在客户拒之门外。

(四)群体规模

群体规模(group size)指组成一个群体的成员数量。一个群体内成员的数量决定了成员在群体中的活动水平。群体规模越大,拥有某些特殊才能、特定技术的成员则越多,解决问题的可能性随之增加。但是,随着群体规模的扩大,成员间的协调就变得较为困难,成员的参与度与对群体的满意感会逐渐下降。而在小群体中,成员更愿意做分外之事。一般来说,群体保持多大规模更为合适,取决于群体形成的目的。一些心理学家建议,在寻求事实的群体中14名成员的群体规模是最为有效的,而在需要采取行动的群体中5～7名成员的群体规模最佳。

此外,群体数量应是奇数还是偶数?一般而言,人员为偶数的群体比奇数群体表现出更多的意见不一致,因为人员为偶数的群体可能会分成相同人数的两个小群体,彼此相互抗衡。因此,一些心理学家提出,最佳的群体规模是5人。因为5人群体要分成两个小群体时,2人组成的小群体足以使他们能够参与群体的活动,并能形成自己的观点;而3人组成的小群体能够占据优势,但不至于完全压倒对方。

（五）群体实体性

实体性（entitativity）指的是群体真实存在、具有实体性质的程度（Crawford，Sherman & Hamilton，2002）。坎贝尔（Campbell，1958）提出实体性的概念，用来区别于个体的简单集合，表示社会群体被知觉为一个独立的、统一的群体的程度。坎贝尔认为个体在知觉某一社会群体时会无意识地依据格式塔知觉原则——接近性、相似性、共同运动和共同命运——将该群体知觉为区别于其他群体的独立实体。从这个意义上来说，实体性是一种被知觉到的群体特征（杨晓莉等，2012）。

实体性作为群体特征在知觉上是一个连续体，实体性的一端被知觉为松散个体的集合，另一端被知觉为独立存在的有意义的实体。任何群体都能被知觉为连续体中某一点，表示该群体的实体性程度。在车站候车的群体、一个足球队或在银行排队的人们就处于实体性连续体的不同位置（Campbell，1958）。根据群体成员的相似性、共同目标以及成员之间的互动程度，可以将群体分为四类：（1）亲密群体（intimate group），群体成员具有高度的相似性和互动性，如家庭和支持小组；（2）任务群体（task group），群体成员具有共同目标和较多交流，如一场戏剧的演员或一场比赛的裁判；（3）社会分类（social category），群体成员根据属性的相似性形成类别，如女人、犹太人等；（4）松散的集合（loose association），如住在同一个街区的人们或者在银行排队的人们（Spencer-Rodgers，Hamilton & Sherman，2007）。在这四种群体中，亲密群体比任务群体更具有实体性，任务群体比社会分类更具有实体性，而松散的集合则是实体性最低的群体（Lickelet al.，2000）。人们对群体实体性的知觉影响着他们对其成员的评价。史婕（2018）发现，与实体性较低的群体相比，人们对实体性较高的道德群体的成员印象更好，而对不道德群体的成员的印象更差。

第二节　群体的沟通

一、沟通的分类

群体沟通（group communication）指群体成员之间传递信息、观点和情感的过程。一个群体的形成与发展需要成员之间进行必要的沟通。沟通使得成员相互了解，协调行动，构建关系，保障群体的功能得以实现。群体沟通可以分为以下几种类型。

（一）正式沟通与非正式沟通

根据沟通方式正式与否，可以将沟通分为正式沟通和非正式沟通。正式沟通是通过组织明确规定的沟通渠道进行的沟通。正式沟通受到群体规范的严格约束，受到群体的监督，沟通的信息较为准确和可靠。但由于正式沟通是逐级向上或向下传递的，信息的传递过程环节较多，传递进程比较慢。信息在传递过程中可能会遇到障碍，某个沟通者可能利用职权中止或拖延沟通进程，对沟通成效产生不利影响。非正式沟通是在正式沟通渠道之外进行的信息传递与情感交流，如群体成员私下交换意见。非正式沟通的沟通形式灵活，信息传递速度快，往往反映了成员的真实情感与想法，但信息的可靠性不如正式沟通。

（二）上行沟通、下行沟通和平行沟通

根据沟通的方向，可以将沟通分为上行沟通、下行沟通和平行沟通。上行沟通指下级向上级汇报的沟通方式，如每月的工作汇报会。只有上行沟通的渠道畅通无阻，上级才能掌握成员的观点、工作情况，才能做出迅速和准确的决策。下行沟通是群体领导或上级领导向下级传达的沟通方式，如上级向下级传达各类文件。下行沟通对于群体的目标达成具有重要意义，成员需要充分、及时地了解群体目标、工作任务、工作进度，才有信心和动力完成任务。平行沟通指群体中相同层级的成员之间的信息传递和交流方式，如同一项目组内下属间的沟通。平行沟通可以加强成员之间的了解和协商，消除矛盾和冲突。

（三）单向沟通与双向沟通

根据信息传递者和接收者的地位是否变换，可以将沟通分为单向沟通与双向沟通。单向沟通是指信息发送者与信息接收者的地位不进行变化的沟通，如演讲、做报告。双向沟通指信息发送者与信息接收者的地位不断进行变化的沟通，如协商、会谈。

莱维特(Leavitt，1959)对单向沟通与双向沟通的效率进行了研究，发现单向沟通的速度比双向沟通快，而双向沟通比单向沟通准确。在双向沟通中，信息接收者对自己的判断更有信心，知道自己的对错之处；但是，信息传递者会感受到心理压力，因为随时会受到信息接收者的询问、批评；双向沟通过程容易受到干扰，缺乏条理性。因此在群体中，当需要快速地传达信息、不苛求准确性时可以选择单向沟通；当需要准确地传达信息、不苛求速度时可以选择双向沟通。

（四）口头沟通与书面沟通

根据沟通的方式，可以将沟通分为口头沟通与书面沟通。口头沟通指以口头语言为媒介的信息传递，信息传递形式包括交谈、讲演、会议、电话等。书面沟通指以文字为媒介的信息传递方式，信息传递形式包括通知、文件、书刊、书面报告、科研论文等。口头沟通是所有沟通形式中最直接的方式，传递速度快，并能及时反馈信息，但有时候复杂的问题难以一次性说明清楚。书面沟通较为正式，可以长期保存，反复阅读，对复杂问题可以层层深入，但在沟通中有时候难以获得及时的反馈。

二、群体的沟通网络

群体沟通渠道的结构会影响群体过程和效率。莱维特(Leavitt，1951)以 5 人小组为研究对象，发现存在着 5 种沟通网络，即链式、轮式、圆周式、全通道式和 Y 式(图 11-1)。在图 11-1中，圆圈代表信息的传递者，箭头表示信息传递的方向。链式沟通网络是一个平行网络，两端的人只能与相邻的一名成员联系，中间的人可分别与两个人沟通。轮式沟通网络属于控制型网络，在该网络中一名成员处于关键位置，可以与其余成员沟通，其余成员之间不

能进行沟通。圆周式沟通网络属于封闭式控制结构，每个人都可以同时与两侧人进行沟通，所有成员的沟通机会均等。全通道式沟通网络属于开放式的网络系统，沟通渠道多，允许成员自由地彼此沟通。Y 式沟通网络是纵向沟通网络，由链式发展而来，一名成员处于沟通中心，端点的三个成员只能与相邻的成员沟通。

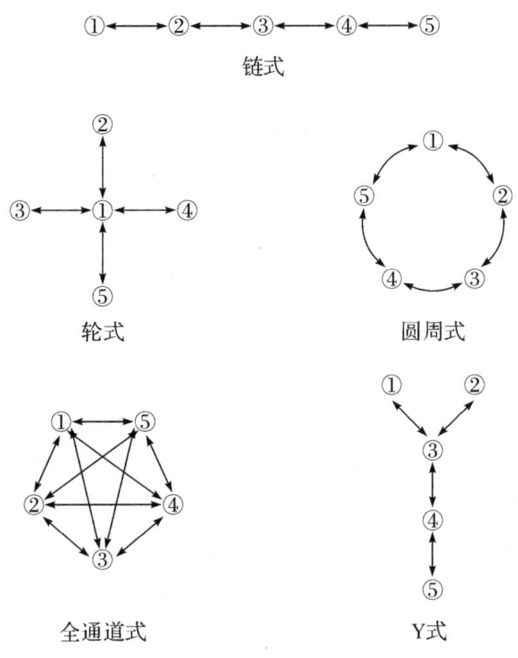

图 11-1　五种沟通网络

莱维特比较了轮式、链式、圆周式、全通道式和 Y 式网络在解决问题时的相对效率。一般而言，群体的沟通网络决定了组织形式是不是集中化。具有轮式、链式和 Y 式沟通网络的群体采用了集中化的组织方式，在这些网络中，一名成员占据了中心位置，成为最有影响力的人，而在边缘位置的成员影响力较低。具有圆周式或全通道式沟通网络的群体采用了分散化的组织方式，所有成员积极地进行沟通，并彼此影响。集中化沟通网络的不足在于信息超载。对于沟通网络中心位置的成员来说，需要处理的信息容易超载，降低了信息处理的效率，信息超载的程度越高，群体解决问题的效率就越低。而分散化沟通网络不会出现这种现象，因为没有一名成员处在可能发生信息超载的位置。集中化沟通网络对于简单任务更有效，而分散化沟通网络对于复杂任务更有效。对于简单任务，集中化沟通网络释放出的信息少，解决问题速度快，错误少，绩效较高。对于复杂任务，分散化沟通网络更有效率，分散化的群体释放出的信息多，解决问题快。此外，圆周式沟通网络能提高群体的士气，而轮式、链式和 Y 式沟通网络，群体成员的满意感均不如圆周式沟通网络。

第三节 社会助长

一、社会助长的实验研究

群体心理研究最早是从研究人对人的影响开始的。人们在日常生活中经常会发现，一个人单独工作与有他人在场观察或与别人一起工作相比，工作绩效存在着差异，出现社会助长(social facilitation)和社会抑制(social inhibition)的社会心理现象。

特里普利特(Triplett，1897)很早就探索了他人在场对个体工作绩效的影响。特里普利特让40名儿童单独或两人一组玩游戏，要求他们尽可能快地转动鱼线轴。结果发现，当两个孩子一起玩时他们的转动速度比单人玩耍时更快。这一现象被称为社会助长，指由于他人在场而导致人们的工作绩效提高的现象。特里普利特的研究发现引起了社会心理学家的极大兴趣。研究者起初认为，社会助长只发生在共同活动(coaction)中，即人们从事类似的工作任务中，不久研究者发现，社会助长也发生在观众在场的情况下。特拉维斯(Travis，1925)让被试完成一项追踪任务，用唱针追踪一个旋转的目标，如果被试偏离了目标就被视为失误。研究者首先让被试进行大量的训练，直到达到一个稳定的绩效水平，随后让被试单独或在观众面前完成相同的任务。结果发现，当有观众在场时，被试的工作绩效显著提高。这表明，社会助长在共同活动或他人在场两种情境中均存在。

但是有时候，当我们单独准备某个演讲时表现得顺畅自如，而在他人面前演讲时可能会不如人意。这种他人在场导致个体的工作绩效降低的现象被称为社会抑制。派森和赫斯本德(Pessin & Husband，1933)要求被试学习无意义的音节，其中一部分被试单独学习，另外一部分被试则在观众面前学习。结果发现，单独学习的被试平均需要9.85次就能学会一份7个项目的列表，而在观众面前学习的人平均需要11.27次尝试，而且犯错更多。

令人惊讶的是，社会助长和社会抑制现象不只是人类的专利，动物中也存在这类现象。例如，在一项有关共同活动的研究中，研究者测量了蚂蚁在单独或成对挖洞筑巢时的努力程度。与人类相类似，相同时间内单独挖掘的蚂蚁的绩效是0.25克，而成对挖掘的蚂蚁的绩效是0.75克，这表明在动物中也存在着社会助长现象(Chen，1937)。不仅如此，在动物中也存在着社会抑制现象。盖茨和艾莉(Gates & Allee，1933)将蟑螂分为单独学习、2只一组或3只一组学习走迷宫，结果发现，蟑螂单独学习时完成目标的时间更少，绩效更高。社会助长与社会抑制在人类与动物中都存在，这表明它们是十分普遍的、基本的现象。扎荣茨(Zajonc，1965)据此认为，社会助长和社会抑制是原始的而非习得的。

二、社会助长的理论

(一)驱力理论

那么,为什么有时他人或共同活动者在场会提高绩效,有时却会降低工作绩效呢?这一现象困惑了社会心理学家很长一段时间,直至扎荣茨(1965)提出了驱力理论(drive theory),这个困惑才被解答。该理论认为,他人在场特别是他人作为观众会提高个体的内驱力或生理唤起,使得个体更加努力工作;生理唤起能够提高个体在特定情境中做出优势反应(dominant response)的可能性。优势反应指个体在长期实践中已经掌握并习惯了的或者是本能的反应,是个体在特定情境中最有可能做出的反应。例如,当他人对我们微笑时,我们也会报之以微笑。当唤起增加时,人们做出优势反应的倾向也会相应提高。扎荣茨和塞勒斯(Zajonc & Sales,1966)在研究中让被试看卡片上的 10 个无意义单词,主试大声地朗读这些词汇,被试则需要重复每个单词,单词会呈现不同的次数(1、2、4、8 或 16 次)。随后,研究者要求被试识别出短暂地投射到屏幕上的新习得的单词。在某些被称作虚假识别实验中,会呈现不规则黑线,持续时间为 0.01 秒(短暂得无法识别),被试必须猜测他们看到的是哪一个单词。在完成识别任务时,一些被试是单独在房间里完成的,还有一些被试则在两名观众的观察下完成。研究者预测,呈现次数较多的单词在虚假识别实验中会成为优势反应的对象,而观众在场能够促进优势反应,结果发现,有观众在场时练习次数的影响确实高于单独完成任务时(图 11-2)。

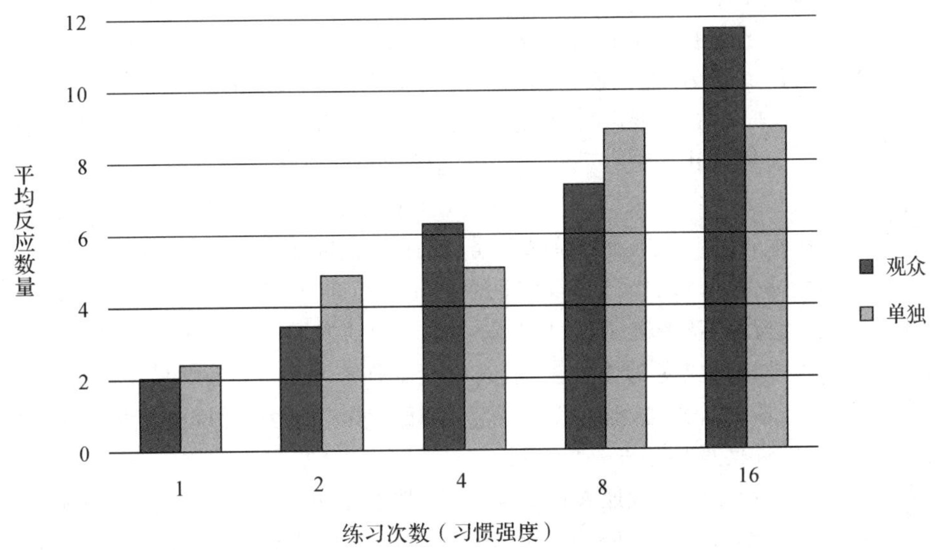

图 11-2 假识别实验中不同练习次数的反应数量

扎荣茨还认为,优势反应对于当前所要完成的任务而言可能是正确的,也可能是不正确的。对于充分学习的或简单的任务,个体优势反应往往是正确的或适当的,他人在场所产生的优势反应有利于个体的工作绩效,导致社会助长;而对于新颖的或复杂的任务,人们的优势反应往往是不准确或不适当的,他人在场所产生的优势反应反而不利于个体的工作绩效,导致社会抑制。弗洛伊德·奥尔波特(Floyd Allport)1920年的研究很好地说明了这一点。研究者要求被试完成词义联想、乘法、问题解决以及气味与重量判断等任务。其中,一部分被试单独完成任务,另一部分被试则与他人一起完成。奥尔波特发现,与他人一起完成任务的被试在词义联想与乘法这类简单任务上完成得较好,对于简单任务,他人在场提高了工作绩效;而单独工作的被试在问题解决这类复杂任务上完成得较好,对于复杂任务,他人在场会导致工作绩效降低。

扎荣茨的驱力理论提出后引发了激烈的争论。扎荣茨(Zajonc,1980)认为,纯粹的他人在场是生理唤起(或内驱力)的来源,且这一因素就足以引起唤起。但是研究者(Bond & Titus,1983)发现,纯粹的他人在场并不必然会引起唤起,他人在场对唤起的影响非常小且只有在被试完成困难任务时才会产生。因此,纯粹的他人在场并不总是会导致社会助长,纯粹的他人在场并不是产生社会助长的充分条件(Cottrell et al.,1968;Klinger,1969;Guerin,1983)。

(二)评价担忧

他人在场为什么会导致人们的生理唤起?一种可能的原因是,人们担心自己被在场的他人所评价。在生活中,人们关心他人对自己的评判,也关心自己在他人面前的表现,即是否给他人留下良好印象。在此基础上,科特雷尔(Cottrell,1972)提出了评价担忧(evaluation apprehension)理论,认为社会助长只有当个体认为其工作被他人观察和评价时才会产生。科特雷尔等(Cottrell et al.,1968)重复了扎荣茨与塞勒斯(1966)的研究,不同之处在于,他们在已有研究的基础上增加了第三个条件,在该条件下还有两名被蒙住眼睛的观众在场,蒙住眼睛让这两名观众看不到被试。结果发现,只有在观众能够观察到被试时才会发生社会助长。科特雷尔(1972)认为,他人或共同活动者对个人工作绩效的影响不仅仅是由于他人的纯粹在场,还取决于个体对被评价的焦虑。施米特和同事(Schmitt et al.,1986)的研究也支持了这一观点。研究者让被试在三种条件下完成简单和复杂的任务:(1)被试单独在房间里完成任务;(2)被试在另一个人面前完成任务,这个人蒙着双眼、戴着耳机,这是纯粹的他人在场条件;(3)被试在另一个人面前完成任务,这个人直接观察被试的操作,这是评价担忧条件。简单任务中研究者要求被试在打字机上打出自己的名字,而复杂任务中被试需要从后往前在打字机上打出自己的名字,并且在每一字母间插入递增的数字。研究发现,在纯粹的他人在场条件下被试完成简单任务较快,完成复杂任务较慢;而在所有三种条件中,被试被另一个人所观察(即评价担忧条件)时完成简单任务最快。这表明,他人在场确实增加了唤起,被评价的可能性使得唤起进一步增强。

如果社会助长是由于个体对他人评价的关注,那么个体对他人评价的不同预期也可能影响其工作绩效。桑纳和肖特兰(Sanna & Shotland,1990)发现,被试在他人面前完成记忆任务要比单独完成时更好,但是这一现象仅发生在被试期望从他人那里获得积极评价时;当人们预期会得到他人的消极评价时,被试在单独工作时绩效更高。这表明,期望评价的方向,而不仅仅是个体对他人的评价的期望,在社会助长中发挥着重要作用。

(三)分心—冲突理论

早在1904年,研究者就发现人们在他人或者共同活动者面前容易分心。因此,一些研究者认为,他人在场会导致人们的分心,使得人们需要考虑是注意当前的任务还是注意在场的他人,而正是这一冲突才提高了人们的唤起,并导致社会助长。从这一角度出发,桑德斯、巴伦和摩尔(Sanders,Baron & Moore,1978)提出了分心—冲突理论(distraction-conflict theory)。他们同意扎荣茨的看法,即他人或共同活动者在场的效应来自增强了的唤起,但是他们认为这种效应来自个体的两种倾向间的冲突:一种倾向是注意当前的工作;另一种倾向是注意他人或共同活动者。这两种竞争倾向所产生的冲突是一种唤起,提高了个体随后做出优势反应的可能性,如果优势反应是正确的则绩效会提高,反之则绩效会下降。

格罗夫等(Groff,Baron & Moore,1983)开展了一项研究,支持了只有在对观众的注意和任务的要求发生冲突时,观众在场才会引起社会助长。研究中,研究者要求被试观看电视屏幕上呈现的面孔,同时不定时地(听到音调时)评定面孔是呈现积极情绪还是消极情绪,此外,被试每次听到信号就要挤压一个软塑料瓶。对社会助长的测量主要是挤压反应的强度和反应的潜伏期。实验分为三种条件:(1)没有任何观众(控制条件);(2)被试做评定时有人观察并有可能评价其绩效,这名观众所坐的位置使得被试必须从电视屏幕移开视线才能看到(高冲突条件);(3)被试做评定时也有一名观众,而电视屏幕上的面孔就是观众的面孔(低冲突条件)。研究显示,相比于其他两种条件,高冲突条件下的被试挤压瓶子更为有力和快速。在低冲突和高冲突条件下都有观众在场,只有当观察观众与任务要求(即评定面部表情)相冲突时才会出现社会助长。这一结果与扎荣茨的驱力理论观点相矛盾,但是与分心—冲突理论相一致,即只有对他人注意的某种方式与任务要求发生冲突时,才会产生社会助长;当对他人的注意与任务作业不发生冲突时,社会助长就不会产生。当个体没有理由对在场的他人加以注意(例如,这些人在完成不同的任务)时,社会助长就不会产生;当个体有充分的理由、密切注意其他人时,社会助长就会产生。

事实上,他人在场、评价担忧和分心所导致的冲突均可能在社会助长过程中发挥作用。在某些场合,特别是涉及内在的、习惯化了的行为,纯粹的他人在场就可能会引发唤起。在另一些场合,当他人能看到和评价人们的工作时,社会助长可能更为明显。此外,他人的在场可能引起个体的分心,如果任务是简单任务,由于分心而导致的冲突所引发的唤起可能使个体的工作绩效得以提高。

第四节　群体绩效

一、群体绩效的定义

群体绩效(group performance)指通过群体的活动所能达到目标的成就或最终状态。群体绩效有时候也称为群体有效性(group effectiveness)。这两个概念都被用于描述群体的行为表现，但群体有效性是更宏观的概念，群体绩效是群体有效性的重要指标。群体绩效一般用可以观察到的产品或结果来衡量，这些用作衡量的产品或结果应该来自群体活动，而不是来自任务本身。例如，一个金属加工车间里，班组关心的是每天加工零件数量、残次品数量、完成每日定额多少。而一个解决问题的群体，如刑警分队的绩效和加工零件的班组完全不同，刑警分队的绩效是以案件发生到逮捕嫌疑犯之间的时间间隔、破案的质量、破案率等来衡量。即使规模和任务相类似的群体，在绩效水平上也存在差别。

二、群体绩效的影响因素

（一）群体成员的特征

在完成群体任务时，群体成员需要具备一定的知识、技能与能力（KSAs），还需要付出时间与努力。群体成员的 KSAs 的范围十分广泛，例如在设计一款智能机器人时，工程师需要具备机械相关的知识，设计师需要具备设计能力，而营销部门需要知道什么样的智能机器人能够销售得更好。因此，一个恰当的群体可以带来最终的产品——一款新的智能机器人，这比成员单凭自身能力创造的东西都更好。此外，KSAs 还包括成员有效协作所需要的技能，如沟通技能、冲突管理技能等。

群体成员带给群体的不仅仅是完成群体任务的能力，还有个人动机、人格、心境、态度等，这些都会影响群体达成目标的过程，从而影响群体绩效。在完成群体任务中成员有着各自追求的目标，这些目标并不总是与群体的总体目标一致。一名下属希望自己在公司中快速晋升，于是比其他下属表现得更为积极、努力，但他并不是为了群体的目标达成而努力，而是为了自己。

群体成员之间的异质性和熟悉性也会影响群体绩效。在一个群体中，异质性指的是群体成员的性别、个性、态度、背景或经验等因素的混合。异质性的群体更有可能获得成功，来自不同背景的成员汇聚在一起向群体目标靠近，群体绩效也会更高（Kanter，1989；Magjuka & Baldwin，1991）。异质性的群体能够相互补充，各取所长，形成合力从而取得倍增的效果。一些研究者认为，异质性与群体绩效的关联受到群体成员熟悉性的影响。杰克逊等（Jackson et al.，1995）总结了有关群体异质性与群体绩效之间关系的有效性，发现其中由相互熟悉的人组成的团队总体绩效会更高。古德曼和莱顿（Goodman & Leyden，1991）调查了不同组的相互熟悉的煤矿工人在 15 个月内的劳动生产率（每班产煤吨数）、工作表现和产煤环境，发现彼此不熟悉的群体的生产率的确较低。

（二）群体任务类型

群体所面临的任务类型会限制群体成员完成任务和人际交往的方式，由此影响了群体绩效。群体任务在难度、规则度、执行方法、完成效标、可分工性等方面存在着差异，其中，任务的可分工性是群体任务的重要特征。根据任务的可分工性，可以将任务分为整体性任务和分工性任务。

整体性任务又称为不可分工的任务，指所有群体成员都完成相同活动的任务。保险公

司的推销员在推销同一险种时面临的情况就是这样。整体性任务可以进一步分为三种类型：联合任务、分离任务和相加任务。其中，联合任务指群体绩效完全取决于最差的或最慢的成员的活动情况。对于一个攀爬危险山峰的探险队来说，尽管每名队员都有着丰富经验和高超技能，在敏捷性和力量方面仍存在差异。所有的探险队员在攀登时是作为整体由一根绳子联系在一起的，如果探险队的绩效以攀升的高度和速度来衡量的话，其必然取决于那个爬得最慢的队员，整个探险队的前进速度等于最慢成员的速度。分离任务指在完成同一种活动中，群体绩效完全取决于最强的或最快的成员的活动情况。例如，几个群体竞争解决智力难题，解决最快的队伍将获胜，每名成员都会努力思考，但只要一名成员想出答案该群体就能获胜。在这个例子中任务是分离的，群体中最弱或最慢的人并不会影响整个群体的绩效。相加任务指的是群体成员完成同样的活动，但群体绩效是各成员绩效之和。例如，几名学生打扫走廊，每个学生都完成相同的扫地任务，群体绩效以这几名学生将走廊打扫干净的时间衡量。显然，群体绩效等于每名学生打扫的绩效之和。对于群体来说，要很好地完成整体性任务需要满足几个条件。首先，群体成员需要具备完成任务的能力；其次，群体成员具有完成这些任务的足够的动机，他们要有意愿完成这些任务；最后，群体成员需要知道对他们的期望是什么，能及时地获得他们的绩效情况的反馈。缺乏上述条件，群体绩效就会大打折扣。

在分工性任务中，成员完成不同的但是需要互相补充的活动。可分工的任务往往包括几个子任务或次任务，涉及群体成员的分工问题。飞行任务就是一项分工性任务，一次载客飞行需要有飞机驾驶员、副驾驶员、领航员、行李管理员、服务人员等，所有这些人在飞机起飞和降落时都完成不同的子任务。与整体性任务相比，要完成分工性任务从而取得预期的绩效，群体会遇到较多的阻碍。在分工性任务中，群体成员必须分享信息、具有某些特定的能力和一定的动机。也就是说，群体必须使其成员与工作的要求相匹配，将特定的成员安排到特定的工作岗位上。这就需要群体中具有特定能力的成员能够完成特定的工作部分。此外，群体还必须建立成员之间的良好协调关系，以便使工作内容之间合理衔接。群体需要周密地制定计划使子任务互相配合，使成员的努力能形成完成总任务的合力。因此，协调对于群体完成分工性任务是极为重要的，随着任务复杂程度的增加，这一重要性更加突出。在日常生活中我们常常会发现，一个群体在完成分工性任务时绩效并不令人满意，主要原因是将成员安排到了不合适的岗位以及忽略了任务之间的协调。

（三）群体规模

对于群体绩效而言，较大的群体规模有其优势。较大规模的群体的可用资源较多，对完成任务更为有利。然而，群体的规模越大越需要精心组织和仔细协调，这可能成为阻碍群体绩效提高的因素。

对于群体规模与绩效的关系进行考察，需要同时关注两方面因素，即群体的规模和面临的任务类型。当群体面临的任务是分离任务时，群体的规模越大，群体绩效越有可能增加。对于随机组成的群体，大规模的群体与小规模的群体相比，更有可能拥有较高能力的成员，更有可能包含完成分离任务所必需的技能，更有可能提高群体的绩效。当然，群体规模对于分离任务群体绩效的影响存在着限度，如果群体中已经包括足以完成任务的技能的成员，规模的增加对于提高绩效来说影响就不再显著。而当群体面临的任务是联合任务时，随着群体规模的增大，群体绩效可能会减少。对于联合任务来说，群体的规模效应与分离任务不同，因为联合任务的绩效取决于群体最弱的成员，他们在完成子任务上往往能力不强或速度较为缓慢，从而导致大规模的群体在完成联合任务上绩效更低。

而在相加任务中，通常会产生所谓的过程损失（process loss）。过程损失是群体潜在绩效（potential performance）同实际绩效的差距，是由于成员之间交互作用的缺乏效用引起的。斯坦纳（Steiner，1972）认为，在相加任务中，过程损失的程度与群体的规模有关，随着群体规模的增大，群体的绩效相应增加，但是每个成员的绩效会减少。因此，随着群体的规模增大，在群体的潜在绩效同实际绩效之间的差距会扩大，这种差距是过程损失的结果。林格尔曼（Ringelmann，1913）开展了群体规模与绩效的关系的实验。他测量了不同规模群体的成员拉重物时的力量，发现 3 人群体的拉力只是 1 个人拉力的 2.5 倍，8 人群体的拉力不到 1 个人拉力的 4 倍，成员的平均贡献随着群体规模的增大而减少。这个现象被称为林格尔曼效应，并在后续许多研究中得到证实（Latane，Williams & Harkins，1979；Kerr，1983；Zaccaro，1984）。林格尔曼效应的产生可能有以下两方面的原因：首先，群体成员之间的错误协调。例如，当成员在不同的时间里从不同的方向拉绳子导致力量抵消了，并且这种效力较差的协调随着群体规模的增大而增加。其次，是因为存在社会懈怠（social loafing，社会惰化）的影响。社会懈怠指一个人在群体中工作的努力程度不如单独工作，即通常所说的“三个和尚没水吃”。社会懈怠与个体的工作动机有关。此外，研究者认为还存在着另外一种动机——搭便车效应（free-riding effect），当成员察觉到他们的贡献是非必需的时候，就会减少在群体中的努力（Olson，1965；Kerr & Bruun，1983）。

（四）群体凝聚力

一般来说，群体凝聚力并不直接影响群体的绩效，而是扩大了群体中占优势的关于生产率规范的效应。一个高凝聚力的群体，如果群体规范要求高水平的绩效，群体就会有较高的生产率；但如果群体规范并不要求高水平的绩效，群体的生产率就会降低。

群体凝聚力与群体绩效的关系还受到任务特征的影响。以群体性体育运动为例。有些群体性体育运动是分工性任务，需要成员的分工合作才能完成。足球队要想取胜，需要在不同岗位如前锋、边锋、后卫、守门员等拥有专长的运动员，还需要球员之间很好地协调。在这种情境中，群体凝聚力与群体绩效呈正向关系。和谐的人际关系促进了有效的群体活动，成功的群体活动反过来增进了成员之间的友谊。但有些体育活动则涉及的是相加任务。例如，全国高中或大学网球单打联赛的积分是单个运动员成绩之和。在这种比赛中，运动员独立地完成相同任务，并不包含群体活动的分工。对从事这些运动的群体的研究发现，群体凝聚力与群体绩效并没有上述正向关系，有时还呈现出负向关系。对于完成这类任务，尽管可能存在着成员之间彼此不喜欢的情况，但成员的相互竞争有时会激励他们竭尽全力，发挥出最佳水平。有时，我们甚至可以看到，成员间低水平的和谐、高水平的竞争的群体实际上会在与其他群体对抗中获胜。

(五)奖励制度

当成员为实现群体的目标做出了一定的贡献之后,群体将会给予他相应的报酬和奖励,这是十分正常的。如何分配报酬和奖励是所有成员关心的问题,这涉及分配的公正和公平。大多数成员不仅关心自己所得,还关心同伴的所得。

群体的奖励制度与工作任务有着密切的关系,根据这种关系可以将奖励制度分为合作性奖励与竞争性奖励。合作性奖励有两个特点,一是成员在发挥功能方面是相互依赖的,成员只有共同努力才能达到目标;二是成员的利益是互相关联的,只有其他成员得到奖励时特定成员才能获得奖励。例如,几个人组成装修队装修一幢房子,在规定的期限内装修完工之后才能拿到报酬,一个人是无法在规定时间内单独完成任务的。只有当装修队拿到报酬,其成员才能拿到各自的份额。合作性奖励能够促进成员间的沟通和信任,彼此更可能听取对方的建议,协调彼此的活动。竞争性奖励指群体成员相互竞争为自己赢得稀缺资源。在竞争性奖励中,成员之间较少在功能上相互依赖,而奖励的区分度很高,成员之间的奖励存在着较大差异,创造最佳绩效者得到最多的奖励。例如学校里的奖学金的数量是有限的,学生必须为争取奖学金而相互竞争。那么,这两种奖励形式对群体绩效有何影响呢?一般来说,合作性奖励优于竞争性奖励,尤其当群体是一个小群体,以及群体的任务是复杂任务的时候。竞争性奖励形式可能破坏群体内的协调和合作,有损于成员的相互信任,降低群体的绩效。但有些时候,竞争性奖励会提高成员的动机,激发成员更为努力以期获得最佳的奖励,可能比合作性奖励有着更高的绩效。

如前所述,竞争性奖励制度下,成员之间的功能相互依赖较低而奖励区分度较高,而合作性奖励制度下成员的功能相互依赖较高而奖励区分度较低。因此,奖励形式是任务功能的相互依赖性与奖励区分性的特定组合。在较高的任务相互依赖性和较低的奖励区分性情况下,成员会认识到为了获得最高奖励的最佳策略是彼此合作、分享信息,从而达到较好的绩效。在较高的任务相互依赖性和较高的奖励区分性状况下,成员认识到他们自己要获得较高的奖励,唯有使自己的绩效超过同伴的绩效,由此引发了竞争的氛围,出现缺乏协调的情况,导致群体绩效的低下。而在任务相互依赖性较低状况下,成员之间并不需要太多协调就可以独立地完成任务,为了增加奖励,成员不得不提高自身的绩效,与前面两种状况相比,导致了相对中等程度的绩效,这时奖励区分性对绩效的影响较小。

在影响群体绩效的因素中,除了上述因素外,群体的沟通、领导和决策等也影响着群体绩效。群体的沟通在第二节已经讲述,群体决策和领导将在下面两节讲述。

第五节　群体决策

一、群体决策概述

生活中决策(decision making)无处不在,人的一切行为都是决策的结果。决策是对未来实践的方向、目标、原则和方法所做的决定并予以实施的活动。这个定义既包括了认识主体在认识和改造世界活动中的一种选择性行为，即制定决策的行为，也包括直接改造世界的行为，即实施决策的行为。实施决策也是对认识主体的信息反馈和认识检验的过程。群体要完成许多任务，其中最重要的任务是做出决策。政府、企业、社会实体等都将决策委托给群体，而作为决策结果的法律法规、制度政策不仅影响群体的正常运作，还会影响人们的生活。因此，群体决策的成败直接影响了群体绩效，还具有溢出效应(spillover effect)。

群体在决策时会采取不同的决策规则(decision rules)。群体所遵循的决策规则主要包括以下四种：(1)大多数获胜规则。在许多场合中，群体往往选择最初由大多数成员所赞成的观点或倾向，这时候群体讨论往往用以肯定或强化大多数成员的观点或倾向。(2)真理获胜规则。在这种规则中，正确的解决办法或决定最终为越来越多的群体成员所认可和采纳。(3)三分之二多数决定规则。例如，法官对被告的定罪往往使用这种决策规则。(4)第一次修改决策规则，即决策参与者采纳的决定，常常与任何一名成员所提出的第一次修改的倾向相一致。群体在进行决策时采用哪一种决策规则依照情境而定。例如在判断任务中，群体主要采用大多数获胜规则，因为这只涉及观点的问题。而在智力任务中，群体会采取真理获胜的规则，因为这主要涉及正确答案的问题。在这两种情境中，这两种决策规则都能很好地预测群体会做出什么样的决定。

现代社会越来越依赖群体来做出重要的决策，而群体决策的质量是否稳定地优于个体决策一直以来存在很大争议。群体决策为决策提供了全面、完整的信息，增加了观点的多样性，能够产生更高质量的决策，提高了决策的可接受性，能避免个体决策的偏差和错误。群体决策还能够让成员参与群体的讨论过程，在一定程度上满足了成员的尊重和自我实现的需要，可以更好地发挥出他们的积极性。在这个意义上，群体决策的准确性要高于个体决策。但是，群体决策是动机性的信息加工过程，群体成员的特质如社会价值取向、个人风险偏好，以及各种群体因素如群体氛围、领导特质、群体情绪状态、成员间的人际关系等都对群体决策的过程和质量的稳定性造成不利影响。与个体决策相比，群体决策并不一定都是群体成员理性做出判断的过程。此外，群体决策还存在着耗费时间、增加从众压力、可能被少数人控制、责任不明确等不足。

二、群体决策方法

(一)互动群体法

互动群体法(interacting group technique)指通过会议的形式让群体成员面对面地相互启发，从而获得决策意见和观点的方法。互动群体法是传统的群体决策方法。这种决策方法的成本低，但是获得观点的数量、质量较低，一旦成员之间产生分歧会导致成员间的压力，导致人际冲突。

(二)名义群体法

名义群体法(nominal group technique)类似于传统会议形式，要求成员出席会议参加讨

论，但是成员进行的却是个体决策。因此，名义群体法与传统方法的区别在于决策过程中对成员的讨论或沟通进行了一定的限制。采用名义群体法主要包括以下步骤：所有的成员独立思考，写下对问题的看法；成员将想法提交给群体并公开；成员对各种想法进行讨论，鼓励成员做出评价；每名成员独立地对各种想法排出次序，综合排序最高的想法就是决策方案。名义群体法的优点在于不会限制每个人的独立思考，传统的会议方式往往做不到这一点。

（三）电子会议法

电子会议法（electronic meeting）是名义群体法与计算机技术的结合。在这一过程中，成员可以自由地表达自己的思想，对其他成员方案进行评价，而不会感受到群体压力；不必担心打断别人的思考和发言，环境较为宽松；可以快速地进行汇总和统计，效率也较高。

（四）头脑风暴法

头脑风暴法（brainstorming）指要求群体成员在短时间内想出尽量多的解决方案。在头脑风暴法中，成员集中在一起提出可选方案，为了避免自我审查（self-censorship），不对任何想法进行评价。该方法常常用在群体决策的早期，目的是为了解决群体中产生的新问题或者重大问题，一般只用来产生方案而不会进行决策。头脑风暴法能够增强群体成员的自我成就感，保证成员之间的充分交流，降低成员之间的人际冲突。

（五）德尔菲法

德尔菲法（Delphi technique）指利用专家进行判断和预测，为不可能见面的群体所设计。德尔菲法的基本步骤可概述如下：组成专家小组；确定调查提纲；每一个专家匿名地、独立地完成第一次决策；整理第一次决策相关信息；将整理的信息寄回给每一个专家，进行第二轮决策；整理第二轮决策的信息，然后循环往复，一般需要 3～7 轮；经过多轮决策后，各个专家的意见趋于一致，将专家经过多轮决策后的最终方案作为最佳决策。在使用此方法时，选择合适的专家是高质量实施德尔菲法的关键环节。德尔菲法具有匿名性的特点，可以避免成员之间的相互影响，如心理暗示、从众；不需要成员聚集到一起，成本较低；专家相互之间不沟通，减少了群体思维的影响。但是，德尔菲法进行决策的时间长，也难以通过成员之间的相互启迪获得丰富的、具有创造力的设想和方案。

三、群体决策现象

（一）群体极化

群体极化现象来源于对风险决策的研究。斯托纳（Stoner，1961）向 13 组被试提出 12 道风险问题，首先让被试独自完成风险决策，以了解被试的风险偏好。随后，研究者让小组进行群体讨论并做出群体决策，以了解群体决策偏好。最后，再次要求被试独立完成风险决策，记录讨论后被试的风险偏好。研究发现，13 个组中有 12 个组都比成员的平均风险偏好

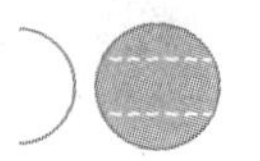

高。斯托纳还比较了讨论前后的个体风险偏好,发现45%的人没有改变自己的决策,39%的人愿意冒更大的风险,而16%的人趋向于更加谨慎保守。这表明,群体讨论过程对个体观点和群体决策都存在影响,其使得个体倾向于承担更大的风险,这种变化被称为风险偏移(risk shift)。与风险偏移相类似,保守偏移指的是个体偏好趋于保守的现象。保守偏移在一开始就存在,但是没有被重视,例如斯托纳(1961)的研究中16%的人更为谨慎。在赌注非常大的情境中,例如个体以自己的生命或婚姻作为赌注,或决策后果威胁到家庭、父母、重要他人时往往会发生保守偏移。而当赌注非常小或者奖赏很大时,往往会促使人们选择风险而放弃保守(Teger & Pruitt,1967)。

这种决策向两种极端偏移的现象被称为群体极化(group polarization)或群体偏移(group shift)。群体极化意味着群体讨论将放大群体成员最初的风险偏好。如果人们在群体讨论前是偏向冒险的,则群体决策更为冒险;而如果人们在群体讨论前是偏向保守的,则群体决策更为保守(Teger & Pruitt,1967)。此外,如果成员在群体讨论前对某项行为持有略微赞成的观点,在群体讨论之后会强烈地支持这一观点;如果该成员在讨论前对此行为持有略微反对的观点,在群体讨论之后会更为强烈反对。此外,群体偏移的程度与最初态度相关,最初的态度越是极端,群体偏移的程度就越大(Myers & Arenson,1972;Isenberg,1986)。

对于群体极化现象产生的原因有两种解释,即社会比较和说服性论证(persuasive arguments)。社会比较理论强调在群体极化过程中社会规范性的作用,认为在群体讨论前大多数成员认为自己的观点比其他人更为正确合理、更有价值。但是在现实中,不可能每一名参与者的观点都超过所有成员观点的平均水平,于是许多成员在讨论过程中会发现自己的观点并不像原先所认为的超过平均水平。基于社会规范性的影响,人们总是希望他人对自己产生积极评价,所以将采取更极端的方式以求与他人或社会相一致,或者超过平均水平,从而发生了群体决策向极端偏移的现象(Goethals & Zahna,1979;Vorauer & Ratner,1996)。而说服性论证观点的重点则在信息性影响上,认为在群体讨论过程中,成员所提供的大多数信息都是支持自己的既有观点的。在群体讨论过程中,成员会逐渐了解到其他成员的支持性观点,而这些观点成员自己可能并未想到,随着讨论的进行,成员会逐渐更坚信自己观点的正确性。因此,当成员的观点略微倾向于某一方向时,大多数论据都被用于论证该观点的正确性,于是最初占优势的观点获得越来越多的支持,而成员也会服从大多数人的意见(Burnstein & Vinokur,1977;Burnstein & Sentis,1981)。实际上,这两个过程在群体极化过程中均发挥着重要作用。

(二)群体思维

群体思维(group think),也被称为小群体意识,是群体的一种特定思维方式,指群体为了维持表面上的一致,妨碍了对问题的可能解决办法和行动方案做出实事求是的和准确的评价,从而导致错误的决策。换言之,群体思维是从主要关心做出最佳决策偏移到关心达到和维持群体的一致上去。群体思维最初由贾尼斯(Irving Janis,1971,1982)发现。贾尼斯对大量美国对外政策的灾难性事件进行了研究,如珍珠港事件、朝鲜战争、猪湾事件等,发现在这些事件的群体决策中都出现了群体思维。贾尼斯认为,群体决策的失败在很大程度上归因于群体内部过强的凝聚力,这种群体凝聚力会导致对不同观点的压制,从而无法对其他可

能的方案进行有效的评价。在高凝聚力的群体中，如果伴有一些其他条件，例如有影响力的领导者、复杂的或困难的任务、时间压力、紧急事件等，更容易产生群体思维。

群体思维有三种表现：首先，当群体意识形成并发展起来后，成员会将自己的群体看成是不可战胜的、不会犯错的。其次，群体产生集体的合理化现象，即忽视和不考虑与当前群体观点不一致的意见；对怀疑多数人意见的人施加压力；试图掩盖群体决策中的失误；造成一致通过的错觉，认为弃权就是赞成等。最后，群体认为自己的群体不仅是正确的，而且在道义上也是优越于其他群体或其他人的，而将不赞成群体观点的人看成是不辨是非的、邪恶的或低一等的。一旦群体思维形成后，迫使成员附和群体意见的压力随之增强，这种群体一致的错觉进一步强化群体认为自身确实是一致的观念。

由于群体思维使得群体仅限于讨论较少方案，又不能很好地听取反面意见，这抑制了成员的创新精神，并且因此导致了群体的拙劣决策，损害了群体绩效。对于群体思维，研究者提出了一些防止的办法。首先，鼓励成员公开质询和提出怀疑，要求成员尽可能清晰和合乎逻辑地提出自己的看法。其次，群体领导人应欢迎不同的意见，有必要时还应扮演鼓吹反面观点的角色，促使成员对所有备择方案进行详细讨论。再者，可将群体分成小组，让小组对问题先进行独立的讨论，这样可以让小组考虑到问题的各个方面，保证任何最终的决定都在讨论小组的建议的基础上形成。最后，一旦达成了某种决策，在实施之前应当有第二次讨论的机会。在第二次讨论时要求成员表达对决策的任何意见，以减轻成员的遵从和保持一致的压力。第二次讨论还可能会产生新的想法和批评意见，从而抵制群体思维的产生。

第六节　领　导

一、领导的定义

在群体决策和目标达成过程中，领导发挥着重要作用。领导(leadership)指群体中的某个成员指导和影响着其他成员，并在一定的条件下实现群体目标的过程。领导被视为一个动态的过程，该过程是由领导者(领导人)、被领导者(其他成员)和所处环境三个因素所组成的。在领导过程中，发挥指导和影响作用的某个成员被称为领导者。领导者是那些在群体中对群体行为和信念施加较大影响的人，他们引发活动、下达命令、分配奖惩、解决成员之间的争论以及促使群体向着目标迈进(Hollander，1985)。一般来说，群体只有一名领导者，但在有些任务相对复杂的群体中，存在着两名及以上有相同影响力的人。

二、传统领导理论

(一)领导的特质理论

领导特质理论(trait theory of leadership)认为，领导者具有某种固有的特质。这些特质是与生俱来的,只有先天具备这些特质的人才有可能成为领导者。这些特质使得领导者与普通人区分开来,且不随时间、群体的不同而变化。这一想法具有直觉上的合理性,但是针对特质理论的大量研究并没有发现能够高度区分领导者与普通人、成功领导者和失败领导者的特质。因此,特质理论不能令人满意地预测谁将会成为领导、谁能成为成功的领导,许多具有所谓领导特质的人实际上并没有成为领导者。一些研究发现,领导者与普通人、成功与不成功的领导者在某些特质上可能存在量的区别,但并不存在质的差异。

有一些特质如智慧、自信、精力充沛、自律等可能与成功的领导者有关,虽然这些特质并不能决定能否让一个人成为领导者,但是可以提高领导者成功的可能性。这些代表性的特质理论包括:(1)巴纳德(Barnard,1938)的《经理人员的职能》一书认为,领导者应该具备的基本特质是活力与耐力、当机立断、循循善诱、责任心、智力。(2)吉伯(Gibb,1969)指出,天才的领导者具备7项特质:善于言辞、外表俊美、才智过人、富于自信、心理健康、支配倾向、外向敏感。(3)斯托格迪尔(Stogdill,1974)在《领导手册》一书中提出了领导者应该具备的10项特质:责任心和内驱力、追求目标、敢于冒险、主动创新、自信、敢于担责、耐受挫折、长于社交、善于影响别人、擅长处理事务。

(二)领导风格理论

领导风格理论(style theory of leadership)分析不同类型的领导风格对群体绩效的影响。勒温等(Lewin,Lippit & Whit,1939)以权力定位为基础,将领导者的风格分为专制、民主和自由放任三种类型。其中,专制型领导将权力高度集中到自己手中,在管理中决定所有的政策和活动,成员完全被动地开展工作。民主型领导将权力定位于整个群体,在管理中照顾下级的需求和愿望,成员有机会决定工作伙伴、进程与方法。放任自由型领导则给予成员完全的自由,在管理中以冷漠、旁观的姿态出现,成员处于无政府状态,每个人都自行其是。勒温等(Lewin,Lippit & Whit,1939)对领导风格和工作效率的关系进行了研究。他们将青少年分别安排到民主、专制、自由放任三种领导风格的团队中,要求他们制作面具和某些物件。结果发现,在民主型领导风格下,成员的生产率较高,成员彼此之间和谐团结,成员对领导者也很满意。在专制型领导风格下,青少年工作时间长,生产出更多产品,但产品质量低,成员之间较少沟通,容易产生严重不满。此外,在专制型领导风格下,成员的敌视和侵犯行为分别是民主型领导风格的30倍和8倍,且成员还挑出了替罪羊作为侵犯的对象。总而言之,民主型领导风格下群体同时达到工作目标和社交目标,青少年积极主动,富有创造性;专制型领导风格下群体达到工作目标,但容易引发消极和对抗情绪;而自由放任型领导风格达到了社交目标,却没有达到工作目标,产品的数量和质量都很差。由此可见,民主型领导风格效果最佳,专制型领导风格次之,而自由放任型领导风格效果最差。勒温的研究带动了对领导风格研究的热潮,许多研究均支持了勒温的发现。

布莱克和莫顿(Blake & Mouton,1964)提出了管理方格以描述管理行为模式,后来被称为领导方格。该理论认为,领导者通过两种因素来帮助组织实现目标,分别为关心生产(concern for production)和关心人(concern for people)。根据这两个维度,形成了五种主要的领导风格:即权威服从型(领导者关心生产甚于关心人)、乡村俱乐部型(领导者关心人甚于关心生产)、贫乏型(领导者对生产和人均不关心)、中庸之道型(领导者对生产和人的关心

程度均为中等)和团队型(领导者对生产和人均关心)。

(三)领导的情境理论

领导的情境理论(situational theory of leadership)否定了领导者是天生的、领导决定了群体情境的论点,认为情境决定了谁来担当领导者。赫塞和布兰查德(Hersey & Blanchard,1976)认为,成功的领导是通过针对下属的成熟程度选择正确的领导风格而获得的。成熟程度是指个体完成某项任务的能力和意愿,包括工作成熟度与心理成熟度两项要素。其中,工作成熟度包括个体的知识和技能,工作成熟度高的个体拥有足够的知识、能力和经验完成工作任务而不需要他人的指导。心理成熟度指一个人做事的意愿和动机,心理成熟度高的个体不需要太多的外部激励,主要依靠内部动机的激励。

领导的情境理论将下属成熟度分成四个阶段。处于第一阶段的成员对于执行某项任务既无能力又无意愿。他们既不胜任工作又不能被信任,此时有效的领导方式是命令型领导方式。处于第二阶段的成员缺乏能力,但有意愿完成工作任务。他们有积极性,尚缺少足够的技能,此时有效的领导方式是说服型领导方式。处于第三阶段的成员拥有能力却没有意愿做领导者希望他们做的工作,此时有效的领导方式是参与型领导方式。处于第四阶段的成员既有能力又愿意做让他们做的工作,此时有效的领导方式是授权型领导方式。

(四)领导权变理论

费德勒(Fiedler,1967,1993)提出的领导权变理论(contingency theory of leadership)将领导行为看成是个人因素与情境因素的相互作用。该理论认为,人们不会因为拥有某些特殊的人格特质和领导风格而成为成功的领导者,只有当这些人格特质符合特定群体面临的情境、群体的要求以及群体的任务目标时才能成为成功的领导者。

该理论区分了两种领导风格:任务导向型领导(task-oriented leader)和关系导向型领导(relational-oriented leader)。其中,任务导向型领导关心如何完成任务,领导者为群体提供信息以更好地组织群体追逐目标,较少关注下属的情感和人际关系。而关系导向型领导关注群体互动中的情感和人际关系,领导者力图维持群体友好平稳地工作,关心成员的情绪,致力于提高群体的凝聚力。费德勒认为,这些领导风格是稳定的人格特质的产物,为此编制了最不愿共事伙伴量表(least preferred co-worker questionnaire,LPC 量表)用来鉴别这两种领导风格。费德勒发现,在 LPC 量表上得分高的人往往是关系导向型,他们关心促进群体关系甚于促进任务的完成;而在 LPC 上得分低的人往往是任务导向型,他们关心完成任务甚于群体关系。

两种领导风格的领导成效取决于情境允许他们对成员施加影响的水平。这种情境控制(situational control)依赖于三种因素:(1)领导与成员的关系。一位领导者受到下级的尊重、信任和喜欢,那么他就处于有利的领导地位;如果下级只是勉强跟随,领导就会举步维艰。费德勒认为,领导者与成员之间的关系是决定领导者影响力的最重要因素(Fiedler,1967)。(2)任务结构。如果工作任务是结构化的,完成工作的步骤也清楚明晰,那么领导过程相对容易。(3)领导地位的固有权力。如果领导者控制了大部分的奖励和惩罚权力,领导过程相对容易。综合考虑这三种情境因素,对于领导者来说最有利的条件是领导者与成员的关系良好，任务结构清晰，拥有足够的权力。费德勒对1200个群体进行了调查后发现，任务导向型(低LPC)的领导在高水平或低水平的情境控制中都是最有效的；而关系导向型(高LPC)领导在中等水平的情境控制中是最有效的(图11-3)。

许多研究者在各种情境中对费德勒的理论进行了验证，基本支持了费德勒的研究发现。对于该理论也存在着一些批评，例如对理论的准确性、LPC作为测量工具的有效性等依然存疑。尽管如此，权变理论促进了对领导个人特质和情境因素相互关系的了解。

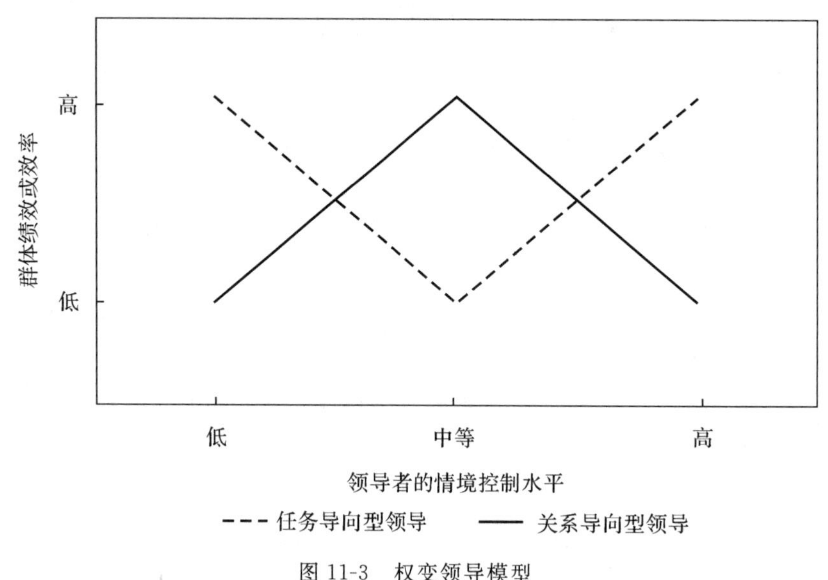

图11-3　权变领导模型

三、现代领导理论

(一)领导—成员交换

领导—成员交换(leader-member exchange)指领导者与成员之间交换关系的质量(Graen & Scandura，1987)。由于时间和资源的限制，领导者很难与全体成员建立均等、毫无偏差的交换关系，而倾向于按照一定的标准选择得力、投缘的成员建立"圈内人"关系，与其余成员建立"圈外人"关系。领导者信任和尊重"圈内"成员，给予他们更多的、非契约性的关心、支持、资源、机会等，"圈内"成员也会产生积极的互惠与回馈动机，表现出对组织或领导者的忠诚。与此对应，"圈外"成员与领导者的交往一般以组织赋予的正式角色为基础，采取正式的、契约型的互动方式，表现为任务导向、公事公办，缺少积极性和主动性。一般来说，领导和"圈外"成员之间的交换关系质量比较低，双方满意度也较低。

对于领导—成员交换，一般认为存在着以下可能解释。一些研究者从社会交换理论出发探讨了领导—成员交换。依据该视角，领导—成员交换的核心机制是互惠。在高质量的领导—成员交换关系中，当组织或领导对成员履行了某种义务、给予了支持并被成员所感知时，为了回报组织或领导，成员会从事一些积极的角色内或角色外的行为，否则会心生愧疚。

一些研究者从组织认同出发探讨了领导—成员交换。在"圈内",由于领导者给予了成员更多的信任和资源,成员相信自己在组织中获得了个人空间并被组织所接受,从而产生高水平的群体认同感、归属感,对群体和领导更为忠诚,工作更为积极主动,并能取得更好的工作绩效(Stamper & Masterson,2002;Brouer,2007)。还有一些研究者从心理授权出发探讨领导—成员交换。心理授权是被授权个体的一种内心体验,包含工作意义、工作能力、工作自主性以及影响等(Aryee & Chen,2006)。感受到被授权的成员会产生积极态度,从事更多的积极行为。高质量的领导—成员交换让成员拥有更多的权力资源、发展机遇和决策自由度,因此表现出较高的自我效能感,从而愿意付出更多的努力去完成目标和任务(Wat & Shaffer,2005)。

(二)交易型领导和变革型领导

交易型领导(transactional leadership)由贺兰德(Hollander,1978)提出,他认为交易型领导行为发生在特定情境中,领导者和被领导者是相互满足需求的交易过程,即领导者通过明确的任务及角色的需求来引导和激励部属完成组织目标。交易型领导关注的是奖励与交换关系,通过奖励高绩效和惩罚错误与未达标的绩效来影响追随者。20年代80年代,伯恩斯(Burns)在《领导论》一书中提出变革型领导(transformational leadership),指通过让成员意识到所承担任务的重要意义和责任,激发成员的高层次需要或扩展成员的需要和愿望,使成员为团队、组织和更大的政治利益而超越个人利益的领导者。

一般认为,交易型领导包括两个维度,分别为权变奖励和例外管理。其中,权变奖励指是提供有形的(如金钱)和无形的资源(如表扬)来换取部属的努力和绩效。例外管理又可以分为主动例外管理和被动例外管理。主动例外管理指领导者会监督个体的绩效并在必要时矫正其行为,而被动例外管理指只在问题变得严重时领导者才会实施干预。变革型领导包括四个维度,分别为理想化影响力、鼓舞式激励、智力启发、个性化关怀。理想化影响力指领导者显示出高水平的能力和对部属的信任;鼓舞式激励指领导者从情绪、道德和愿景方面清楚地表达群体目标,激励追随者投身于实现组织远景目标的事业中;智力启发指领导者鼓舞追随者独立并有创造力地思考、脱离过去的观念和局限;个性化关怀指领导者理解每个追随者的个人需要与目标。巴斯与阿沃利奥(Bass & Avolio,2004)编制了被广泛使用的多因素领导问卷(multi-factor leadership questionnaire,MLQ)以测量交易型领导与变革型领导。

(三)家长式领导

西林(Silin,1976)研究发现,在华人组织中存在着一种有别于西方传统领导理论的独特领导方式,这种领导方式下的领导者采取与家长管理家庭成员相似的方式来管理组织成员。随后研究者基于中国文化背景提出了家长式领导理论(paternalistic leadership),这也是最为持续、深入和完整的中国本土化领导理论(Redding & Wong,1986;Westwood & Chan,1992;郑伯埙,周丽芳,樊景立,2000)。

家长式领导指在一种人治氛围下领导者彰显父亲般的仁慈与威严并具有无私的道德典范的领导方式。郑伯埙、周丽芳和樊景立(2000)总结了已有研究(Silin,1976;Redding,1986;Westwood & Chan,1992),基于传统文化明晰了家长式领导的三元结构:仁慈领导(benevolent leadership)、德行领导(moral leadership)与威权领导(authoritarian leadership),构建了相应的领导行为和成员反应模式,建立了完整的家长式领导理论体系。其中,仁慈领导指领导者对成员个人的福祉做个别、全面而长久的关怀。仁慈领导关心群体成员的工作与生活并予以照顾,对成员的失误宽容以待,善于跟成员建立亲密关系,以此来换取成员的努力和回馈,而成员会感恩领导的关照,呈现知恩图报行为。德行领导指领导者展现个人操守、修养以及敬业精神。德行领导克己奉公、公私分明,依靠个人操守和魅力来领导成员。成员对德行领导表现出尊重和敬意,认同和效仿领导者的德行。威权领导指领导者强调其权威是绝对不容挑战的,对成员进行严密的控制,要求成员毫无保留地服从。威权领导注重家长式的权威,表现出强烈的控制欲,强调成员绝对的忠诚和服从。面对威权领导的控制,成员往往表现出顺从和服从,常会心生敬畏和羞愧。

(四)服务型领导

格林利夫(Greenleaf,1977)出版了《服务型领导》(*servant leadership*)一书,论述了通过尊重和重视追随者的利益、服务和培养追随者来达到组织或团队共同目标的领导方式。研究者对于服务型领导的构成虽各有侧重,但在服务型领导的服务性特点即道德感召和利他示范方面则达成共识。

帕特森和温斯顿(Patterson,2003;Winston,2003)提出了服务型领导模型(图11-4)。该模型的上半部分称为领导者—追随者模型(Patterson,2003)。该模型包括七个变量,分别是领导关爱(leader's agapao)、谦卑(humility)、利他主义(altruism)、远景(vision)、信任(trust)、授权(empowerment)和服务(service)。领导者—追随者模型认为,领导者出于对追随者的关爱会产生谦卑和利他行为,这将促进领导者制定正确的远景规划,把员工的个人目标与组织目标结合起来。除此之外,还会促进领导者与追随者之间的信任,使领导者与追随者在共同愿景和相互信任的基础上分享权力和权威。同时,领导者还会为追随者完成目标提供各种服务。该模型的下半部分称为追随者—领导者模型(Winston,2003)。温斯顿

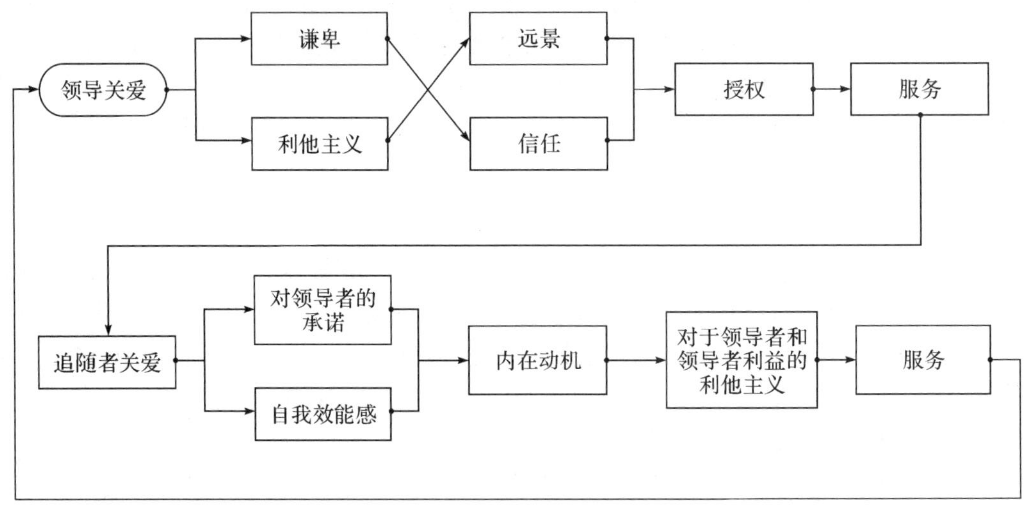

图11-4 服务型领导模型

(Winston,2003)认为,帕特森(Patterson,2003)的领导者—追随者模型解释了服务型领导者向追随者提供服务的原因,却没有解释追随者如何向领导者提供服务。温斯顿(Winston,2003)认为,追随者关爱提高了他们对领导者的承诺,追随者的自我效能感又使得领导者对他们产生信任和授权,在对领导者的承诺以及追随者的自我效能感的交互作用下追随者将会与领导者在目标上保持一致,从而对领导者产生利他主义行为,向领导者提供服务。帕特森的领导者—追随者模型和温斯顿的追随者—领导者模型相结合形成了一个良性循环的回路。因此,服务型领导并不是单向的服务过程,领导者和追随者彼此向对方提供服务,相互之间建立信任、分享权力以及产生利他行为,从而提高服务型领导的作用效果。

本章习题

一、简答题

1. 简述群体结构及其构成。
2. 简述群体凝聚力的影响因素。
3. 简述莱维特的五种沟通网络对群体绩效的影响。
4. 简述整体性任务的三种类型。
5. 简述林格尔曼效应及产生的原因。
6. 简述群体决策的优缺点。
7. 简述群体极化产生的原因。
8. 简述群体思维的危害以及如何防止群体思维。

二、论述题

1. 论述社会助长的相关理论。
2. 论述传统领导理论和现代领导理论的观点。

三、思考题

随着互联网的普及,现代企业制度的不断发展,组织的运作方式与以往有所不同。试述领导理论如何适应互联网时代的组织和企业。

在线测试

本章参考文献

第十二章 合作、竞争与冲突

经验告诉人们合则两利、斗则俱伤，合作是最好的选择。生活中，人们有些时候会相互帮助，分享信息，彼此帮助达到各自的目标。但有时候，人们会相互掣肘，彼此争夺，为实现自己的目标而毫不顾忌对方，甚至会落井下石。在国际上，人们对气候变暖和温室效应是否存在和责任归属仍然争论不休，遑论如何通力合作加以应对。本章主要介绍竞争与冲突的成因及其机制，讨论促进合作和解决冲突的理论及可行策略。

第一节 合作与竞争

一、合作与竞争的定义

合作（cooperation）和竞争（competition）是人类社会中的典型行为，也是人际相互作用的两种主要形式。两个及以上个体、群体或组织为了达到共同的目标而协调彼此的行为称为合作；当不同个体、群体或组织为了争夺共同的目标而从事彼此相冲突的行为则称为竞争。合作和竞争可以在不同层次展开，在竞赛中一个球队的运动员彼此之间相互合作，与另一球队展开竞争以赢得比赛。

竞争与合作是人类进化的产物。竞争存在于每一类生物中，为了争夺有限的资源，获得生存和繁衍的机会，生物体会通过竞争以获得进化优势。生物之间的竞争不仅体现在种群之间，在种群内部同样存在着竞争机制，同类相残在动物界中是屡见不鲜的。我们的祖先由于资源匮乏、生存艰难，不可避免地为争夺水、土地、食物等资源而互相竞争，从而引发人际冲突或群际冲突。尽管如此，考古证据显示，我们的祖先常猎取大型动物作为食物。在生产力低下的古代社会，单凭个体很难猎取大型动物，因此，为了获得足够的高蛋白食物，人们势必要互相合作。在农耕社会中，粮食的种植、维护、收割等都需要多人协作。而人类繁育后代通常也有赖于父母甚至全家人的通力合作。纵观人类历史，常有弱小的民族或国家联合起来抵抗大国的侵略，例如春秋战国时代，楚、齐、燕、韩、赵、魏六国联合共同抵御秦国的侵吞，三国时期吴蜀联盟大败曹魏。可以说，人类是因为合作，才能击败其他生物进化至今并

发展出文化。在这一过程中，人们出于真诚的、善良的愿望以及对对方的信任，通过彼此的合作克服困难，共同扫清前进道路上的障碍。

竞争和合作的共同之处在于，都是为了实现个人的特定目标而进行的人际互动。合作的个体在实现个人目标的过程中既考虑自己的收益，还期望取得对他人有利的结果。而在竞争中，个体在期望实现个人目标时，往往会期望损及他人的利益。合作和竞争还会激发个体不同的行为倾向，个体在合作情境中观察到他人的错误后会减慢自己的行动速度，而在竞争情境中观察到对手犯错后个体反而会加速行动(De Bruijn et al.，2012)。此外，合作与竞争所激活的大脑皮层也存在着差异。当要求被试在合作情境或竞争情境中与另一名被试一起玩一个电脑游戏时，合作和竞争情境都激活了前额叶和脑岛区域，这一区域有益于执行功能，但是合作情境会使眶额皮质选择性激活，而竞争情境会使下顶叶和内侧前额皮质选择性激活(Decety et al.，2004)。

二、经典研究

(一)卡车游戏

多伊奇和克劳斯(Deutsch & Krauss，1960)设计了卡车游戏(Acme-Bolt trucking game)以探讨人们的竞争与合作倾向。研究者要求被试想象自己在经营一家货运公司，为了赚钱必须尽快将货物运到终点。每次实验都有两名被试参与，分别运营阿克米公司(Acme 或 A)或波尔德公司(Bolt 或 B)。两家公司各有自己的起点和终点，双方都有两条路线可供选择：一条路线路程较短，美中不足的是途中有一段路 A、B 都必须经过，这段路非常狭窄只容一辆车通过。如果 A、B 在此相遇，必须有辆车倒退回去让另一辆车先过，否则双方都不能通行。同时，A、B 在这条单行道的两端各有一个栏门，可以通过控制电钮将栏门放下以阻碍对方的卡车通过。两家公司还有另外一条备选路线，比第一条路线长 56%，路程比较难走，耗时更多(图 12-1)。两名被试被安排在分隔的小间里，每人面前有一操纵台兼显示台，彼此不能看见对方。除非在单行道上迎面相遇，否则被试不知道另一名被试的卡车位置。每对被试共

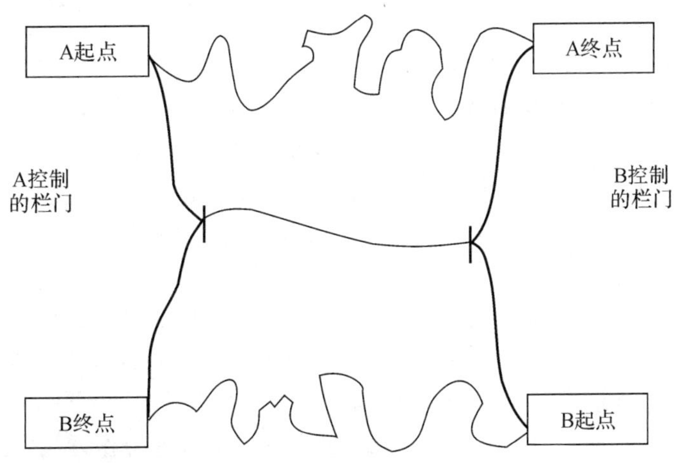

图 12-1　卡车游戏的路线

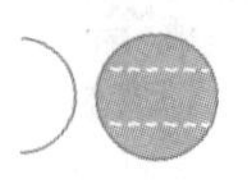

进行 20 个试次的游戏。每个试次有时间限制，超过时间要扣钱。研究者告诉被试他们的目标是自己尽可能多赚钱，不必关注对方的盈亏，也就是没必要追求比对方赚得多。但要开得快、赚得多最好走捷径，捷径每个时间段只容一辆车通过，另一个人不得不花时间等待，A、B 都想先过去，这令双方产生了竞争动机。栏门的设置又增加了新的变数，如果一方走捷径，开过单行道发现被拦阻了，再要退回去走另一条路就太费时了。而选择不走捷径的人，虽然双方不存在竞争关系，但为了不便宜对方也很可能放下自己这边的栏门。结果发现，尽管最佳策略是 A、B 双方相互合作、轮流通过单行道，但是被试却很少这么做，常常是互相争夺单行道的使用权，在路当中迎头碰上、发现对方不肯相让时再掉头走另一条路，并且关闭自己所控制的栏门以阻碍对方通过，结果落得两败俱伤。

（二）囚徒困境

囚徒困境（prisoner's dilemma）是典型的非零和博弈。表 12-1 描述了假设的囚徒困境。假设发生了一起谋杀案，两名嫌疑犯作案后被警方抓获。尽管警方知道两人有罪，但缺乏足够的证据，就将两名嫌疑犯分别监押在不同房间里审讯，并对每名嫌疑犯指出他有两种选择：他可以选择坦白，也可以保持沉默。如果两人都不承认，由于他们有前科，可能面临 4 年刑期。如果两人都承认，会被作为杀人犯起诉，但在量刑时会从宽处理，处 10 年有期徒刑。而如果一人坦白，另一人抵赖，则坦白者会从轻发落，处以 6 个月监禁，抵赖者则会判刑 99 年。

表 12-1　囚徒困境

A 犯	B 犯	
	不坦白	坦白
不坦白	A 犯 4 年 B 犯 4 年	A 犯 99 年 B 犯 6 个月
坦白	A 犯 6 个月 B 犯 99 年	A 犯 10 年 B 犯 10 年

在这一博弈任务中，竞争的动机会驱使囚犯坦白：因为如果对方选择沉默，坦白对自己有利，面临的刑期最短；而如果对方坦白，自己更应该坦白，否则要面临最差的结局。无论对方如何选择，从囚犯个人的角度来说坦白都是最佳选择。如果另一名囚犯也这么想的话，最终两人都会受到较长时间（10 年）的监禁，没有一方是赢家。然而，如果两名囚犯选择合作都不坦白的话，就能获得好的结果（4 年刑期），所以囚犯也有合作的动机。

大量研究发现，无论是在卡车游戏还是在囚徒困境中，尽管人们都知道合作是有利策略，人们仍倾向于彼此竞争，由此导致次优或者较差的结果。不仅如此，竞争还会招致竞争。凯利和斯塔赫尔斯基（Kelley & Stahelski，1970）让被试配对进行囚徒困境博弈，并判断对手的竞争/合作取向。被试之间共有三种配对形式：合作者与合作者、合作者与竞争者、竞争者与竞争者。结果发现，如果两名合作者相互博弈则两者会选择合作，两名竞争者相互博弈则两者会选择竞争，但如果一名合作者与一名竞争者博弈，竞争者会将合作者拖入竞争中。竞

争者会默认对方也是竞争者,从而做出竞争行为,这让合作者判断出他的竞争倾向并做出相应的反应,反过来验证了竞争者的判断。研究还发现,合作者能够比较准确地判断对方是合作者还是竞争者,而竞争者则难以做出准确判断,会错认为其他人都是竞争者。该研究揭示了竞争是如何在人群中扩散开来的:竞争增加了其他人的竞争倾向。对于竞争者而言,长期的类似互动可能强化竞争者对于他人的误解,促使其形成偏激信念,激化矛盾并阻碍合作。在囚徒困境中一方必须非常信任另一方,坚信他会选择合作才有可能选择合作。因此,有必要探讨人们是如何形成合作的。

(三)社会困境

当个体选择竞争策略时可能会过于关注其自身利益,从而导致群体利益的损失,出现社会困境(social dilemma)。社会困境指个体对于当前利益的最为有利的选择最终会导致群体的消极结果,个人的收益也会随之减少。

哈丁(Hardin,1968)针对新英格兰公共草场的过度放牧现象提出的公共地悲剧(tragedy of the commons)就是一种典型的社会困境。在一块公共牧地上,当每个牧民都采取竞争策略放养更多的牛,最终公共牧地可能会因为过度放牧而荒漠化,导致所有牧民都无法牧羊。当每个人都追求各自的利益时,最终却导致了集体和个人的极大损失。公共地悲剧针对的是个体从公共财产中获取资源的自利倾向,而个体在为群体付出过程中的自利倾向会导致公共产品困境(public goods dilemma)。人们为了获得公共产品必须对公共产品有所贡献,但在公共产品供应中往往存在着搭便车现象,人们喜欢公共产品却不愿意为此做出贡献。小区居民需要缴纳物业费才能享受物业服务,有些人故意拖延或拒绝缴纳物业费,却仍然享用了其他业主缴纳物业费所提供的便利。人们因为自利而导致的这些社会困境中,合作才是解决之道。

三、合作的理论

(一)力量理论

力量理论(theory of coalitions in the triad)是解释合作形成的理论。卡普罗(Caplow,1956)研究了三个社会行动者(可以是个人、家庭、组织甚至国家)之间的联盟(coalition formation)问题。该理论假设:(1)三方实力可能不同,实力强的一方可以控制实力弱的一方,并且会寻求这样做;(2)各方都想要控制别人,且控制的对象越多越好;(3)力量具有可加性,任何两方的结盟所产生的力量等于两者原来力量之和;(4)联盟的形成基于联盟前三方的势力分布,任何强者迫使弱者加入无益于弱者的联盟的企图都会催生出能挫败这种企图的联盟。卡普罗提出三方存在着6种(在1959年又增加了2种)可能的初始力量分布类型,例如三方具有相等的力量(A=B=C);两方力量相等,第三方的力量虽然大于其他两方,但又小于这两方之和(A>B,B=C,A<(B+C));两方力量相等,第三方的力量较弱小(A<B,B=C)等(表12-2)。根据三方力量对比,卡普罗推测,如果三方力量相等(Ⅰ型),任何两方联盟的可能性相等;如果一方的力量大于其余两方,但是又小于其余两方的合力,要分两种

情况讨论,①如果较弱的两方力量相等(Ⅱ型),则较弱的两方就有可能合作,②如果一方力量强于另一方(Ⅴ型),那么最弱的一方就有优势,其他两方都会想要与它结盟,例如当 A>B>C 时,A 会想和 B 或 C 结盟,但 B 不会想和 A 结盟,因为在 AB 联盟中,B 不具有力量优势,所以结果就是 A 和 B 都想和 C 结盟;如果两方力量相等,第三方的力量较弱小(Ⅲ型),弱者自然想与他人联盟,而两位强者也希望与弱者联盟以提高自己在三元关系中的地位,因此可能形成弱者与其中一个强者之间的联盟;而如果一方的力量比其余两方联合起来的力量还要大(Ⅳ型或Ⅵ型),则三方不可能合作。权力大的一方不需要加入联盟,在缺乏其余两方帮助的情况下也可能获得想要的利益,而权力较小的两方也没有结盟的理由,因为即使这样做也没什么用处。

表 12-2　不同初始力量分布的三方的预计联盟情况

势力分布类型	权重			预计联盟情况
	A	B	C	
Ⅰ. A=B=C	1	1	1	任何几方
Ⅱ. A>B,B=C,A<(B+C)	3	2	2	BC
Ⅲ. A<B,B=C	1	2	2	AB 或 AC
Ⅳ. A>(B+C),B=C	3	1	1	无
Ⅴ. A>B>C,A<(B+C)	4	3	2	BC 或 AC
Ⅵ. A>B>C,A>(B+C)	4	2	1	无

维纳克和阿可夫(Vinacke & Arkoff,1957)对上述预测进行了检验。研究者将被试随机分到三人小组参与一项改编过的印度十字戏(Pachisi,类似飞行棋的早期版本)。小组中三人轮流掷骰子,根据骰子落下后最上面的点数与被试自身权重的乘积来确定棋子的前进步数,棋子在棋盘上转动一圈后算作到达终点。维纳克和阿可夫对 6 种力量分布情况下的三方赋予了不同的权重(见表 12-2 中间列)。每场游戏前,主试会拿代表 6 类权重比的三个筹码给被试抽签,每位被试的权重取决于他抽中的筹码。例如,如果某人抽中的权重是 2,某一轮他掷的数字是 5,那么这一轮他就可以移动 10 步。在游戏过程中的任何时候,玩家都可以与其他玩家结盟,他们的权重数会变成两方权重数之和,每次移动的格数会变成两方权重之和与骰子点数的乘积。联盟一旦形成,会持续到本次游戏结束。率先到达终点的能获得 100 分,如果是双人联盟获胜,则由联盟成员商议如何分配奖励。在游戏过程中,任何一方都可以中途投降。

研究结果(表 12-3)支持了卡普罗的理论。当一方权力比其他两方的联合权力还要大时,很少出现合作(Ⅳ型或Ⅵ型);当一方的力量大于其他两方,但又小于这两者之和时,合作的确更多地发生在两个弱者之间(Ⅱ型或Ⅴ型)。

表 12-3　三实体六种势力分布情况下所形成的联盟数

联盟情况	Ⅰ型 (1∶1∶1)	Ⅱ型 (3∶2∶2)	Ⅲ型 (1∶2∶2)	Ⅳ型 (3∶1∶1)	Ⅴ型 (4∶3∶2)	Ⅵ型 (4∶2∶1)
AB	33	13	24	11	9	9
AC	17	12	40	10	20	13
BC	30	64	15	7	59	8
无联盟	10	1	11	62	2	60
总数	90	90	90	90	90	90

(二)协商理论

尽管有证据支持了力量理论，随后的心理学家认为该理论太简单。科默利达和彻特科夫(Komorita & Chertkoff，1973)提出了联盟形成的协商理论(bargaining theory of coalition formation)，聚焦于形成联盟时的谈判过程。该理论假设：(1)个体或群体结盟是为了预期回报最大化；(2)各方会对每个联盟中他们预期最有利的结果($\hat{E}$)、他们预期最不利的结果(E_{min})或者他们预期最可能出现的结果($\hat{E}$)进行评估；(3)资源丰富的个体更可能期望和支持基于平等(parity)原则分配收益，而资源不足的个体更可能期望和支持基于平均(equality)原则分配收益；(4)个体的 $\hat{E}$ 值介于 E_{max} 值和 E_{min} 值之间；(5)不考虑其他正在进行的谈判时，如果达成协议的压力很小，个体的初次报价可能等于或接近他的 E_{max} 值，而达成协议的压力越大，他的初次报价离他的 E_{max} 值就越远，他让步得就越快；(6)联盟外的个体可能比联盟内的个体让步更多，而且其被排除在外的次数越多，让步率就越大；(7)如果被排除在联盟 j 之外的个体向其成员 ij 提供高于他在当前联盟中所得 Q_{ij} 的条件，该成员就可能背叛当前联盟，其背叛倾向 T_{ij} 是他在当前联盟中的所得 Q_{ij} 与他在其他联盟中的最大期望所得($\max E_{max}$)之差的函数；(8)在其他联盟中能获得的回报越丰厚，个体背叛当前联盟的可能性就越大；(9)一个联盟的不稳定性 I_j 是其所有成员背叛倾向的函数；(10)当试次无限多的时候，每个成员的收益分配比例将收敛于 Q'_{ij}(个体的 $\max E_{max}$ 值与该联盟中所有成员的 $\max E_{max}$ 值之和的比值)，这意味着，如果每个成员的收益都趋于各自的 Q'_{ij}，该联盟就可能是稳定的。基于以上这些假设，该理论预计：(1)在第一个试次中，能够最大化每个成员的 $\hat{E}$ 的联盟占优势；(2)在之后的试次中，会形成各种联盟，联盟成员的收益应收敛于能使得各自背叛倾向最小化的协议；(3)当试次无限多的时候，联盟成员的收益将收敛于会使得不稳定指数 I_j 最小化的 Q'_{ij}；(4)如果形成了一个稳定的联盟，那么它最有可能是不稳定指数 I_j 最小的那个联盟。

切科夫和埃塞尔(Chertkoff & Esser，1977)用实验方法在两种资源分布类型的三元结构($A>B>C$，$A<(B+C)$和 $A<B=C$)中检验了三种联盟形成理论，发现结果最符合协商理论。研究者设计了一种模拟股东会议任务，将被试分成三人小组在隔离房间中用纸笔进行交流。会议将决定谁来控制公司，进而决定年度利润(10 万美元)的分配方案。由于三人都不是控股大股东，因此必须结盟。联盟成员将分享全部 10 万美元的利润，没有结盟的人

将一无所有。每个被试的目标是最大化自己的利润份额。被试会拿到一张表格,上面注明了每个股东持有的股份数量,并列出了他在每个潜在的联盟中的预期利润份额。被试需要在其他两人中选择他的联盟对象。如果两个被试互相选择、配对成功,就会被带到一个单独的房间,并有5分钟的时间来协商利润的分配。如果没有人配对成功或协商破裂,则三人重新开始互相选择,直到有一个联盟形成为止。第三方无权知晓联盟内部的协议内容。每个三人小组要进行三次会议,联盟的有效期分两种条件:在一半的三人小组中,如果联盟成员同意,他们的联盟就可以持续两次或三次会议(长期条件);在另一半的小组中,每次会议需要重新进行结盟(短期条件)。因为有两种资源分布结构,所以有将近一半的三人小组中三个被试的股份比例是40∶30∶20($A>B>C, A<(B+C)$),在另一半的小组中被试的股份比例是10∶20∶20($A<B=C$)。结果发现,无论是长期条件还是短期条件下,正如协商理论所预测的,在40∶30∶20这种三元结构中,在第一个试次中占主导地位的是30∶20的联盟。并且短期条件下,在随后的试次中30∶20结盟频率下降,而其他联盟——尤其是40∶20联盟——形成频率上升,这也符合协商理论的预期。而在10∶20∶20这种结构中,无论是长期条件还是短期条件下10∶20联盟在第一个试次中均以压倒性的频率出现,并且短期条件下在随后的试次中,10∶20这种结盟形式不变,但和弱势方10结盟的对象20(B或C)常常会变化,这显示了联盟的不稳定性。

四、竞争和合作的影响因素

(一)个体因素

1.性别

合作与竞争倾向存在着性别差异。与女性相比,男性倾向于持有竞争取向,较少持有亲社会或合作取向(Knight & Dubro,1984)。在博弈任务中,女性总是比男性更多地合作,女性更可能重视和谐的群体关系,不愿意因为竞争而破坏和谐关系。

克尔和麦肯(Kerr & MacCoun,1985)研究了群体性别构成对搭便车的影响。研究者让被试与另一个人组队分别完成一项任务,其中一人成功就算任务完成,两人可以平分报酬,这一设计让搭便车成为可能。研究者设计了两种情境,一种是让被试有搭便车的可能(有队友节节胜利的消息传来,被试就算磨洋工也没关系),一种是让被试发现队友可能在搭便车(有明明能胜任任务的队友,老是传来失败的消息)。传统的性别角色认为,在男女混合的群体中男性应该比女性对群体做出更大的贡献。研究者假定,在第二种情境(队友搭便车)中,无论男性还是女性都更愿意带一名女性搭便车者过关,而不愿意带一名男性;而在第一种情境(自己可以搭便车)中,男性更愿意搭一位同性的便车,而不愿意搭异性的便车,女性则相反。研究发现支持了克尔和麦肯的预期,男女都愿意让一名男性同伴在群体中多做工作,而相对不愿意让一名女性同伴这样做,并且被试对女性搭便车要比对男性更宽容。这表明,竞争和合作受到传统性别角色的影响。但是,性别角色定型可能会降低人们对女性的期望,也降低了女性参与竞争、担负责任的意愿。

2. 价值观

竞争和合作倾向存在着个体差异。在生活中，你会发现有些人争强好胜、寸步不让，而有些人则诚恳敦厚、随和顺从。按照个体的竞争和合作取向，可以将个体区分为四类：第一类人称为竞争者(competitors)。在资源分配中，竞争者关心如何最大化自己的收益，同时最小化他人的收益。换言之，他们追求自己相对于别人的收益最大化。第二类人称为合作者(cooperators)。合作者追求自己和他人的共同收益的最大化。他们希望在社会交换关系中的所有人都能获得积极的结果。第三类人称为个人主义者(individualists)。个人主义者关心如何最大化自己的收益，与竞争者不同的是，他们并不在乎他人的结果。第四类人称为平均者(equalizers)。平均者关心的是最大限度地减少所有人的收益差。

需要指出的是，一个人并非只能属于某一类型。有些人是属于混合型的，常见的有个人主义者—竞争者混合型和个人主义者—平均者混合型，这两类人都想要最大化自己的收益，前者关注的是如何超越众人，而后者关注的是不要和众人相差太多。

3. 社会认知

人们对他人的知觉受到自我服务偏差的影响。人们常常高估自己的合作程度，低估他人的合作程度。如果人们不相信对方会合作或曲解对方的诚意，也不会以合作来回报对方。

归因在社会交换中发挥着重要作用。如果一方的行为被解读为真诚相助，就会引发合作使双方受益，有利于实现共同目标。如果一方的行为被解读为设置陷阱(如为了将来捞取好处)，就会引起另一方的不满和戒心，不利于双方的合作。因此，对他人行为的归因会影响双方对彼此的认识，进而影响合作的形成。

4. 互惠信念

合作受到互惠规范的制约。人们往往会以合作来回报他人的合作，如日常所说的你敬我一尺、我敬你一丈，这被称为积极互惠(positive reciprocity)。类似地，人们也存在着消极互惠(negative reciprocity)，如以眼还眼、以牙还牙。消极互惠强调的是对不公平待遇的报复，是对暴力和其他不当行为(包括博弈游戏中的非合作行为)的强大威慑。无论是积极的还是消极的互惠规范都有助于维持公平的人际互动，促进合作的形成。例如，在多轮囚徒困境博弈中，博弈双方在对方可能报复的威胁下会选择合作，达到纳什均衡。但是在实践中，人们遵守互惠规范的程度是不同的。有些人可能开始合作，后来背叛了原先的承诺；有些人利用对方的合作，通过剥削对方以获得更多收益。人们对互惠信念的秉承程度影响着人们的合作，较少承诺互惠的人往往会采取竞争策略。

(二)策略因素

1. 沟通

一些人认为，卡车游戏不允许被试双方直接沟通，是个体采用竞争策略的可能原因。在现实生活中，竞争双方往往有着沟通的机会，使得一方能够将行为意向告知另一方。为此，多伊奇和克劳斯(Deutsch & Krauss,1962)修改了卡车游戏,强制被试戴上耳机进行沟通,发现沟通提高了单方威胁条件下双方的合计收益。类似地,威奇曼(Wichman,1970)在囚徒困境中设置了四种沟通条件:(1)两名被试被隔离开来,既不能听到也不能看到对方;(2)被试可以看到但听不到对方;(3)被试可以听到但看不到对方;(4)被试可以听到和看到对方。结果发现,随着接触水平的提高和交流渠道的增加双方合作得以增加。非言语的交流也能达到类似的效果。加丁等(Gardin et al.,1973)在囚徒困境中探讨了被试间的座位安排和能否眼神交流对合作的影响。结果发现,当眼神交流受阻时并排坐的被试会积极合作,当允许眼神接触时面对面的被试表现出更多合作。此外,囚徒困境中如果被试在沟通中传达了对方如不合作将会受到惩罚的信息,双方之间的合作就会增加(Cheney,Harford & Solomon,1972)。

良好的沟通也有助于群体合作。群体讨论促进了成员对群体的认同,减少了其自利倾向,使得群体更好地分配群体资源,还会减少成员的搭便车现象。

2. 威胁

当一方拥有威胁另一方的能力和资源时,可能倾向于采取竞争策略。多伊奇和克劳斯(Deutsch & Krauss,1960)在卡车游戏中操纵了威胁程度:(1)没有威胁(没有栏门);(2)单方威胁(只有A能控制栏门而B不能);(3)双方威胁(两名被试都能控制栏门)。结果发现,当双方都有权力威胁对方时,单人收益和双方合计收益都最低;在没有威胁条件下双方的合计收益是最高的,各自的收益也最高;而当A有权力威胁B时,虽然A的结果比B好一点,但双方收益都显著下降。此外,当双方都有权力威胁对方时,合计所用时间最多,冲突解决得最慢;而当双方都不能威胁对方时,合计所用时间最少,冲突解决得最快;从个体看,当B没有威胁能力时,反而比B有威胁能力时收益更多。

3. 针锋相对策略

研究者对于采取哪些策略有助于人们的合作十分感兴趣。罗伯特·阿克塞尔罗德(Robert Axelrod)是研究囚徒困境的领军人物。他主持了一项经典比赛,邀请一批数学家、软件专家、普通人提交一项电脑程序以探讨囚徒困境的应对策略。在第一次比赛中共涉及14项策略,每一种策略需要与其他策略进行200次的囚徒困境博弈。阿克塞尔罗德(1984)发现,最终获胜的是针锋相对策略(tit-for-tat strategy),即在第一回合与对方合作,随后根据对方的选择做出回应,如果对方合作则回应以合作,如果对方选择背叛则以背叛来应对。随后的比赛发现,即使这一策略并非确保每次能赢,总体上较其他策略做得更好。在这一策略中,有三个要素值得注意。首先,该策略是合作性的。一开始无论对方是谁均采用合作,为彼此进一步合作打下了基础。其次,该策略并不是盲目的。一旦对方背叛则采取背叛加以惩罚,从而抑制了对方将来的背叛意愿,也降低了个体被他人利用的可能性。最后,该策略是宽恕性的。即使对方曾有过背叛,当对方选择合作后策略仍然会选择合作,通过宽恕对方的背叛以赢得对方的将来合作。

第二节 冲 突

一、冲突的定义

有时候，个体或群体之间的竞争无法得到有效解决可能会导致冲突(conflict)。当个人或所属群体在竞争中利益受到威胁时，可能会与造成这一后果的他人或群体产生争吵或暴力冲突。科泽(Coser,1967)认为，冲突指各方针对稀缺地位、权力及资源的斗争，目的在于孤立、打击或清除对方。威尔莫特和霍克(Wilmot & Hocker,2005)基于人际背景，将冲突定义为两个或以上相互依存的个人或群体之间展开的公开对抗，其中冲突各方都认为资源是稀缺的，彼此间的目标是不能调和的，并且自己达成目标的过程受到他人的阻碍。在冲突中，有时候并没有真实的利益冲突，只要各方相信其存在也会产生冲突。

冲突具有三方面的特征：首先，稀缺性。冲突双方彼此争夺的资源是有限的，如果一方不争取则利益就会受损。资源指的是任何被积极看待的自然、经济和社会的结果(Miller & Steinberg,1975)。因此，资源不仅包括物质资源，还包括地位、权力、关爱等。此外，资源可以是真实存在的，也可以是人们想象中的。其次，对立性。冲突双方的利益处于此消彼长的关系，一方得利则意味着另一方失利，且双方均以为或预期对方可能会损害自己或所属群体的利益。最后，阻挠性。即冲突双方会认为对方会阻碍自己的目标达成。这三方面的特征使得冲突区别于压力、分歧或争端(Simons,1972)。

冲突是社会生活中非常普遍的现象，可能发生在个体与个体之间、个体与群体之间、群体内部的人与人之间、群体与群体之间。一般而言，冲突可以发生在三种水平。首先，个体水平的冲突，如个体的动机冲突、角色内或角色间冲突等。其次，人际水平的冲突，如领导与下属的冲突、同事之间的冲突、夫妻冲突等。最后，群际水平的冲突，如国际冲突、民族冲突、群体冲突等。一般来说，社会心理学关注的是人际冲突和群际冲突。

冲突中双方存在着相互依赖性(interdependence)。一个人如果不依赖他人，对他人的作为将毫无兴趣，也就不会与之发生冲突(Braiker & Kelley,1979)。冲突双方也并不是完全对立的，彼此之间还存在着一定的共同利益，在冲突以外可能还存在着共同的目标。冲突中一方的行为选择还会影响对方的行为，彼此的行为反应也并非是线性的，而是一系列相互依存的关系。因此，相互依赖性使得各方在冲突中既竞争又合作。

一旦冲突产生，冲突双方会采取策略以应对冲突，这些策略可以分为四种(Pruitt & Kim,2004)：(1)斗争(contending)。斗争策略是冲突双方采取的基本策略，一方将自己的解决方案强加于另一方，迫使对方就范。(2)让步(yielding)。采用让步策略的一方降低自己的目标，以赢得另一方的合作。(3)问题解决(problem solving)。冲突双方通过谈判或经由第三方达成彼此满意的冲突解决方法。(4)回避(avoiding)。采用回避策略的一方刻意不采取任何行动，等待另一方采取行动。其中，争斗、让步和问题解决是积极的冲突解决策略，而回避是消极的冲突解决策略。在冲突中，各方会根据冲突情境或对象选择相应的策略，有时候会选择一种策略，有时候会同时使用多种策略。

冲突会给社会、群体和个人带来不利后果。如果不同群体或社会陷入经常性的或长期冲突中，往往会引发暴力、动乱甚至战争，阻碍社会的发展与进步。人际冲突的逐步升级会对人际关系造成伤害，甚至会发展为人身威胁和侵犯行为。冲突还会让双方付出时间和精力，如果冲突没有很好地解决，会造成双方的痛苦和怨恨，影响双方的身心健康。但有时候冲突能发挥出积极作用。社会是在冲突与解决冲突的过程中不断前进的，冲突可能促进社会的进步。在群体内部，冲突可以防止不成熟或不良的群体决策，群体内部如果惧怕冲突，可能难以就问题展开深入分析并形成理性决策。冲突还可以协调群体成员的合法利益，企业不同部门的冲突保障了每个部门的合法权益。此外，群际冲突往往会促进群体内部的团结。在人际关系中，冲突提供了澄清分歧和改善关系的机会。争执能够让恋人检视彼此的感情深浅，促使恋人重新审视自己的行为，为创造令人满意的关系付出更多努力。

二、人际冲突

（一）人际冲突的定义

人际冲突指两个或多个社会成员之间由于实际或期望的反应互不相容而产生的紧张状态（Raven & Kruglanski，1970）。人际冲突的表现形式多种多样，从轻微的分歧、争论到争吵、斗殴等。人际冲突的范围很广，既包括陌生人之间的纠纷、朋友之间的矛盾，也包括爱人之间的争执。据统计，大学生在一周内至少与人发生 7 次冲突，且很多都是与同一个人或同一个主题的冲突（Benoit & Benoit，1987）。不管双方关系的深度如何，都可能会因为观点、想法、需要或目标的互不相容而产生冲突。因此，人际冲突是自然而然的事情，承认冲突的存在为解决冲突提供了基础。有些人固执地认为冲突是不好的，是需要极力避免的，这种对冲突的错误认识导致他们回避冲突，或在面临冲突时仍否认冲突的存在，从而妨碍和延误了对人际冲突的建设性解决。

一般来说，人际冲突主要有两种形式，一种称为零和冲突，另一种称为非零和冲突。零和冲突指冲突一方的收益等于另一方的损失，双方的收益和损失相加等于零。零和冲突完全是竞争性的。非零和冲突指一方的收益并不恰好等于另一方的损失，各方并不是完全敌对的关系，而可能一致认为某一结果比另一结果更好。研究者发展了博弈论（game theory）来考虑冲突双方的对策，以支付矩阵（payoff matrix）来表现双方可能做出的反应以及相应的结果，并估计博弈者可能采取的策略。囚徒困境就是典型的非零和博弈。

在人际冲突中，权力（power）和自尊（self-esteem）是较为常见的稀缺资源（Wilmot & Hocker，2007）。人际互动常常体现为权力、地位和自尊的争夺。权力指在社会关系中，对有价值的资源的不对称性控制（Thibaut & Kelley，1959；Magee & Galinsky，2008）。权力意味着资源的控制，为了获取更多的资源个体需要掌握权力，这使得高权力者在人际关系中表现得较为自利（杨捷，2017；胡晨，2018；孙麟惠，2019）。此外，对“脸面”（face）的重视是导致人际冲突的重要原因。在我国，对“脸面”的重视渗透在人们的行为习惯中，当人们因为他人在公众面前丧失脸面和自尊，人们往往会伺机报复，通过报复以保全脸面（face-saving）和恢复自尊、名誉。布朗（Brown，1968）研究了美国人在这方面的表现。研究者让被试与一段计

算机程序进行卡车游戏，并告诉被试有其他人通过单向玻璃观察他（实际上并没有所谓的观众）。程序按照设定在前10次游戏中利用了被试，使被试蒙受了损失，随后被试分别获得观众的消极或积极反馈。获得反馈后，研究者设置被试在随后游戏中可以付出代价来实施报复，或者忽略前仇扩大收益，结果那些获得消极反馈的被试（丢失脸面）更有可能实施报复，即便需要为此付出代价也在所不惜。

人际冲突的相互依赖性决定了冲突并非是个人选择的结果，而是依靠双方的互动方式。双方在长期关系中会发展出关系的冲突形态（relational conflict styles），即双方回应冲突的相对稳定的方式，如要求/退缩。研究发现，60%的婚姻采取了妻子要求而丈夫退缩的形态（Christensen & Heavey，1993）。当妻子产生冲突时丈夫往往采取退缩的应付方式，往往会使得夫妻采取消极的交流方式，从而对彼此的关系造成破坏性后果。

人际冲突如果没有得到有效解决，会由轻微逐渐恶化从而导致破坏性冲突（destructive conflict）。在这一过程中，戈特曼（Gottman，1999）提出了导向灾难的四位骑手（four horsemen of the apocalypse），即批评、防御、冷漠和蔑视。其中，批评是针对对方人格的攻击，如责备对方或将错误归之于他人而非情境等。防御指个体为了保护自我而否认自己的责任或反击他人。防御阻碍了彼此的开诚布公，使得对他人的批评做出过激的反应。冷漠指个体拒绝沟通和交流，不再对对方做出回应。这往往会使得对方感到沮丧和愤怒。蔑视是个体针对他人的严重人身攻击，包含着对他人的贬损和轻视。人们在表达蔑视有时候还会伴以轻蔑的表情，而这往往会令人生厌。

（二）人际冲突的原因

1. 竞争稀缺资源

人人都想要的稀缺资源几乎总能引发冲突。宿舍空间对于学生是稀缺资源，一位同学挤占的空间多，其他同学能用的空间就少。金钱对于夫妻可能是稀缺资源，夫妻之间经常因为经济问题而发生争执。在组织中，经费、场地、设备、人才等都属于稀缺资源，会引起不同部门、小组、成员之间的冲突。这些冲突有时候代价高昂，据统计，应付和解决这些冲突会占用管理人员约20%的时间。

2. 观念分歧

每个人的知识经验、态度观念等并不相同，例如，教育孩子时丈夫认为要严加管教，妻子认为应该让孩子自由发展，由此就可能导致冲突。

3. 缺乏有效沟通

在人际沟通中，信息发送者在传递信息时表意不清，出现误用词语、无意疏漏、使用的概念混乱、句子结构错误等都会造成对方的误解。信息接收者如果注意力不集中，沟通也可能无效。信息接收者还会对信息进行再加工，如省略细节、简化信息，添枝加叶、夸大信息，凭兴趣论关键、轻重倒置，为了心理平衡合理化信息等。此外，人们还会因为忙碌、懒惰、轻视等延误、忽略沟通，从而造成彼此的误解或不满，导致人际冲突。

4. 错误归因

人们对他人的行为的归因会影响对他人的态度和行为，受到批评的人可能会曲解对方的意图，将之错误地归为恶意中伤；而夫妻也会出现归因错误，将一方的善意错误地解读为恶意。

三、群际冲突

（一）群际冲突的概念

社会由群体构成。不同群体的资源、权力、政治和经济地位各不相同，优势群体希望保持自己的地位，而弱势群体希望减少不平等，群体间的竞争容易引起群际冲突（intergroup conflict）。群体之间比个体之间更容易导致冲突。在囚徒困境中，与单独的个人决定相比，群体所做的决定更趋于竞争性，个人为了群体利益或者作为群体代表时同样会趋于竞争（Schopler & Insko，1999）。人们认为群体会使得个体展现出最差的一面（如自私），从而会预期其他群体成员倾向于竞争，由此采取竞争策略以应对，导致群体间的竞争性更强。

群际冲突发生于群际情境中。谢利夫（Sherif，1966）认为，只要个体带着本群体的标签与其他群体或其他群体成员进行互动，无论这种互动发生在整个群体之间还是群体成员之间，群际行为都已经发生。因此，群际行为可以是两个个体之间的互动，也可以是群体作为整体之间的互动。例如，两个发生冲突的国家领导人进行谈判时，虽然互动发生在两个领导人之间，实际上这两个领导人是作为整个群体的象征而参与互动的。在日常生活中，人们的人际关系也很容易转变为群际关系。当一位老师以“学生就应该尊重老师”来批评一名学生时，这位老师实际上将特定的师生冲突转换为群体背景的群际冲突。

（二）群际冲突的理论

1. 现实冲突理论

现实冲突理论（realistic conflict theory）认为，资源的有限性和权力是群体发生冲突的原因，并会造成偏见和歧视（Sherif，1966）。一个社会和群体的资源（如领土、钱财等）总是有限的，为了争夺这些资源以获得竞争优势，容易引发群际冲突。例如，不同族群会因为政治权力、财富地位、工作机会等分配不均而发生冲突；不同国家为争夺水源、能源、领土等引发国际战争也是屡见不鲜。现实冲突理论还认为，当两个群体处于冲突状态时会出现两种现象，一是两个群体间的敌意会增加，二是群体成员对群体的忠诚度会提高。这一模式被称为族群或民族中心论（Sumner，1906）。

2. 相对剥夺理论

在资源争夺过程中，人们还希望自己能够被公正对待。当人们将所在群体与其他群体相比较后，发现所在群体在资源、权力等方面处于劣势时容易产生相对剥夺感。相对剥夺理

论(relative deprivation theory)认为,相对剥夺会让群体产生愤怒、怨恨或不满,导致对优势群体的愤怒和偏见,从而引发群际冲突。相对剥夺是由于群体认为自己有权利享有但实际并不拥有所致。美国20世纪60年代的黑人贫民区暴动的原因之一就是相对剥夺,黑人认为自己的处境相比白人差距太远,这种相对剥夺感触发了黑人的愤怒、怨恨并导致暴动(Sears & McConahay,1973)。

3. 社会认同理论

一旦个体融入特定群体中,就会导致竞争并引发冲突。谢利夫(Sherif,1961)的罗伯斯山洞实验(Robber's cave experiment)验证了这一观点。研究者将20余名12岁的男生随机分为两组,在被人为地分成两个群体后,两组男生之间就开始不断辱骂和攻击对方,产生了大量冲突,尽管事实上两组男生之间并不存在资源的竞争。泰弗尔和特纳(1979,1986)提出了社会认同理论(social identity theory),认为仅仅意识到外群体的存在,就足以引起群际竞争或歧视。泰弗尔和特纳(Tajfel & Turner,1986)区分了个体认同与社会认同。他们认为,个体认同通常涉及个体具体特点的自我描述,是个人特有的自我参照,而社会认同则是一个社会类属全体成员持有的自我描述。泰弗尔(Tajfel,1978)将社会认同定义为个体认识到自己属于特定的社会群体,以及作为群体成员的情感和价值意义。人们渴望拥有积极自我形象,而个体的积极自我形象在某种意义上来源于所属特定群体。如果人们所属的社会群体拥有较高的社会地位或者被予以积极评价,作为该群体的成员由此得以拥有积极的自我概念。这表明人们在社会情境中通过实现或维持积极的社会认同,以此维持与提高其自尊。

社会认同理论认为,人们通过社会分类使得自己对特定社会群体形成认同,由此产生内群体偏好(ingroup favoritism)。内群体偏好指的是个体表现出对所属群体成员相对于外群体成员的偏好。人们会给内群体成员分配更多的资源,相信内群体成员拥有更多或更为积极的人格品质、相对于外群体成员表现更为优异(Turner & Tajfel,1986)。在这一分类过程中,即使内、外群体的区分基于一些明显随意的标准(例如,对不熟悉的抽象的印象派画作的偏好)或随机的标准(例如,抛硬币)、人们并不知晓内群体和外群体之间的具体差别、对自己所属内群体或者外群体成员都不熟悉、甚至毫无交往经历时,人们仍然会表现出内群体偏好。泰弗尔和特纳(Tajfel & Turner,1976,1985)创造了最简群体范式(minimal group paradigm),要求被试去数画家Klee和Kandinsky的画中的圆点,依据被试对圆点的估计将被试分为高估组和低估组,或者是偏好Klee组或偏好Kandinsky组,以此就可以让个体形成内群体和外群体的区分。

内群体偏好会影响个体的认知和态度。第一,内群体偏好会让个体产生外群体同质性偏差(out-group homogeneity bias),认为自己所在群体的成员比较多样化、而外群体的成员则是同质的,忽略了外群体的多样性。第二,内群体偏好会让个体产生假定相似性效应(assumed similarity effect),倾向于将本群体成员视为与自己更为相似的人(Holtz & Miller,1985)。第三,内群体偏好还会导致个体的群体服务偏差(group serving biases),人们对内群体的成功给予内归因,而对内群体失败则给予外归因。

在群际竞争和冲突背景中,人们会表现出对特定外群体的偏见和歧视。偏见(prejudice)指人们对某一特殊群体及其成员所持有的消极态度。偏见作为一种特殊态度有着重要意义,不仅是对某一群体的消极评价,甚至当此群体出现在眼前或浮现在脑海里时也会出现消极情绪和感受。歧视(discrimination)指人们对某个特殊群体成员的消极或有害行为。偏见是针对特定群体而言的,并非针对个人,但是偏见会导致人们对特定群体成员的歧视行为。在社会生活中,这种歧视会以制度化的形式出现,因此被称为制度化歧视(institutional discrimination),指在社会结构中以社会规范的形式系统性地对特定群体采取歧视性的政策和实践。

第三节　冲突解决

一、协商

协商(negotiation)或讨价还价(bargaining)是解决冲突的常用方法。协商指冲突各方通过提出要求和相反的建议,最终达成双方都同意的方案的沟通形式(Thompson,2006)。一般来说,协商包含以下三种特征:首先,冲突双方有不同的利益;其次,冲突双方存在着某些形式的沟通;最后,冲突双方有可能做出某种让步。

在协商中,冲突各方如何看待协商会影响协商结果。如果各方将协商视为你死我活的过程,你所得即为我所失,双方可能难以妥协或达成协议。而如果各方将协商过程视为潜在双赢的情境,认为在协商中存在着双方都能接受的方案,有可能最大限度地满足彼此的利益则更有可能达成协议(Pruitt & Carnevale,1993)。

协商是个复杂的过程,协商代表、各方的初始态度、让步(concessions)幅度等都会影响协商的结果。

(一)协商代表

协商可以在冲突各方之间直接进行,有时候也会通过代理的形式间接完成,企业、组织、国家等通常会派出自己的代表来进行谈判。亚当斯(Adams,1976)将协商代表称为边缘角色(boundary roles)。因为代表常和“敌方”接触,所以组织成员会觉得与代表的物理距离和心理距离都比较远。协商代表既要维护自己群体的利益,又必须向“敌方”妥协以求解决冲突。身为边缘角色,代表不仅要和对方代表讨价还价,还要负责协调群体内部的立场,与群体成员讨价还价。如果群体成员认为代表让步太多,会逐渐对他失去信任,甚至会撤换代表。因为这些限制,协商代表要做出合理的让步常常变得很困难。

人们对协商代表谈判风格的影响因素做了大量研究。一般来说,选举产生的代表比指定的代表更为强硬,因为比起后者,前者对群体更有归属感,对被群体抛弃更为敏感。其次,不被信任的代表要比深受信任的代表更为强硬。不被信任的代表为了向群体成员表明他确实代表了他们的利益,自然要做足姿态。在日常生活中,代表的边缘角色冲突是许多协商旷日持久甚至完全破裂的原因之一。

(二)初始态度

初次报价(first offer)对协商的过程和结果有决定性的影响。彻特科夫和康利(Chertkoff & Conley,1967)要求被试作为汽车的卖方或买方进行模拟谈判,双方通过书面报价进行沟通。实际上,研究者用标准化的协商程式代替双方出价,送给被试的信息都是预先设定好的。结果发现,初次报价对最终成交价有锚定效应,与主试和被试的初次报价只有中等差距相比,当两者有极大差距时买方愿意接受更高的成交价,而卖方愿意接受更低的成交价。加林斯基和穆斯韦勒(Galinsky & Mussweiler,2001)也证明初次报价能够正向预测成交价。类似地,哈福德和所罗门(Harford & Solomon,1967)发现,在囚徒困境博弈中最初几轮(trials)的选择对双方的合作程度有很大影响。他们比较了改过的罪人(reformed sinner)和堕落的圣人(lapsed saint)两种策略下博弈双方的合作水平。改过的罪人策略是指在第1～3轮中无条件地选择背叛(defect),在第4～6轮中无条件地选择合作,并在接下来的博弈中有条件地选择合作(上一轮中对方选择合作的话才选择合作)。而堕落的圣人策略指的是在第1～3轮中无条件地选择合作,在接下来的博弈中转向有条件的合作。被试被随机分配到两种条件下,与对手(实际上是事先编制好的程序化策略)连续进行30轮的囚徒困境博弈。结果发现,改过的罪人策略比堕落的圣人策略更能有效地促进合作。

由此可见,采取强硬的初始态度是比较好的策略。那么,为什么强硬的初始态度会让对方做出更大的让步呢?个体都有从讨价还价中获利的期望,这称为期望水平。期望水平由两个因素所决定:一是个体想要获得多少,二是个体认为实际上对方会给予多少。采取强硬的初始态度会降低对手的期望水平,使其知道不可能从你这里获得很多。而温和的初始态度可能会提高对手的期望水平,让他觉得你软弱可欺,可以从你这里获得更多。强硬的最初立场可能产生有利的结果,但凡事总有例外。强硬的态度有时候会激怒对方,对方反过来也会采取强硬的态度;一方的强硬态度还有可能导致另一方的退缩,使其中止协商。

(三)让步

在协商过程中,一开始双方都倾向于采取强硬立场,而为了解决冲突至少有一方要做出某种让步,否则协商将停滞不前、难以为继。但是,个人或群体在协商时常常不愿让步,致使协商陷入僵局,矛盾无法解决,双方都难以从中获益。

让步事实上有助于达成协议。彻特科夫和埃塞尔(Chertkoff & Esser,1976)认为,协商时应该给对手留下坚定(firm)且合理(reasonable)的印象,从而让对手做出最大程度的让步。协商者表现得坚定能够降低对手的期望水平,同时表达出让步的意愿从而显得合理。

让步幅度会影响协商的结果。科默利塔和布伦纳(Komorita & Brenner,1968)将被试随机分配到两个大房间,与据称在另一个房间中的对手就某件虚拟物品的价格通过书面形式进行协商,实际上被试总是扮演买方,主试扮演卖方。卖方一开始要价100美元,并说明低于50美元不卖,接下来由买方出价(显然在50～100美元之间),共进行12轮讨价还价。如果12轮后仍未能达成协议,卖方有机会接受或拒绝买方的最后报价。协商开始后,主试操纵了每次报价时的让步幅度,分四个水平:①每次让步与被试幅度相同(系数为1.0);②每次让步幅度是被试的1/2(系数为0.5);③每次让步幅度是被试的1/10(系数为0.1);④主试给出 75 美元(协商开始前被试公认的公平价格)的初次报价后不做任何让步。研究者关心的是协议价或没达成协议时第 12 轮被试(买方)的报价。结果发现,被试的让步幅度与主试的让步幅度成反比;坚定的谈判策略能增加达成对己方有利的协议的可能性,但会降低达成公平协议的可能性;最初提出公平报价后寸步不让的策略可能会产生最小的收益(四种情况下被试最后给出的报价大小为④<①<②=③)。报价透露出己方的期望,而让步的频率和幅度显示己方妥协的意愿。显然,如果想要以公平价格达成协议,协商伊始就报出这个价格并在此后寸步不让并不是有效的策略。

根据互惠规范,协商者的合作会让对方礼尚往来、投桃报李。所罗门(Solomon,1960)发现,在冲突情境中一味地妥协让步并不能赢得对方的合作。研究者让被试与另一个人(实际上是计算机程序)进行囚徒困境博弈。被试被随机分配到三种条件:(1)对手(即程序)采取无条件合作策略,即无论被试选什么,对手都选择合作;(2)对手采取有条件合作策略,即第一轮选合作,接下来每一轮都复制被试上一轮的选择,也就是以牙还牙策略;(3)对手采取无条件背叛策略,即无论被试选什么,对手都选择背叛。以牙还牙的策略引发了更多合作,而无限包容的无条件合作策略和冷酷到底的无条件背叛策略的结果没有差异。

舒尔等(Shure,Meeker & Hansford,1965)也发现了类似的现象。研究者设计了与卡车游戏相似的模拟通信任务。被试要通过一个容量有限的信道发送信息,但需要与另一个人争夺信道的使用权。为了避免互不相让、陷入死局,被试最好与对方交替使用信道,即双方需要合作。发送完信息的人可额外获得 JOLT BACK 功能,使用 JOLT BACK 就能把对方插入信道的字母撤回,并对对方实施一次电击。如果一方在完成一次信息发送后不愿意把信道让给对方,只需使用 JOLT BACK 功能就能强占信道,对方要么得顶着电击的痛苦反抗,要么只能自认倒霉、拱手让出信道。显然,一方能获得这种权力靠的是另一方的默许和信任——对方允许他先用信道,他才会拥有这种能压制对方的权力。换言之,率先展现合作诚意的一方需要承担极大的风险,相当于把自己的命运交到了对方手里。尽管对夺回信道没什么用,处于劣势的一方被允许使用电击报复 JOLT BACK 的使用者。如果对手不愿意低头,那么强占信道还是可能落到两败俱伤(两方的信息都发不出去且两方轮流遭受电击)的下场。为了鼓励被试进行竞争,研究者让被试相信他所进行的是三人小组任务之一,他的表现会影响小组成员的收益,并通过虚拟的小组成员对被试施压,鼓励他强占信道。实际上与每一位被试进行博弈的是研究者编制的"和平主义者"程序化策略。"和平主义者"总是让被试先使用信道发送信息,并且坚持交替使用信道才是公平的。因此,如果碰到意欲强占信道的对手,它会顶着电击坚决反抗到底,一次次把字母插入信道,直到对手放弃阻挠它,但它永远不会使用暴力手段(电击)报复对方。在实验开始前,半数以上的被试声称会在一开始就控制信道,只有小部分被试愿意与对方分享信道的使用权。四轮之后,听了"队友"的劝告,这小半被试中的绝大部分也转变策略,开始强占信道。只有大约 1/8 的被试从始至终没有电击过对方。在实验进行过程中,受到"和平主义者"的影响,部分被试改弦更张,选择与"和平主义者"轮流使用信道。大约 2/3 的被试不为所动,坚持强占信道和电击对手。正所谓人善得人欺、马善得人骑,大多数被试利用了"和平主义者"的善良和仁慈为自己牟利。该研究还暗示,一个人有了权力却不使用,反会受人欺侮,正所谓天与弗取、反受其咎。一系列研究表明,在一次性的交易中,欺侮无条件合作的对手的情况颇为常见。对方的权力与被试相比差距越大,被试越有可能欺侮对方。

对上述结果，可以从两方面来解释。首先，在有些人看来，有权不用是懦弱无能的表现。当权者在给予别人伤害时所表现出来的犹豫不决，让人觉得有机可乘，鼓励了别人对其的欺侮行为。其次，当权者的无条件合作可能让对方生疑。人们或许会想“有权的人摆低姿态是想迫使我也进行合作”，猜疑对方企图操纵自己让人们产生了对抗心理，从而引发冲突。因此，回报对方合作的最佳策略是做小的让步。近之则不逊，远之则怨，寸步不让显得不近人情导致协商的破裂，而无条件地合作则会为人所乘，招致剥削欺侮，且让步的幅度对结果有很大的影响。

（四）整合式解决策略

整合式解决策略（integrative solution）指冲突双方根据彼此利益而分别让步从而达成彼此目标。当冲突双方就对自己来说不那么重要、而对对方来说较为重要的方面做出让步时，双方更有可能达成协议。夫妻离婚分割财产时要做到完全公平非常困难，但如果妻子喜欢家具而丈夫喜欢收藏，此时妻子和丈夫各自做出妥协，则更有可能达成彼此能够接受的协议，而不至于陷入旷日持久的争斗以致两败俱伤。

二、创设远景目标

在双方为达到彼此目标而冲突的过程中，双方会形成“我们”与“他们”的区分。在这一过程中，人们会夸大内群体与外群体的区别并贬低外群体及其成员，由此导致冲突。谢利夫（Sherif，1961）在罗伯斯山洞实验的后期，故意给了两组学生安排了远景目标，如合作修理营地受损的供水系统，当两组人合作修理好被堵住的水龙头后，逐渐能够和平共处了。因此，如果给冲突双方创设远景目标（superordinate goals），这个目标是双方共同寻求的目标，将彼此的利益结合在一起就有可能降低彼此的冲突（Sherif，1961）。

当分属不同群体的成员为共同目标合作时，会逐渐认定彼此属于同一群体。群体共同认同模型（common ingroup identity model）认为，当不同群体中的个体将自己视为一个单一的更大的群体成员时，群体间的偏见将会减少。如果人为地将存在冲突的群体划分到一个更大的上位类别（superordinate categories）中，就能够提高内群体成员对外群体成员的喜爱程度，促进彼此的沟通以及互助（Dovidio et al.，1998）。

三、引入第三方

有时候，冲突的程度很大，双方无力和解，谈判陷入情绪性对立的僵局。此时，冲突双方可能会请中立的、双方都信任的第三方充当中间人来居间调停，缓解各方关系，从而推进谈判。第三方一般包括调解人（mediator）和仲裁者（arbitrator）。调解人通过提供建议、帮助各方澄清问题并达成一致意见以解决冲突，起到缓解对立、提供缓冲、辅助沟通的作用。如果协商双方无法通过协商解决冲突，则往往求助于第三方做仲裁。仲裁者有权在听取双方意见后强加给双方最终解决方法，帮助协商者达成公正的解决方案。

一般说来，冲突双方提出各自的要求后都很难率先做出让步。在协商的相持阶段，任何

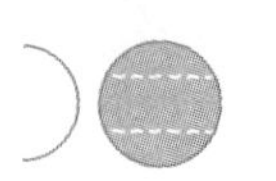

让步都将被看成是软弱的表现。许多研究表明，如果有第三方在场的话，协商者有可能做出让步，在没有第三方时让步会让协商者觉得自己软弱，而在有第三方时协商者就不会有这种自我知觉。由此可见，第三方使得协商者在不失面子的情况下做出让步，从而推动谈判的进行。此外，人们也相信第三方对谈判具有推进作用。与没有时间压力的被试相比，有时间压力的被试更乐意有第三方参与协商。第三方的存在也可以防止冲突双方过早地结束协商，从而导致协商失败。

当然，只有当冲突双方相信第三方是中立的、不偏不倚的，第三方的调解才可能获得成功。而那些觉得有同等机会表达意见的冲突方对调解结果也更为满意，调解程序越是公开、公平，则人们认为协商越是成功和令人满意的(Lind & Tyler，1988)。

四、威胁

个体、群体、民族或国家采用许多方法以解决冲突，威胁是常用的策略。一个孩子要想得到另一个孩子的玩具，会通过不交出玩具就挨揍这一威胁以实现其目的。国家之间也常利用威胁手段来达到某些政治目的。例如，朝鲜战争期间节节败退的美军曾两次威胁要使用核武器对付中国，但是毛主席坦然面对说："我们不怕核战争。"也正是因为美国的核威胁，毛主席下定决心要制造出原子弹。

使用威胁策略在短时间内可能有效，恫吓对方会迫使对方退缩，导致冲突解决。威胁要想有效的话，需要满足一定的条件(Mogy & Pruitt，1974)。首先，威胁一定要能够给对方带来伤害。其次，威胁要令人信服。被威胁方要相信威胁方有能力实施这一威胁；威胁方要认识到如果不满足要求的话，威胁方会实施这一威胁，而如果满足对方要求的话，则威胁不会实施。

从长期来说，威胁可能不利于冲突解决，当冲突双方都能威胁对方时解决冲突变得更加困难(Deutsch & Krauss，1960)。最典型的例子是美苏争霸，冷战时期美国和苏联为了压倒对方，不断地扩充军备，结果愈演愈烈，冲突反而不断加剧。此外，如果冲突一方使用了威胁，对方必然要报复以维持讨价还价的有利地位，这一现象称为冲突的螺旋上升(conflict spiral)，即威胁和反威胁反而扩大了双方的冲突(Deutsch & Krauss，1960)。

为了减少威胁与反威胁的螺旋上升，奥斯古德(Osgood，1962)提出了缓解紧张的渐进互惠(graduated reciprocation in tension reduction，GRIT)策略。在该策略中，冲突一方首先公开声明将采取和解行为，并督促另一方采取类似行为。为了避免主动让步可能导致削弱自身力量的潜在风险，这一让步不能太大。随后，主动方实施公开声明的紧张缓和行为，展示自己的可信度和诚意。如果对方能够采取类似的缓和行为，则主动方进一步采取紧张缓解行为。双方通过渐进互惠能够将冲突降级，又可以避免彼此陷于不利境地。大量研究证明了 GRIT 在解决冲突时的有效性，且高权力者使用这一策略对于冲突解决更为有效(Lindskold & Aronoff，1980)。

本章习题

一、简答题

1. 什么是合作？合作形成的原因是什么？有哪些因素会影响合作行为？

2. 请简要介绍多伊奇和克劳斯(Deutsch & Krauss,1960)的卡车游戏实验的设计。

3. 简要介绍囚徒困境，并分析冲突双方的竞争与合作的动机。

4. 科默利达和彻特科夫(Komorita & Chertkoff,1973)基于哪些假设提出联盟形成的协商理论？协商理论的主要内容是什么？

5. 冲突双方的关系是怎样的？

6. 试用社会认同理论解释谢利夫(1961)的罗伯斯山洞实验中两组男孩为何在不存在资源竞争的情况下发生激烈冲突。

7. 请简要描述哈福德和所罗门(Harford & Solomon,1967)的囚徒困境实验中“改过的罪人”(reformed sinner)和“堕落的圣人”(lapsed saint)两种策略，并回答哪一种策略能引发对手较高水平的合作行为。

8. 为什么强硬的初始态度会让对方做出更大的让步呢？

9. 威胁策略在冲突解决中要想达到效果，需要满足哪些条件？

10. 什么是整合式解决策略(integrative solution)？试举例说明。

二、论述题

1. 试述维纳克和阿可夫(Vinacke & Arkoff,1957)是如何用实验检验卡普罗(Caplow,1956)的联盟形成理论的以及他们的研究结果如何支持了卡普罗(Caplow,1956)的理论。

2. 针锋相对策略为什么能够有效地促进合作？

3. 试述内群体偏好的认知和动机过程。

三、思考题

1. “对个体与群体而言，冲突都是有害无利的”这个观点是否正确？为什么？

2. 分析“脸面”在我国人际冲突中的表现。

3. 试用本章的内容，分析如何解决个人或群体之间的冲突。

在线测试

本章参考文献

环境心理学

人的行为是环境与个体本身共同作用的产物。因此,社会心理学十分关注影响人的行为的环境因素以及人的行为所引起的环境状况,由此形成了新的分支学科即环境心理学。环境心理学是研究人与环境的相互作用及其联系的一门学科,不仅关注环境如何影响人们的思想、情感和行为,还关注人的行为如何塑造和影响环境。作为一门综合性和交叉性的学科,环境心理学促进了社会心理学与建筑学、城市规划学、地理学、社会学、人类学、政治学等学科的密切合作和交融。

第一节　环境心理学的一般问题

一、环境心理学的研究主题

环境心理学涵盖的范围很广,涉及环境影响人们思想、情感和行为的方式,人类活动如何影响自然环境以及如何促进保护环境的行为。环境心理学的研究主题主要包括环境应激、环境风险、行为背景、建筑心理学、环境评价和自然环境等。

(一)环境应激

环境应激(environmental stress)指环境条件妨碍了人们发挥最佳的功能,导致人们对环境产生应激反应。应激源包括灾难性事件(如地震、火灾)、个人应激源(如失业、亲人去世)、生活事件(如丢失物品)、环境刺激(如噪声、拥挤)等。研究表明,突发的、高强度的噪声会分散人的注意力,降低人们的作业绩效,即使在噪声停止后仍然会对作业绩效有滞后的消极影响,而噪声后效取决于个体控制感的强弱(Glass,Singer & Friedman,1969;Sherrod,1977)。

(二)环境风险

环境风险(environmental risks)指人们对环境问题的风险知觉及反应。风险知觉的研

究主题涉及自然灾害、各种疾病、污染、食物不洁、交通事故和核辐射等。在日常生活中，我们所吃的食物、所乘用的交通工具、所居住的区域等都可能对我们的身心健康产生某种程度的风险，而我们则经常选择某些风险而避开另一些风险。

（三）行为背景

行为背景(behavior settings)指人们居住、工作和娱乐的物理和社会环境。行为背景对人的行为有极大的影响，人们在教堂里是沉稳宁静的，而离开教堂去踢足球时则兴奋喧闹。罗杰·巴克(Roger Barker)是环境心理学的创立者，也是研究行为背景的先驱者。他认为预测个体行为最好的方法就是知道这个人生活在哪里。在邮电局里工作，个体就像邮电工人那样行为；在教室里，个体就像学生或教师那样行为；此时的邮电局和教室就构成了个体的行为背景。行为背景千差万别，既可以是自然环境的一部分，如公园、湖泊，也可以是人为环境，如学校或办公室。此外，行为背景既具有空间性质也具有社会性质，只有当人们聚集在那里并完成一定的活动时，行为背景才能说是存在的。即使物理性质保持不变，关闭了的邮电局也不再是行为背景。

对行为背景的研究可以分为两个独立而互补的角度(Wicker,2012)。传统观点将行为背景看作是自行调节的、超越个人的系统，为个体提供活动机会的同时也限制了人们的行为。以图书阅览室为行为背景时，个体的求知需要得以满足，图书阅览室为个体提供了良好的学习环境；但同时个体也需遵循阅览室的规则，如刷卡进出、保持安静。当代的观点则侧重于个体和群体在背景中的意义建构，认为行为背景中的人根据他们当前的知识和信念来关注、评估和处理环境事件。每个人都为背景带来独特的知识和信念，表征行为背景的系统秩序是背景使用者之前无数次互动的结果。目前，研究者在行为背景的性质、人在行为背景中的动机、行为背景的人数多少对行为的影响等方面业已开展了大量研究。

（四）建筑心理学

建筑心理学(architectural psychology)是有关人与环境交互作用领域的一个分支，旨在按照人们的安全、舒适和幸福的需要来设计建筑物环境。建筑心理学的研究对象范围广泛，包括住宅、办公室、游乐场、公园、大学宿舍、医院病房、高层公寓、学校、监狱和大众交通工具等各种环境。在考虑如何设计建筑从而满足人的需要过程中，建筑心理学吸收了环境心理学有关拥挤性、私密性、领地性等领域的研究成果。

（五）环境评价

环境评价(environmental assessment)指描述和预测环境的物理特征影响人们的思想、情感和行为的程度。环境评价的主要目的是为环境计划、环境设计、环境影响分析、环境管理决策等方面提供可靠、有效的信息。许多方法可用来评价感知到的物理和社会环境的质量，其中应用最广泛的方法是社会气氛量表法。

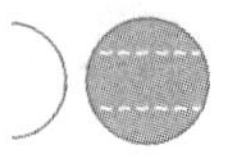

(六)自然环境

当人们考虑放松休养或家庭度假时,一般都倾向于到大自然中去。人们喜欢在自然环境(the natural environment)中进行某些消遣活动,例如钓鱼、野营、徒步旅行等。1970年的第一个地球日后,人们逐渐认识到人类活动对环境的消极影响。我们处在资源有限而人口不断增长的世界,空气、水和土地的污染问题日益突出,地球资源也日渐耗竭,如何处理好人与自然环境之间的关系成为一个亟待解决的课题。公众对环境问题的关注程度是非常高的。在美国,环境问题在20世纪60年代末已成为最迫切的社会问题之一,其标志是1970年的第一个地球日。美国在1990年全国普查中发现,70%的受访者认为美国在改进和保护环境方面投资太少,只有4%的人认为投资太多。

关于环境意识,西方传统的环境观念是以人为中心的,强调的是物质主义、经济增长、对自然的控制以及依赖技术来解决环境问题。深层生态学提出了许多与西方传统观念相对立的观点。深层生态学是以自然为中心的,认为自然不是为了被人利用才存在的,它有固有的内在价值。深层生态学的目标之一是减少人口,使人类过上一种自觉自愿的简单生活,通过户外活动与大自然重新建立一种亲密关系,为了从破坏中拯救人和自然,人们必须从根本上改变自己的思想。

深层生态学提出,人们的环境意识是分层的。第一层是浅层生态意识。处于浅层生态意识的人关注的是污染和资源枯竭,耳闻目睹的危急的破坏环境事件才会引起人们的重度关注和补救行动。人们认为不同的环境问题之间多数是不相关的且可以被逐个解决,人类不应该挥霍浪费而应该节省且有效地利用自然资源。自然是为人类而存在、为人类所用的,将自然管理好也是为了我们自身的利益。第二层是中层生态意识。具有中层生态意识的人认为自然的存在就是为我们所用的,但是人类污染和掠夺式地利用它。我们必须充分认识到人类是高度依赖地球的,自然界吸收污染物、产生资源的能力是有限的,各种生物形式是互相依存的,地球生态系统是复杂的。凭借先进的科学知识和管理方法、正确的法律和规章制度以及现有的社会机构,我们应该能更完善地管理好这个星球,在不久的将来人类会继续繁荣。第三层是深层生态意识。处于此层次的人认为生物平等,从道德上来说人类并不比非人类的生命形式重要,与它们也没有本质的不同,所有生命形式都有生存的基本权利。人类及人类的科学和技术并不能完全理解、也无法管理地球生态系统。追求物质上的舒适在本质上绝不可能带来奖励,而自觉自愿的简单的生活方式却是有益于人类的。我们必须以东方的世界观和自然主义的宗教来替代西方的世界观,与地球和地球上的所有生物发展一种精神上的、宗教上的关系。

二、环境心理学的研究方法

(一)描述性研究

描述性研究(descriptive research)描述个体在特定情境中的反应或特点。环境心理学中的描述性研究主要包括不同情境中人们的行为方式、人们对城市的知觉方式以及人们在

物理环境中的运动等，环境质量评估和使用者满意度是其中的重要主题。在满足信度和效度要求的前提下，描述性研究具有很强的灵活性，相较于其他领域，在环境心理学中的应用更为广泛。巴克和同事对美国中西部和英国旧溪谷的两个城镇的居民进行了长达14年的描述性研究，在《公共生活的品质》一书中比较了两个城镇居民的行为特点，获得了很多有趣的信息。例如，前者关于公开表达情绪的行为背景是后者的两倍，进而导致前者对儿童的公众关注度是后者的14倍(Barker & Schoggen，1973)。

对于环境心理学来说，在收集数据时要尽可能少地干扰环境和人的行为反应。例如，在使用自我报告测量时往往存在着被试效应、社会赞许效应等偏差，研究者可以采用标准化的测量或有常模的测量来减少这些偏差，或者辅以访谈法以获得多个感觉通道的信息，也可随时引导调查者给出真实回答。在使用观察法时，环境心理学家会尽量使观察不会被被试所觉察，在搜集数据时会借助仪器如影像器材替代观察员来记录环境与时间。例如，有研究者在垫子和凳子下暗藏开关以检测不同环境下的人际距离，从而尽可能地获得在真实环境下的人类行为信息(Barnard & Bell，1982；Kline & Bell，1983)。

值得一提的是环境心理学家对认知地图的应用。认知地图用来绘制人们的心理地图，是一种自我报告测量的方法，反映个体对日常空间环境信息的编码方式。环境心理学家常将认知地图与城市环境地图进行对比，从而获得被调查者对不同城区(如商业中心、大学城等)、不同群体(如其他民族、邻居等)的知觉方式的信息。

(二)相关研究

在描述性研究的基础上，相关研究能够揭示变量之间的关系。环境心理学中的相关研究主要包括两类：一类研究自然发生的环境变化与在此环境中人的行为变化的关系，例如地震与应激心理的关系；另一类评价环境条件与档案资料之间的关系，如居住密度与犯罪率的关系。

相关研究只能给出变量间的相关关系，不能提供变量间关系的方向，无法得知何为因何为果，内部效度相对较低。环境心理学家经常会遇到不能对环境条件进行控制的情况，所以相关研究在环境心理学中大有用武之地，因为不存在人为控制，研究结论的外部效度相对较高。

(三)实验研究

实验法能够揭示变量间的因果关系。对额外变量的控制和随机分配保证了实验法的内部效度，即因变量的变化只能是由自变量引起的，而与其他因素无关。在环境心理学中，在研究噪声对人类的影响时常会用到实验法。与其他领域不同，实验法并没有在环境心理学中占据统治地位。首先，控制变量的人为性会破坏原有环境的整体性，大大降低了研究的外部效度，研究结果很难应用到现实世界中。其次，实验法中的人为控制只能维持很短的时间，环境的影响却往往是日积月累的表现。例如，自然资源的耗竭往往需要几十年或更长时间。此外，很多环境或是自然形成，或受到伦理限制，无法进行人为控制。例如，我们不可能通过人为制造灾害或污染环境来研究其对人类的影响。

环境心理学家会适当地用现场实验代替实验室实验。现场实验研究的真实性和外部推广性要优于实验室实验，同时对变量也有足够的控制。但是，现场实验的设计难度较大，且存在人为干预，降低了环境的真实性。

在现场实验无法实施如无法找到合适的环境、有效控制变量时，研究者会使用模拟法进行实验。模拟法是将真实环境中的事物放到实验室的人工环境中，这样既能做到对变量的有效控制，也提高了研究的外部效度。例如，当前对自动驾驶的研究多采用模拟法。研究者还会使用图片模拟真实环境，向被试展示多种环境的图片以探索环境的复杂性对人的环境偏好的影响(Herzog & Smith，1988；Kaplan，1987)。

与其他学科相比，环境心理学研究更关注根据问题选择恰当的测量方法，力图尽可能少地干扰环境以获得真实环境中真实的人类行为信息。

第二节　领地性和个人空间

一、领地性

(一)领地性的定义

领地性(territoriality)指个体或群体基于对物理空间的拥有性知觉而表现出的行为和认知模式。这里的拥有性指实际的所有权(你拥有你的房子)或控制权(你租住了他人的房子)。“风能进，雨能进，国王不能进”，领地划分了个体或群体的空间，规范了个体或群体之间的交往，还具备了防卫功能，“我的地盘我做主”。领地行为包括对一个区域的占领、控制、个性化，及对其产生情感联结并在必要时保卫它(Brown，1987；Harris & Brown，1996；Omata，1995；Taylor，1988)。此外，领地行为能满足个体的特定心理需要，具有重要的动机功能。

群体间的领地性行为是很普遍的。在有少数民族居住的大城市里，人们常常看到许多领地性行为的例子。萨尔特斯研究了美国芝加哥南部不同种族群体在公共领地的领地性行为，发现该地区一部分领域明显只供一个群体使用，而其他群体对此予以默认。每个群体都有各自的领地，也有一些共用领地，不同的群体绝不会同时使用而是以约定的方式共同使用共用领地的资源。

群体成员也有着各自的领地。曼尔逊(Melson，1977)对学生做过调查，询问他们其父母是否分别占有家里的不同区域，85%的学生回答是肯定的。丈夫和妻子之间就某个区域主要属于谁往往有着一致的意见，厨房主要是妻子的领域，而起居室主要是丈夫的领域。当然，这种以性别来划分房间的情况随着社会经济水平的提高，尤其是随妻子收入的增加而减少。尽管如此，家庭内部主要领地的领地规则维持了家庭秩序，有助于保障家庭功能(Ahrentzen，Levine & Michelson，1989；McKinney，1998；Omata，1995)。

领地性具有个体差异。男性的领地性强于女性，领地也更大(Mercer & Benjamin，1980)。此外，领地性的高低还取决于情境因素，人们在独处时比作为群体一部分对领地有更强的占有感(Edney & Uhlig,1977)。

(二)领地的形式

爱特曼和切默斯(Altman & Chemers,1980)依据领地对个体或群体生活的重要程度将人类使用的领地区分为三种形式。第一种叫作主要领地。主要领地是个体或群体排他性地拥有和控制的领地。它们在个体或群体的生活中占据核心位置,一般为个体或群体相对持久地拥有。主要领地被极度地个性化,个体或群体对其拥有完全的控制权,被侵犯时极有可能采取防卫行为。典型的主要领地有家、办公室或床位、工位等。第二种叫作次要领地。对于个体来说重要性相对较低,所有权也并非界限分明,其他人常常也会进入这类领地。比起主要领地,次要领地的个性化程度相对较低,被侵犯时个体或群体防卫的可能性也相对较低。例如你在教室里的固定座位,你只是它的使用者之一,如果其他人占了这个座位你会觉得有点不快并可能会在下次早点到教室来控制你的"领地"。对于次要领地人们一般不会高度防卫,例如人们可能会换坐其他的座位。第三种叫作公共领地。在没有被占领时个体或群体不觉得他们拥有这个领地,他们只是众多使用者之一,不能对其实施控制,对公共领地没有防卫的可能性。公共领地有可能被暂时个性化,一旦有人占领了某个公共领地,人们对其暂时的使用权往往予以默认。例如,当你占领公园里的长凳时,一般没有人要求你让开,但你无权声明你下次来时这只凳子还是属于你的。

对领地类型的区分是重要的,其使得我们能理解个体对不同类型领地的不同情感,并能预测当这些领地受到侵犯时个体将如何反应。相比其他领地,个体对主要领地极为关注并能感知到强烈的拥有性,更具防卫性,有时甚至不惜诉诸法律来防卫主要领地。

(三)领地性的功能

人类和其他动物都拥有领地性。领地性对不同的物种具有不同的功能(Maher & Lott,1995)。是否拥有自己的领地是影响动物生存的重要因素,领地为动物提供了栖息、避难、交配、养育后代的场所。动物也常常在自己的领地收集食物,领地保证了动物的食物供应,减少了族群内的攻击。

对人类来说,领地性具有一系列功能。首先,领地性有助于维持社会组织的稳定性。爱特曼和威廉(Altman & William,1967)发现,随着相处时间的增加,隔离条件(不能通过收发邮件、听收音机、看电视等与外界接触,没有日历)下的两人群体对床、桌椅的领地性行为会随之增加,这种领地性行为有助于减少潜在的冲突,个体间不会为谁该睡哪张床、谁该坐哪条凳而争吵。爱特曼等人也发现,被隔离群体中最能成功地发挥群体功能的就是那些在被隔离的早期能建立领地的群体,这种领地性行为有助于维持群体内的稳定关系。其次,领地性有助于个体保持私密性。个体能退到自己的主要领地里去并保有独立的空间,这使个体能与外界隔离,有助于个体避开不良的外在环境,还有助于个体进行反省等活动。最后,领地性具有防卫性功能。类似于动物领地的防卫性功能,领地使得个体能够营造安全温馨的家园。当让被试想象一间房子是自己的领地时,与控制组相比,被试的生理唤醒水平更低,并认为这间房子更加舒适。因此,爱特曼(Altman,1975)指出,人们在自己的领地里往往更具支配力和影响力,控制感和实际控制力也会提高,这被称为主场效应。在体育运动方面,运动员在主场进行比赛要比在客场进行比赛能更好地发挥技能。对学生谈判的研究发现，当谈判地点在自己宿舍时，谈判成功的可能性更大(Martindale,1971)。当前，主场效应已被广泛应用在政界和商界中。

二、个人空间

(一)个人空间的定义

上述领地性行为涉及相对固定的区域，这类区域具有可见的界限，规范着交互的主客体。不仅如此，还存在着另外一种领地性行为，涉及流动的领地性。流动的领地性最早由观察动物所得。赫蒂格(Hediger,1950)注意到，当动物彼此接触或待在一起时，每一个动物往往都有一定的空间范围，这种看不见的空间范围是该动物所独有的、不想被同种属的其他动物所侵犯的自我空间。人类学家霍尔(Hall,1963,1966,1968)发现人类也有这种特点。人类的个人空间(personal space)指当与他人互相作用时，个体试图保持围绕他们自己的看不见的空间范围。这种空间范围无论我们走到哪里都保持着，只不过依所处情境的不同而扩大或缩小。人类的个人空间界定了人们彼此间以多近的距离交往。

霍尔(Hall,1966)认为，个人空间是一种非言语交流形式，人际交往距离决定了信息交流的质与量。从人际交往距离可以看出交往者关系的亲密程度，也能看出所从事活动的类型。人们在相互交往中，由于相互关系和情境条件的不同而采用不同的个人空间。爱特曼(Altman,1975)认为，个人空间同领地一样都是个体或群体获得理想水平的私密性边界调节机制，通过调整个人空间的大小人们能够获得期望的私密水平。习性学(Evans & Howard,1973)认为，个人空间是进化过程中形成的，用来避免其他个体的侵犯，由此减少应激。亲密—平衡模型(Gibson,Harris & Werner,1993)认为，人们在任何关系中都有维持最佳亲密程度的倾向，当亲密程度过高或过低时，人们都会通过补偿行为使其恢复平衡。舒适模型(Aiello,1987;Kaya & Erkip,1999)对此做了补充，认为对最佳亲密程度的轻微偏离并不会引起补偿行为，而对最佳亲密程度的严重偏离可能会使人们失去交往的兴趣。综上所述，个人空间主要有两种功能:(1)保护功能。个人空间可作为缓冲器，使得人们摆脱他人过分亲密的行为和过多的刺激，保护自己和维持私密性。(2)交流功能。人际距离决定人们用来交流的感觉通道，不同的人际距离表达了人们对交流对象亲密程度的期望。

(二)个人空间的发展

人们发现年幼的儿童维持的个人空间较小，个人空间随着年龄的增长而增大(Aiello,1987;Hayduk,1983)。2 岁半的儿童之间个人距离为 45 厘米，7 岁时增加到 60 厘米，12 岁时儿童的个人空间接近于成人。很小的幼儿对同性和异性的个人空间没有差异，但 12 岁的男孩和女孩间的个人距离比 12 岁的男孩和男孩间的距离要远。成人显示出同样的性别差异，日常生活中可以发现，异性之间要比同性之间需要更大的个人空间。

学习在人际距离偏好的形成中起着重要的作用，不同种族和亚文化群体会发展不同的个人空间。如美国人、英国人、瑞典人、瑞士人、拉丁美洲人、法国人、希腊人和阿拉伯人偏爱较小的人际距离(Hall,1996)。因此,当来自不同文化的人相互交往时(如开会),不同的个人空间要求可能会产生人与人之间的误解,例如甲认为乙太过亲密,乙则认为甲太过冷淡。

(三)个人空间的个体差异

个人空间偏好存在个体差异。相比于低自尊的人,高自尊的人维持的个人空间更小(Frankel & Barrett,1971)。相比于内向的人,外向者维持的个人空间更小(Cook,1970)。非焦虑的个体比焦虑的个体维持了更少的个人空间(Patterson,1977)。

在性别方面,相比于男性,女性之间维持的距离更近(Aiello,1987;Barnard & Bell,1982)。这表明了两性在性别社会化过程中的差异,女性在此过程中更多地使用亲密的非言语交流方式,而男性则要学会隐藏情绪情感,不能和同性过于亲密(Berschie & Reis,1998;Maccoby,1990)。但在隐含威胁的情境下会出现相反的情况,女性比男性的人际距离要远(Aiello,1987)。

男性与女性对待个人空间遭侵犯的态度也存在差异。一般来说男性对个人空间遭到入侵的愤怒感更强,并以更加消极的方式回应(Patterson,Mulllens & Romano,1971),虽然偶有例外(Bell,Kline & Barnard,1988)。相比于保卫身体两侧的空间,男性更有可能防卫身体前侧的空间;而女性对身体两侧的入侵最感不安,更可能防卫身体两侧的空间。

(四)情境对个人空间的影响

人际距离的恰当程度依情境不同而有很大的变化。霍尔(Hall,1963,1966)认为人们有四种互相作用的距离,每一种距离又有远、近之分。值得一提的是,这四种距离只是粗略估计,会随着环境、个人和文化而改变。

1.亲密距离

亲密距离的近距离指个体之间相互接触的情境,例如伴侣间的拥抱、安慰、保护。远距离约为 15～45 厘米,个体之间并没有身体接触,即使交谈也是压低声音的。当一个人告诉另一个人秘密时会保持这一距离。

2.个人距离

个人距离的近距离约为 46～76 厘米,远距离为 77～122 厘米。一对夫妻在公开场合往往会保持近距离,而远距离往往适用于一般朋友或熟人之间。

3.社交距离

社交距离的近距离约为 123～200 厘米,适用于商业交谈,销售人员和顾客交谈时往往会保持这一距离;远距离为 201～365 厘米,适用于社会性事务,例如员工与领导之间会保持这一距离。

4. 公众距离

公众距离的近距离为366～760厘米，适用于正式场合如大型会议以及单向沟通时，教室里老师和学生之间往往会保持这一距离。远距离为760厘米以上，在公众演讲时演讲者往往会与听众保持这一距离。

霍尔(Hall,1966)认为，两个互相交往的人，距离过近或过远都会产生消极影响。例如，在观看其他人互相交往的录像时，被试认为中等程度的距离比极端接近或极端疏远的距离更让人舒服或喜欢。艾伯特(Eberts,1979)进行了有关社会距离恰当性的实验，实验者站在与被试适中、过近或过远的距离处，被试认为实验者站在距离156厘米的地方感到最舒服，对实验者评价更积极，对实验者说的内容记忆更深刻。

由于友好、亲密的人际交往往往发生在较近距离内，可以从人们坐或站的距离来推断彼此间的感情。这一点适用于男女两性，但两者是男性时喜欢的增加并不导致个体间距离的缩短。

在霍尔(Hall,1966)看来，近距离既会增强积极反应也会增强消极反应。在一项研究中，被试与实验助手共同完成任务，两人间的距离设置为近距离(60厘米)或远距离(150厘米)两种条件。在完成任务后，实验助手对被试做出积极、中性或消极的评价。结果发现，被试最喜欢给出积极评价的助手，最不喜欢给出消极评价的助手；被试的这两种反应(最喜欢和最不喜欢)在近距离条件下都比远距离下更为强烈。

(五)个人空间遭侵犯的结果

1. 消极效应

你也许有过这样的经验，当你坐在公园的长椅上欣赏风景时，一位陌生人走过来坐在了你身边，此时你会有什么感受？你会做出什么反应呢？费利帕和萨默(Felipe & Sommer,1966)首先对这类侵犯效应展开了研究。研究地点是一个有着1500个床位的精神病院，病人有大量的时间待在户外。一个陌生人(实验助手)走近独处的病人，站在距其15厘米处。如果病人试图离开，助手会跟着移动，并保持15厘米的距离。研究者将这些“被侵犯”的病人作为实验组，将没有被侵犯但被人从远处观察的病人作为控制组。结果发现，与那些没有受到侵犯的人相比，20%的实验组被试很快(1分钟后)离开了助手，65%的被试在20分钟后离开了助手，而控制组中仅有35%的人离开。可能有人会认为这是病人的不正常情绪所致，同样的反应也出现在一般人身上。库奈克尼(Konecni,1975)让助手靠近等待穿过一条繁忙马路的人。侵犯者(助手)站在离被试30厘米、60厘米、150厘米或300厘米处，结果发现，助手离被试越近，被试穿过马路就越迅速。为了弄清被侵犯者在这种情况下有什么感受，斯密斯和诺尔斯(Smith & Knowles,1979)重复了上述研究，并且让第二名助手在被试越过马路后同其交谈。正如所预测的，被试将侵犯者知觉为不友好的、粗鲁的、仇视的和侵犯性的，即个人空间受到侵犯的人会以消极的方式知觉侵犯者。研究者进一步发现，具有消极特征的侵犯者(例如，无所忌惮地叼着烟)会导致更快的逃避行为。

对空间侵犯的最不寻常的研究是由米德米斯特等(Middlemist, Knowles & Matter,

1976)完成的一项现场实验,实验地点在一个男厕所,目的是要检验个人空间遭侵犯是否会引起被侵犯者的生理唤醒。因为生理学家认为焦虑会延缓小便的排泄,同时也会缩短排空膀胱的时间。研究者决定在三只紧挨着的小便池边发起侵犯行为。在三种实验条件下,被试都只能占领最左边的小便池小便。在无侵犯的控制条件下,唯有左边小便池可用,其他两只小便池都用木板钉住,上面写着"不能使用";在中等侵犯条件下,仅中间的小便池被钉住,右边的小便池被实验助手占领。在接近侵犯条件下,右边的小便池被钉住,中间的小便池被实验助手使用,即实验助手挨着被试使用小便池。每位被试的反应由另一位助手在厕所的大便间用秒表加以记录。研究发现,个人空间遭侵犯时激起了被试的生理唤醒。助手离被试的距离越近,被试开始排尿所需时间越长,而完成排尿的时间越短(图 13-1)。尽管在伦理上受到批评,该研究表明对任何空间的侵犯行为都能导致普遍的生理唤起,这一结论也得到了其他研究的支持。

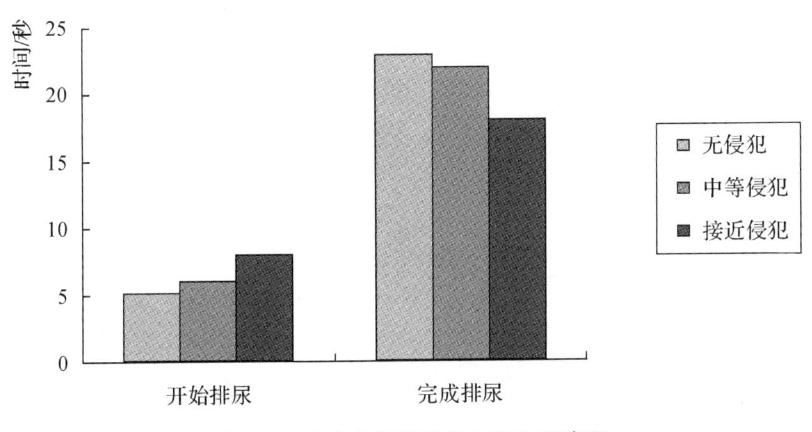

图 13-1　个人空间遭到侵犯和生理唤醒

2. 积极效应

较近的人际距离既能引发消极效应,也能引发积极效应。你可能会对一位在图书馆紧挨着你坐的陌生人保持消极态度,但当你的好友拍拍你的肩膀,或你的恋人温柔地拥抱你时,你的反应会大不相同。

斯托姆斯和托马斯(Storms & Thomas,1977)认为近距离引起的个体反应的效价取决于情境。研究者要求被试与另外一个人进行交往,交往对象分为友好和不友好两种,交往距离分为近距离(15cm)和常规距离(75cm)两种,并报告对交往对象的评价。结果显示,被试明显喜欢友好的交往对象,而对个人空间的侵犯还强化了被试的反应,与常规距离(75cm)相比,在近距离(15cm)条件下被试更为喜欢或更不喜欢其交往对象。

个人空间遭到侵犯也会影响助人行为。当一位陌生人请求人们帮助他时,人们的反应取决于求助者距离他有多远以及需要帮助的迫切程度。巴伦(Baron,1978)发现,当帮助的需要不是很迫切的时候,个人空间遭到侵犯会减少人们的助人行为。

3. 侵犯他人个人空间对侵犯者的影响

人们一般尽可能地避免侵犯他人的个人空间。贝尔富特、胡普尔和麦克莱(Barefoot, Hoople & MaClay,1972)让实验助手站在距离饮用水喷泉 30 厘米、150 厘米或 300 厘米处,观察人们使用饮用水喷泉的情况。当实验助手站在距喷泉 30 厘米处时,路人对饮用水喷泉的使用意味着对实验助手个人空间的侵犯。结果表明,与距离为 150 厘米、300 厘米相比,实验助手与喷泉距离 30 厘米时,使用饮用水喷泉的人最少。由此可以看出,如果有选择余地的话,人们往往会避免侵犯其他人的个人空间。米德米斯特等(Middlemist, Knowles & Matter,1976)发现,当我们在走廊上遇见一个人站在走廊边上时也会出现这种情况。个体从一个人身边走过要比从一个空座位边走过避让得更远一些,从一群人身边走过要比从单个人身边走过避让得更远一些。诺尔斯(Knowles,1973)还发现,人们不会从交谈着的两个人之间穿过,除非这两个人相距较远,此时在两人之间穿过不会侵犯他们的个人空间;相比于从两个同性别的人之间穿过,个体更愿意从一男一女之间穿过;如果正在交谈的两人之一具有较高的地位,与两人具有较低的地位相比,过路者更可能会避免从两人间穿过。

第三节　孤独与拥挤

一、孤独

(一)孤独的现象

孤独(loneliness)对人类行为的影响受到了广泛的关注。随着海洋、宇宙空间的开发,人们越来越重视这一主题。例如,在太空中人们会在狭小的航天器里独自待上几天、几星期甚至几个月,这种孤独对人们有何影响?是否会使他们正常的能力减弱,以致妨碍了对航天器的操作?

当前,关于孤独的大部分知识来自航海家、探险家的报告。在这些报告中人们都会提到,孤独过程的头几天是最难应付的,伴随孤独经常会出现无助和恐惧。曾经孤身一人航行 65 天的航海家邦姆巴德(Bombard,1953)说,如果一个人能克服最初一个星期的孤独的影响,那么他生存下去的机会就会极大增加。随后,孤独会影响个体的知觉和心理能力,使人产生幻觉。这个阶段常常伴随着迷信和毫无根据的想象。例如,与无生命物体的谈话(邦姆巴德曾报告说与洋娃娃交谈),产生对任何有生命的东西的强烈的爱,如在单独航海时将偶然发现的蜗牛当作宠物和朋友。最后,长期孤独的个体会因为担心自己表现出愚蠢和神经错乱而害怕与人类同伴进行交往,害怕与人们交谈。但这些报告都是人们的经验之谈,缺乏实验依据,因此很难说孤独是产生这些行为的原因。

（二）孤独的个体

社会心理学家试图探讨脱离社会接触所产生的孤独对人们行为的影响。大部分对孤独的实验室研究不仅使被试脱离社会接触而且实行了感觉剥夺。研究感觉剥夺有三种程序。第一种程序是让被试戴上墨镜，处在昏暗的光线下，从头到脚穿上宽松的衣服，手和脚戴上镣铐，在床上不能移动。第二种程序是让被试穿上铁肺呼吸器，不能移动。第三种程序是潜水程序，这是感觉剥夺实验中最严格的条件，即让被试穿上潜水衣待在水下。处在这种条件下，被试常常有着强烈的幻觉，变得非常敏感和焦虑，退出实验的比例非常高，所有被试在水中待了八小时之后都要求中止实验，即使继续实验能得到高额奖金。

朱克曼等（Zuckerman，Schultz & Hopkins，1967；Curtis & Zuckerman，1968）比较了社交剥夺条件和感觉剥夺条件下人们的反应。在感觉剥夺条件下，被试一个人在黑暗房间里待 8 个小时，不与任何人接触且没有任何刺激。而在社交剥夺条件下，被试处于同一个房间里，能够观看旅游风景幻灯片和听音乐，但不能与他人接触。控制组的被试则可以与其他人交往。结果发现，与控制组的被试相比，社交剥夺的被试更为忧郁、担忧并产生许多奇怪的想法，而感觉剥夺的被试体验到最大程度的不安。

沙赫特（Schachter，1959）总结了有关报告，对孤独形成了三点看法。首先，孤独所产生的痛苦程度与孤独的时间不是线性关系。在一段时间内由孤独所产生的痛苦增加了，不久就开始下降。长时间的孤独状态会使得个体进入类似于精神分裂症的冷漠状态，这时个体没有什么情感，对环境也不做任何反应。其次，孤独者常常想到其他人，梦中也会出现其他人，甚至产生有关其他人的幻觉。最后，那些报告说头脑中思考物理的或智力的游戏的被试，比没有做这样思考的被试表现出较少的不安和冷漠。

（三）孤独的群体

孤独对个体存在着消极影响，那么对于群体的影响又是如何？海桑（Haythron，1970）认为，社会孤独本身被认为会导致人际紧张，因为它否认个体的某些社会需要，歪曲了正常的社会过程。海桑指出，在孤独的群体中正常的社会比较是困难的，因为个体能够与之比较、用于评价成绩和观点的人数非常有限。孤立的群体还加快了社会接触的速度。正常情况下人们可以选择是否与他人交往，进行恰当的自我暴露，人际关系紧张时还可以退缩甚至退出。而在孤立群体中，个体将被迫卷入许多不希望的和不恰当的社会交往中。

孤独会导致人们之间的不满和仇视。随着孤独的时间增加，个体之间会产生退缩行为、相互脱离接触。爱特曼（Altman，1971）发现，孤独的两人群体在最初四天内待在一起的时间占了白天时间的 50%，随后相互作用明显减少，在一起的时间少于 25%；他们还划分了房间，将空间划分为“你的”和“我的”，对家具也进行了划分，产生了单调、冷淡、厌倦、发怒等消极情绪，30%～50%的两人群体在实验未结束之前就要求中止实验。此外，两人群体还比三人群体表现出更多的焦虑和恼怒。

二、拥挤

（一）拥挤的定义

一位习惯住在乡下的人可能会得出这样的评论，他简直不能想象人们怎么会愿意住在上海、东京、纽约这样的大城市，“在那里，一些人睡在另一些人的头顶上，人们的房子就像动物的笼子一样”。住在相对拥挤的空间中对于动物或人类会发生怎样的影响呢？对这个问题的经典实验是由卡尔霍恩（Calhoun，1962，1971）所完成。他用老鼠作为研究对象构造了一座老鼠“城市”，一开始在里面放进了48只老鼠，供给它们足够的食物和水并任由其繁衍。当老鼠增加到80只时他观察到许多变态反应：一些老鼠变得过分活跃，一些老鼠性欲过旺，一些变成同性恋者；一些老鼠患了生理疾病，甚至有老鼠蚕食其他老鼠；母性行为也开始紊乱，导致大量的老鼠幼崽死亡。那么，人类过密的后果是否会像卡尔霍恩的老鼠一样呢？

在探讨拥挤时，需要将拥挤（crowding）与密度（density）两个概念加以区分。斯托科尔斯（Stokols，1972）指出，密度纯粹是空间概念，而拥挤是主观的心理状态，是一种通过空间的、社会的、个人因素的互相作用而激起的动机状态，所以拥挤是心理紧张性的。例如，数千名观众聚集在一起听音乐会，从空间密度和社会密度来说都是很高的，观众却并没有报告说感到拥挤。但在图书馆里，四五个人围着桌子看书，尽管空间密度比音乐会小，个体却会感到拥挤。研究者将密度分为社会密度和空间密度。社会密度是指不同数目的人们占据相同大小的物理空间。社会密度是不断变化着的，例如你家的会客室里可能只有两个人在看电视，但也可以开一个由20个人组成的聚会。而空间密度指同样数目的人占据着不同大小的物理空间。空间密度也是动态变化的，例如为了省钱，六七名学生挤在一辆车里去参观展览。研究者在分析密度时一般谈的是空间密度。密度与拥挤的区别是重要的，人们更多地受到对拥挤的知觉和体验的影响，而不是受到密度的影响。

（二）拥挤的理论

1. 超载理论

我们常常会发现，接收到的信息越多个体的兴奋水平越高，但是太多的刺激会产生相反的效果。过多的活动、事情、人际往来会导致个体的信息加工系统超载，引发个体心理紧张从而导致拥挤的体验。

奥尔特曼（Altman，1975）根据超载理论发展出一个拥挤模型。奥尔特曼强调了人们的私密性规范的重要性，认为当私密性机制不能有效地发挥功能以及个体被迫进行不希望的大量社交时，拥挤就发生了；当获得的私密性小于所期望的私密性时就会产生拥挤。个人、社会或情境方面的因素决定了个体在特定时间内所希望的私密性。当个体认为所获得的私密性与希望的不一致时，就会利用言语的和非言语的行为来获得恰当的平衡。而如果这些方式仍不能获得希望的私密性，个体就会产生心理紧张，从而体验到拥挤。

奥尔特曼的超载理论模型见图13-2。其中，个人特点涉及个体的经验、个性，人际关系

特点涉及群体内聚力、群体结构,而情境特点涉及环境特性、任务要求等。在该模型中,领地性和个人空间是两个重要的概念,与私密性紧密相关。那些有着明显的标志和保护得很好的领域能帮助人们进入个人小天地以获得私密性。人们常常走进家里或卧室,以关门等方式与外界隔开,也是不希望被打扰的明显标志。个人空间行为也被用来与他人保持距离,如人们常常说“让我自己安静一会儿”“我有点事,你等会儿来”,以此来保持私密性。

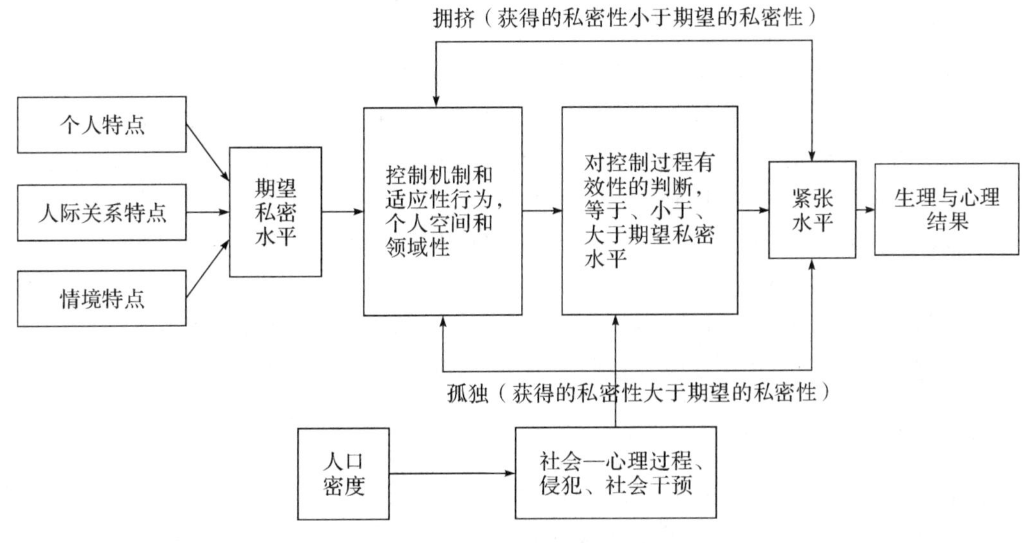

图 13-2　奥尔特曼的拥挤模型

格林伯格和费尔斯通(Greenberg & Firestone,1977)检验了奥尔特曼的模型。他们要求被试参加一个会谈。其中,在监视条件下两个助手在房间里待着,而在无监视条件下被试单独参加会谈。实验者在会谈中通过保持稳定的目光接触和用手接触被试膝盖来侵犯部分被试的个人空间,并在会谈后要求被试填写有关拥挤的问卷。格林柏格和费尔斯通假设监视和侵犯将减少被试的私密性,同时引起并增强被试对拥挤的知觉。研究发现支持了预测,在监视/侵犯条件下被试有着最高的拥挤感和紧张感,而在无监视/无侵犯的条件下的被试的拥挤感最低。此外,监视/侵犯条件下的被试对自己的信息暴露得最少,这表明,如果不能通过空间行为来获得私密性,那么人们会通过保留个人信息和拒绝在会谈中“开放”来保护私密性。

奥尔特曼(Altman,1975)的模型认为,缺乏私密性是导致拥挤感的一个条件,将拥挤的体验和纯粹的密度这个空间概念区别开来。其不足之处在于很难准确地估计个体期望的私密性水平。

2. 控制理论

塞利格曼(Seligman,1975)认为,失去对周围环境控制的知觉会使个体体验到一种习得性无助,个体因为觉得无法控制环境从而停止了影响环境的尝试。罗丁和兰格(Rodin & Langer,1978)将失去控制的概念应用于拥挤,认为某些高密度情境使得个体失去对社会交往的控制,个体将被迫彼此互相交往而无法加以限制,失去控制导致了习得性无助和拥挤体验,仅有高密度而没有失去控制就不会产生拥挤。

控制感在拥挤体验中发挥着重要作用。谢罗德(Sherrod,1974)将8名被试组成的群体在一间高密度(小房间)的或低密度(大房间)的情境中完成一些任务。谢罗德让某些被试相信他们能控制密度,可以离开现场到较小密度的房间里完成任务,但是实验者希望他们留在现场工作。谢罗德预测,这一简单的操纵可能减少高密度场合的被试对拥挤的体验,结果证实了这一预测。在另一个巧妙的实验中罗丁和兰格(Rodin & Langer,1978)研究了电梯里的拥挤情况。研究者安排4名助手为一组待在电梯门口,等到有一位单独的个体要乘电梯时才会一起进去。在一种条件下,助手们故意站得使被试接触不到电梯里的操作板(无控制);在另一种条件下,助手们故意站得使被试能站在操作板前面,使他能控制操作板。当电梯到达被试的目标楼层后,由另一位助手(自称是电梯制造专业的学生)请被试完成有关电梯里感觉的问卷。结果发现,控制条件下的被试与无控制条件下的被试相比感到较少的拥挤,感知到的电梯空间也较大,这表明对控制的知觉影响了对拥挤的体验。

对控制感的一系列研究验证了失去个人控制将产生拥挤体验的观点。此外,失去控制感会对人类行为产生非常严重的影响,如习得性无助。这表明,拥挤和密度并不必然相互关联,如果高密度与减少私密性或失去控制共同出现,则高密度会产生拥挤。

3. 归因理论

上述两个理论有助于澄清导致拥挤的因素,并没有涉及个体是如何体验到拥挤的。例如,当个体觉得获得的私密性小于所期望的私密性,为什么此时他体验到的是一种拥挤,而不是挫折或逆反呢?此外,在赛场、剧院、宴会中人们彼此侵犯个人空间,但并不感到拥挤。事实上在这些场合中,人们反而会感到兴奋,认为此时的体验是令人愉悦的。为此,沃切尔(Worchel,1978)发展了有关拥挤的归因模型(图13-3),以说明人们为何体验到拥挤及其心理过程。沙赫特和辛格(Schachter & Singer,1962)的情绪双因素理论认为,当体验到生理唤起后,为了解释唤起个体会搜索环境,根据环境线索对生理唤起予以认知标签。沃切尔(Worchel,1978)认为,侵犯个人空间使个体产生唤起,为了解释唤起个体会对环境进行搜索,如果个体将唤起归因于其他人过于靠近就会产生拥挤的知觉,而如果个体将唤起归因于其他因素就不会产生拥挤感。因此,在篮球赛中虽然个人空间遭到侵犯,人们会将唤起归因于比赛。

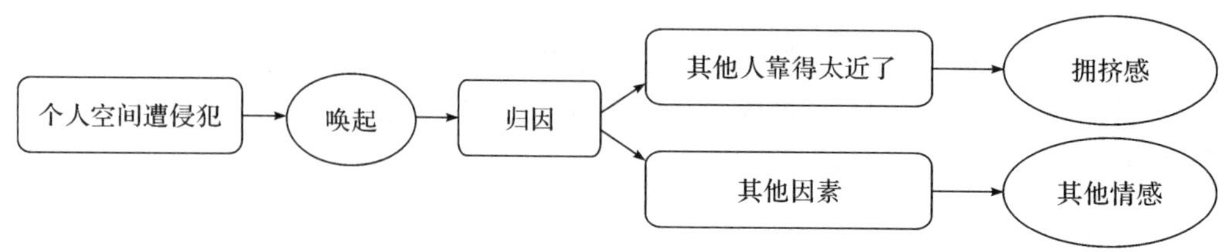

图13-3 拥挤的归因模型

沃切尔和约海(Worchel & Yohai,1979)检验了该理论,他们认为如果被试对唤起的根源做出了错误归因,当个人空间遭侵犯后不一定会体验到拥挤感。他们让5名同性别被试组成小组在一间房间里完成任务,在此期间一些被试的个人空间受到侵犯。在被试开始任

务前，研究者解释说实验目的是研究阈下刺激对作业成绩的影响，在他们工作时房间里会发出阈下噪声。随后，研究者告知一组被试，即使他们听不到噪声，噪声也会让他们产生生理唤起并产生紧张(唤起解释)，告知另一组被试噪声具有镇静作用，能使他们放松(放松解释)；而对控制组被试不说明噪声的作用。实际上，房间里没有发出任何噪声，被试在完成任务后要报告他们在实验过程中的体验。沃切尔和约海(Worchel & Yohai，1979)预测，对于个人空间受到侵犯的被试，他们能够将唤起的原因归于阈下噪声从而会减少拥挤体验，而放松解释将会增加对拥挤的体验。当被试在起镇静作用的噪声下依然体验到生理唤起，他们就难以将唤起归因于噪声。研究支持了他们的预测，且这一现象不存在性别差异。研究还获得了一项有意思的发现，即任务成绩和人际吸引与拥挤感具有相似的关系形式，当个人空间被侵犯时唤起解释导致了任务成绩的提高以及人际吸引的增加，这说明，拥挤的体验可能会降低任务绩效和人际吸引。

因此，高密度本身并不一定导致拥挤。当高密度与过多的刺激、失去个人控制和归因过程相联系时，就可能产生拥挤的体验。如果我们希望改进生活质量，就应该集中于拥挤而非密度。人口密度可以上升得很快，然而人们对拥挤的体验并非以同等速率增长。如果我们能构造这样的环境，使得人们有独处的天地，感到对日常生活有所控制，是日常生活的主人，那么就可能减少拥挤以及与其关联的消极情绪。

第四节　环境问题和环境保护

一、环境问题

人类的行为对环境的消极影响主要体现在人口增长、污染、能源利用和自然资源四个方面，同时人们所造成的环境问题反过来又影响了人类自身。

(一)人口增长

威胁环境的一个最根本的问题是人口的急速增长。快速增加的人口意味着更多的污染、对自然资源更多的需求以及更少的空间。每增长10亿人口的时间越来越短，人口从10亿增加到20亿(1830—1930年)几乎长达一个世纪，从20亿到30亿用了30年时间(1930—1960年)，30亿到40亿用了15年(1960—1975年)，从40亿到50亿用了12年(1975—1987年)。人口增长最快速的国家中绝大多数是欠发达国家，这些国家的经济发展是难以支持其人口如此快速增长的。地球承受人口的能力取决于能生产出多少粮食和我们所希望的生活质量。随着地球上人口的增加，人均可用资源不断减少。一些负责任的环境科学家估计，我们已经过分利用了地球的长期承受能力，地球也许只能承受目前人口的一半或更少(Pimentel，1994)。

(二)污染

1.空气污染

空气污染是由于工业的化学副产品排到空气中所导致。这些污染物主要来自能源的消耗如汽车尾气、室内保温、电厂发电等,有些来自氯化物如氟利昂,导致了酸雨、臭氧层空洞和温室效应等问题。

酸雨的形成是由于燃烧煤所产生的硫,以及燃烧汽油所产生的氮,同大气中的氧气结合从而形成了酸。这些酸以雨或雪的形式重新回到地面,损害了许多植物和树木,对众多河流和湖泊里的生物形成了致命的威胁。

空气污染严重影响了臭氧层。臭氧是一种相对稀少而又活跃的气体。在地球的外层,它形成了一层保护层,阻挡了来自太阳的致命的紫外线辐射,从而保护了人类、植物和动物的健康。大气中臭氧层的减少,意味着有更多的紫外线到达地球,增加了人类的皮肤癌和白内障的发病率,减少了粮食产量,伤害了许多动物和植物,包括海洋中的浮游生物。20 世纪 80 年代,科学家首次发现南极上空大片区域臭氧层减少,现在北极上空也有同样面积的臭氧层空洞。从 1979 年到 1990 年北半球的臭氧层减少了 8%。

温室效应导致了地球的气温不断上升,全球变暖已是不争的事实。科学家预测它会极大地改变我们的生活:使下雨的模式改变,使一些地方暴雨成灾,另一些地方干旱无雨,使农产区成为沙漠,使一些物种灭绝。它还导致了极地冰盖的融化和海平面的上升,这使一些沿海低洼地区沦为沼泽。对地球的平均大气温度的研究表明气温在稳定地上升,令人担心的是这种变化可能是不可逆转的。

全球变暖带来的是高温天气。一般来说,高温天气对人有着消极影响。与处于舒服的房间里相比,处在闷热潮湿的房间里的被试表现出消极情绪,不喜欢陌生人。高温天气还会导致人们的绩效下降。贝尔(Bell,1978)让被试分别处于三种温度条件和两种噪声条件(55 分贝或 90 分贝)中听取两位数字的录音,同时用一只手完成运动任务,另一只手按键来指出每一个数字是高于还是低于前面已出现的数字。结果发现,高温和高噪声都干扰了任务的完成,当室温超出正常水平时被试的错误量会增加。

高温对侵犯的影响也是环境心理学的研究课题。过去的研究认为,高温天气会使得社会上的侵犯行为增多。但是,巴伦和贝尔(Baron & Bell,1972,1976;Bell & Baron,1977)的一系列研究表明,非常高的气温(华氏 90 度以上)实际上会减弱愤怒个体的侵犯行为。这表明,消极情感和侵犯行为之间存在着曲线关系。无论是由气温、侮辱还是其他因素引起的消极情感的增加都会加剧侵犯行为,但是在超过一定界限后继续增加的消极情感使个体感到如此沮丧,从而产生逃避动机以减少不愉快,以致产生了其他行为反应而不是侵犯行为。巴伦和贝尔进一步认为,集体性的社会骚乱和暴力事件容易发生在长时间的中偏高天气里。当然,社会骚乱和暴力事件的主因显然不是气温,而是社会关系和经济关系。

2.噪声污染

噪声是指由不同频率的音调组成的不协调的声音。噪声污染由噪声强度和持续时间来

界定。当噪声低于90分贝且很稳定时，除非是完成非常复杂的任务，人们一般能很好地适应。而当噪声不可预测、不可控时，会让人心理产生不舒服。当噪声无法预测时，人们要付出很大的努力去适应，因此容易出现工作差错，难以忍受工作挫折，还让人感到丧失对环境的控制，即使噪声消失消极效应还会持续一段时间。而不可控的噪声让人体验到无能为力感。格拉斯等(Glass，Singer & Cummings，1973)发现，如果让个体知道他有权力中止噪声，这种控制感能够极大地减少无能为力感，即使是部分控制也有益。被试对噪声的控制程度越高，对噪声的感受越好，任务表现越高效。

强烈的、不可预测的、令人意外的噪声不只是令人烦恼，对人的生理健康也有强烈的消极影响。研究者将一些被诊断为患有中度高血压的人暴露在105分贝的环境中30分钟，分别测量这些患者在噪声时段和安静时段的血压值。结果发现，患者在处于噪声时段时的血管收缩压和舒张压都明显升高，这说明，噪声引发的应激与血管收缩相关，可能会引发高血压(Eggertsen，1987)。当遭受突如其来或非常高的噪声时，血管收缩变得不稳定(Jansen，1973)。在实验室之外人们也发现噪声具有一系列的消极后果。格拉斯等(Glass，Singer & Friedman，1969)测量了纽约市儿童的听力后发现，在位于高速公路边的公寓中，儿童居住得离高速公路越近听力越差。居住在繁忙机场边的居民遭受极大的噪声，其消极效应令人惊讶。与其他区域相比，居住在机场边的居民的心理疾病发病率较高，死于中风的比例高出15%，居住在机场附近的妇女生下的孩子患兔唇、裂腭等疾病的比例也较高。

噪声还影响着人的行为。在亲社会行为方面，与安静的环境相比，噪声让人烦扰，降低了人们的助人意愿。当看到一位实验助手不慎将一大摞书籍、杂志掉落在地上时，身处较强噪声环境的个体更不愿意提供帮助(Mathews & Canon，1975)。当割草机在轰鸣的时候，在人行道上愿意帮助实验助手的人相对较少，噪声可能干扰了人们对社会线索的注意，使他们难以觉察到别人的困境(Mathews & Canon，1975)。令人不快的噪声还可能增加侵犯行为。唐纳斯坦恩和威尔逊(Donnerstein & Wilson，1976)让男性被试分别受到消极评价或积极评价，然后让他们有机会侵犯评价者。研究者在实验期间传入低强度或高强度的噪声，当传入令人不快的噪声时，被消极评价的被试对评价者的侵犯行为增加。这就提醒我们，城市中的噪声污染可能会增加人们的侵犯行为。

(三)能源危机

人们对世界能源危机的认识始于1973年。那年的秋天爆发了阿以战争，欧佩克拒绝出售石油给美国和一些西方国家。由于美国极度依赖进口石油，汽油短缺迅速蔓延全国，美国上下陷入恐慌。尽管6个月后油荒结束，此事让人们认识到石油资源的珍贵与短缺。石油资源的短缺不仅加深了人们对能源重要性的认识，也深刻地改变了能源政策。我国的能源主要是煤炭和石油。燃煤是重要的污染源，随着经济的发展我国对进口石油的依赖也越来越大，迫使我国不得不采取能源多样化和使用清洁能源的战略。

(四)自然资源

地球的自然资源是有限的，许多资源如石油、矿产、地下水是不可再生的。尽管如此，人们似乎认为资源是无穷无尽的。然而，世界自然基金会2015年的《地球生命力报告》指出，人类在20世纪70年代就已经进入了全球生态超载状态，即人类的生态足迹超出了地球生物承载力。到2010年，生态超载已达到了需要约1.5个地球才能提供人类所需生物承载力的程度。该报告还指出，2010年中国人平均需要2.2全球公顷生产性土地来满足环境商品与服务需求，这虽低于全球人均生态足迹2.6全球公顷，但却是2010年中国可用人均生态承载力(1.0全球公顷)的两倍以上。这意味着中国的生物生产性土地无法供应其人口消耗的可再生能源与服务。因此，我们有必要采取新的生活方式，减少自然资源的消耗，推进资源的重复使用和废物利用，才有可能与大自然和谐相处。

二、环境保护

环境保护是一个宏大的课题，涵括范围非常广泛，涉及国际协作、国家政策、企业的环保行为、城市规划、全民环保意识等，涉及政治、教育、法律、经济、地理、气象、心理等学科。国际上许多国家和政府提出了许多环保政策和措施，社会心理学也对鼓励和促进人们的亲环境行为提出了许多见解。一般说来，环保实践主要包括两种方法，一是根据行为主义理论进行的行为干预，二是根据社会心理学原理进行的社会互动干预(social interaction intervention)。

(一)行为干预

1.信息传播

信息传播是政府机构和各类组织(例如，私人企业)通常会采用的影响方法。信息传播使得人们拥有更多的知识，例如有关废物循环利用的知识，进而可能会增加人们对废物循环利用的行为。尽管信息传播和干预的效果还难以确定，由于信息传播相对来说花费较少，易于实践，人们还是经常使用这种方法来促进人们的亲环境行为。

2.行为提示

提示(prompts)指推进个体采取行为的简洁信号。提示的内容可以从一般的内容如“请循环利用废物”到具体内容如“请把易拉罐投入该箱内”。提示应该是具体的、口语化的，越是具体的提示越是有效，比如应该表明由谁、何时以及希望采取什么样的行动。如果提示是有礼貌的而不是命令式的、容易完成的(如“随手关灯”)而不是困难的(如“请把废物拿到回收站”)、接近行为反应的地方而不是远离要做反应的地方(如提示在灯的开关附近和房间出口处，或放在回收箱旁边)，那么更有可能推动个体的环保行为。

3.树立榜样

树立榜样指向人们展示所期望的行为或实践活动。通过影视作品或宣传媒介展示所期望的行为及其结果，可以促进他人的环保行为。相比于其他策略，树立榜样更为具体和易于学习。

信息传播、提示和树立榜样都是先行策略(antecedent strategies)，这些策略都作用在所希望的反应之前，在成效上不及结果策略(consequent strategies)，如激励和反馈，这些策略作用在行为之后。

4.激励

根据强化原理,激励有助于增加亲环境行为。德洛利斯(Deslauriers & Everett,1977)利用金钱激励增加大学公共汽车的乘坐率,结果发现,在持续强化条件下乘坐率增加了27%,而在可变比例强化条件下乘坐率增加了30%,对照组的乘坐率则没有变化。要使金钱激励有效需要考虑三个问题,即行为改变的程度、金钱激励的成本以及干预的长期效果。但是,许多以金钱为激励的研究表明,金钱导致的行为改变程度并不高,所花费的金钱成本远大于行为改变的价值(如节能),且大部分行为改变都是暂时性的。

而那些与金钱有关的非激励物(disincentives)如增加汽油和电力的成本、增收能源税等对行为改变反而可能更有效果。例如,一项有关向垃圾袋征收废物处理费的实践表明,在这项政策试运行期间垃圾数量减少了10%,正式实行后垃圾数量减少了60%(Shireman & William,1993)。

5.反馈

反馈指向人们提供有关其行为的特定信息。反馈可用于各种各样的情境,例如家庭节能、节约用水、汽车减耗和废物循环利用。在家庭节能方面,反馈干预能够节省10%~15%的能耗,并且在干预结束后的几个月内依然会有持续的效应。反馈之所以有成效,可能原因在于其动机性质,反馈能够使人们朝目标进行努力。

反馈要想取得更好的成效,需要具备一定的条件。首先,反馈需要每天进行,才能达到最佳效果。例如,让经过培训的家庭主妇每天读耗能表(如煤气表),能够节省10%左右的能源。其次,提供反馈的机械装置,例如花费不多的信号设施也是富有前途的促进亲环境行为的方法。贝克尔(Becker,1978)让一些家庭装上与壁挂式电话相似的装置,当温度低于华氏68度时该装置的灯光开始闪烁并打开空调,能够帮助家庭节省16%的电力。

(二)社会互动干预

社会互动干预指根据社会心理学原理促进亲环境行为所进行的干预。社会互动干预的方法有:说服、社会激励(social incentives)、社会影响技术(social influence techniques)、排除障碍(removing obstacles)、摆脱社会陷阱等。

1.说服

说服是常用的促进态度改变的方法,可以利用恐惧诉求、高可信来源、推荐特定行动等说服方法促进人们的亲环境行为。冈扎雷斯等(Gonzales,Aronson & Costanzo,1988)考察了家庭主妇被节能专家的推荐所说服的成效。研究中节能专家访问这些家庭主妇,并向她们推荐如何在家里节能的方法。结果发现与基线相比较,20%的家庭主妇发生了行为改变;当专家以更为鲜明和更具说服力的方式描述问题和做出推荐时,61%的家庭主妇采取了节能行动,这表明说服是富有成效的方法。

2. 社会激励

社会激励指对人们的特定行为给予赞赏或公开认可。按照强化原理，社会激励与金钱激励一样对促进亲环境行为有效果。这方面的研究相对较少，少数几项研究确实发现社会激励对实际节能行为有明显的促进作用。

3. 社会影响技术

社会影响技术如登门槛效应、认知失调等已被应用于环境干预。迪克逊等(Dickerson et al.，1992)利用认知失调原理以促进节水行为。他们先访问一些女性被试，询问她们利用淋浴花洒洗浴时的用水情况，然后让部分被试签署一份节水请愿书。研究者随后测量了被试洗浴时的用水量，发现被访问并签署请愿书的被试明显减少了用水，这实际上是公开承诺的作用。

4. 排除障碍

通过为亲环境行为排除障碍亦可以促进环保行为。例如，在废物循环利用中，通过减少人们必须走到废物箱的距离能够增加回收的废物量。卢伊本和贝雷(Luyben & Bailey，1979)将 6 个废物箱放在汽车停车场周围，结果废旧报纸的回收量增加了 47%。其他的研究如鼓励搭车以节省汽油、家庭节省能源的行为等也取得了类似结果。

5. 摆脱社会陷阱

社会陷阱(social traps)指驱动人们追求短期自我利益而忽视长期公共利益的社会情境，亦称为社会困境。当每一个使用者都努力改进自己的短期收益时，可能会导致公共的稀缺资源被过度利用和消耗。灿烂的卡霍基亚(Cahokia)文明就是因为人们为了满足对燃料和建筑的需求，过度开发自然资源导致连年洪水泛滥而消失的(Holden，1996)。研究者从博弈论出发研究这类社会陷阱并试图找到摆脱方法。从研究结果来看，提高道德意识或人际信任、改变参与者互相作用的方式都可以用来避免社会陷阱。此外，沟通也是避免社会陷阱的有效手段。研究者邀请大学生参与一项模拟社会陷阱的研究，在大学生被允许进行 10 分钟的交谈后会倾向于进行合作性选择(如双赢选择)而不是竞争性选择(如只利于自己的选择)(Kerr & Kaufman-Gilliland，1994；Jorgenson & Papciak，1981)。沟通能够让参与者了解其他群体成员是倾向合作还是竞争，以及估计其他成员将要采取的决定。

此外，对于提高人们的环保意识和促进亲环境行为，除了需要社会心理学家们付出努力外，还需依赖于其他领域的科学家以及政府、企事业单位、社区等组织机构的齐心协力和长期奋斗。

本章习题

一、简答题

1. 为什么实验法在环境心理学中没能占据统治地位？
2. 简述研究感觉剥夺的三种程序。

二、论述题

1. 试述个人空间的功能。
2. 从社会心理学的角度论述拥挤是如何产生的。

三、思考题

从社会心理学的角度，环境保护中的社会互动干预都有哪些方法？

在线测试

本章参考文献